高职高专经管类专业基础课教材系列

实用经济法

◎主　编：王长勇
副主编：蒋　进

厦门大学出版社

编写说明

《实用经济法》是为了顺应当前高职高专教育的发展形势，配合高职高专院校的教学改革和教材建设，进一步提高我国高职高专教育教材质量，根据教育部“高等职业技术教育应有别于学科教育，应具有更加鲜明的职业性、实践性和岗位针对性，应更加注重知识的有效传播”的要求，并参考兄弟院校编写的教材和有关著作编写而成的。

本教材在编写过程中以实用性和指导性为原则，在强化基础知识、基础理论教育，突出职业能力和职业技能训练的前提下，以就业为导向，重组课程结构，更新教学内容，突出了高等法律职业教育的办学特色，并力求切实起到帮助学生灵活运用知识、提高完成本职工作能力的作用，力求成为造就面向实务部门应用型法律人才的必备读物。

本教材编写的具体分工如下：第一章：蒋进；第二章：王长勇、程靖；第三章：蒋进；第四章：王长勇、唐琳；第五章：王长勇、陈丽娟；第六章：王长勇、郑光辉；第七章：王长勇、陈小慧；第八、九章：王长勇、邱格磊；第十章：李良雄；第十一章：蒋进、张韩。全书由王长勇、蒋进最后审阅定稿。

由于我们的水平所限，加之社会发展日新月异，本教材一定还存在不足，敬请读者指正，以便我们进一步修订完善。

编　者

2007年5月

目 录

第一章

经济法概述

学习目的

- 了解研究经济法概念的重要性和经济法在法的体系中的地位。掌握经济法的概念和调整对象。
- 掌握经济法律关系的概念、构成要素,掌握经济法律关系发生、变更、终止的概念和引起经济法律关系发生、变更、终止的要素。

第一节　经济法的概念和特征

一、经济法概念的由来和发展

目前我国法学界一般认为:"经济法"一词首先出现在18世纪法国著名的空想社会主义者摩莱里(Morelly)1755年出版的《自然法典》一书中。该书第四篇"合乎自然意图的法制蓝本"中出现了"分配法或经济法"的概念,并用了12条来阐述其思想。从形式上看,其"经济法"和"分配法"应当是等同概念,不是并列的;从内容上看,所谓"分配法或经济法"是作者设想的未来理想的公有制社会,用以"调整自然产品或人工产品的分配"的法律规定。经济法并非以现实生活为基础的科学概念,而只是一种唯理论的对未来的主观构想。

19 世纪法国又一空想社会主义者德萨米(Dezamy)在 1842—1843 年出版的《公有法典》一书中再次使用“经济法”这一概念,并且发展了摩莱里关于经济法的思想。他主张建立一种“自由的、慷慨的、合理的”平等分配方式,而这种平等分配方式“只有伴随公有制而实现”。这种思想更接近于科学共产主义所描绘的“各尽所能,按需分配”的设想,但却是一种把复杂的社会分配关系过于简单化、理想化的超现实的分配思想。

1865 年法国小资产阶级激进派人物蒲鲁东(Pfoudhon)在《工人阶级的政治能力》一书中也使用了“经济法”一词,并认为:“经济法是政治法和民法的补充和必然产物。”他认识到了经济法与政治法和民法的关系,第一次将经济法与政治法和民法并列,强调了经济法在法律体系中的地位和作用,同时也开始认识经济法的法律性质。但是他所认识的经济法与现代意义的经济法仍是不同的。

现代意义的经济法是在市场经济从自由竞争阶段进入到垄断阶段以后才产生的,并体现为 19 世纪末、20 世纪初在美国、德国等国家制定的有关规范市场竞争行为的法律,如美国 1890 年的《谢尔曼反托拉斯法》、德国 1896 年的《反对不正当竞争法》等。此外,在第一次世界大战期间所产生的一些“战时统制法”,如德国 1919 年的《煤炭经济法》等,体现了国家对市场经济活动的干预、协调,也有学者把它们看作是早期的经济法。[①]。正是上述各类新型立法,引发了研究者的浓厚兴趣,于是,有人开始称之为“经济法”,并在研究经济法的过程中,逐渐形成了新兴的经济法学。

从法理和法学教学上看,1906 年德国创刊的《世界经济年鉴》中,学者莱特(Ritter)使用了“经济法”一词,用来表示与世界经济有关的各种法规,但这不具有严格的学术意义;1916 年德国学者海德曼(Hedmen)在《经济学字典》中使用“经济法”一词,并认为,经济法是客观经济规律在法律上的体现,即从深层次上揭示了经济法产生的客观必然性,这才是现代意义上的经济法。

继德国在立法上和法学上使用“经济法”一词后,其他一些资本主义国家和前苏联、东欧等社会主义国家也开始大量使用“经济法”一词。如 1964 年前捷克斯洛伐克颁布了《捷克斯洛伐克社会主义共和国经济法典》,这是世界上第一部系统和完备的(也是世界上仅有的一部)经济法典,在经济法的发展史

① 从立法上看,虽然现在理论界一般认为第一部现代意义的经济法典是美国 1890 年颁布的《谢尔曼反托拉斯法》,但是第一次以经济法命名的法典,则是德国 1919 年制定的《煤炭经济法》。

上开创了一个历史性记录。这一法典的颁布,一下子就取代了近30个法规,在很大程度上解决了经济立法上相互重复、相互矛盾的问题。这一立法经验仍可供我们借鉴。第一次世界大战后,德国的经济法研究很快就传入日本。在资本主义国家中,日本受德国经济法的影响最为深远。

以上可以看出,经济法一词虽然最早出现在200多年前的法国,但现代意义上的经济法概念则产生于20世纪初期的德国,并逐渐传播到欧亚其他国家,成为目前世界各国重要的法律部门和重要的法学科学。

在我国,自从1979年以来,在全国人民代表大会的文件和中共中央、国务院的文件中,以及在第九届全国人民代表大会常委会制定的五年立法规划中,都使用了"经济法"这一概念。与此同时,在我国的法学教材、专著、论文、工具书、资料中,广泛地使用了"经济法"这一概念。

"经济法"这一概念,正被越来越多的人所承认和使用,这表明,作为上层建筑组成部分的经济法的存在,已是客观事实。但是在社会制度不同的国家,人们对于这一概念的理解各不相同;在社会制度相同的国家以至同一个国家,对"经济法"这一概念的理解也存在着不同的观点。

二、经济法的调整对象

(一)经济法调整对象的共识

在经济法学产生之初,曾经产生了多种不同的有关经济法调整对象的观点。随着人们认识的不断深化,以及各种观点的客观性竞争的强化,有关经济法调整对象的共识也日益增加,这些共识包括基础性共识和专业性共识两个方面。

在基础性共识方面,人们一般认为:第一,经济法的调整对象也是一定范围的社会关系。第二,经济法的调整对象是整个经济法研究的逻辑起点,由此可以进一步推导出经济法的其他理论问题。第三,经济体制、法律传统以及人们认识的深度,会直接影响到经济法的调整对象的确定。

专业性共识主要体现在经济法调整对象的特定性,以及确定经济法调整对象的出发点方面。在经济法调整对象的特定性方面的共识,主要体现为层层递进的以下几个方面:(1)经济法的调整对象有一定的范围,且可以特定化。(2)与其他部门法的调整对象有区别,不存在对特定的、具体的经济关系的交叉调整问题,因为不同法律主体的角色及其从事的具体行为,都直接影响着法律所调整的社会关系的性质。(3)经济法调整的并非一切社会关系,而主要是传统部门法所不调整的具有经济性质、经济内容的社会关系。因此,不具有经济性质的人身关系,已由传统部门法调整的民事关系、行政管理关系等,都不属于其调整范围。

(二)经济法的调整对象是特定的经济关系

从调整范围上看,经济法的调整对象包括两个方面,一个是宏观调控关系,一个是市场规制关系,可以分别简称为调控关系和规制关系,或者合称为"调制关系"。因此,经济法的调整对象,最简单地说,就是"调制关系"。

从宏观的角度来看,市场失灵会造成产业失衡,并由此带来经济结构的失衡;而各类经济结构的失衡,则会造成总量失衡,因而就必须依据一定的经济目标和社会目标,进行有效的宏观调控;而宏观调控的主体则是广义的政府,政府由于诸多原因,在调控方面可能会出现政府失灵的问题,只有依法调控才能更好地解决问题;而要依法调控,就必须有宏观调控法,并依宏观调控法来调整政府与国民之间存在的宏观调控关系。

从微观的角度来看,市场失灵会导致竞争失效,因而需要对相关市场主体的市场行为进行规制,并进而实现对整个市场结构的规制。通过综合性的经济性规制和社会性规制,有助于更好地实现对整个市场的规制。通常,市场规制是由政府制订的,在市场规制领域,也同样会存在政府失灵的问题。要解决政府失灵的问题,要求政府必须依法规制,为此,就需要有相关的市场规制法。

(三)经济法律关系为什么不能成为经济法的调整对象

从法理学上讲,法是可以调整法律关系的。诸如民法调整民事法律关系,行政法调整行政法律关系,国际私法调整涉外民事法律关系,国际经济法调整国际经济法律关系,于是,经济法律关系或者经济权利和义务关系或者其他权利和义务关系就成为了经济法的调整对象。

其实不然。法理学的常识早就告诉我们,法律关系不能成为法的调整对象。法律关系,是指根据法的规定发生的权利和义务关系。法律关系的发生以法的存在为前提,是先有法后有法律关系。如果认为法是调整法律关系的,这就等于说只有有了法律关系,才有法的调整对象,法才存在。因为世界上过去和现在没有、今后也不会存在没有调整对象的法。所以,按照上述观点,必然得出先有法律关系后有法的结论。而这是不符合实际的。

经济法调整的特定经济关系同经济法律关系属于不同范畴的概念。经济法调整的特定经济关系是通过物而形成的人与人之间的关系,即物质利益关系,属于经济基础的范畴;经济法律关系是通过人们的意识而形成的人与人之间的关系,即思想意志关系,是特定经济关系在法律上的反映,属于上层建筑的范畴。把经济法律关系视为经济法的调整对象,实质上就是把特定经济关系和经济法律关系等同起来，混淆了它们的原则界限，这是值得商榷的。

三、经济法的概念和特征

(一)经济法的概念

经济法是调整在国家协调本国经济运行过程中发生的经济关系的各种法律规范的总称。这个定义有以下三个方面的基本含义：

1. 经济法是各种法律规范的总称

经济法的调整对象包括两个方面，一个是宏观调控关系，一个是市场规制关系，合称为“调制关系”。对这种关系还可以做进一步的具体化。由于宏观调控主要涉及财税、金融、计划等领域，因而宏观调控关系可以分为财税调控关系、金融调控关系、计划调控关系，可以分别简称为财税关系、金融关系、计划关系，它们同各国在宏观调控方面通常采行的财税、金融、计划三大手段是一致的；由于市场规制主要涉及反垄断、反不正当竞争、消费者保护等领域，体现的是对市场行为或市场结构等方面的规制，因而市场规制关系也可以分为反垄断关系、反不正当竞争关系、消费者保护关系。同时，由于宏观调控和市场规制都涉及相关的国家机关的权力分配问题，因而在宏观调控关系和市场规制关系中，还都包含着一类特殊的社会关系，即体制关系，如财政体制关系、金融体制关系，等等。事实上，经济法的调整直接关系到国民的财产权、经济自由权等基本权利，为了有效地保护国民的基本权利，就要依法界定国家的权力边界，因而在宏观调控和市场规制方面，都要严格执行法定原则，依法在各类国家机关之间进行“分权”，从而形成各种层次的分权关系或称体制关系。

2. 经济法调整的经济关系是在国家协调本国经济运行过程中发生的

国家对经济运行的协调，体现了国家管理经济的职能，体现了国家对经济生活的干预，体现了“国家之手”在经济运行中的作用。无论是实行市场经济的国家，还是不实行市场经济的国家，经济运行都不能没有国家协调。当然，在不同的国家以及同一个国家的不同时期，国家对经济运行进行协调的广度和深度、内容和方法是不同或不完全相同的。

在实行市场经济的情况下，经济运行也需要国家协调。因为市场对资源配置虽然起着基础性作用，但它并不是万能的，在经济运行中存在着“市场失效”或“市场失灵”的情况，市场调节具有自发性、滞后性和一定盲目性，这就决定了国家协调经济运行的必要性。

3. 经济法就是综合调整上述各种法律规范总称的部门法

在经济法调整的各类社会关系中，都涉及基础性的体制关系，如财政体制关系是财政收支关系的基础，税收体制关系是税收征纳关系的基础，等等。上述体制关系既有共性又有个性，体现了经济法与一些传统部门法在调整对象方面的重要差别。因此，经济法又不同于同属国内法体系的民法、行政法等传统部门法。

(二)经济法的法律特征

关于经济法的主要特征，目前理论界认识不一。本书认为，我国经济法的特征主要包括以下几个方面：

1. 经济法的调整对象具有经济性

从经济法的调整对象方面来看，经济法具有突出的经济性，即经济法的调整具有降低社会成本、增进总体收益，从而使主体行为及其结果更为“经济”的特性。主要表现为：

(1)经济法作用于市场经济，直接调整特定的经济关系；调整的目标是节约交易成本，提高市场运行的效率。

(2)经济法是经济政策的法律化。客观的经济形势、规律和条件，是经济法制定的依据和前提条件。国家现实的经济发展现状和趋势，是制定经济法的立足点，因为任何一项经济法律的制定，都是对具体的社会经济关系的确认。

(3)经济法要反映经济规律。经济法的实施应以符合客观经济规律作为检验的唯一标准。经济法的实施，是否有利于经济的发展，不能从其本身的条文里得到证实，而应从其是否符合客观经济规律、是否有利于社会经济的发展来检验。

(4)经济法运用的是法律化的经济手段。经济法的内容和目的都具有经济性。经济法是以调整经济权利和经济义务为内容的社会关系，其目的在于发展社会生产力，提高社会经济效益。

2. 经济法的调整手段具有国家强制性

经济法的强制性，是指在调整的目标和手段方面，经济法所具有的把积极的鼓励、促进与消极的限制、禁止相结合的特性。它体现的是国家自觉运用“有形之手”对经济进行国家调节，对变幻不定的经济生活及时应对。就其调整手段而言，并非所有的经济关系都可以成为经济法的调整对象，而只有那些直接受国家干预的经济关系，即国家直接管理和调控的经济关系，才能成为经济法的调整对象。市场直接可以调节的经济关系，就用不着国家干预，国家干预经济的目的就是解决市场失灵，弥补市场自身调节的缺陷。

3. 经济法主体的地位具有不平等性

经济法的主体与主体之间不存在平等关系，不存在生产经营关系，相反是存在明显的不平等关系的，其中一方必须是作为和代行国家经济干预和调控的机关或部门，另一方是以营利为目的的经济实体。它们之间是干预和受干预、监督和被监督、调控和执行的关系。

4. 经济法的法律构成具有分散性

(1)从立法上看，目前我国对经济法的制定往往是从具体的部门法着手，说到经济法往往是指一部具体的部门经济法，如《预算法》、《中国人民银行法》、《税收征收管理法》、《反不正当竞争法》、《产品质量法》、《广告法》等等。从新中国成立至今国家未制定出一部完备系统的经济法典或经济法。

(2)从法律体系来看，目前我国在立法上比较重视建立社会主义市场经济法律体系，它是综合性的法律体系。市场经济法律体系不等同于经济法的体系。在市场经济法律体系中，经济法应当是其主要的支撑点，没有经济法的存在，市场经济法律体系就缺乏有力的支撑。

5. 经济法的程序与效率具有自足性

现代社会的重要特征是强调程序与效率，为此，在制度的构成上，就必须体现程序价值和效率理念，由此使现代经济法制度具有了突出的“自足性”。经济法制度的自足性，表现为在经济法的制度构成中，既有实体法制度，又有程序法制度，从而在制度供给或运作上是自给自足的。这与传统的刑法、民法、行政法等在实体制度之外再单独构筑一套程序制度是有所不同的。从制度构成上看，经济法不仅包含了大量的实体法规范，而且还有越来越多的程序法规范不断渗入。这当然是经济法所要解决的日益复杂的现代问题对程序性的要求，同时也是对效率价值的追求。因此，从解决复杂的现实问题的角度，以及从确保制度运作的公平与效率的角度，经济法从一开始就把实体法规范与程序法规范熔为一炉。

6. 经济法的制度追求具有现代性

(1)经济法在精神追求上的现代性。在现代社会，经济领域里的突出矛盾是个体营利性和社会公益性的矛盾，以及由此而带来的效率与公平的矛盾。协调和解决这些矛盾是经济法所追求的目标，由此使经济法既不同于侧重于保护私人利益的传统私法，也不同于侧重于保护国家利益的传统公法，它更追求一种从资源配置到财富分配、从调整手段到调整目标的“和谐”或称“协调”，这种追求是经济法的一种基本理念，是经济法不同于传统部门法的一种基本精神。经济法的上述精神，导因于时代精神的改变，根源于经济生活和社会生活的实际需要。

(2)经济法在背景依赖上的现代性。经济法之所以产生于传统部门法之后,就是因其特殊的理念和价值追求,使之只能产生于特定的时空背景之下,而不是与传统部门法一起产生。在我国,经济法产生的重要前提是市场经济的充分发展,以及需由新兴部门法加以解决的市场失灵等问题的存在。

(3)经济法在制度建构上的现代性。经济法具有很强的"政策性",经济的法律调整往往以政策先行,而后赋予政策以法律效力。正因如此,经济法的制度运作主要体现在行政领域,经济法领域的纠纷有许多并不是在司法机关解决的,把大量问题解决于诉讼之外,是经济法追求的目标。

第二节 经济法的地位

一、经济法是一个独立的法律部门

经济法的地位问题就是经济法在整个法的体系中是不是一个独立的法的部门,以及其重要性如何的问题。从部门法理论的角度来看,经济法是否能够成为一个独立的法律部门,直接关系到它在法律体系中是否有独立的地位,关系到其存在的合理性、合法性等问题;而要论证经济法是一个独立的法律部门,以便说明其独立地位,就必须说明经济法有自己独特的调整对象。因为法的调整对象,是划分法的部门的标准。所以,经济法是不是一个独立的法的部门,决定于经济法是否具有特定的调整对象。

随着人们认识的逐渐深入,特别是随着市场经济的理念和相关法制知识的引入,对经济法调整对象的认识也日益清晰:第一,经济法不仅有自己独立的调整对象,而且它的调整对象有一定的范围,主要是宏观调控关系和市场规制关系,不调整其他经济关系。第二,经济法的调整对象同其他法的部门的调整对象是可以分开的。就是说,经济法调整的在国家协调本国经济运行过程中发生的经济关系是有自己的特征的,同其他法的部门的调整对象既不是交叉的,也不是重叠的。按照传统的部门法理论,经济法当然可以成为一个独立的法律部门,在整个法律体系中当然可以有自己独立的地位,所以,有充分的理由认为,经济法是一个独立的法的部门。

二、经济法与相邻法律部门的关系

(一)经济法与民法的关系

经济法与民法的联系主要表现在:

1. 都调整一定范围的经济关系。经济法和民法各自都有特定的调整对象,都调整一定范围的经济关系。

2. 都以宪法、法律、法规、规章等作为渊源。经济法和民法的渊源都包括宪法、法律、法规、规章等规范性文件和习惯法、判例法等。

3. 都属于国内独立的法的部门。即经济法和民法在整个法的体系中,都属于国内法体系,都是独立的法的部门。

4. 都具有维护经济秩序、促进国民经济发展的作用。经济法和民法对于保护当事人的合法权益,维护经济秩序,推动改革开放和国民经济的发展,都发挥着巨大的作用。

经济法与民法的区别是:

1. 主体不同。民法主体仅限于法人、自然人和其他组织,而经济法的主体除法人、公民以外,还包括国家的权力机关、行政机关、企业事业单位、社会团体以及企业内部组织和农户等。

2. 调整对象不同。民法是调整平等主体之间的人身关系和财产关系的,而经济法则是调整国家干预经济活动过程中所产生的经济关系,它不调整人身关系。

3. 调整方法不同。民法采用民事方法调整经济关系,而经济法则是运用奖励与惩罚相结合的综合性的方法调整经济关系。

4. 责任方式不同。民法对违法行为采取民事责任方式,即补偿性的财产责任方式,惩罚性的非财产责任方式只起辅助作用;而经济法对违法行为,则采取经济、行政和刑事相结合的责任方式,相比较而言,制裁性相对明显。

(二)经济法与商法

商法与经济法的关系是20世纪以来影响商法发展的又一理论难点。不仅在传统的社会主义国家,商法被经济法兼容和取代,即使在现代西方国家,经济法的发展也已经成为影响商法独立性的一大障碍。

本书认为,商法和民法是私法中的两大法域,两者有着十分密切的关系。民法是对私人法律关系作出规定的一般法,商法是对其商事法律关系作出规定的特别法,两者是一般法和特别法的关系。而经济法是调整国家干预经济活动过程中所产生的经济关系,是以国民经济利益为基础,着眼于超私法主体利益的调整，因而商法和经济法应分作两个法域。商法与经济法的联系主要表现在：

1. 商法和经济法都是规范有关企业经济活动的法的部门。

2. 两者的性质有共同之处。经济法调整经济生活，包括维护市场秩序和对国民经济进行宏观调控，均须借助国家公权力，因而在某种意义上属公法性质；商法虽在总体上属私法性质，但一方面保护企业的权利，另一方面又需要政府运用公权力对企业进行监督，因而也含有某种公法因素。

商法与经济法的区别主要表现在：

1. 在调整对象上，商法主要调整平等主体之间的交易活动，对行政机关的调整也主要局限于商事管理机关的商事管理行为；经济法则不仅调整经济活动的主体，即经营主体的行为，而且调整国家及其代表机构，如权力机关和行政机关参与经济活动或运用国家权力干预经济活动的行为。

2. 在调整方法上，商法注重维持私法中传统的“意思自治原则”；经济法则信守“国家统治原则”。

3. 在法律属性上，商法是以平等主体为本位的私法，以任意性规范为主；经济法则是以国家为本位的公法，以强制性规范为主。

4. 在体系构成上，商法以商主体、商行为、公司法、票据法、证券法、保险法、海商法等为内容；经济法则以价格、金融、税收、投资、公平交易、反垄断、贸易管制等为内容。

（三）经济法与行政法的关系

经济法与行政法的联系，主要表现在：

1. 都体现了国家对社会生活的干预。经济法与行政法所调整的社会关系，都主要侧重于纵向关系，经济法的执法主体在形式上主要是行政机关，这与行政法主体极为相似。

2. 都在不同程度上运用行政方法调整社会关系。经济法与行政法各自都有特定的调整对象，但都调整一定范围内的管理关系，它们都体现了国家对社会生活的干预或管理，它们所调整的社会关系都具有隶属性质，并且都采取了命令与服从的调整方法。

3. 都以宪法、法律、法规、规章等规范性文件为渊源。经济法与行政法的渊源都包括宪法、法律、法规、规章等规范性文件和习惯法、判例法。

4. 都具有维护国家利益和社会公共利益的作用。即二者对于维护国家利益和社会公共利益，对于国家的改革和发展，都发挥着巨大作用。

经济法与行政法的区别是：

1. 主体不同。行政法主体的一方是政府及其非经济主管部门，另一方则是下属的行政机关、企事业单位、社会团体和公民；经济法的主体一方是国家经济管理部门，另一方则是社会经济组织。经济法律关系主体包括国家权力机关、行政机关和司法机关，行政法主体则只限于国家行政机关。此外，企业内部的管理机构和生产组织不能作为行政法的主体，但它们可以作为经济法的主体。

2. 调整对象不同。行政法的调整对象是行政管理关系，它所体现的是一种权力从属关系；而经济法调整的是一种非权力从属性的经济关系，经济法律关系的主体地位并不具有平等性。

3. 调整的方法不同。行政法是采取单纯的行政方法调整社会关系；而经济法则是采取强制性、指导性和监督性相结合的方法调整社会关系。

第三节　经济法律关系

一、经济法律关系的概念

经济法律关系是指在国家协调经济运行过程中根据经济法的规定发生的权利和义务关系。

经济关系是一种社会关系，是与人类社会共始终的一类最基本、最重要的社会关系，它是在一定生产方式基础上产生的生产、交换、分配和消费关系的总和。

经济关系是经济法律关系产生的前提和存在的基础。国家根据客观需要，将客观上已经发生和存在的那些重要经济关系，通过自己制定的法律予以调整，使之具有法律的形式，获得国家强制力的保护。这种上升为国家意志的具有权利义务内容的经济关系，就是经济法律关系。

经济法律关系同经济法调整的特定经济关系有密切的联系，经济法律关系是作为经济法调整对象的特定经济关系在法律上的反映。经济法律关系同经济法调整的特定经济关系是不同范畴的概念，前者是通过人们的意识而发生的思想意志关系，属于上层建筑的范畴；后者是通过物而形成的物质利益关系，属于经济基础的范畴。

二、经济法律关系的构成要素

经济法律关系的构成要素，是指构成经济法律关系的不可缺少的组成部分。经济法律关系由经济法律关系主体、经济法律关系内容和经济法律关系客体三要素构成。

(一)经济法律关系主体

经济法律关系的主体，即经济法主体，是指经济法律关系的参加者或者当事人。

经济法律关系主体的范围是由经济法调整对象的范围决定的。在我国，经济法的主体包括国家机关、法人、非法人组织、企业内部组织、自然人等。

与民法主体和行政法主体相比较，经济法主体主要有以下三个特征：

1. 经济法主体参加的经济法律关系体现了国家对经济运行的协调

经济法律关系是指在国家协调经济运行过程中根据经济法的规定发生的权利和义务关系。现阶段，我国在国家协调经济运行过程中根据经济法的规定发生的经济权利和义务关系，全面地反映了国家意志或者国家意志与当事人自由意志的结合。经济法主体是这些经济法律关系的参加者。

民法主体是民事法律关系的参加者，民法主体参加的民事法律关系反映了当事人的自由意志。行政法主体是行政管理法律关系的参加者，行政法主体参加的行政管理法律关系是同行政管理分不开的。而经济法律关系是同国家对经济运行的协调分不开的，与民事法律关系与行政管理法律具有不同的性质。因此，民事法律关系的参加者和行政管理法律关系的参加者与经济法律关系的参加者具有不同的特征。

2. 企业是经济法律关系最主要的参加者

经济法律关系发生在多种多样的经济法主体之间，但主要发生在国家机关与企业之间、企业与企业之间以及企业内部。企业是经济法主体中最主要的主体。

民事法律关系发生在多种民法主体相互之间，其中主要发生在公民相互之间以及公民与法人之间。公民是民法主体中最主要的主体。

行政管理法律关系不是发生在国家行政机关相互之间，就是发生在国家行政机关与其他国家机关、社会组织或公民之间。因此，在任何行政管理法律关系的参加者之中，至少有一方是国家行政机关。国家行政机关是行政法主体中最主要的主体。

3. 企业的内部组织和有关人员也是经济法律关系的参加者

企业的内部组织不是自主经营、自负盈亏、独立核算的经济实体,不具有法人资格,但是可以参加企业内部的经济管理法律关系,成为经济法主体。企业的领导人员、其他管理人员或其他职工也可以参加企业内部的经济管理法律关系,成为经济法的主体,但这时他们是以企业成员的身份而不是以一般公民的身份出现的。企业的内部组织和有关人员之所以能够成为经济法主体,这是由经济法负有调整企业内部一定范围的经济管理关系的任务决定的。

民法的主体包括公民和法人。企业的内部组织既不是公民,也不具有法人资格,因而不是民法的主体。企业的有关人员其身份不同于一般公民,也不是民法的主体。

行政法的主体除了一方是国家行政机关以外,另一方可以是国家行政机关或其他国家机关、企业、事业单位、社会团体、公民等,但不包括企业的内部组织和有关人员。

(二)经济法律关系的内容

经济法律关系的内容,是指经济法律关系主体享有的经济权利和承担的经济义务。

1.经济权利

经济权利是指经济法主体在国家协调经济运行过程中,依法具有的自己为或不为一定行为和要求他人为或不为一定行为的资格。不同的经济法律关系主体享有的经济权利是不同的,具体有以下四个方面:

(1)经济职权,是指国家机关行使经济管理职能时依法享有的权利。经济职权的产生基于国家授权或法律的直接规定。哪些国家机关享有什么样的经济职权,是由国家授权的或是由法律直接规定的。经济职权具有命令与服从的隶属性质。在国家机关依法行使经济职权时,其下属的国家机关、有关的各种经济组织和其他经济法主体,都必须服从。经济职权不可随意转让、放弃和抛弃。行使经济职权,对于国家机关来说,既是权利也是义务,随意转让、放弃或抛弃是一种失职和违法行为,是不能允许的。

(2)财产所有权即所有权,是指所有者对其财产依法享有的独立支配权。财产所有权是所有者享有的一种权利。所有者是所有权的主体;这种财产权是一种物权而不是债权,是物权中的自物权而不是他物权。它是所有者在法定范围内,可以根据自己的意志和利益,对其财产进行利用和处置的权利。除了法律规定的以外,这种支配权是不受任何限制的。它是一种独占性的排他的权利。

(3)经营管理权,是指企业进行生产经营活动时依法享有的权利。经营管理权包括产、供、销、人、财、物各方面，是经济法律关系主体特别是法人自主经营所必需的。

(4)请求权，是指经济法律关系主体的合法权益受到侵犯时，依法享有要求侵权人停止侵权行为和要求国家机关保护其合法权益的权利。

2.经济义务

经济义务是指经济法主体在国家协调经济运行过程中，依法必须为一定行为和不为一定行为的责任。经济法律关系主体的经济义务包括：

(1)守法；

(2)履行经济管理职责；

(3)全面履行合同义务；

(4)完成国家指令性计划；

(5)依法纳税；

(6)不得侵犯其他经济法律关系主体的合法权益等。

(三)经济法律关系的客体

经济法律关系的客体，是指经济法律关系的主体享有的经济权利和承担的经济义务所共同指向的事物。经济法律关系的客体包括经济行为、物、货币和有价证券、智力成果、经济信息。

1.经济行为

经济行为是指经济法主体在国家协调本国经济运行的过程中为达到一定经济目的所进行的经济活动。包括经济管理行为、完成工作的行为和提供劳务的行为。

2.物

物是指能够被经济法主体控制和支配，具有一定的经济价值和使用价值的财富和实物。对于作为经济法律关系客体的物，根据不同的标准可做不同的划分，如动产和不动产，种类物和特定物，流通物、限制流通物和禁止流通物，可分物和不可分物，主物和从物，原物和孳息等。

3.智力成果

智力成果是指人们运用脑力劳动所创造的，直接对产业产生作用的精神财富。它是非物质性的，主要包括专利、商标、专有技术等。随着社会进步和科学技术的迅猛发展，智力成果已经逐渐取代传统的土地、资本等，成为社会财富的重要组成部分。

4.经济信息

经济信息是指反映社会经济活动发生、变化和特点的各种消息、数据、情报和资料的总称。在当今信息社会，经济信息作为一种重要的资源，无论是对宏观经济调控，还是对微观经济运行，都起着十分重要的作用。

三、经济法律关系的产生、变更和终止

（一）经济法律关系的产生、变更和终止的概念

经济法律关系的产生，是指在经济法律关系主体之间形成的一定的经济权利和经济义务关系。

经济法律关系的变更，是指经济法律关系主体、内容或客体的变化。

经济法律关系的终止，是指经济法律关系主体之间的经济权利和经济义务关系的消灭。

（二）经济法律关系的产生、变更和终止的要素

经济法律关系的产生、变更和终止，都必须以一定的法律事实为依据。在经济法学中，所谓法律事实，是指由经济法所确认的，能够引起经济法律关系产生、变更和终止的情况。法律事实可以划分为法律行为和法律事实。

(1)法律行为。是指能够引起经济法律关系产生、变更和终止的人们有意识的活动。法律行为又有合法行为和违法行为之分。前者是指符合经济法律规范的行为，如经济调控行为、完成工作的行为、提供劳务的行为、经济审判行为等；后者是指违反经济法律规范的行为，如滥用经济权利的行为，偷税、漏税、抗税、欠税等。

(2)法律事实。是指能够引起经济法律关系产生、变更和终止的不以人们的意志为转移的客观事实。法律事实具有客观性和法定性的特点。首先，它是一种客观现象，而不是单纯的主观现象；其次，它是法律规定的，而不是由个人决定的。一般情况下，一个法律事实就可引起法律关系的变动；而在某些情况下，须有几个法律事实的结合，才能发生某种法律关系的变动。

引起经济法律关系变动的法律事实是多种多样的，根据其是否与人的意志有关，法律事实可分为自然事实与人的行为两大类。自然事实，是指与人的意志无关的能引起经济法律关系变动的客观现象。自然事实包括事件与状态。事件是指某种偶发的现象，如水灾、旱灾、地震、火灾等；状态是指某种现象的持续，如战争、军事演习、重大国际关系变化等。人的行为既包括合法行为，也包括不合法行为；既包括积极的行为（作为），也包括消极的行为（不作为）。因人的行为与人的意志有关，法律可以通过对不同的行为规定不同的法律后果，控制不合法行为的发生，以鼓励实施合法行为，或制裁不法行为。

本章提要

经济法一词虽然最早出现在200多年前的法国，但现代意义上的经济法概念则产生于20世纪初期的德国，理论界一般认为第一部现代意义的经济法典是美国1890年颁布的《谢尔曼反托拉斯法》，但是第一次以经济法命名的法典，则是德国1919年制定的《煤炭经济法》。

经济法的调整对象包括两个方面，一个是宏观调控关系，一个是市场规制关系，可以分别简称为调控关系和规制关系。

经济法是调整在国家协调本国经济运行过程中发生的经济关系的各种法律规范的总称。经济法的调整对象同其他法的部门的调整对象是可以分开的。就是说，经济法调整的在国家协调本国经济运行过程中发生的经济关系是有自己的特征的，同其他法的部门的调整对象既不是交叉的，也不是重叠的。

经济法律关系是指在国家协调经济运行过程中根据经济法的规定发生的权利和义务关系。经济法律关系由经济法律关系主体、经济法律关系内容和经济法律关系客体三要素构成。

经济权利是指经济法主体在国家协调经济运行过程中，依法具有的自己为或不为一定行为和要求他人为或不为一定行为的资格。不同的经济法律关系主体享有的经济权利是不同的。经济义务是指经济法主体在国家协调经济运行过程中，依法必须为一定行为和不为一定行为的责任。

复习思考题

1. 简述经济法调整对象的具体内容。
2. 简述经济法与民法的关系。
3. 简述经济法律关系的概念和构成。
4. 试述经济法的地位。
5. 为什么说经济法的调整对象不是经济法律关系？

第二章

企业法

学习目的

- 了解企业法的概念，掌握合伙企业设立、合伙企业财产及事务执行(特别是合伙人与第三人的关系)、入伙和退伙，并能够运用所学法律知识分析和解决有关企业的具体问题。
- 了解个人独资企业的概念、设立条件和程序、事务管理、解散和清算等，并能够运用所学法律知识分析和解决有关企业的具体问题。
- 了解外商投资企业的概念、设立条件和程序、基本组织机构的利润分配、财产清算、争议解决等，并能够运用所学法律知识分析和解决有关企业的具体问题。

第一节 企业法概述

一、企业的概念与特征

我国关于企业的法律概念散见于各单项企业立法中。如我国《全民所有制工业企业法》将全民所有制工业企业定义为："依法自主经营、自负盈亏、独立核算的社会主义商品生产和经营单位。"《乡镇企业法》将乡镇企业定义为：

"农村集体经济组织或者农民投资为主,在乡镇(包括所辖村)举办的承担支援农业义务的各类企业。"《外资企业法》将外资企业定义为:"依照中国有关法律在中国境内设立的全部资本由外国投资者投资的企业,不包括外国的企业和其他经济组织在中国境内的分支机构。"由于我国并无统一的适用于所有企业的《企业法》,因此,立法上仍然没有一个具有普遍意义的企业概念。

然而,我国法学界却从不同角度对普遍意义上的企业概念进行了概括。有的学者认为,企业是具有人和物的要素,以营利为目的,独立、连续从事一定经济活动的经济组织[①];有人则认为企业是按照一定的生产方式和经营方式将生产资料、劳动者和经营者结合为一个整体的"以营利为目的"的从事商品生产、运输、销售或者提供劳务或服务的社会组织体[②];还有的学者认为,企业是连续稳定地从事经济活动的营利性的社会组织[③]。

尽管法学家们对企业的概念的界定并不一致,但从中可以概括出企业具有如下特征:

1.组织性

即企业是由一定的生产要素有机结合而组成的社会组织。组成企业的一定生产要素,主要是人(一定数量和具有一定素质的劳动者)和物(劳动对象和劳动资料等财产)。企业把这两类生产要素有机地结合在一起,从事特定商品的生产和经营活动。即便是个人独资企业,虽然是由一人出资设立的,其利益和风险亦归一人承担的,但其在存在形式上仍是一种组织形态,而非个体经营。企业作为社会组织体这一特征使其与同样从事经济活动的商个人区别开来。

2.经济性

即企业是从事经济活动的社会组织。企业作为经济组织所从事的是经济活动,主要包括物质资料的生产、经营、销售等生产经营活动和满足人们生产和生活需要的各项服务活动。企业作为经济组织这一特征使其与其他非经济性的组织体,如国家机关、事业单位区别开来。

我们讲企业是从事生产经营服务活动的经济组织,还要注意的是:企业的经济活动必须是连续的、稳定的,而不是一次性的、断续性的,这样才能保证国民经济活动的稳定性和连续、有秩序地发展。

---

① 王保树:《企业法论》,工人出版社1988年版,第3页。
② 郑立:《企业法通论》,中国人民大学出版社1993年版。
③ 赵旭东:《企业法律形态论》,中国方正出版社1996年版,第13页。

3. 营利性

即企业是以营利为目的的经济组织。企业通过从事某项生产经营或服务性活动，来达到资本增值的目的并将其分配给投资者。我们在讲企业是以营利为目的时，还应该强调企业同样担负着重要的社会责任，即企业“在谋取自身及其投资者最大经济利益的同时，从促进国民经济和社会发展的目标出发，为其他利害关系人履行某方面的社会义务”[①]。企业具有营利性这一特征使其与从事公益性活动的社会组织区别开来。

4. 独立性

即企业是独立的经济组织。企业以自己的名义对外独立进行活动，并对自身活动独立承担民事责任。企业的独立性因企业是否具有法人资格而有所不同。法人企业的决策权集中在法人机关，并以其所有的财产对外承担民事责任，具有完全的独立性；而非法人企业的决策权则掌握在投资者手中，其债务由投资者以其共有的企业财产和所有的个人财产承担无限的或连带的责任，表现为相对的独立性。企业的独立性特征使其与企业的内部机构区别开来。

5. 法定性

即企业是依法设立的经济组织。企业的法定性可以从两个方面来理解：一是企业需依法设立。各国法律对不同形式的企业的形式与设立都规定了一定的实质要件和形式要件，企业只有具备了法律规定的要件，并履行了法定的必经程序，才可以取得相应类型的企业资格，得到法律的确认和保护。二是企业需依法经营。企业的生产经营活动必须合法，不得从事违法的生产经营活动。

因此，本书认为，在法学上可以将企业概念定义为：企业是指依法成立，连续稳定地从事经济活动的营利性组织。

二、企业的分类

依据企业的法律地位，可以将企业划分为法人企业和非法人企业。

法人企业是指有独立于企业所有者之外自身的财产，有自己的组织机构及权利能力、行为能力，能独立承担法律责任的企业。在我国，法人企业的主要形式是公司。企业法人必须经过一定的程序，依法申请登记，并经工商行政管理部门注册批准，才能取得法人资格。法人企业拥有必要的由企业独立支

① 张士元、刘丽：《论公司的社会责任》，《法商研究》2001 年第 6 期，第 107 页。

配的财产和自己的名称、组织机构和场所,能够独立承担法律责任。

非法人企业是指没有独立于企业所有者之外的自身的财产,没有自己的组织机构及权利能力、行为能力,不能独立承担法律责任的企业。在我国,非法人企业主要包括个人独资企业和合伙企业两种。非法人企业的所有权与经营权是统一的,企业的所有者同时就是企业的经营管理者;除法律另有规定外,企业所有者对企业债务负有无限的清偿责任或无限的连带清偿责任。

此外,对企业还可进行其他多种的分类。如依据企业的经济类型的不同,可以将企业分为国有企业、集体所有制企业、私营企业、联营企业、股份制企业、外商投资企业、港澳台投资企业等。

依据企业所属的经济部门,可划分为工业企业、农业企业、商业企业、金融企业、交通运输企业等;依据企业的规模,可划分为大型企业、中型企业和小型企业;依据企业使用的技术装备及生产力要素所占比例,可划分为劳动密集型企业和技术密集型企业等等。

三、企业法的概念和特征

企业法是规范企业内部和对外各种社会关系的法律规范。企业法具有以下特征:

(一)企业法是兼具组织法与行为法性质的法律规范

企业法是以企业这一经济组织为其规范对象的。各国企业法都对本国企业的种类、组织形式、设立的条件、法定的组织机构及其职权作出规定,并确定不同企业的法律地位,这些规定均属于组织法的内容。同时,企业法还规定了企业的设立、生产经营等行为及其法律后果,以保证企业依法顺利组建,正常开展生产经营活动。

(二)企业法是兼具实体法与程序法性质的法律规范

企业法首先是一种实体法,企业法中规定的大量内容,如企业的种类、企业设立应具备的条件、企业的注册资本数额以及资本构成、投资者的权利义务、内部机构的设置及职权等,均属实体法性质的规定。同时,为了保证企业实现这些实体上的权利和义务,企业法还规定了相应的法定程序。如企业的设立、变更、终止的程序,企业有关会议召集和决策的程序,公司股份和债券的募集、发行程序等。

(三)企业法是兼具强行法与任意法性质的法律规范

企业法是强行性条款与任意性条款相结合的一种法律规范形式。如公司法规定公司要标明公司的种类、股份有限公司开办的发起人不得少于法定人数、公司注册资本的最低数额等，这些规定均不得任意变更和伸缩，属于强制性规范。同时，为了尊重企业投资者的意愿，企业法还规定了许多任意性的条款，如股份有限公司的设立方式、股息和红利的分配方式、扩股增资的途径等。

(四)企业法是兼具管理法与财产法性质的法律规范

国家通过制定企业法来调整国家与企业间的关系，将企业的全部活动纳入法律规范轨道，对企业及其活动进行管理和监督，以达到保证企业的合法经营和维护社会正常的经济秩序的目的。企业法中的很多规定反映了这一目的，如企业设立的审核与批准，企业登记制度，法律对企业的组织机构及其行为的各方面要求，均反映了企业法重要的管理属性。同时，由于企业法所调整的社会关系有相当一部分是财产关系，如企业财产的归属、企业盈利的分配、各类基金的计提、企业债权债务的享有与承担、企业终止后财产的分配等均是企业法的重要内容，因此企业法又具有财产法的性质。

第二节　合伙企业法

一、合伙企业的概念和特征

(一)合伙企业的概念和特征

合伙企业，是指自然人、法人和其他组织依照《合伙企业法》在中国境内设立的普通合伙企业和有限合伙企业。

合伙企业一般具有以下特征：

1.合伙企业以合伙协议为其成立的法律基础

合伙企业是按照合伙人在自愿、平等的基础上签订的协议而成立的，合伙组织内部是平等的契约关系。合伙协议是调整合伙关系、规范合伙人相互间的权利义务、处理合伙纠纷的基本法律依据，也是合伙得以成立的法律基础。合伙协议依法由全体合伙人协商一致、以书面形式订立。合伙协议一经成立，对合伙各方具有法律约束力。每个合伙人应依协议的规定履行义务、行使权利，任何一方不履行义务或侵犯其他合伙人权利的，都将承担违约责任。

2.合伙企业是非法人组织体

合伙企业是自然人、法人或其他组织联合的组织体，是具有相对稳定性的团体。合伙企业享有名称权，可以以其组织的名义（字号）参加商品流转活动，可以以“组织”名义（字号）同第三者发生法律关系，对外签订合同，行使权利，履行义务，并可起诉、应诉。

虽然合伙企业是一个组织体，但它同法人组织有着很大的区别：首先，从组织机构上看，法人有着法定的组织机构，如《公司法》规定的公司应设立股东会、董事会、监事会等，而合伙企业并无严格法定的组织机构；其次，从成立的程序看，法人是依法定程序、按照章程而设立的，而合伙企业则是合伙各方在平等、自愿的基础上通过签订协议而成立的。第三，从责任形式上看，法人依法独立承担法律责任，而合伙企业的法律责任由合伙人根据法律规定承担。

3.普通合伙人承担无限连带责任

除法律另有规定外，普通合伙人对合伙企业的债务承担无限连带责任。无限责任是指所有的合伙人不以自已投入合伙企业的资金和合伙企业所有的全部资金为限，而是以合伙人自己所有的财产对债权人承担清偿责任。连带责任是指所有的合伙人对合伙企业的债务都有责任向债权人偿还，不管自己在合伙协议中所承担的比例如何。一个合伙人不能清偿对外债务的，其他合伙人都有清偿的责任。但是，当某一合伙人偿还合伙企业的债务超过自己所应当承担的数额时，有权向其他合伙人追偿。

二、合伙企业的种类

根据我国《合伙企业法》的规定，根据合伙企业中是否存在对合伙债务负有限责任者，可以将合伙企业分为普通合伙企业和有限合伙企业。

1.普通合伙企业

普通合伙企业是指由普通合伙人组成，合伙人对合伙企业债务承担无限连带责任的合伙组织。

对于普通合伙企业的概念应注意把握以下两点：一是在人员构成上，普通合伙企业由普通合伙人组成。普通合伙人，是指在合伙企业中对合伙企业的债务承担无限连带责任的自然人、法人和其他组织。二是在责任承担上，除法律另有规定外，合伙人对合伙企业债务依法承担无限连带责任。根据《合伙企业法》关于“特殊普通合伙企业的规定”的规定，以专业知识和专门技能为客户提供有偿服务的专业服务机构，可以设立为特殊普通合伙企业。在这种特殊普通合伙企业中，对合伙人本人执业行为中因故意或者重大过失引起的合伙企业债务，其他合伙人以其在合伙企业中的财产份额为限承担责任。

2.有限合伙企业

有限合伙企业是指由普通合伙人和有限合伙人组成，普通合伙人对合伙企业债务承担无限连带责任，有限合伙人以其认缴的出资额为限对合伙企业债务承担责任的合伙组织。

对有限合伙企业的概念应注意把握以下两点：一是在人员构成上，有限合伙企业由普通合伙人和有限合伙人组成。有限合伙人，是指以其认缴的出资额为限对合伙企业债务承担责任的自然人、法人和其他组织。二是在责任承担上，普通合伙人承担无限连带责任，而有限合伙人只承担有限责任，即以自己认缴的出资额对合伙企业债务承担责任后，不再以自己合法所有或者合法占有的其他财产承担赔偿责任。承担不同责任形式的合伙人可以依法转变承担责任的形式。

三、普通合伙企业

(一)合伙企业[①]的设立

合伙企业的设立，是指拟设立合伙企业的自然人、法人或者其他组织依照法律、行政法规规定的条件和程序，向登记机关申请设立合伙企业，并由登记机关依法给予登记的行为。

1. 设立条件

(1)有合格的合伙企业设立主体

在人数上，普通合伙企业的设立人不得低于“2 个”，有限合伙企业由 2 个以上 50 个以下合伙人设立；在资格上，合伙企业的设立人既可以是自然人，也可以是法人或者其他组织。合伙人为自然人的，应当具有完全民事行为能力。除法律另有规定的外，国有独资公司、国有企业、上市公司以及公益性的事业单位、社会团体不得成为普通合伙人。有限合伙企业至少应当有一个普通合伙人。

(2)有书面合伙协议

合伙协议应当包括下述内容：合伙企业的名称和主要经营场所的地点；合伙目的和合伙经营范围；合伙人的姓名、名称及其住所；合伙人出资的方式、数额和缴付出资的期限；利润分配、亏损分担办法；合伙事务的执行；入伙与退伙；争议解决办法；合伙企业的解散与清算；违约责任。另外，合伙协议可以载明合伙期限等内容。

有限责任合伙协议除以上内容外，还应当载明下列事项：普通合伙人和有

① 以下“合伙企业”未特别注明的均指“普通合伙企业”。

限合伙人的姓名或者名称、住所；执行事务合伙人应具备的条件和选择程序；执行事务合伙人的权限与违约处理办法；执行事务合伙人的除名条件和更换程序；有限合伙人入伙、退伙的条件、程序以及相关责任；有限合伙人和普通合伙人相互转变的程序。

(3)有各合伙人认缴或者实际缴付的出资

合伙人的出资是合伙企业从事各项生产经营活动的基础，因此，合伙企业必须有各合伙人的出资。但出资的缴付方式较为灵活，合伙人可以实际一次性缴付出资，也可以以认缴的形式分期出资，采取认缴形式的必须在合伙协议中有所体现，并按协议约定的方式、数额和期限进行缴付。

(4)有合伙企业的名称和生产经营场所

合伙企业作为一个市场主体，须有自己的称谓同其他市场主体相区别。合伙企业设定自己的称谓时必须遵守《合伙企业法》和其他有关企业名称登记的法律、行政法规和行政规章的规定。普通合伙企业应当在其名称中标明“普通合伙”字样，采取有限责任合伙形式的特殊普通合伙企业，应当在其名称中标明“特殊普通合伙”字样，有限合伙企业名称中应当标明“有限合伙”字样。

合伙企业作为一个营利性的经济组织，开展经济活动必须有自己的经营场所或者称经营地点，以便与其他市场主体进行正常的业务往来，便于执法机关的监督管理。

(5)法律、行政法规规定的其他条件。

2. 设立登记

(1)设立合伙企业须进行企业登记

依照《合伙企业法》及《中华人民共和国合伙企业登记管理办法》的规定，合伙企业经企业登记机关依法核准登记，领取营业执照后，方可从事经营活动；合伙企业应当在企业登记机关核准的登记事项内依法从事经营活动。

(2)申请设立合伙企业应提交的法定文件

申请设立合伙企业，应当向企业登记机关提交登记申请书、合伙协议书、合伙人身份证明等文件。合伙企业的经营范围中有属于法律、行政法规规定须经批准的项目的，应当依法经过批准，并在登记时提交批准文件。

(3)登记机关的登记

申请人提交的登记申请材料齐全、符合法定形式，企业登记机关能够当场登记的，应予当场登记，发给营业执照。企业登记机关不能当场登记的，应当自受理申请之日起20日内，作出是否登记的决定。予以登记的，发给营业执照；不予登记的，应当给予书面答复，并说明理由。

(4)合伙企业的成立日期

合伙企业的营业执照签发日期,为合伙企业成立日期。合伙企业领取营业执照前,合伙人不得以合伙企业名义从事合伙业务。

(5)合伙企业分支机构的登记

合伙企业设立分支机构,应当向分支机构所在地的企业登记机关申请登记,领取营业执照。合伙企业分支机构设立登记的时间,原则上按照合伙企业设立登记的时间执行。

(二)合伙企业的财产

1. 合伙企业财产的构成

合伙企业的财产是合伙企业对外承担责任的担保,是合伙企业存续的物质基础。合伙企业财产由原始财产和积累财产两个部分构成。

(1)原始财产

原始财产即全体合伙人的"出资"。合伙企业的原始财产应是全体合伙人"认缴"的财产,而非仅限于各合伙人"实际缴纳"的财产。其中,劳务出资因性质的特殊性而不能成为合伙企业的财产。

(2)积累财产

积累财产即合伙企业成立以后以合伙企业的名义依法取得的全部收益。合伙企业的积累财产,由两个方面组成:一是以合伙企业名义取得的收益,即营业性的收入;二是合伙企业依法取得的其他财产,即根据法律、行政法规等的规定合法取得的其他财产,比如接受赠与的财产等。

2. 合伙企业的出资

(1)出资的方式

合伙企业的出资方式多种多样,货币、实物、知识产权、土地使用权或者其他财产权利、劳务均可作为出资的方式。合伙人可自行决定以何种方式出资,既可以选择一种出资方式,也可以选择两种以上的出资方式,但有限合伙人不得以劳务出资。

(2)出资的评估作价

对作为出资的非货币财产(实物、知识产权、土地使用权或者其他财产权利)出资,需要评估作价的,可以由全体合伙人协商确定,也可以由全体合伙人委托法定评估机构进行评估;合伙人以劳务出资的,其评估办法由全体合伙人协商确定,并在合伙协议中载明。

(3)出资义务的履行

合伙人应当按合伙协议的约定履行出资义务,包括出资方式、出资数额、出资期限等方面的约定。只要约定是合法的,合伙人均应按照约定去履行,否则应依法承担相应的违约责任。

此外,以非货币财产出资的,合伙人还应根据法律、行政法规的规定依法办理相应的手续。

3. 合伙企业财产的处分

(1)合伙企业财产的转让

合伙人财产的转让,是指合伙企业的合伙人向他人转让其在合伙企业中的全部或者部分财产份额的行为。合伙人财产的转让方式包括外部转让和内部转让两种情况。

外部转让是指合伙人把其在合伙企业中的全部或者部分财产份额转让给合伙人以外的第三人的行为。在同等条件下,其他合伙人有优先购买权。

内部转让是指合伙人将其在合伙企业中的全部或者部分财产份额转让给其他合伙人的行为。因内部转让不涉及合伙人的变更,所以不需要经其他合伙人一致同意,只需要通知其他合伙人即可产生法律效力。

(2)合伙企业财产的出质

出质是指合伙人将其在合伙企业中的财产份额作为质押物来担保债权人债权实现的行为。合伙人可以以其在合伙企业中的财产份额作为质物,与他人签订质押合同,但必须经其他合伙人一致同意。若合伙人擅自以其在合伙企业中的财产份额出质,给善意第三人造成损失的,应当依法赔偿因其过错行为给善意第三人所造成的损失。

(3)合伙企业财产的分割

原则上,合伙企业进行清算前,合伙人不得请求分割合伙企业的财产。但是,《合伙企业法》另有规定的除外。

(4)合伙企业财产的无权处分

尽管任何合伙人都无权在合伙企业清算前私自转移和处分合伙企业的财产,但合伙人违背约定或者规定,擅自出让其无权处分的合伙企业财产时,合伙企业也不能以合伙人无权处分其财产而对善意第三人的权利要求进行对抗。

(三)合伙企业的内部关系

1. 合伙企业事务执行的形式

(1)共同执行。即各个合伙人按照合伙协议都直接参加合伙企业的经营活动,处理合伙企业事务,共同对外代表合伙企业。合伙人分别执行合伙事务的,执行事务的合伙人可以对其他合伙人执行的事务提出异议。提出异议时,应当暂停该项事务的执行。如果发生争议,依照合伙协议的约定或《合伙企业法》的规定进行表决。

(2)委托执行。即按照合伙协议的约定或者经全体合伙人决定,委托一个或者数个合伙人对外代表合伙企业,执行合伙事务。作为合伙人的法人、其他组织执行合伙事务的,由其委派的代表执行。受委托执行合伙事务的合伙人不按照合伙协议或者全体合伙人的决定执行事务的,其他合伙人可以决定撤销该委托。

由一个或者数个合伙人执行合伙事务的,其他合伙人不再执行合伙事务。执行事务的合伙人应当定期向其他合伙人报告事务执行情况以及合伙企业的经营和财务状况,不执行合伙事务的合伙人有权监督执行事务合伙人执行合伙事务的情况;合伙人为了解合伙企业的经营状况和财务状况,有权查阅合伙企业会计账簿等财务资料。执行事务的合伙人执行合伙事务所产生的收益归合伙企业,所产生的费用和亏损由合伙企业承担。

(3)聘任执行。即聘任合伙人以外的人担任合伙企业的经营管理人员,具体负责合伙企业日常事务管理。被聘任的合伙企业的经营管理人员应当在合伙企业授权范围内履行职务,因超越合伙企业授权范围履行职务,或者在履行职务过程中因故意或者重大过失给合伙企业造成损失的,应依法承担赔偿责任。

2. 合伙企业事项的决议

合伙人对合伙企业有关事项作出决议,按照合伙协议约定的表决办法办理。合伙协议未约定或者约定不明确的,实行合伙人一人一票并经全体合伙人过半数通过的表决办法。但下列事项,除合伙协议另有约定外,应当经全体合伙人一致同意:改变合伙企业的名称;改变合伙企业的经营范围、主要经营场所的地点;处分合伙企业的不动产;转让或者处分合伙企业的知识产权和其他财产权利;以合伙企业名义为他人提供担保;聘任合伙人以外的人担任合伙企业的经营管理人员。

3. 合伙人的权利

(1)平等的合伙事务执行权;

(2)事务执行合伙人对外代表权;

(3)非执行合伙人的监督权;

(4)查阅账簿权;

(5)异议权和撤销委托执行事务权。

4. 合伙人的义务

(1)事务执行合伙人的报告义务。

(2)竞业禁止义务。合伙人不得自营或者同他人合作经营与本合伙企业相竞争的业务。

(3)除合伙协议另有约定或者经全体合伙人一致同意外,合伙人不得同本合伙企业进行交易。

(4)不得从事损害本合伙企业利益的活动。

4. 合伙企业的债务承担及利润分配

合伙企业内部的债务承担和利润分配应当遵循以下原则:

(1)由全体合伙人按照合伙协议的约定进行承担和分配;

(2)合伙协议未约定或者约定不明确的,由合伙人协商决定;协商不成的,由合伙人按照实缴出资比例分配、分担;无法确定出资比例的,由合伙人平均分配、分担;

(3)合伙协议不得约定将全部利润分配给部分合伙人或者由部分合伙人承担全部亏损。

(四)合伙企业的对外关系

1. 合伙企业的对外代表权

(1)全体合伙人共同执行合伙企业事务的,全体合伙人均有对外代表权。

(2)委托一个或者数个合伙人执行合伙企业事务的,只有事务执行合伙人有对外代表权。

(3)合伙企业对合伙人执行合伙事务以及对外代表合伙企业权利的限制,不得对抗善意第三人。

2. 合伙企业与其债权人的关系

(1)合伙企业应先以其全部财产清偿其债务。

(2)合伙企业财产不足清偿到期债务的,合伙人承担无限连带责任。合伙人由于承担无限连带责任,清偿数额超其亏损分担比例的,可以根据合伙企业内部的债务承担原则向其他合伙人追偿。

(3)合伙协议约定的分担比例对债权人无约束力,债权人可以请求全体合伙人中的一人或数人承担全部清偿责任,也可以按照自己确定的比例向各个合伙人分别追索。

3. 合伙企业与合伙人的债权人的关系

(1)合伙人的债权人不得以其债权抵销其对合伙企业的债务;

(2)合伙人的债权人不得代位行使该合伙人在合伙企业中的权利。

(3)合伙人的自有财产不足清偿其与合伙企业无关的债务的,该合伙人可以以其从合伙企业中分取的收益用于清偿；债权人也可以依法请求人民法院强制执行该合伙人在合伙企业中的财产份额用于清偿。人民法院强制执行合伙人的财产份额时，应当通知全体合伙人，其他合伙人有优先购买权；其他合伙人未购买，又不同意将该财产份额转让给他人的，依照《合伙企业法》的规定为该合伙人办理退伙结算，或者办理削减该合伙人相应财产份额的结算。

案例：

王某、李某、于某共同出资100万元，成立合伙企业W饲料厂。其中于某出资现金10万元。于某因炒股票向朋友张某借现金5万元，并且签订了借款协议。张某为一养猪专业户，与合伙企业有生意上的往来。该借款协议到期时，因股票下跌，于某无力还款。张某曾从W饲料厂购进价值为5万元的猪饲料，尚未付款，于是要求以其对于某的债权抵销他欠合伙企业的债务。这一主张遭到W饲料厂其他合伙人的拒绝。张某于是向人民法院提起诉讼，要求强制执行于某在该合伙企业中的财产份额用于清偿。

法律问题：

张某能否以其对于某的债权抵销他对合伙企业的债务？法院是否应支持张某的诉讼请求？

分析：

本案中，张某不能以其对于某的债权抵销他对合伙企业的债务。根据《合伙企业法》第41条规定："合伙人发生与合伙企业无关的债务，相关债权人不得以其债权抵销其对合伙企业的债务。"本案中，于某向张某所借5万元是用于私人炒股所用，属于与合伙企业无关的债务，而张某所欠合伙企业5万元是其对整个合伙企业的负债，故二者不可抵销。

法院应支持张某的诉讼请求。根据《合伙企业法》第42条规定："合伙人的自有财产不足清偿其与合伙企业无关的债务的，该合伙人可以以其从合伙企业中分取的收益用于清偿；债权人也可以依法请求人民法院强制执行该合伙人在合伙企业中的财产份额用于清偿。"本案中张某请求法院强制执行于某在该合伙企业中的财产份额用于清偿，符合法律规定，所以必须予以支持。

(五)入伙与退伙

1. 入伙

(1)入伙方式

入伙是指在合伙企业存续期间合伙人以外的人加入合伙企业并取得合伙人资格的法律行为。新合伙人可以下列两种方式入伙：一是转让。即新合伙人从原始合伙人手中取得部分或全部合伙权益，合伙企业的原有资本总额和

净资产保持不变。二是投资。即新合伙人投入货币或其他财产，加入合伙企业，合伙企业的资产和权益均有所增加。

(2)入伙的条件和程序

新合伙人入伙，除合伙协议另有约定外，应当经全体合伙人一致同意，并依法订立书面入伙协议。订立入伙协议时，原合伙人应当向新合伙人如实告知原合伙企业的经营状况和财务状况。

(3)新合伙人的权利和义务

入伙的新合伙人与原合伙人享有同等权利，承担同等责任。入伙协议另有约定的，从其约定。新合伙人对入伙前合伙企业的债务承担无限连带责任。

2. 退伙

(1)退伙的种类

退伙是指在合伙企业存续期间合伙人退出合伙企业并使其合伙人资格归于消灭的法律行为。退伙的种类主要有：

①协议退伙。即合伙协议约定合伙期限的，在合伙企业存续期间，有下列情形之一的，合伙人可以退伙：合伙协议约定的退伙事由出现；经全体合伙人一致同意；发生合伙人难以继续参加合伙的事由；其他合伙人严重违反合伙协议约定的义务。

②声明退伙。即合伙协议未约定合伙期限的，合伙人在不给合伙企业事务执行造成不利影响的情况下，可以退伙，但应当提前30日通知其他合伙人。

③当然退伙。即有下列情形时发生的退伙：作为合伙人的自然人死亡或者被依法宣告死亡；个人丧失偿债能力；作为合伙人的法人或者其他组织被依法吊销营业执照、责令关闭、撤销或者被依法宣告破产；法律规定或者合伙协议约定合伙人必须具有相关资格而丧失该资格；合伙人在合伙企业中的全部财产份额被人民法院强制执行。

④除名退伙。即合伙人有下列情形之一的，经其他合伙人一致同意，可以决议将其除名：未履行出资义务；因故意或者重大过失给合伙企业造成损失；执行合伙事务时有不正当行为；发生合伙协议约定的事由。对合伙人的除名决议应当书面通知被除名人。被除名人接到除名通知之日，除名生效，被除名人退伙。被除名人对除名决议有异议的，可以自接到除名通知之日起30日内，向人民法院起诉。

(2)退伙的法律后果

退伙意味着退伙人丧失了原合伙人的身份。退伙产生的法律后果主要有：

①退伙结算。合伙人退伙,其他合伙人应当与该退伙人按照退伙时的合伙企业财产状况进行结算,退还退伙人的财产份额。退伙人在合伙企业中财产份额的退还办法,由合伙协议约定或者由全体合伙人决定,可以退还货币,也可以退还实物。退伙人对给合伙企业造成的损失负有赔偿责任的,相应扣减其应当赔偿的数额。退伙时有未了结的合伙企业事务的,待该事务了结后进行结算。

②财产继承。合伙人死亡或者被依法宣告死亡的,对该合伙人在合伙企业中的财产份额享有合法继承权的继承人,按照合伙协议的约定或者经全体合伙人一致同意,从继承开始之日起,取得该合伙企业的合伙人资格。有下列情形之一的,合伙企业应当向合伙人的继承人退还被继承合伙人的财产份额:继承人不愿意成为合伙人;法律规定或者合伙协议约定合伙人必须具有相关资格,而该继承人未取得该资格;合伙协议约定不能成为合伙人的其他情形。合伙人的继承人为无民事行为能力人或者限制民事行为能力人的,经全体合伙人一致同意,可以依法成为有限合伙人,普通合伙企业依法转为有限合伙企业。全体合伙人未能一致同意的,合伙企业应当将被继承合伙人的财产份额退还该继承人。

③债务承担。退伙人对基于其退伙前的原因发生的合伙企业债务,承担无限连带责任。合伙人退伙时,合伙企业财产少于合伙企业债务的,退伙人应当依照《合伙企业法》的规定分担亏损。

(六)合伙企业的解散、清算

1.合伙企业的解散

合伙企业的解散是指因某种法律事实的发生而使合伙企业消灭的法律行为。合伙企业解散的事由包括:合伙期限届满,合伙人决定不再经营;合伙协议约定的解散事由出现;全体合伙人决定解散;合伙人已不具备法定人数满30天;合伙协议约定的合伙目的已经实现或者无法实现;依法被吊销营业执照、责令关闭或者被撤销;法律、行政法规规定的其他原因。

2.合伙企业的清算程序

(1)确定清算人。合伙企业解散,应当由清算人进行清算。清算人由全体合伙人担任;经全体合伙人过半数同意,可以自合伙企业解散事由出现后15日内指定一个或者数个合伙人,或者委托第三人担任清算人。自合伙企业解散事由出现之日起15日内未确定清算人的,合伙人或者其他利害关系人可以申请人民法院指定清算人。

清算人在清算期间执行下列事务:清理合伙企业财产,分别编制资产负债表和财产清单；处理与清算有关的合伙企业未了结事务；清缴所欠税款；清理债权、债务；处理合伙企业清偿债务后的剩余财产；代表合伙企业参加诉讼或者仲裁活动。

(2)通知和公告债权人。清算人自被确定之日起10日内将合伙企业解散事项通知债权人，并于60日内在报纸上公告。

(3)债权人申报债权。债权人应当自接到通知书之日起30日内，未接到通知书的自公告之日起45日内，向清算人申报债权。债权人申报债权，应当说明债权的有关事项，并提供证明材料。清算人应当对债权进行登记。

(4)财产清偿与分配。合伙企业财产在支付清算费用和职工工资、社会保险费用、法定补偿金以及缴纳所欠税款、清偿债务后的剩余财产，按照合伙协议的约定进行分配；合伙协议未约定或者约定不明确的，由合伙人协商决定；协商不成的，由合伙人按照实缴出资比例分配；无法确定出资比例的，由合伙人平均分配。

合伙企业注销后，原普通合伙人对合伙企业存续期间的债务仍应承担无限连带责任。合伙企业不能清偿到期债务的，债权人可以依法向人民法院提出破产清算申请，也可以要求普通合伙人清偿。合伙企业依法被宣告破产的，普通合伙人对合伙企业债务仍应承担无限连带责任。

(5)编制清算报告，办理注销登记。清算结束，清算人应当编制清算报告，经全体合伙人签名、盖章后，在15日内向企业登记机关报送清算报告，申请办理合伙企业注销登记。

(七)特殊的普通合伙企业

特殊的普通合伙企业，是指以专业知识和专门技能为客户提供有偿服务的专业机构性质的合伙组织。

特殊的普通合伙企业相对于普通合伙企业，主要区别在于：承担责任的原则不同。普通合伙企业由普通合伙人组成，合伙人对合伙企业债务承担无限连带责任。特殊普通合伙企业中的责任形式分为以下两种形式：一是有限责任与无限连带责任相结合。一个合伙人或者数个合伙人在执业活动中因故意或者重大过失造成合伙企业债务的，应当承担无限责任或者无限连带责任，其他合伙人以其在合伙企业中的财产份额为限承担责任。合伙人执业活动中因故意或者重大过失造成的合伙企业债务，以合伙企业财产对外承担责任后，该合伙人应当按照合伙协议的约定对给合伙企业造成的损失承担赔偿责任。二是无限连带责任。对合伙人本人执业行为中非因故意或者重大过失引起的合伙企业债务和合伙企业的其他债务，全体合伙人承担无限连带责任。

四、有限合伙企业的特殊规定

(一)有限合伙企业的事务执行

有限合伙企业由普通合伙人执行合伙事务。执行事务合伙人可以要求在合伙协议中确定执行事务的报酬及报酬提取方式。

有限合伙人不执行合伙事务,不得对外代表有限合伙企业。有限合伙人的下列行为,不视为执行合伙事务:参与决定普通合伙人入伙、退伙;对企业的经营管理提出建议;参与选择承办有限合伙企业审计业务的会计师事务所;获取经审计的有限合伙企业财务会计报告;对涉及自身利益的情况,查阅有限合伙企业财务会计账簿等财务资料;在有限合伙企业中的利益受到侵害时,向有责任的合伙人主张权利或者提起诉讼;执行事务合伙人怠于行使权利时,督促其行使权利或者为了本企业的利益以自己的名义提起诉讼;依法为本企业提供担保。

(二)有限合伙人的特殊权利

1.有限合伙人可以同本有限合伙企业进行交易;合伙协议另有约定的除外。

2.有限合伙人可以自营或者同他人合作经营与本有限合伙企业相竞争的业务;但是,合伙协议另有约定的除外。

3.有限合伙人可以将其在有限合伙企业中的财产份额出质;但是,合伙协议另有约定的除外。

4.有限合伙人可以按照合伙协议的约定向合伙人以外的人转让其在有限合伙企业中的财产份额,但应当提前 30 日通知其他合伙人。

(三)有限合伙人的退伙

有限合伙人有下列情形之一的,当然退伙:作为合伙人的自然人死亡或者被依法宣告死亡;作为合伙人的法人或者其他组织依法被吊销营业执照、责令关闭、撤销,或者被宣告破产;法律规定或者合伙协议约定合伙人必须具有相关资格而丧失该资格;合伙人在合伙企业中的全部财产份额被人民法院强制执行。

作为有限合伙人的自然人在有限合伙企业存续期间丧失民事行为能力的,其他合伙人不得因此要求其退伙。作为有限合伙人的自然人死亡、被依法宣告死亡或者作为有限合伙人的法人及其他组织终止时,其继承人或者权利承受人可以依法取得该有限合伙人在有限合伙企业中的资格。

(四)有限合伙人的债务承担

1. 有限合伙企业债务的承担。新入伙的有限合伙人对入伙前有限合伙企业的债务,以其认缴的出资额为限承担责任。有限合伙人退伙后,对基于其退伙前的原因发生的有限合伙企业债务,以其退伙时从有限合伙企业中取回的财产承担责任。第三人有理由相信有限合伙人为普通合伙人并与其交易的,该有限合伙人对该笔交易承担与普通合伙人同样的责任。有限合伙人未经授权以有限合伙企业名义与他人进行交易,给有限合伙企业或者其他合伙人造成损失的,该有限合伙人应当承担赔偿责任。

2. 有限合伙人个人债务的承担。有限合伙人的自有财产不足清偿其与合伙企业无关的债务的,该合伙人可以以其从有限合伙企业中分取的收益用于清偿;债权人也可以依法请求人民法院强制执行该合伙人在有限合伙企业中的财产份额用于清偿。人民法院强制执行有限合伙人的财产份额时,应当通知全体合伙人。在同等条件下,其他合伙人有优先购买权。

(五)有限合伙企业合伙人的转变

除合伙协议另有约定外,经全体合伙人一致同意,普通合伙人可以转变为有限合伙人,有限合伙人也可以转变为普通合伙人。有限合伙人转变为普通合伙人的,对其作为有限合伙人期间有限合伙企业发生的债务承担无限连带责任。普通合伙人转变为有限合伙人的,对其作为普通合伙人期间合伙企业发生的债务承担无限连带责任。

有限合伙企业仅剩有限合伙人的,应当解散;有限合伙企业仅剩普通合伙人的,转为普通合伙企业。

第三节 个人独资企业法

一、个人独资企业的概念和特征

《个人独资企业法》第 2 条规定:个人独资企业是指依照《个人独资企业法》在中国境内设立的由一个自然人投资、财产为投资人个人所有、投资人以其个人财产对企业债务承担无限责任的经营实体。

个人独资企业具有以下特征:

1. 投资主体的单一性。个人独资企业是由一个自然人投资设立的企业。它不同于公司企业和合伙企业，后两者均须两个以上的人联合投资形成；它也不同于一人公司，一人公司的股东对企业债务承担有限责任，而独资企业业主对企业债务承担无限责任。

2. 个人独资企业无独立财产。个人独资企业的财产为出资人所有，出资人既是财产的经营者，又是所有者，形成所有者与经营者的统一，直接控制与支配企业的经营决策。个人独资企业的这一特征，使其与公司区别开来，公司虽然也是由出资人出资设立的，但在设立后，公司股东不再成为公司财产的直接所有者，而只能根据其所拥有的股份间接地控制或影响公司的经营决策。

3. 独资企业的非法人性。根据《民法通则》的规定，法人是具有民事权利能力和民事行为能力，依法独立享有民事权利和承担民事义务的组织。法人应当具备的条件之一是“有必要的财产或者经费”，而个人独资企业由个人出资设立，企业本身并无独立的财产，出资人作为企业的所有人以其全部个人财产对其所投资的企业债务承担无限责任。个人独资企业的这一特征，使其与具有法人性质的独资企业如国有独资公司、一人公司、外商独资企业等区别开。

二、个人独资企业的设立

(一)个人独资企业的设立条件

根据《个人独资企业法》第 8 条的规定，设立个人独资企业应当具备下列条件：

1. 投资人为一个自然人。个人独资企业的投资人，即向个人独资企业投入资金、实物或劳务技术的人。《个人独资企业法》明确将个人独资企业的投资人界定为自然人，但并非所有自然人都得以成为个人独资企业的投资人。《个人独资企业法》第 16 条规定：法律、行政法规禁止从事营利性活动的人，不得作为投资人申请设立个人独资企业。从我国现行法律、行政法律来看，禁止从事营利性活动的人员主要有：国家公务员(《公务员法》第 53 条)、法官(《法官法》第 30 条)、检察官(《检察官法》第 33 条)、人民警察(《人民警察法》第 22 条)。自然人投资设立个人独资企业是为了从中获取利润，当然属于营利性活动，因此，也不得违反法律、行政法规关于有关人员禁止从事营利性活动的规定。

2. 有合法的企业名称。个人独资企业的名称必须合法，即必须符合我国有关企业名称登记管理的规定，此外《个人独资企业法》第 11 条还规定：个人独资企业的名称应当与其责任形式及从事的营业相符合。由于个人独资企业的投资人对企业债务承担无限责任，所以个人独资企业的名称中不能出现“有限责任”、“公司”等字眼。

3.有投资人申报的出资。个人独资企业与公司一样，作为一个经营实体，从事经济活动，需要投资人投入相当的人、财、物等生产要素，故要求投资人申报出资。但与公司不同，法律对个人独资企业的出资未规定底限，出资也不须经中介机构验资，但投资人的出资应该与企业的经营规模相适应。

4.有固定的生产经营场所和必要的生产经营条件。对任何企业而言，固定的生产经营场所和必要的生产经营条件都是其存续与经营的基本物质条件，个人独资企业也不例外。生产经营场所和生产经营条件的规模、数量则根据个人独资企业的实际情况确定，法律并无强制要求。

5.有必要的从业人员。这里的从业人员应作广义理解，既包括投资者依法招用的职工，也包括从事业务活动的投资人本人。个人独资企业可以不配备专门的财会人员，但应当依法设置会计账簿，进行会计核算。个人独资企业一旦招用职工，应当依法与职工签订劳动合同，保障职工的劳动安全，按时、足额发放工资，并为职工缴纳各项社会保险费。

(二)个人独资企业的设立程序

1.投资人的申请。申请设立个人独资企业，应当由投资人或者其委托的代理人向个人独资企业所在地的登记机关提交设立申请书、投资人身份证明、生产经营场所使用证明等文件。委托代理人申请设立登记时，应当出具投资人的委托书和代理人的合法证明。

2.登记机关的审查、批准。登记机关应当在收到设立申请文件之日起15日内，对符合《个人独资企业法》规定条件的，予以登记，发给营业执照；个人独资企业的营业执照的签发日期，为个人独资企业成立日期。在领取个人独资企业营业执照前，投资人不得以个人独资企业名义从事经营活动。对不符合《个人独资企业法》规定条件的，不予登记，并应当给予书面答复，说明理由。

3.个人独资企业分支机构的设立。个人独资企业设立分支机构，应当由投资人或者其委托的代理人向分支机构所在地的登记机关申请登记，领取营业执照。分支机构经核准登记后，应将登记情况报该分支机构隶属的个人独资企业的登记机关备案。分支机构的民事责任由设立该分支机构的个人独资企业承担。

案例：

老王是一名即将退休的老警察，为了使退休后的生活更有保障，决定创建一家独资企业。计划如下：企业名称为"老王头面点制作有限责任公司"。由于个人独资企业的注册资本越低，他承担的责任也就越少，所以注册资本暂定为400元，外加一些碗筷、几把桌椅；老王准备借用一处即将拆迁的街面房作为经营场所。老王计划雇用3名职工，按月支付工资，但社会养老金、失业保险金、医疗保险金等内容由职工自己解决。由于是小本经营，没必要设置账簿配备专门的财会人员。计划之后，老王决定过几天去做一块企业的招牌挂在经营场所开业。

法律问题：

老王的计划是否合法？

分析：

老王的计划是不符合法律规定的。

本案中老王的计划有以下几处不符合法律规定：

1. 根据《个人独资企业法》第31条"个人独资企业财产不足以清偿债务的，投资人应当以其个人的其他财产予以清偿"的规定，个人独资企业在经营过程中所产生的债权债务归属于企业的开办人，亦即独资企业的投资人要对企业债务承担无限责任。所以，老王开办的独资企业名称中不能出现"有限责任"、"公司"等字样。

2. 法律对个人独资企业的资本没有作出强制性规定，但是要求其保证生产经营的实际需要。老王认为"由于个人独资企业的注册资本越低，他承担的责任也就越少"的想法也是错误的，因为个人独资企业的投资人以其个人财产承担无限责任，责任大小与出资额无关。

3. 法律对独资企业的投资人也有限制。《个人独资企业法》第16条规定：法律、行政法规禁止从事营利性活动的人，不得作为投资人申请设立个人独资企业。在本案中，老王为一名还没退休的人民警察，为国家公务员，属于法律规定的禁止从事营利性活动的人。

4.《个人独资企业法》第8条第4款规定："设立个人独资企业必须有固定的生产经营场所和必要的生产经营条件。"所以，老王要创办个人独资企业必须找一处固定的营业用房，而非案中所讲"借用一处即将拆迁的街面房作为经营场所"。

5. 老王计划雇用3名职工，社会养老金、失业保险金、医疗保险金等内容由职工自己解决的做法是错误的，因为个人独资企业有保障职工合权益的义务，其中包括必须为职工缴纳相应的社会保险费等。

6. 本案中，老王认为“由于是小本经营，没必要设置账簿配备专门的财会人员”的想法是错误的，因为个人独资企业法有会计管理的义务，包括必须依法设置会计账簿、进行会计核算等。

7. 个人独资企业必须依法进行企业登记，办理税务登记等，所以案中“老王决定过几天去做一块企业的招牌挂在经营场所开业”的做法也是不合法的。

三、个人独资企业的事务管理

(一)个人独资企业的事务管理模式

个人独资企业投资人可以自行管理企业事务，也可以委托或者聘用其他具有民事行为能力的人负责企业的事务管理。

投资人委托或者聘用他人管理个人独资企业事务，应当与受托人或者被聘用的人签订书面合同，明确委托的具体内容和授予的权利范围。投资人对受托人或者被聘用的人员职权的限制，不得对抗善意第三人。

(二)受委托管理个人独资企业的事务人员的义务

受托人或者被聘用的人员应当履行诚信、勤勉义务，按照与投资人签订的合同负责个人独资企业的事务管理。

投资人委托或者聘用的管理个人独资企业事务的人员不得有下列行为：利用职务上的便利，索取或者收受贿赂；利用职务或者工作上的便利侵占企业财产；挪用企业的资金归个人使用或者借贷给他人；擅自将企业资金以个人名义或者以他人名义开立账户储存；擅自以企业财产提供担保；未经投资人同意，从事与本企业相竞争的业务；未经投资人同意，同本企业订立合同或者进行交易；未经投资人同意，擅自将企业商标或者其他知识产权转让给他人使用；泄露本企业的商业秘密及法律、行政法规禁止的其他行为。

投资人委托或者聘用的人员违反规定从事上述行为，侵犯个人独资企业财产权益的，责令退还侵占的财产；给企业造成损失的，依法承担赔偿责任；有违法所得的，没收违法所得；构成犯罪的，依法追究刑事责任。

四、个人独资企业的解散与清算

(一)个人独资企业解散的法定情形

根据《个人独资企业法》第 26 条的规定,个人独资企业解散的法定情形包括:

1. 自行解散。有两种情形:一是投资人决定解散;二是投资人死亡或者被宣告死亡,无继承人或者继承人决定放弃继承。

2. 强制解散。有两种情形:一是被依法吊销营业执照;二是法律、行政法规规定的其他情形。

(二)个人独资企业的清算

1. 清算方式。个人独资企业解散,由投资人自行清算或者由债权人申请人民法院指定清算人进行清算。

2. 清算程序。投资人自行清算的,应当在清算前 15 日内书面通知债权人,无法通知的,应当予以公告。债权人应当在接到通知之日起 30 日内,未接到通知的应当在公告之日起 60 日内,向投资人申报其债权。清算期间,个人独资企业不得开展与清算目的无关的经营活动。在按前条规定清偿债务前,投资人不得转移、隐匿财产。

3. 清偿顺序。个人独资企业解散的,财产应当按照下列顺序清偿:所欠职工工资和社会保险费用;所欠税款;其他债务。

4. 注销登记。个人独资企业清算结束后,投资人或者人民法院指定的清算人应当编制清算报告,并于 15 日内到登记机关办理注销登记。

(三)个人独资企业的债务承担

个人独资企业的债务由投资人承担无限责任,即个人独资企业对其债务,应当先以企业财产进行清偿;企业财产不足以清偿债务的,投资人应当以其个人的其他财产予以清偿。个人独资企业投资人在申请企业设立登记时明确以其家庭共有财产作为个人出资的,应当依法以家庭共有财产对企业债务承担无限责任。

个人独资企业解散后,原投资人对个人独资企业存续期间的债务仍应承担偿还责任,但债权人在 5 年内未向债务人提出偿债请求的,该责任消灭。

第四节　外商投资企业法

一、外商投资企业的概念与种类

外商投资企业，是指依照中华人民共和国法律的规定，在中国境内设立的，由中国投资者和外国投资者共同投资或者仅由外国投资者投资的企业。依照外商在企业注册资本和资产中所占股份和份额的比例不同，以及其他法律特征的不同，可将外商投资企业分为中外合资经营企业、中外合作经营企业、外资企业三种类型。

（一）中外合资经营企业

中外合资经营企业，简称合营企业，是指中国合营者与外国合营者依照中华人民共和国法律的规定，在中国境内共同投资、共同经营，并按投资比例分享利润、分担风险及亏损的企业。其特征如下：

1. 合营企业的一方为外国合营者，另一方为中国合营者。外方合营企业者包括外国的企业和其他经济组织或者个人，其中又包括港、澳、台的企业和其他经济组织或者个人；中方合营者包括中国的企业或者其他经济组织。

2. 中外合营各方共同投资、共同经营，按各自的出资比例共担风险、共负盈亏。

3. 合营企业的组织形式为有限责任公司。中外合资经营企业作为一种合营企业，在法律形态上属于有限责任公司。因此，在法律适用上，它不仅适用中外合资经营企业法，而且还适用公司法的一般规定。

4. 中外合资经营企业是具有中国法人资格的企业。经批准在中国境内设立的中外合资经营企业是中国的法人，必须遵守中国的法律和行政法规，并受中国的法律和行政法规的保护。

（二）中外合作经营企业

中外合作经营企业，简称合作企业，是指中国合作者与外国合作者依照中华人民共和国法律的规定，在中国境内共同举办的，按合作企业合同的约定分配收益或者产品、分担风险和亏损的企业。其特征如下：

1. 合作企业是由中外合作者合作设立的企业。外方合作者包括外国的企业和其他经济组织或者个人,其中又包括港、澳、台的企业和其他经济组织或者个人;中方合作者包括中国的企业或者其他经济组织。

2.中外合作经营企业属于契约式的合营企业。企业收益及产品的分配、风险和亏损的分担,由合作企业合同约定。

3.中外合作经营企业的组织形式具有多样化的特点。中外合作者可以共同举办具有中国法人资格的合作企业,也可以共同举办不具有中国法人资格的合作企业。

4.中外合作经营企业的组织机构与管理方式具有灵活多样的特征。既可以是董事会制,也可以是联合管理委员会制,还可以是委托第三方管理。

5.中外合作经营企业外方合作者可以先行回收投资,但合作期满,企业的资产均归中方所有。

(三)外资企业

外资企业,是指依照中华人民共和国法律的规定,在中国境内设立的,全部资本由外国投资者投资的企业。其特征是:

1.外资企业的全部资本是由外国投资者投资的。企业的全部利润归外国投资者,风险和亏损由外国投资者独立承担。外国投资者可以是公司、企业以及其他经济组织或者个人。外资企业的这一特点使其与中外合作经营企业、中外合作经营企业相区别。

2.外资企业是依照中国法律在中国境内设立的企业。尽管外资企业的全部资本均来自于外国投资者,但它是根据中国法律在中国境内设立的,受中国法律的管辖和保护,是具有中国国籍的企业。外资企业的这一特点使其与外国企业相区别。

3.外资企业是独立的法律主体。外资企业具备中国法人条件的,依法取得中国法人资格。外资企业不具备中国法人条件的,可以采取其他形式,如合伙企业、独资企业。外资企业的这一特点使其与外国企业在中国境内设立的分支机构相区别。

二、中外合资经营企业法律制度

(一)合营企业的设立条件

在中国境内设立的合营企业应当能够促进中国经济的发展和科学技术水平的提高,有利于社会主义现代化建设。申请设立的合营企业有下列情况之一的,不予批准:(1)有损中国主权的;(2)违反中国法律的;(3)不符合中国国民经济发展要求的;(4)造成环境污染的;(5)签订的协议、合同、章程显属不公平，损害合营一方权益的。

国家鼓励、允许、限制或者禁止设立合营企业的行业，按照国家指导外商投资方向的规定及外商投资产业指导目录执行。随着我国经济的发展和加入世界贸易组织的要求，国家将会逐步放宽外商投资企业的行业限制。

（二）设立合营企业的程序

1.设立合营企业的申请

申请设立合营企业，应向审批机关报送下列正式文件：设立合营企业的申请书；合营各方共同编制的可行性研究报告；由合营各方授权代表签署的合营企业协议、合同和章程；由合营各方委派的合营企业的董事长、副董事长、董事人选名单；审批机构规定的其他文件。

审批机关应在3个月内决定批准或不批准。合营企业经批准后，向国家工商行政管理主管部门登记，领取营业执照，开始营业。

2.设立合营企业的审批机关

在中国境内设立合营企业，必须经国务院对外经济贸易主管部门即商务部审查批准，发给批准证书。但具备以下两个条件的，国务院授权省、自治区、直辖市人民政府或国务院有关部门审批：投资总额在国务院规定的投资审批权限以内，中国合营者的资金来源已落实的；不需要国家增拨原材料，不影响燃料、动力、交通运输、外贸出口配额等的全国平衡的。后一类审批机关批准设立的合营企业，应报国务院对外经济贸易主管部门即商务部备案。

3.设立合营企业的审批期限

审批机关自接到报送的全部文件之日起，在3个月内决定批准或不批准。

4.设立合营企业的登记

合营企业办理开业登记，应当在收到审批机关发给的批准证书后1个月内，按照国家有关规定，向工商行政管理机关办理登记手续。合营企业的营业执照签发日期，即为该合营企业的成立日期。

（三）合营企业的协议、合同与章程

合营企业协议，是指合营各方对设立合营企业的某些要点和原则达成一致意见而订立的文件。

合营企业合同，是指合营各方为设立合营企业就相互权利、义务关系达成一致意见而订立的文件。合营企业合同应当载明以下事项：合营各方的名称、注册国家、法定地址和法定代表人的姓名、职务、国籍；合营企业的名称、法定地址、宗旨、经营范围和规模；合营企业的投资总额，注册资本，合营各方的出资额、出资比例、出资方式、出资的交付期限以及出资额欠缴、股权转让的规定;合营各方利润分配和亏损分担的比例;合营企业董事会的组成、董事名额的分配以及总经理、副总经理及其他高级管理人员的职责、权限和聘用办法;采用的主要生产设备、生产技术及其来源;原材料购买及产品销售方式;财务、会计、审计的处理原则;有关劳动管理、工资、福利、劳动保险等事项的规定;经营权的期限、解散及清算程序;违反合同的责任;争议解决的方式;合同文本采用的文字和合同生效的条件。

合营企业章程是由合营各方依据合营企业合同所确定的原则共同为合营企业制定的,规定合营企业的宗旨、法律地位、组织机构、经营活动等内容的法律文件。

合营企业协议与合资企业合同有抵触时,以合资企业合同为准。经合营各方同意,也可以不订立合营企业协议而只订立合营企业合同、章程。有关合营企业合同的订立、效力、解释、执行及其争议的解决,均应适用中国的法律。

合营企业合同和合营企业章程须经合营各方签署并报审批机关审批后才能正式生效。其修改亦须经同样的审批程序,未经审批前,即使合营各方签署了修改的合同或者章程,也不能产生法律效力。

(四)合营企业的出资

1.合营企业的注册资本

合营企业的注册资本,是指为设立合营企业在登记管理机构登记的资本总额,应为合营各方认缴的出资额之和。在合营企业的注册资本中,外国合营者的投资比例一般不低于25%。特殊情况需要低于该比例的(如设立高新技术产业的合营企业),需报国务院审批。

2.合营各方的出资方式

合营企业各方可以现金、实物、工业产权等进行投资。

外国合营者作为投资的技术和设备,必须确实是适合我国需要的先进技术和设备。如果有意以落后的技术和设备进行欺骗,造成损失的,应赔偿损失。

中国合营者的投资可包括合营企业经营期间提供的场地使用权。如果场地使用权未作为中国合营者投资的一部分,合营企业应向中国政府缴纳使用费。

3.合营各方的出资期限

合营各方应当在合营合同中订明出资期限,并且应当按照合营合同规定的期限缴清各自的出资。合营合同中规定一次缴清出资的,合营各方应当从营业执照签发之日起6个月内缴清;合营合同中规定分期缴付出资的,合营各方第一期出资,不得低于各自认缴出资额的 15%,并且应当在营业执照签发之日起 3 个月内缴清。合营各方未能在合营合同规定的上述期限内缴付出资的,视同合营企业自动解散,合营企业批准证书自动失效。

合营各方缴付第一期出资后,超过合营合同规定的其他任何一期出资期限 3 个月仍未出资或者出资不足时,工商行政管理机关应当会同原审批机关发出通知,要求合营各方在一个月内缴清出资。未按上述通知期限缴清出资的,原审批机关有权撤销对该合营企业的批准证书。

合营一方未按照合营合同的规定如期缴付或者缴清其出资的,即构成违约,应当按照合同规定支付迟延利息或者赔偿损失。

(五)合营企业的组织机构

1. 合营企业的权利机构

合营企业的董事会是合营企业的最高权力机构。

董事会的职权是按合营企业章程的规定,讨论决定合营企业的一切重大问题。董事会的人数,由合营各方协商,在合营企业合同、章程中确定,但不得少于 3 人。

董事名额的分配,由合营各方参照出资比例协商确定。然后,由合营各方按照分配的名额分别委派董事。董事的任期为 4 年,经合营者继续委派可以连任。

董事长和副董事长由合营各方协商确定或由董事会选举产生。中外合营者的一方担任董事长的,由他方担任副董事长。董事长是合营企业的法人代表。董事长不能履行职责时,应授权副董事长或其他董事代表合营企业。

董事会会议每年至少召开一次。经 1/3 以上的董事提议,可召开董事会临时会议。董事会会议应有 2/3 以上董事出席方能举行。下列事项由出席董事会会议的董事一致通过方可作出决议:合营企业章程的修改;合营企业的中止、解散;合营企业注册资本的增加、减少;合营企业的合并、分立。其他事项,可以根据合营企业章程载明的议事规则作出决议。

2. 合营企业的经营管理机构

合营企业的经营管理机构负责企业的日常经营管理工作。

经营管理机构设总经理 1 人,副总经理若干人,其他高级管理人员若干人。总经理、副总经理可以由中国公民担任,也可以由外国公民担任。总经理或者副总经理不得兼任其他经济组织的总经理或者副总经理,不得参与其他经济组织对本企业的商业竞争。

(六)合营企业的经营管理

1. 物资购买和产品的销售

合营企业在批准的经营范围内所需的原材料、燃料等物资,按照公平、合理的原则,可以在国内市场或者在国际市场购买。

鼓励合营企业向中国境外销售产品。出口产品可由合营企业直接或与其有关的委托机构向国外市场出售,也可通过中国的外贸机构出售。合营企业产品也可在中国市场销售。

2. 利润分配

合营企业的形式为有限责任公司,因而,合营各方按注册资本比例分享利润和分担风险及亏损。

3. 税收

合营企业依照国家有关税收的法律和行政法规的规定,可以享受减税、免税的优惠待遇。外国合营者将分得的净利润用于在中国境内再投资时,可申请退还已缴纳的部分所得税。

4. 外汇管理

合营企业应凭营业执照在国家外汇管理机关允许经营外汇业务的银行或其他金融机构开立外汇账户。合营企业的有关外汇事宜,应遵照中国外汇管理条例办理。

外国合营者在履行法律和协议、合同规定的义务后分得的净利润,在合营企业期满或者终止时所分得的资金以及其他资金,可按合营企业合同规定的货币,按《外汇管理条例》汇往国外。鼓励外国合营者将可汇出的外汇存入中国银行。合营企业的外籍职工的工资收入和其他正当收入,按中国税法缴纳个人所得税后,可按外汇管理条例汇往国外。

5. 劳动管理

合营企业职工的录用、辞退、报酬、福利、劳动保护、劳动保险等事项,应当依法通过订立合同加以规定。合营企业的职工依法建立工会组织,开展工会活动,维护职工的合法权益。合营企业应当为本企业工会提供必要的活动条件。

(七)合营企业的终止与清算

1. 合营期限

合营企业的合营期限,按不同行业、不同情况,作不同的约定。约定合营期限的合营企业,合营各方同意延长合营期限的,应在距合营期满 6 个月前向审批机关提出申请。审批机关应自接到申请之日起 1 个月内决定批准或不批准。

2. 合营企业的解散

合营企业,具有下列情况之一时解散:合营期限届满;企业发生严重亏损,无力继续经营;合营一方不履行合营企业协议、合同、章程规定的义务,致使企业无法继续经营;因自然灾害、战争等不可抗力遭受严重损失,无法继续经营;合营企业未达到其经营目的,同时又无发展前途;合营企业合同、章程所规定的其他解散原因已经出现。

合营企业如发生严重亏损、一方不履行合同和章程规定的义务、不可抗力等,经合营各方协商同意,报请审批机关批准,并向国家工商行政管理主管部门登记,可终止合同。如果因违反合同而造成损失的,应由违反合同的一方承担经济责任。在其他情形下只须由董事会提出解散申请书,报审批机关批准。

3. 合营企业的清算

合营企业宣告解散时,董事会应提出清算的程序、原则和清算委员会人选,报企业主管部门审核并监督清算。

清算委员会的成员一般应在合营企业的董事中选任。董事不能担任或不适合担任清算委员会成员时,合营企业可聘请在中国注册的会计师、律师担任。审批机关认为必要时,可以派人进行监督。

清算委员会的任务是对合营企业的财产、债权、债务进行全面清查;编制资产负债表和财产目录,提出财产作价和计算依据,制定清算方案,提请董事会会议通过后执行。

合营企业进行清算时,其资产净额或者剩余财产减除企业未分配利润、各项基金和清算费用后的余额,超过实缴资本的部分为清算所得,应当依照我国《外商投资企业和外国企业所得税法》的规定缴纳所得税。缴纳所得税后的剩余财产,按照合营各方的出资比例进行分配,但合营企业协议、合同、章程另有规定的除外。

合营企业的清算工作结束后,由清算委员会提出清算结束报告,提请董事会会议通过后,报告原审批机关,并向原登记管理机构办理注销登记手续,缴销营业执照。

三、中外合作经营企业法律制度

(一)合作企业的设立条件

法律没有对合作企业的设立规定具体条件,但国家鼓励举办产品出口或者技术先进的生产型合作企业。

(二)合作企业的设立程序

申请设立中外合作企业,应当将中外合作者签订的协议、合同、章程等文件报国家对外经济贸易主管部门或者国务院授权的部门和地方人民政府批准。审批机关应当自接到申请之日起 45 天内决定批准或者不批准。设立中外合作企业的申请经批准后,应当自接到批准之日起 30 日内向工商行政管理机关申请登记,领取营业执照。营业执照签发日期为企业的成立日期。合作企业自成立之日起 30 日内向税务机关办理税务登记。

(三)合作企业的出资

1.合作各方的出资方式

合作各方投资或提供合作条件的方式可以是货币,也可以是实物或者工业产权、专有技术、土地使用权等财产权利。合作各方以自有的财产或财产权利作为投资或合作条件,对该投资或合作条件不得设立抵押或其他形式的担保。合作各方缴纳投资或提供合作条件后,应当由中国注册会计师验证,合作企业据此发给合作各方出资证明书。

2.合作各方的出资比例

依法取得法人资格的中外合作企业,外方合作者的投资一般不低于合作企业注册资本的 25%。不具备法人资格的中外合作企业,对合作各方向合作企业投资或者提供合作条件的具体要求,由商务部确定。

3.合作各方的出资期限

中外合作企业的合作各方应当根据合作企业的生产经营需要,在合作企业合同中约定合作各方向合作企业投资或提供合作条件的期限。合作各方未按期缴纳投资、提供合作条件的,工商行政管理部门应当限期履行;期限届满仍未履行的,审查批准机关应当撤销批准证书,工商行政管理机关应当吊销营业执照,并予以公告。未按合作企业合同缴纳投资或提供合作条件的一方,应当向已经缴纳投资或提供合作条件的他方承担违约责任。

(四)合作企业的组织机构

合作企业的组织机构或者为董事会或者为联合管理机构。具备法人资格的合作企业,应当设立董事会;不具有法人资格的合作企业,应当设立联合管理机构。

董事会或者联合管理机构是合作企业的最高权力机构,依照合作企业合同或者章程的规定,决定合作企业的重大问题。

中外合作者的一方担任董事会的董事长、联合管理机构的主任的,由他方担任副董事长、副主任。

董事会或者联合管理机构可以决定任命或者聘请总经理负责合作企业的日常经营管理工作。总经理对董事会或者联合管理机构负责。

(五)合作企业的经营管理

1.合作企业的物资购买和产品销售

合作企业可以在经批准的经营范围内,进口本企业需要的物资,出口本企业生产的产品。合作企业在经批准的经营范围内所需的原材料、燃料等物资,按照公平、合理的原则,可以在国内市场或者在国际市场购买。

2.合作企业的收益分配和投资回收

中外合作者依照合作企业合同的约定,分配收益或者产品,承担风险和亏损。

在实践中,通常约定合作企业在合作期满时,其全部固定资产归中国合作者所有。为平衡中外各方的利益,一般采用让外国合作者在合作期限内先行回收投资的办法。回收投资的办法一般有三种:其一,合作前期从企业税后利润中给外方多分配,以后逐年递减,即优先保证外方实现利润;其二,经税务机关批准,实行税前分配,即外方合营者在合作企业交纳所得税前回收投资;其三,经税务机关批准,通过加速固定资产折旧的办法,用折旧金偿还外方的投资。

如果外国合作者在合作期限内回收投资尚未完毕,经过审批机关批准,可以延长合作期限,以保证外商继续回收应予回收而尚未回收的投资。

合作企业合同约定外国合作者在缴纳所得税前回收投资的,必须向财政税务机关提出申请,由财政税务机关依照国家有关税收的规定审查批准。

3.外汇管理

合作企业应当凭营业执照在国家外汇管理机关允许经营外汇业务的银行或者其他金融机构开立外汇账户。合作企业的外汇事宜,依照国家有关外汇管理的规定办理。外国合作者在履行法律规定和合作企业合同约定的义务后分得的利润、其他合法收入和合作企业终止时分得的资金,可以依法汇往国外。合作企业的外籍职工的工资收入和其他合法收入,依法缴纳个人所得税后,可以汇往国外。

合作企业期满或者提前终止时,应当依照法定程序对资产和债权、债务进行清算。中外合作者应当依照合作企业合同的约定确定合作企业财产的归属。

4.税收优惠

合作企业依照国家有关税收的规定缴纳税款并可以享受减税、免税的优惠待遇。

5.财务管理

合作企业必须在中国境内设置会计账簿,依照规定报送会计报表,并接受财政税务机关的监督。合作企业违反规定,不在中国境内设置会计账簿的,财政税务机关可以处以罚款,工商行政管理机关可以责令其停止营业或者吊销其营业执照。

6.合作企业的劳动管理

合作企业职工的录用、辞退、报酬、福利、劳动保护、劳动保险等事项,应当依法通过订立合同加以规定。

合作企业的职工依法建立工会组织,开展工会活动,维护职工的合法权益。合作企业应当为本企业工会提供必要的活动条件。

7.委托经营

合作企业成立后改为委托中外合作者以外的他人经营管理的,必须经董事会或者联合管理机构一致同意,报审批机关批准,并向工商行政管理机关办理变更登记手续。

(六)合作企业的期限和解散

1.期限

中外合作企业的期限由中外合作者协商并在合作企业合同中规定。合作企业期限届满,合作各方同意延长合作期限的,应当在期限届满180天前向审查批准机关提出申请,说明原合作企业合同执行情况,延长合作期限的原因,报送合作各方就延长期间权利、义务等事项达成的协议。审批机关自接到申请之日起30日内作出批准或不批准的决定。

合作企业中,外方先行收回投资的,并且已经收回完毕的,不再延长合作期限。但外国合作者增加投资,合作各方协商同意延长的,可向审查批准机关申请延长合作期限。合作延长期限一经批准,合作企业应到工商行政管理部门办理变更登记手续。

2.解散

中外合作企业解散的原因有:合作期限届满;合作企业发生严重亏损,或者因不可抗力遭受严重损失,无力继续经营;中外合作者一方或数方不履行合作企业合同、章程规定的义务,致使合作企业无法继续经营;合作企业合同、章程规定的解散原因已经出现;合作企业因违反法律而被依法责令关闭。

四、外资企业法律制度

(一)外资企业的设立条件

法律没有对外资企业的设立规定具体条件,但设立外资企业,必须有利于中国国民经济的发展。国家鼓励举办产品出口或者技术先进的外资企业。禁止或者限制设立外资企业的行业,按照国家指导外商投资方向的规定及《外商投资产业指导目录》执行。

申请设立外资企业,有下列情况之一的,不予批准:有损中国主权或者社会公共利益的;危及中国国家安全的;违反中国法律、法规的;不符合中国国民经济发展要求的;可能造成环境污染的。

(二)外资企业的设立程序

设立外资企业的申请,由审批机关审查批准。审批机关应当在接到申请之日起 90 天内决定批准或者不批准。

设立外资企业的申请经批准后,外国投资者应当在接到批准证书之日起 30 天内向工商行政管理机关申请登记,领取营业执照。外资企业的营业执照签发日期,为该企业的成立日期。

(三)外资企业的出资

1. 外国投资者的出资方式

外国投资者可以用可自由兑换的外汇出资,也可以用机器设备、工业产权、专有技术等作价出资。经审批机关批准,外国投资者也可以用其从中国境内举办的其他外商投资企业获得的人民币利润出资。

外国投资者以机器设备作价出资的,该机器设备必须符合下列要求:一是外资企业生产所必需的;二是中国不能生产,或者虽能生产,但在技术性能或者供应时间上不能保证需要的。

外国投资者以工业产权、专有技术作价出资,其作价金额不得超过外资企业注册资本的 20%。

2. 外国投资者的出资期限

外国投资者缴付出资的期限应当在设立外资企业申请书和外资企业章程中载明。外国投资者可以分期缴付出资,但最后一期出资应当在营业执照签发之日起 3 年内缴清。其第一期出资不得少于外国投资者认缴的出资额的 15%,并应当在外资企业营业执照签发之日起 90 天内缴清。

外国投资者未能在外资企业营业执照签发之日起 90 天内缴付第一期出资的,或者无正当理由逾期 30 天不缴付其他各期出资的,外资企业批准证书即自动失效。外资企业应当向工商行政管理机关办理注销登记手续,缴销营业执照;不办理注销登记手续和缴销营业执照的,由工商行政管理机关吊销其营业执照,并予以公告。

外国投资者有正当理由要求延期出资的,应当经审批机关同意,并报工商行政管理机关备案。

(四)外资企业的经营管理

1.物资购买

外资企业在批准的经营范围内所需的原材料、燃料等物资,按照公平、合理的原则,可以在国内市场或者在国际市场购买。

2.利润分配

外国投资者从外资企业获得的合法利润、其他合法收入和清算后的资金,可以汇往国外。外资企业的外籍职工的工资收入和其他正当收入,依法缴纳个人所得税后,可以汇往国外。

3.财务与会计

外资企业必须在中国境内设置会计账簿,进行独立核算,按照规定报送会计报表,并接受财政税务机关的监督。外资企业拒绝在中国境内设置会计账簿的,财政税务机关可以处以罚款,工商行政管理机关可以责令其停止营业或者吊销其营业执照。

4.劳动制度

外资企业雇用中国职工应当依法签订合同,并在合同中订明雇用、解雇、报酬、福利、劳动保护、劳动保险等事项。

外资企业的职工依法建立工会组织,开展工会活动,维护职工的合法权益。外资企业应当为本企业工会提供必要的活动条件。

5.税收

外资企业依照国家有关税收的规定纳税并可以享受减税、免税的优惠待遇。

外资企业将缴纳所得税后的利润在中国境内再投资的,可以依照国家规定申请退还再投资部分已缴纳的部分所得税税款。

6.外汇管理

外资企业的外汇事宜,依照国家外汇管理规定办理。外资企业应当在中国银行或者国家外汇管理机关指定的银行开户。

(五)外资企业的经营期限、终止与清算

外资企业的经营期限由外国投资者申报,由审查批准机关批准。期满需要延长的,应当在期满180天以前向审查批准机关提出申请。审查批准机关应当在接到申请之日起 30 天内决定批准或者不批准。

外资企业终止,应当及时公告,按照法定程序进行清算。在清算完结前,除为了执行清算外,外国投资者对企业财产不得处理。

外资企业终止,应当向工商行政管理机关办理注销登记手续,缴销营业执照。

本章提要

企业是现代经济关系中的重要主体。企业是指依法成立,连续稳定地从事经济活动的营利性组织。企业具有组织性、经济性、营利性、独立性、法定性等特征。企业法是规范企业内部和对外各种社会关系的法律规范。企业法是兼具组织法与行为法、实体法与程序法、强行法与任意法性质、管理法与财产法性质的法律规范。

合伙企业,是指自然人、法人和其他组织依照《合伙企业法》在中国境内设立的普通合伙企业和有限合伙企业。根据我国《合伙企业法》的规定,根据合伙企业中是否存在对合伙债务负有限责任者,可以将合伙企业分为普通合伙企业和有限合伙企业。合伙企业的设立、出资、财产的处分、事务执行、入伙与退伙、解散与清算等均应遵循《合伙企业法》的规定。特殊的普通合伙企业,是指以专业知识和专门技能为客户提供有偿服务的专业机构性质的合伙组织。特殊的普通合伙企业相对于普通合伙企业,其主要区别在于承担责任的原则不同。

个人独资企业是指依照《个人独资企业法》在中国境内设立的由一个自然人投资,财产为投资人个人所有,投资人以其个人财产对企业债务承担无限责任的经营实体。个人独资企业具有以下特征:一是投资主体的单一性;二是个人独资企业无独立财产;三是独资企业的非法人性。个人独资企业的设立、出资、事务管理、解散与清算等均应遵循《个人独资企业法》的规定。

外商投资企业,是指依照中华人民共和国法律的规定,在中国境内设立的,由中国投资者和外国投资者共同投资或者仅由外国投资者投资的企业。依照外商在企业注册资本和资产中所占股份和份额的比例不同,以及其他法律特征的不同,可将外商投资企业分为中外合资经营企业、中外合作经营企业、外资企业三种类型。

复习思考题

1. 简述合伙企业的事务执行方式及责任承担。
2. 简述个人独资企业的设立条件。
3. 试述合伙企业的财产范围、性质及转让的有关法律规定。

第三章

公司法

学习目的

- 了解公司制度在现代企业制度建设中的地位，了解公司法的原则和作用，股票、债券发行、转让的主要内容，公司财务会计制度主要内容，外国公司分支机构的法律规定。
- 掌握公司的分类，有限责任公司、股份有限公司、一人有限公司、国有独资公司和上市公司的概念、特征，公司设立、变更和终止的法律规定，公司的组织机构。重点掌握公司的有限责任，有限责任公司和股份有限公司的基本制度。
- 应用有限责任公司、股份有限公司的法律规定分析公司行为的合法性。

第一节 公司法概述

一、公司的概念和特征

我国《公司法》中的公司是指资本由股东出资构成，股东以其出资额或者所持股份为限对公司承担责任，公司以其全部资产对公司债务承担责任，并依《公司法》的规定在中国境内设立的企业法人。

根据公司的上述定义，具体说，公司具有三个最基本的特征：

1. 公司是依照法律的规定在中国境内设立的

公司的设立，必须按照法律所规定的公司种类以及法律对各类公司的具体规定进行，即按法定的标准组建公司。如果没有按照法律规定设立公司，这样的公司是不可能得到法律的承认和保护的。在我国，《公司法》是专门规范公司设立、运作等问题的法律，只有按照《公司法》所规定的条件、方式和程序组织起来的经济实体，才能成为公司，这一点在《公司法》第2条“本法所称公司是指依照本法在中国境内设立的有限责任公司和股份有限公司”的规定中得到了明确的表现。同时，第8条第2款也规定：“法律、行政法规对设立公司规定必须报经审批的，在公司登记前依法办理审批手续。”而办理审批手续的规定，则是在其他法律、行政法规中规定的。

2. 公司是以营利为目的的

公司的营利特征有两种含义：其一，设立公司的目的是为了获取利润并将该利润分配给股东；其二，作为法律特征，公司以营利为目的的经营活动，具有连续性和固定性，也就是说，公司以营利为目的而进行的经营活动，在时间上是连续不断的，在范围和行业上是法定的，这种经营活动具有同一性质、固定内容和确切经营项目的特征。如《公司法》第12条规定：“公司的经营范围由公司章程规定，并依法登记。”

3. 公司是企业法人

《公司法》第3条第1款规定：“有限责任公司和股份有限公司是企业法人。”企业是从事商品生产、商品流通和提供服务性活动的组织。企业的形态，在法律上分为企业法人和非企业法人两种。企业法人是指具有民事权利能力和民事行为能力，依法独立享有民事权利和承担民事义务的组织。

二、公司的类型

根据各国公司法的规定及理论实践，公司的分类大致有以下几种：

(一)公司的基本分类

按照公司及公司股东对公司债务所承担的责任形式的不同，大陆法系国家的公司法对公司进行了最基本的法律分类，即无限公司、有限公司、两合公司、股份两合公司、股份有限公司五种类型。

1. 无限公司

无限公司也称无限责任公司，是指由两个以上的股东组成的，全体股东对公司的债务承担连带无限责任的公司，即由负无限责任股东组成的公司。其法律特征主要表现为：

(1)无限公司的股东人数为两人或两人以上，且其股东均以自然人为限，一个无限公司不能成为另一个无限公司的股东，有限责任公司也不能成为无限公司的股东。股东必须是两个或两个以上的自然人，这是无限公司得以成立和存续的必备条件。

(2)无限公司是最典型的人合公司，是以公司的经济活动及股东个人的信用为基础的公司。

(3)公司股东对公司事务拥有平等的代表权和管理权。

(4)公司股东对公司债务负连带无限清偿责任。

(5)其优点在于法律对其出资和内部组织关系不作详细规定，对公司的监管也不如有限责任公司、股份有限公司那么严格，例如其设立时不需验资，没有法定必设的机构，股东依法可以退股等。由于投资人为公司的债务承担无限责任，因此无限公司比实行有限责任的小公司更容易得到银行的贷款。

2. 两合公司

两合公司是指由一个或一个以上的无限责任股东与一个或一个以上的有限责任股东所组成的，有限责任股东以其出资额为限对公司的债务承担责任的公司。其法律特征主要表现为：

(1)公司中存在着两类不同责任形式的股东，至少有一类股东承担无限连带责任。

(2)兼具有限公司与无限公司的特点，但以无限公司的特点为主。

(3)由无限责任股东为主导实际控制公司经营。

(4)两合公司有特殊的行为规则。如无限责任股东可以免除实际缴纳投资的义务，而有限责任股东必须在公司设立时缴纳全部注册资本；又如无限责任股东不得随意退出公司，而有限责任股东有权依照公司章程的规定转让其在公司中的投资，其投资转让甚至无须得到其他股东的同意。

3. 股份有限公司

股份有限公司，是指全部资本分为等额股份，股东以其所持股份为限对公司的债务承担责任的公司。其法律特征主要表现为：

(1)股份有限公司是典型的资合公司，公司的信用基础在于股东所投入的资本；

(2)股东必须达到法定人数，我国《公司法》规定不得少于 2 人；

(3)可以向社会公开募股集资；

(4)全部资本划分为等额股份；

(5)没有股东资格的限制。且每个股东均以其所持股份为限对公司的债务承担责任。

4.有限责任公司

有限责任公司又称有限公司,是指由两个或两个以上的股东共同出资,每个股东以其所认缴的出资额为限对公司承担有限责任,公司以其全部资产对公司的债务承担责任的公司。其法律特征主要表现为:

(1)所有的股东都是以所认缴的出资额为限对公司承担有限责任;

(2)公司以其全部资产对公司的债务承担责任;

(3)所有股东对超出公司全部资产的债务不再承担责任;

(4)有限责任公司将合伙企业的当事人相互信任、企业的设立和组织简单、活动便捷等优点,与股份有限公司的股东与公司的人格分离、股东承担有限责任、股东的变动不影响企业存续等优点结合起来,是当今最适合于中小企业组织的一种企业法律形式。但有时也被用作投机和规避法律责任的手段。

(二)总公司和分公司

总公司与分公司是相对而言的,它是根据公司内部整体和部分的关系而对公司的一种分类。

总公司又称本公司,是指一个公司法人的总机构,就是按照《公司法》的规定设立的具有法人资格的公司本身,根据我国《企业名称登记管理条例》的规定,使用“总公司”名称的,该公司必须下设三个以上称为“公司”或“分公司”的分机构;总公司首先依法设立,公司(包括分公司)的业务经营、资金调度、人事的安排,均由总公司统一指挥决定。

分公司是总公司所辖的分支机构,按照我国《公司法人登记管理条例》第39条的规定:“分公司是指公司在其住所以外设立的从事经营活动的机构;分公司不具有法人资格。”同时,我国《公司法》第14条第1款又规定:公司可以设立分公司,设立分公司,应当向公司登记机关申请登记,领取营业执照。分公司不具有法人资格,其民事责任由公司承担。

(三)母公司和子公司

依公司之间的控制或从属关系,可将公司分为母公司和子公司。

当一个公司拥有另一个公司一定比例以上并足以将其控制的股份时,该公司即为母公司。母公司大抵上有两种常规形态:控制公司和控股公司。凡拥有另一公司的股份已达到控股程度并直接掌握其经营的公司,是控制公司;凡拥有另一公司的股份已达到控股程度但不直接参加该公司业务活动的公司,是控股公司。相应地,凡资本大部分受他公司控制的公司,则是子公司。

我国《公司法》第 14 条第 2 款规定:"公司可以设立子公司;子公司具有企业法人资格,依法独立承担民事责任。"子公司的设立与母公司一样必须依照《公司法》及有关法律、法规的规定办理。

(四)本国公司、外国公司和跨国公司

按照公司的国籍,可以把公司分为本国公司、外国公司和跨国公司。

凡依我国法律在我国被批准登记设立的公司,不论外资有多少,均为我国公司,是我国的法人;反之,凡不在我国批准设立的公司均被认为是外国公司(《公司法》第 192 条);跨国公司则是指以一国为基础,通过对外直接投资,在其他国家或地区设立机构、子公司或其他外商投资企业,从事国际性或世界性的生产、经营或服务活动的大型公司。

三、公司法的概念和特征

(一)公司法的概念

公司法的概念有狭义和广义的区分。狭义的概念仅指被命名为《公司法》的法律,如《中华人民共和国公司法》,广义的公司法,则其内容复杂,富含以下内容:

1. 狭义的公司法;

2. 特别公司法,如《商业银行法》、《保险法》、《证券法》、《信托法》等对商业银行、保险公司、证券公司、信托投资公司等专门公司进行规范的法律以及合资、合作、外资企业法中优先适用的特殊规定;

3. 行政法规和部门规章,如国务院发布的《中华人民共和国公司登记管理条例》及有关部委发布的《关于企业兼并的暂行办法》;

4. 最高人民法院的司法解释,如《关于当前人民法院审理企业破产案件应当注意的几个问题的通知》等。

本书所称的公司法是狭义的公司法,即是规范公司种类、设立、变更以及对内对外关系的法律规范。

(二)公司法的特征

公司法具有以下四个方面的基本特征:

1. 公司法是组织法

公司是社会多种经济组织形式中的一种,是现代企业制度中最重要、最典型的一种企业组织形式。公司法调整的对象是公司,它所规定的内容主要是有关公司的设立、变更、终止,公司的法律地位和能力,公司的章程、资本、股东相互间及其与公司间关系,公司应当如何设置自己的内部管理机构,公司与其他主体间的控制与被控制的关系等，因此，公司法是一种组织法，就是规定如何组织公司的法律。

2. 公司法是活动法

公司法调整对象的特性决定了公司法首先是一种组织法，但也正因为如此，公司法同时又具有了活动法的特点。公司成立以后，就会开展生产经营活动、交易活动，这就必然要求公司法不仅具有组织调整职能，而且还须有行为规范职能，也就是公司法还必须就公司法律主体的活动产生的各种关系加以规范，比如营利性公司必须进行的营利经营、交易活动，公司发行股票、公司债券活动等等问题，都必须在公司法中作出规范。因此，公司法既是组织法，同时也是公司在经营活动中的法律行为准则，是公司活动应遵循的行为法。

3. 公司法是强制法

法律规范既有强制性规范，也有任意性规范。公司法的规范也有强制性和任意性的规范，但公司法以强制性规范为主。这主要是由于设立公司以及公司的运作涉及面广，搞不好就会影响安定，影响到一个国家的社会经济秩序，损害社会公众利益。所以，公司法除了有一些任意性规范外，更多的是强制性规范，人们必须遵守，不能由当事人自由决定其约束力，从而更多地体现国家的干预和国家意志，保障社会交易的安全，促进社会经济秩序的稳定。

4. 公司法是制定法

从法律渊源看，公司法主要是一种制定法。由于公司的设立、组织、活动、解散以及其他对内对外关系涉及诸多方面，必须有系统的内容准确而又能迅速反映出变化了的形式要求的法律规范形式，最适合的形式当然是制定法。这是世界各国和地区的普遍做法，以成文法为特征的大陆法系国家是如此，以判例法为特征的英美法系国家也是如此。所以，公司法是一种制定法。

第二节　公司的基本法律制度

一、公司人格制度

公司人格制度主要包含公司的名称制度、住所制度、财产制度以及公司能力制度、公司人格否认制度几个方面。

(一)公司名称制度

1. 一个公司只能有一个名称，特殊情况下经省级以上公司登记机关核准，可另有一个在规定范围内的从属名称；但股东是自然人的有限责任公司和外商投资公司不准使用从属名称。

2. 公司名称依次由以下内容构成：(1)所在行政区划名称；(2)字号或商号、行号，公司字号应当有两个以上的字组成；(3)公司的行业或经营特点；(4)公司的组织形式，即依《公司法》成立的公司必须在其名称中用"有限责任公司(有限公司)"或"股份有限公司"字样标明其组织形式。

3. 公司名称的禁用内容和文字。公司名称不得含有下列内容和文字：有损于国家、社会公共利益的；可能对公众造成欺骗或者误解的；外国国家(地区)名称、国际组织名称；政党名称、党政军机关名称、群众组织名称、社会团体名称及部队番号；汉语拼音字母(外文名称中使用的除外)、数字；其他法律、行政法规规定禁止的。

(二)公司住所制度

我国《公司法》第 10 条明确规定："公司以其主要办事机构所在地为住所。"因此，公司的住所就是指公司的主要办事机构所在地。它具有如下四个法律特征：(1)公司的住所只能是其主要办事机构所在地；(2)公司的住所只能有一个；(3)公司的住所不得随意变更；(4)公司的住所必须在登记机关管辖区域内。

(三)公司财产制度

我《公司法》第 3 条第 1 款规定："公司是企业法人，有独立的法人财产，享有法人财产权。公司以其全部财产对公司的债务承担责任。"这一规定明确了公司与股东之间的产权关系，将公司与其财产的权属关系界定为"法人财产权"，使公司真正成为市场经济的竞争主体和法人实体。

(四)公司能力制度

我国《公司法》第 7 条规定："依法设立的公司，由公司登记机关发给公司营业执照。公司营业执照签发日期为公司成立日期。"可以看出，我国公司的权利能力的开始日期，应为公司营业执照签发日期。至于公司权利能力的终止日期，按照《公司法》第 189 条的规定："公司清算结束后，清算组应当制作清算报告，报股东会、股东大会或者人民法院确认，并报送公司登记机关，申请注销公司登记，公告公司终止。"可见，公司注销登记申请被核准之日即为公司权利能力的终止日期。

公司的权利能力因其自身特性所限，受到诸多限制，如因性质所受到的限制、经营范围的限制、转投资的限制、贷款与担保的限制、设立中与解散后的限制。

公司行为能力的范围与权利能力的范围相同。

(五)公司人格否认制度

公司人格否认制度,也称揭开公司面纱制度,一般是指为防止公司人格的滥用和保护债权人,法院在审理案件时,否定公司的法人人格,令股东直接清偿公司债务的法律制度。

《公司法》第 20 条明确对公司法人人格否认作出了制度安排:“公司股东应当遵守法律、行政法规和公司章程,依法行使股东权利,不得滥用股东权利损害公司或者其他股东的利益;不得滥用公司法人独立地位和股东有限责任损害公司债权人的利益。公司股东滥用股东权利给公司或者其他股东造成损失的,应当依法承担赔偿责任。公司股东滥用公司法人独立地位和股东有限责任,逃避债务,严重损害公司债权人利益的,应当对公司债务承担连带责任。”

二、公司资本制度

公司资本又称股本或股份资本,专指在公司成立时由公司章程所确定的,由全体股东出资构成的公司法人财产总额。

(一)公司资本的构成

《公司法》第 27 条规定,有限责任公司的股东和股份有限公司的发起人可以用货币出资,也可以用实物、知识产权、土地使用权等可以用货币估价并可以依法转让的非货币财产作价出资;但是,法律、行政法规规定不得作为出资的财产除外。对作为出资的非货币财产应当评估作价,核实财产,不得高估或者低估作价。法律、行政法规对评估作价有规定的,从其规定。全体股东的货币出资金额不得低于有限责任公司注册资本的 30%。从立法技术上看,我国《公司法》对股东出资形式,一是采用列举方式,即将实践中常用的货币、实物、知识产权、土地使用权等出资形式加以列举;二是以抽象的出资标准对其他非货币财产进行概括。这是由于现实中公司的出资形式是难以列举穷尽的,而随着经济发展,新的出资形式还在不断出现。

案例：

国有企业川南商业大楼于2006年1月拟定改制计划：将资产评估后作价150万元出售，其中105万元出售给管理层人员（共4人），45万元出售给其余45名职工，将企业改制为川南百货有限公司，注册资本150万元。原管理层人员宋某认购45万元，李某、王某、周某各认购20万元，其余职工各认购1万元。公司成立后，分别向各认购人签发了出资证明书。2006年5月，川南公司因涉嫌偷税被立案侦查。侦查发现：除王某外，宋某、周某、李某在2006年改制时所获得的股权均是挪用原川南商业大楼的资金购买的。

法律问题：

宋某、周某、李某、王某在2006年1月改制时所取得的股权是否有效？为什么？（根据2005年司法考试试卷四第15题改编）

分析：

有效。股东取得股权仅以出资为条件，其出资的资金来源不影响股权的取得。如果出资取得的股权因资金来源违法而无效，必然导致出资返还，影响利害关系人的利益。在股东以非法挪用的资金出资的情况下，除追究其刑事责任外，可以收缴其股权用于偿还被挪用资金；但此时只涉及股权转让问题，而不是股权无效。

（二）公司资本制度的类型

经过长期的实践，迄今为止，西方国家公司法已形成了相对独立的公司资本制度，即法定资本制、授权资本制和折中资本制。

法定资本制，又称确定资本制，是指公司在设立时，必须在公司章程中对公司的资本总额作出明确的规定，并须由股东全部认足的一项资本制度。如果股东未能全部认购缴足，公司将不能成立。

授权资本制，是指在公司设立时，必须在公司章程中对公司的资本总额明确加以记载，允许发起人和股东先行认购和缴足其中一定比例的资本使公司成立；未认足部分，授权董事会根据需要，一次或分次发行和募集的一种资本制度。

折中资本制，又称认可资本制，是指在公司设立时，对公司章程确定的资本总额只需认足第一次发行的资本，公司就可成立；未认足部分授权董事会，在公司成立后的一定期限内，根据公司的实际需要而随时发行新股募集的一种资本制度。

由于法定资本制和授权资本制各有利弊，一些国家的公司立法在权衡利弊的基础上，作出了趋利除弊的折中选择。于是，介于法定资本制和授权资本制之间的一种新的折中资本制度应运而生，它是两种制度的有机结合。

(三)公司资本三原则

公司资本三原则具体指资本确定原则、资本维持原则、资本不变原则。

资本确定原则，是指公司在设立时，必须在章程中对公司的资本总额作出明确的规定，并由发起人全部认足或募足，公司才能成立的原则。这一原则为大陆法系国家公司法所确认，其含义有二：一是要求公司资本总额必须明确记载于公司章程，使之成为一个具体的、确定的数额；二是要求章程所确定的资本总额在公司设立时必须分解落实到人，即由全体股东认足或募足。其立法意图和优点是很明显的，即：保证公司资本的真实可靠，防止公司设立过程中的欺诈、投机行为。

资本维持原则又称资本拘束原则，是指公司在其存续过程中，应当经常保持与其注册资本额相当的财产。因其要以具体财产充实抽象财产，故而又称资本充实原则。我国《公司法》规定，股东不得抽回投资，股票发行的价格不得低于票面金额，公司一般不得收购本公司的股票，公司应按规定提取和使用法定公积金，等等，这些规定都体现了资本维持原则。

资本不变原则是指公司的注册资本或资本金一经确定，非依法定程序，不得随意变更。

公司资本的三原则是大陆法系国家公司资本制度的核心，其基本出发点都是为了保护债权人的利益和交易的安全，以及公司自身的真正发展。

三、公司债券制度

公司债券是指公司依照法定程序发行的、约定在一定期限内还本付息的有价证券。公司债券是公司债的法定形式，是一种有价证券。

在我国，根据《公司法》的规定，公司债券主要有记名公司债券、无记名公司债券和可转换公司债券和非转换公司债券。

公司发行公司债券应当置备公司债券存根簿。发行记名公司债券的，应当在公司债券存根簿上载明下列事项：

(1)债券持有人的姓名或者名称及住所；

(2)债券持有人取得债券的日期及债券的编号；

(3)债券总额，债券的票面金额、利率，还本付息的期限和方式；

(4)债券的发行日期。

发行无记名公司债券的，应当在公司债券存根簿上载明债券总额、利率、偿还期限和方式、发行日期及债券的编号。

由于记名债券记载了持券人的姓名或名称，所以，记名债券更能有效地保障持券人对债券的所有权，当记名债券被盗、遗失或者灭失时，债券持有人可以请求人民法院依照公示催告程序予以补救。但也正由于无记名债券不具有这个特点，较之记名债券却更易于流通，便于实现投资者的资本转换。

公司债券可以转让。转让价格由转让人与受让人约定。

可转换公司债券是指发行人依照法定程序发行、在一定期间内、依据约定的条件可以转换成股份的公司债券。

《公司法》规定，上市公司经股东大会决议，报国务院证券监督管理机构核准，可以发行可转换为股票的公司债券。发行可转换为股票的公司债券的，公司应当按照其转换办法向债券持有人换发股票，但债券持有人对转换股票或者不转换股票有选择权。

四、公司董事、监事、高级管理人员制度

公司的董事、监事、高级管理人员均是公司机关的管理人员。对其任职资格作一些限制性的规定，是世界通行的做法。

（一）公司董事、监事、高级管理人员的任职资格

1.无民事行为能力人和限制民事行为能力人不能担任。

2.经济犯罪的任职限制。因贪污、贿赂、侵占财产、挪用财产或者破坏社会市场经济秩序，被处刑罚，执行期满没有超过5年的人；或者因犯罪被剥夺政治权利，执行期满没有超过5年的人，不能担任。

3.负有破产责任人的任职限制。担任破产清算的公司、企业的董事或者经理、厂长，并对该企业的破产负有个人责任的，自该公司、企业破产清算之日起未超过3年的人，不能担任。

4.对吊销营业执照负有责任的人的任职限制。担任因违法被吊销营业执照、责令关闭的公司、企业的法定代表人，自该公司、企业被吊销营业执照之日起未超过3年的人，不能担任。

5.负有个人较大数额的债务，到期未偿还的人，不能担任。

《公司法》取消了国家公务员不能担任公司的董事、监事和经理的限制性规定。

公司违反规定选举、委派董事、监事或者聘任高级管理人员的，该选举、委派或者聘任无效；董事、监事、高级管理人员在任职期间出现法定限制情形的，公司应当依照选举、委派或者聘任的程序解除其职务。

(二)董事、高级管理人员的忠实和勤勉义务

根据《公司法》的规定,公司董事、监事、高级管理人员应对公司负有下列忠实和勤勉义务:

1.董事、监事、高级管理人员不得利用职权收受贿赂或者其他非法收入,不得侵占公司的财产;

2.不得挪用公司资金;

3.不得将公司资金以其个人名义或者以其他个人名义开立账户存储;

4.不得违反公司章程的规定,未经股东会、股东大会或者董事会同意,将公司资金借贷给他人或者以公司财产为他人提供担保;

5.不得违反公司章程的规定或者未经股东会、股东大会同意,与本公司订立合同或者进行交易;

6.未经股东会或者股东大会同意,不得利用职务便利为自己或者他人谋取属于公司的商业机会,自营或者为他人经营与所任职公司同类的业务;

7.不得接受他人与公司交易的佣金归为己有;

8.不得擅自披露公司秘密;

9.不得发生违反对公司忠实义务的其他行为。

董事、监事高级管理人员违反前款规定所得的收入应当归公司所有。

五、公司的财务会计制度

公司应当依照法律、行政法规和国务院财政部门的规定建立本公司的财务、会计制度。

(一)公司的财务会计报告制度

1.公司财务会计报告的制作

公司的财务会计报告应当由公司业务执行部门制作,具体说,就是由有限责任公司的董事会或执行董事、股份有限公司的董事会负责制作。

2.公司财务会计报告的组成

公司财务会计报告是由一系列公司的财务会计报表及附属明细表组成的,其中包括:资产负债表、损益表、财务状况表、财务情况说明书、利润分配表。

其中资产负债表是根据“资产=负债+所有者权益”这一会计公式编制的,所有者权益是指股东对公司净资产的所有权,包括股东投入公司的资本以及所形成的资本公积金、盈余公积金和未分配利润。

3.财务会计报告的程序

有限责任公司应当按照公司章程规定的期限将财务会计报表送交各股东,股份有限公司应当在召开股东大会年会的20日以前将财务会计报表置备于本公司,供股东查阅。募集设立的股份有限公司必须公告其财务会计报告。

公司应当聘用承办公司审计业务的会计师事务所进行会计的审计业务。公司聘用、解聘承办公司审计业务的会计师事务所,必须依照公司章程的规定,由股东会、股东大会或者董事会决定。公司股东会、股东大会或者董事会就解聘会计师事务所进行表决时,应当允许会计师事务所陈述意见。

(二)公司的收益分配制度

1.公司的收益分配顺序

公司经营所得的利润依法规定首先缴纳企业所得税,纳税后形成税后利润,税后利润按照《公司法》的规定其分配顺序如下:

(1)弥补亏损,即在公司已有的法定公积金不足以弥补上一年度公司亏损时,先用当年利润弥补亏损;

(2)提取法定公积金;

(3)经股东(大)会决议,提取任意公积金;

(4)对股东分配股利。

2.公积金制度

公积金是公司为了扩大公司经营规模和弥补亏损,在其注册资本之外保留的一定数量的储备金。公积金分为法定公积金和任意公积金。

法定公积金是依照法律规定的比例从税后利润中提取的以及非营业所得部分构成的公积金,它分为法定盈余公积金和资本公积金。

法定盈余公积金是按我国《公司法》规定从税后利润中提取的10%部分积累而成的,法定盈余公积金的提取额达公司注册资本的50%时可以不再提取。

资本公积金是公司非营业所得的收益构成的,它的来源包括公司因超过票面金额发行股票所得的溢价款、公司资产重估的增值部分、接受捐献和赠与、处置公司资产所得的收入。

公司的公积金用于弥补公司的亏损、扩大公司生产经营或者转为增加公司资本。但是,资本公积金不得用于弥补公司的亏损。法定公积金转为资本时,所留存的该项公积金不得少于转增前公司注册资本的25%。

任意公积金是根据公司章程规定或股东会决议在提取法定公积金和公益金之后而提取的资金。对任意公积金的用途,法律未作规定,可以根据股东会的决议或公司章程规定使用。

六、公司合并、分立和组织形式变更制度

(一)公司合并

在我国,公司的合并是指两个或两个以上的公司依照《公司法》等法律、法规的规定,通过订立合并协议的方式,变为一个公司的法律行为。公司合并可以采取吸收合并和新设合并两种形式。

一个公司吸收其他公司为吸收合并,被吸收的公司解散。两个以上公司合并设立一个新的公司为新设合并,合并各方解散。

无论采取何种方式合并,根据我国《公司法》的规定,合并都必须按照下列程序进行:

1.由董事会或执行董事提出合并方案。

2.公司股东会或者股东大会对公司是否合并作出特别决议。

有限责任公司股东会对公司合并作出决定,必须经代表 2/3 以上表决权的股东通过;股份有限公司股东大会对公司合并作出决议,必须经出席会议的股东所持表决权的 2/3 以上通过;国有独资公司的合并事宜应由国有资产监督管理机构决定。其中,重要的国有独资公司的合并,应当由国有资产监督管理机构审核后,报本级人民政府批准。

3.订立合并协议,经股东会审议通过。

4.编制公司资产负债表和财产清单。

5.通知、公告债权人及债权人异议程序。公司应当自股东会或股东大会等作出合并决议之日起 10 日通知债权人,并于 30 日内在报纸上公告。债权人自接到通知书之日起 30 日内、未接到通知书的自公告之日起 45 日内,有权要求公司清偿债务或者提供相应担保。超过以上期限未向公司提出要求的,视为承认公司的合并。

6.办理合并登记。

案例:

2005 年 5 月甲公司与乙公司签订了一份购买子母机电话 300 部的合同。合同约定由甲公司向乙公司预付款 2 万元,乙公司在 3 个月内将子母机电话 300 部全部送到甲公司,货全部送到后,甲公司将其余货款 10 万元付给乙公司。2005 年 8 月乙公司将子母机电话 300 部全部送到甲公司,并向甲公司提出收取货款 10 万元。甲公司以正在进行公司整顿,无现金付款为理由拒绝付款。2005 年 10 月乙公司又派人到甲公司催款,甲公司又以正在与另一个公司合并为理由,将乙公司的货款拖延下来。2006年2月乙公司再

次向甲公司催款时，甲公司已同另一个公司合并成立了丙公司，并注销了甲公司，于是乙公司向丙公司索取货款，而丙公司则声称乙公司的货款是甲公司所为，主要是甲公司的法定代表人李某所为，应由甲公司特别是甲公司的法定代表人李某来承担。丙公司（法定代表人是王某）既没有参与合同的订立，在资产评估中也没有这笔资产，所以，丙公司没有义务承担甲公司欠乙公司的货款，为此发生纠纷。

法律问题：

(1)甲公司的债务应由谁来承担，为什么？

(2)丙公司的理由是否成立，为什么？

分析：

(1)丙公司应当承担对乙公司债权的清偿。乙公司的债权清偿，在甲公司没有发生合并之前当然由甲公司承担，但在甲公司发生合并以后，成立的丙公司应当承担对乙公司债权的清偿。因为根据《公司法》的规定，合并后成立的公司不仅继承原公司的债权，也继承原公司所留下的债务。

(2)丙公司的理由不成立。虽然丙公司认为它既没有与乙公司订立合同，也没有评估这部分资产，但这并不能作为其逃避承担责任的理由，因为根据《公司法》规定，合并后的公司承担合并以前公司的全部债权债务，因此，责任应当由丙公司来承担。

(二)公司分立

公司的分立是指一个公司为了生产经营或管理等需要，依据法律法规的规定或合同的约定，按照法定程序分为两个或两个以上公司的法律行为。公司分立有新设分立和派生分立两种形式。

新设分立是指将原来一个具有法人资格的公司分割成两个或两个以上具有法人资格的公司的法律行为。派生分立是指将原来的一个公司的一部分分出去成立一个新的公司的法律行为。

公司分立的程序与公司合并的程序基本相同，只不过由于公司分立是一个公司依法所为的单独行为，无须同其他第三方协商，所以公司分立在程序上比合并要简单一些。

公司分立前的债务由分立后的公司承担连带责任。但是，公司在分立前与债权人就债务清偿达成的书面协议另有约定的除外。

七、公司的解散与清算制度

(一)公司解散

公司解散是指业已成立的公司,因发生法律或章程规定的解散事由而停止其业务活动,丧失营业能力,并开始处理未了结事务的法律行为,是导致公司法人资格消灭即公司终止的原因。

公司解散的事由,大体上包括:

1. 自愿解散的情形

主要是公司章程规定的营业期限届满或者公司章程规定的其他解散事由出现时;股东会或者股东大会决议解散;因公司合并或者分立需要解散。

2. 公司强制解散的事由

主要是指依法被吊销营业执照、责令关闭或者被撤销;公司破产解散。

3. 股东申请解散的情形

公司经营管理发生严重困难、继续存续会使股东利益受到重大损失、通过其他途径不能解决的,持有公司全部股东表决权 10%以上的股东,可以请求人民法院解散公司。

解散的公司,其法人资格仍然存在,但公司的权利能力仅限于清算所必要的范围内。在清算期间,公司超越其清算事务范围所为的民事行为无效。公司原有的法定代表人和业务执行机关丧失权力,由清算人接替。

(二)公司清算

公司清算是指解散的公司清理债权债务,分配剩余财产,了结公司的法律关系,从而归于消灭的程序。

解散与清算的区别和联系在于,解散是一种法律事实,它构成法人消灭的原因;清算是一种法律程序,它构成法人消灭的过程。解散是清算的前提,清算是解散的后果。

在我国,除因合并或分立导致公司解散外,凡解散公司均应进行清算。

1. 成立清算组

公司应当在解散事由出现之日起 15 日内成立清算组,开始清算。逾期不成立清算组进行清算的,债权人可以申请人民法院指定有关人员组成清算组进行清算。人民法院应当受理该申请,并及时组织清算组进行清算。

清算组的成员只能是自然人,不能由法人或其他组织担任。其成员必须具有完全行为能力,并且与公司没有直接利害关系。

2. 清算组的组成

有限责任公司的清算组由股东组成，股份有限公司的清算组由董事或者股东大会确定的人员组成。国家单独出资设立的有限责任公司因特殊原因决定解散的，由国家授权投资的机构或授权的部门依照上述规定组成清算组，进行清算。

3. 清算组的职权

清算组在清算期间行使下列职权：

(1) 清理公司财产，分别编制资产负债表和财产清单。

(2)通知或公告债权人。

(3)处理与清算有关的公司未了结的业务。

(4)清缴所欠税款以及清算过程中产生的税款。

(5)清理债权、债务。

(6)处理公司清偿债务后的剩余财产。

(7)代表公司参与民事诉讼活动。

4. 通知和公告债权人的程序

清算组应当自成立之日起 10 日内通知债权人，并于 60 日内在报纸上公告。债权人应当自接到通知书之日起 30 日内、未接到通知书的自公告之日起 45 日内，向清算组申报其债权。

5. 清偿顺序

公司财产在分别支付清算费用、职工的工资、社会保险费用和法定补偿金，缴纳所欠税款，清偿公司债务后的剩余财产，有限责任公司按照股东的出资比例分配，股份有限公司按照股东持有的股份比例分配。清算期间，公司存续，但不得开展与清算无关的经营活动。公司财产在未按前款规定清偿前，不得分配给股东。

6. 注销登记

清算组应当自公司清算结束之日起 30 日内，向原登记机关申请注销登记，

注销登记申请经公司登记机关核准注销登记后，公司法人资格灭失，公司终止。

案例：

2006 年 4 月，甲有限责任公司由于市场情况发生重大变化，如继续经营将导致公司惨重损失。4 月 20 日，该公司召开了股东大会，以出席会议的股东所持表决权的半数通过决议解散公司。5 月 15 日，股东大会选任公司 5 名董事组成清算组。清算组成立后 6 月 5 日起正式启动清算工作，将公司解散及清算事项分别通知了有关的公司债权人，并于 6 月 20 日、6 月 30 日分别在报纸上进行了公告，规定自公告之日起 3 个月内未向申报债权者，将不负清偿义务。

法律问题：

(1)该公司关于清算的决议是否合法？说明理由。

(2)甲公司能否由股东会委托董事组成清算组？

(3)该公司在清算中有关保护债权人的程序是否合法？

分析：

(1)该公司关于清算的决议不合法。根据我国《公司法》第 104 条的规定，股份有限公司决议解散公司，须经出席股东大会的股东所持表决权的2/3以上的多数通过。但本案中，甲股份有限公司只以出席会议的股东所持表决权的半数通过决议解散公司，故该清算决议是不合法的。

(2)甲公司由股东大会选任清算人是有法律依据的。按照我国《公司法》第 184 条的规定，股份有限公司的清算组由股东会议确定其人选。因此，在本案中，甲公司由股东大会选任清算人是有法律依据的。而且，在公司法实务中，股份有限公司清算组的组成，按照一般惯例，也大多确定董事组成公司清算组。

(3)该公司关于保护债权人的程序不合法。根据我国《公司法》第 186 条的规定，股东大会决议解散公司的，应当在 15 日内成立清算组。清算组应当自成立之日起 10 日内通知债权人，并于 60 日内在报纸上公告。该公司在 4 月 20 日通过了股东大会决议，而至 5 月 15 日才成立清算组，整整迟了 10 天。另外，清算组成立后，应当立即着手公司清算工作，但迟至 6 月 5 日才正式启动清算工作，超过了自成立之日起 10 日内通知债权人的期限。这些都是不合法的。

第三节 有限责任公司

一、有限责任公司的概念和特征

有限责任公司是指由符合法定人数的股东出资设立的，股东以其出资额为限对公司承担责任，公司以其全部资产对公司债务承担责任的，依《公司法》设立的企业法人。在我国，有限责任公司有如下特点：

1.没有股东人数的限制。有限责任公司由50个以下股东出资设立。《公司法》取消了股东最低人数不少于2人的限制，承认一人公司的存在。

2.股东以出资额为限对公司承担有限责任。

3.设立手续和机构设置较为简单。这主要表现在有限责任公司可以设立董事会和监事会，如果人数较少、规模较小的可以不设立董事会和监事会，只设1名执行董事(执行董事可以兼任公司经理)，设1～2名监事即可。而股份有限公司股东会、董事会、监事会是必须设立的。

4.有限责任公司是封闭性公司。其封闭性主要表现在：它不向社会发行股份来募集资本，无须向社会公布其财务会计资料，无须公开其经营状况。

5.有限责任公司是人合性兼资合性公司。有限责任公司股东转让出资份额必须受到法律严格的限制，这体现了有限责任公司人合性的一面；同时，法律又规定了有限责任公司的注册资本必须达到法定的最低资本限额，公司以其全部资产对公司的债务负责，这体现了有限责任公司的资合性。

二、有限责任公司的设立条件

根据《公司法》第19条的规定，设立有限责任公司，应当具备下列条件：

(一)股东符合法定人数

有限责任公司由50个以下股东出资设立。

(二)股东出资达到法定资本最低限额

有限责任公司注册资本的最低限额为人民币3万元。法律、行政法规对有限责任公司注册资本的最低限额有较高规定的，从其规定。

(三)股东共同制定公司章程

所谓共同制定是指参与制定公司章程的股东，经过协商，取得一致意见，并有共同的意思表示。也就是说，制定公司章程并非是由所有的股东都参与公司章程拟定的全过程，只要股东在公司章程上签名、盖章，即表示认可了公司章程的内容。

(四)有公司名称，建立符合有限责任公司要求的组织机构

公司名称是司法管辖和公司对外交往中的重要工具，是国家对公司进行工商行政管理的工具，是区别公司的标志。因此，法律规定设立有限责任公司必须有自己的名称，并在公司名称中标明有限责任公司字样。

有限责任公司的组织机构包括股东会、董事会、监事会等，但由于有限责任公司的具体形式、股东人数、经营规模、资本来源不同，《公司法》要求建立的组织机构也不尽一致。

(五)有公司住所

设立公司，必须有公司住所。没有住所的公司不得设立。公司以其主要办事机构所在地为住所。

三、有限责任公司的设立程序

有限责任公司设立程序比较简单，主要为：

(一)缴纳出资和验资

股东全部缴纳出资后，必须经法定的验资机构验资并出具证明。

(二)公司名称预先核准

预先核准的公司名称保留期为 6 个月。预先核准的公司名称在保留期内，不得用于从事经营活动，不得转让。

(三)设立登记

设立有限责任公司，应当由全体股东指定的代表或者共同委托的代理人向公司登记机关申请设立登记。设立国有独资公司，应当由国务院或者地方人民政府授权的本级人民政府国有资产监督管理机构作为申请人，申请设立登记。

法律、行政法规或者国务院规定设立有限责任公司必须报经批准的，应当自批准之日起 90 日内向公司登记机关申请设立登记；逾期申请设立登记的，申请人应当报批准机关确认原批准文件的效力或者另行报批。

依法设立的公司，由公司登记机关发给《企业法人营业执照》。公司营业执照签发日期为公司成立日期。公司凭公司登记机关核发的《企业法人营业执照》刻制印章，开立银行账户，申请纳税登记。

四、有限责任公司的组织机构

(一)股东会

1.股东会的组成和地位

有限责任公司的股东会是由全体股东组成的,是公司最高权力机构,决定公司一切重大事项。股东会是非常设机构,它对外不代表公司,对内不管理公司的日常事务,它只负责重大的生产经营决策。

2.股东会的职权

根据《公司法》第38条的规定,股东会行使下列职权:

(1)决定公司的经营方针和投资计划;

(2)选举和更换非由职工代表担任的董事、监事,决定有关董事、监事的报酬事项;

(3)审议批准董事会的报告;

(4)审议批准监事会或者监事的报告;

(5)审议批准公司的年度财务预算方案、决算方案;

(6)审议批准公司的利润分配方案和弥补亏损方案;

(7)对公司增加或者减少注册资本作出决议;

(8)对发行公司债券作出决议;

(9)对公司合并[illegible]、变更公司形式、解散和清算等事项作出决议;

(10)修改公[illegible]

(11)公司[illegible]

对上述[illegible]意的,可以不召开股东会会议,直接作出[illegible]名、盖章。

3.股东会会议[illegible]

有限责任公司的股东会会[illegible]首次股东会。首次股东会,是在公司成立后第一次召开的股东会,由出资最多的股东召集并主持。(2)定期股东会。定期股东会为会计年度定期召开的股东会,具体什么时候召开由公司章程规定。(3)临时股东会。临时股东会在具备下列情形之一时召开:代表1/10以上表决权的股东,1/3以上的董事,监事会或者不设监事会的公司的监事提议召开临时会议的,应当召开临时会议。

召开股东会会议,应当于会议召开前15日通知全体股东;但是,公司章程另有规定或者全体股东另有约定的除外。

有限责任公司设立董事会的,股东会会议由董事会召集,董事长主持;董事长不能履行职务或者不履行职务的，由副董事长主持；副董事长不能履行职务或者不履行职务的，由半数以上董事共同推举一名董事主持。

有限责任公司不设董事会的，股东会会议由执行董事召集和主持。

董事会或者执行董事不能履行或者不履行召集股东会会议职责的，由监事会或者不设监事会的公司的监事召集和主持；监事会或者监事不召集和主持的，代表 1/10 以上表决权的股东可以自行召集和主持。

股东会应当对所议事项的决定作成会议记录，出席会议的股东应当在会议记录上签名。

4.股东会决议

股东会会议由股东按照出资比例行使表决权；但是，公司章程另有规定的除外。

(1)普通决议。股东会的议事方式和表决程序，除《公司法》有规定的外，由公司章程规定。

(2)特别决议。股东会会议作出修改公司章程、增加或者减少注册资本的决议，以及公司合并、分立、解散或者变更公司形式的决议，必须经代表 2/3 以上表决权的股东通过。

(二)董事会

1.董事会的地位和组成

董事会是公司经营决策机构，是股东会的执行机构。

根据《公司法》规定，有限责任公司的董事会由 3～13 名的董事组成，股东人数较少或者规模较小的有限责任公司，可以设 1 名执行董事，不设立董事会。执行董事可以兼任公司经理。

两个以上的国有企业或者其他两个以上的国有投资主体投资设立的有限责任公司，其董事会成员中应当有公司职工代表；其他有限责任公司董事会成员中也可以有公司职工代表。董事会中的职工代表由公司职工通过职工代表大会、职工大会或者其他形式民主选举产生。

董事会设董事长一人，可以设副董事长，董事长和副董事长的产生办法由公司章程规定。

2.董事会的职权

根据《公司法》第 47 条规定，有限责任公司的董事会对股东会负责，行使下列职权：

(1)召集股东会会议，并向股东会报告工作；

(2)执行股东会的决议；

(3)决定公司的经营计划和投资方案;

(4)制订公司的年度财务预算方案、决算方案;

(5)制订公司的利润分配方案和弥补亏损方案;

(6)制订公司增加或者减少注册资本以及发行公司债券的方案;

(7)制订公司合并、分立、变更公司形式、解散的方案;

(8)决定公司内部管理机构的设置;

(9)决定聘任或者解聘公司经理及其报酬事项,并根据经理的提名决定聘任或者解聘公司副经理、财务负责人及其报酬事项;

(10)制定公司的基本管理制度;

(11)公司章程规定的其他职权。

3.董事会的任期

董事任期由公司章程规定,但每届任期不得超过3年。董事任期届满,连选可以连任。

4.董事会会议的召集

董事会会议由董事长召集和主持;董事长不能履行职务或者不履行职务的,由副董事长召集和主持;副董事长不能履行职务或者不履行职务的,由半数以上董事共同推举一名董事召集和主持。

5.董事会的议事方式和表决程序

董事会的议事方式和表决程序,除《公司法》有规定的外,由公司章程规定。

董事会应当对所议事项的决定作成会议记录,出席会议的董事应当在会议记录上签名。

董事会决议的表决,实行一人一票。

6.经理

董事会下设经理,是公司的日常经营管理机构,由董事会聘任并解聘,对董事会负责。

(三)监事会

1.监事会的地位和组成

监事会是有限责任公司的监督机构,它对股东会负责并报告工作。

监事会的人数不得少于3人。有限责任公司股东人数较少和规模较小的,可以设1~2名监事,不设监事会。

监事会应当包括股东代表和适当比例的公司职工代表,其中职工代表的比例不得低于1/3。

董事、经理和财务负责人不得兼任监事。

2.监事会的职权

(1)检查公司财务;

(2)对董事、高级管理人员执行公司职务的行为进行监督,对违反法律、行政法规、公司章程或者股东会决议的董事、高级管理人员提出罢免的建议;

(3)当董事、高级管理人员的行为损害公司的利益时,要求董事、高级管理人员予以纠正;

(4)提议召开临时股东会会议,在董事会不履行本法规定的召集和主持股东会会议职责时召集和主持股东会会议;

(5)向股东会会议提出提案;

(6)依照《公司法》第152条的规定,对董事、高级管理人员提起诉讼;

(7)公司章程规定的其他职权。

3.监事的任期

监事的任期每届为3年。监事任期届满,连选可以连任。

4.监事会会议的召开

监事会设主席一人,由全体监事过半数选举产生。监事会主席召集和主持监事会会议;监事会主席不能履行职务或者不履行职务的,由半数以上监事共同推举一名监事召集和主持监事会会议。

监事会每年度至少召开一次会议,监事可以提议召开临时监事会会议。监事会的议事方式和表决程序,除《公司法》有规定的外,由公司章程规定。

监事会决议应当经半数以上监事通过。

监事会应当对所议事项的决定作成会议记录,出席会议的监事应当在会议记录上签名。

五、有限责任公司的股权及其转让

(一)有限责任公司的股权

1.股权证书

股东向公司出资后,公司要向股东开具出资证明,公司开具的证明即称为“出资证明书”,它是有限责任公司股东据以享受股东权利的凭证,也是取得收益的凭证。它不是有价证券,也不能买卖,只是一种证权证书。

2.股东名册

有限责任公司应当置备股东名册,记载下列事项:股东的姓名或者名称及住所;股东的出资额;出资证明书编号。

记载于股东名册的股东,可以依股东名册主张行使股东权利。公司应当将股东的姓名或者名称及其出资额向公司登记机关登记;登记事项发生变更的,应当办理变更登记。未经登记或者变更登记的,不得对抗第三人。

3.股东权利

(1)查阅、复制权。股东有权查阅、复制公司章程、股东会会议记录、董事会会议决议、监事会会议决议和财务会计报告。

(2)查阅公司会计账簿的权利。股东可以要求查阅公司会计账簿。股东要求查阅公司会计账簿的,应当向公司提出书面请求,说明目的。公司有合理根据认为股东查阅会计账簿有不正当目的,可能损害公司合法利益的,可以拒绝提供查阅,并应当自股东提出书面请求之日起 15 日内书面答复股东并说明理由。公司拒绝提供查阅的,股东可以请求人民法院要求公司提供查阅。

(3)分取红利权。股东按照实缴的出资比例分取红利。

(4)优先认缴出资的权利。公司新增资本时,股东有权优先按照实缴的出资比例认缴出资。但是,全体股东约定不按照出资比例分取红利或者不按照出资比例优先认缴出资的除外。

(5)请求撤销权。根据《公司法》第 22 条的规定,股东会或者股东大会、董事会的会议召集程序、表决方式违反法律、行政法规或者公司章程,或者决议内容违反公司章程的,股东可以自决议作出之日起 60 日内,请求人民法院撤销。

4.股东义务

(1)不得抽逃出资的义务。公司成立后,股东负有不得抽逃出资的义务。

(2)不得滥用公司法人独立地位和股东有限责任。依据《公司法》第 20 条规定,公司股东应当遵守法律、行政法规和公司章程,依法行使股东权利,不得滥用股东权利损害公司或者其他股东的利益;不得滥用公司法人独立地位和股东有限责任损害公司债权人的利益。

公司股东滥用股东权利给公司或者其他股东造成损失的,应当依法承担赔偿责任。公司股东滥用公司法人独立地位和股东有限责任,逃避债务,严重损害公司债权人利益的,应当对公司债务承担连带责任。

(3)控股股东不得利用关联关系损害公司利益。

《公司法》第 21 条规定,公司的控股股东、实际控制人、董事、监事、高级管理人员不得利用其关联关系损害公司利益。违反规定,给公司造成损失的,应当承担责任。

(二)股权转让

1.股权的内部转让

有限责任公司的股东之间可以相互转让其全部或者部分股权。如果公司章程对股东间转让股权作出限制性规定,则应遵从其规定,只要不违背《公司法》及其他法律法规的强制性规定,就应当肯定其效力。

2.股权的外部转让

股权的外部转让形式有两种:一是股东向股东以外的人转让股权,在这种情况下,应当经其他股东过半数同意。股东应就其股权转让事项书面通知其他股东征求同意,其他股东自接到书面通知之日起满30日未答复的,视为同意转让。其他股东半数以上不同意转让的,不同意的股东应当购买该转让的股权;不购买的,视为同意转让。二是人民法院依据法定的程序向股东以外的人转让股权。

3.优先购买权

(1)在股东自愿转让的情况下,意图转让股权的股东应就其股权转让事项书面通知其他股东征求同意,其他股东自接到书面通知之日起满30日未答复的,视为同意转让。其他股东半数以上不同意转让的,不同意的股东应当购买该转让的股权;不购买的,视为同意转让。经股东同意转让的股权,在同等条件下,其他股东有优先购买权。两个以上股东主张行使优先购买权的,协商确定各自的购买比例;协商不成的,按照转让时各自的出资比例行使优先购买权。公司章程对股权转让另有规定的,从其规定。

(2)人民法院依照法律规定的强制执行程序转让股东的股权时,应当通知公司及全体股东,其他股东在同等条件下有优先购买权。其他股东自人民法院通知之日起满20日不行使优先购买权的,视为放弃优先购买权。

转让股权后,公司应当注销原股东的"出资证明书",向新股东签发"出资证明书",并相应修改公司章程和股东名册中有关股东及其出资额的记载。对公司章程的该项修改不需再由股东会表决。

(三)股东退出公司

根据《公司法》第75条的规定,有下列情形之一的,对股东会该项决议投反对票的股东可以请求公司按照合理的价格收购其股权:

1.公司连续5年不向股东分配利润,而公司该5年连续盈利,并且符合本法规定的分配利润条件的;

2.公司合并、分立、转让主要财产的;

3.公司章程规定的营业期限届满或者章程规定的其他解散事由出现,股东会会议通过决议修改章程使公司存续的。

自股东会会议决议通过之日起 60 日内，股东与公司不能达成股权收购协议的，股东可以自股东会会议决议通过之日起 90 日内向人民法院提起诉讼。

(四)股东资格的继承

1. 以继承股东资格为原则。股东的出资额是股东的个人合法财产，自然人股东死亡后，其合法继承人可以继承股东资格。

2. 公司章程可以作出除外规定。

第四节　股份有限公司

一、股份有限公司的概念和特征

股份有限公司简称股份公司，是指公司全部资本分为等额股份，股东以其所持股份为限对公司承担责任，公司以其全部资产对公司的债务承担责任的企业法人。与其他类型的公司相比，股份有限公司具有自己独特的法律特征：

(一)股东人数的广泛性

股份有限公司对股东人数没有最高数额的限制，便于公司广集资金，扩大规模，扩大再生产。因而世界各国公司法对公司股东数额只规定了最低数额。我国《公司法》也一样，第 79 条规定，设立股份有限公司应当有 2 人以上 200 人以下为发起人。

(二)公司股份的等额性

股份有限公司注册资本总额无论多少，为适应其独特的集资方式及股份转让方式的需要，必须划分成金额相等的股份，便于实行一股一权、数股数权、股权平等、同股同利、利益共享、风险共担的原则，同时也便于计算股东的股息和红利。

(三)资本募集的公开性

股份有限公司可以通过公司或金融机构向社会公开发行股票的形式来筹集公司的资本，每一个购买公司股票的人都是公司的股东。

(四)股东责任的有限性

股份有限公司的股东以其所持股份为限对公司承担责任，公司以其全部资本为限对公司债务承担责任。

(五)是典型的资合公司

股份有限公司并不注重股东个人的声望、地位和信用,是以资本的组合为基础设立的公司。概括地说,股份有限公司是以资本的结合作为公司对外经营活动的信用基础的,是一种典型的资合公司。

二、股份有限公司的设立条件

根据《公司法》第 77 条的规定,设立股份有限公司,应当具备下列条件:

(一)发起人符合法定人数

发起人是承办公司设立的人,可以是自然人,也可以是法人,如果是自然人,必须是具有完全民事行为能力的人,如果是法人,必须得指派一名自然人作为代表人。发起人之间的关系是通过发起人之间的协议而确立的,所以他们是一种合伙性质的关系。

设立股份有限公司,应当有 2 人以上、200 人以下为发起人,其中须有半数以上的发起人在中国境内有住所。

根据《公司法》第 95 条规定,股份有限公司的发起人应当承担下列责任:

1. 公司不能成立时,对设立行为所产生的债务和费用负连带责任;

2. 公司不能成立时,对认股人已缴纳的股款,负返还股款并加算银行同期存款利息的连带责任;

3. 在公司设立过程中,由于发起人的过失致使公司利益受到损害的,应当对公司承担赔偿责任。

(二)发起人认缴和社会公开募集的股本达到法定资本最低限额

股份有限公司的最低注册资本为人民币 500 万元。发起人的货币出资金额不得低于公司注册资本的 30%。

(三)股份发行和筹办事项符合法律规定

对股份发行,法律规定了严格的程序和条件,发起人设立公司时必须遵守。

(四)发起人制定公司章程,采用募集方式设立的经创立大会通过

采取募集方式设立的股份有限公司股东人数无法确定,不可能由全体股东制定公司章程,因此只能由发起人制定章程,在创立大会通过。公司章程在公司获准登记时生效。

(五)有公司名称,建立符合股份有限公司要求的组织机构

股份有限公司作为典型的法人企业,其权利能力及行为能力的实现是通

过其组织机构来完成的。这就要求其相应的组织机构也同时开始运行，以保证其权利能力及行为能力的实现。

(六)有公司住所

公司住所是指公司主要办事机构所在地。

三、股份有限公司的设立程序

股份有限公司的设立方式在我国只有两种，即发起设立和募集设立。

(一)发起设立的程序

发起设立是指由发起人认购公司发行的全部股份而设立公司。

发起设立股份有限公司和有限责任公司设立的方式基本相同，它无须向社会募集股份，是一种简单的设立方式。它的基本程序是：

1. 缴付出资

发起人应当认足公司章程规定其认购的股份，一次缴纳的，应即缴纳全部出资；分期缴纳的，应即缴纳首期出资。以非货币财产出资的，应当依法办理其财产权的转移手续。发起人不按此规定缴纳出资的，应当按照发起人协议的约定承担违约责任。

2. 选举董事会和监事会并依法登记

发起人首次缴纳出资后，应当选举董事会和监事会，由董事会向公司登记机关报送公司章程，由依法设定的验资机构出具的验资证明以及法律、行政法规规定的其他文件，申请设立登记。

(二)募集设立的程序

募集设立是指由发起人依法认购一定比例的股份，其余部分向社会发行而设立公司。

1. 发起人认购法定股份

根据《公司法》第 85 条规定，以募集设立方式设立股份有限公司，发起人认购的股份不得少于公司股份总数的 35%。发起人只有在缴足所认购的出资以后，才能够向社会公开募集股份。如果发起人认购的股份不足公司股份总额的 35%，即使向社会公开募集完全补足，并成立公司，也将导致公司不能成立。

2. 制作招股说明书

招股说明书亦称招股章程，公司发行股份和发起人、社会公众认购股份的一切行为，除应遵守国家有关规定外，都要遵守招股说明书中的有关规定，否则，要承担相应的责任。

3.签订承销协议和代收股款协议

发起人向社会公开募集股份，应当签订承销协议，由依法设立的证券公司承销。同时，发起人向社会公开募集股份，还应当同银行签订代收股款协议。由银行代发起人收取其向社会公开募集股份所得的股款。

4.申请批准募股

(1)聘请保荐人。保荐人制度源于英国。所谓保荐人，是指证券发行人申请其证券上市交易而聘请为其出具保荐意见，确认其证券符合在交易所上市交易条件的具有保荐资格的人。

(2)报经国务院证券监督管理机构核准。公开发行股票必须报经中国证监会核准，公开发行其他证券必须报经国务院授权的部门核准，即国务院授权由哪个部门核准，就由哪个部门负责核准。

5.公开募股

发起人获准向社会公众募集股份后，应当公开招股说明书，并制作认股书。由认股人填写所认股数、金额、住所，并签名盖章，缴纳股款。

6.验资

股款缴足后，必须经法定的验资机构验资，并由验资机构出具证明。

7.召开创立大会

发起人应当自股款缴足之日起30日内主持召开公司创立大会。

8.申请设立登记

四、股份有限公司的组织机构

(一)股东大会

1.股东会会议的性质、地位和种类

股东大会和有限责任公司的股东会的性质、地位相同。

股东大会分为定期会议和临时会议两种。定期会议每年召开一次。临时股东大会应在出现下列情况之一时的2个月内召开：

(1)董事人数不足法定人数或章程规定人数的2/3时；

(2)公司未弥补的亏损达实收股本总额1/3时；

(3)单独或者合计持有公司股份10%以上的股东请求时；

(4)董事会认为必要时；

(5)监事会提议召开时；

(6)公司章程规定的其他情形。

2.股东会会议的召开

(1)会议的召集和主持

股东大会会议由董事会召集,董事长主持;董事长不能履行职务或者不履行职务的,由副董事长主持;副董事长不能履行职务或者不履行职务的,由半数以上董事共同推举一名董事主持。

董事会不能履行或者不履行召集股东大会会议职责的,监事会应当及时召集和主持;监事会不召集和主持的,连续 90 日以上单独或者合计持有公司 10%以上股份的股东可以自行召集和主持。

(2)会议召开的通知

召开股东大会会议,应当将会议召开的时间、地点和审议的事项于会议召开 20 日前通知各股东;临时股东大会应当于会议召开 15 日前通知各股东;发行无记名股票的,应当于会议召开 30 日前公告会议召开的时间、地点和审议事项。

无记名股票持有人出席股东大会会议的,应当于会议召开 5 日前至股东大会闭会时将股票交存于公司。

(3)临时提案

单独或者合计持有公司 3%以上股份的股东,可以在股东大会召开 10 日前提出临时提案并书面提交董事会。

董事会应当在收到提案后 2 日内通知其他股东,并将该临时提案提交股东大会审议。

临时提案的内容应当属于股东大会职权范围,并有明确议题和具体决议事项。

(4)会议的表决

股东大会作出一般决议必须经出席会议的股东所持表决权的半数以上通过,作出特别决议必须经出席会议的股东所持表决权的 2/3 以上通过。需要作出特别决议的事项有:修改公司章程、增加或者减少注册资本的决议,以及公司合并、分立、解散或者变更公司形式的决议。

(5)累积投票权

累积投票权,是指股东大会选举董事或者监事时,每一股份拥有与应选董事或者监事人数相同的表决权,股东拥有的表决权可以集中使用。

根据《公司法》第 106 条的规定,股东大会选举董事、监事,可以根据公司章程的规定或者股东大会的决议,实行累积投票制。

(二)董事会

1. 董事会的性质、地位和组成

股份有限公司必须设董事会,董事会的性质、地位同有限责任公司的董事会相同。

董事会由5至19名董事组成。董事会设董事长一人,可以设副董事长。董事长和副董事长由董事会以全体董事的过半数选举产生。

2.董事会会议的召集和主持

董事长召集和主持董事会会议,检查董事会决议的实施情况。副董事长协助董事长工作,董事长不能履行职务或者不履行职务的,由副董事长履行职务;副董事长不能履行职务或者不履行职务的,由半数以上董事共同推举一名董事履行职务。

3.董事会会议的召开

(1)常务会议的召开。董事会每年度至少召开两次会议,每次会议应当于会议召开10日前通知全体董事和监事。

(2)临时会议的召开。代表1/10以上表决权的股东、1/3以上董事或者监事会,可以提议召开董事会临时会议。董事长应当自接到提议后10日内,召集和主持董事会会议。

董事会召开临时会议,可以另定召集董事会的通知方式和通知时限。

4.董事会会议的议事规则

董事会会议应有过半数的董事出席方可举行。董事会作出决议,必须经全体董事的过半数通过。董事会决议的表决,实行一人一票。

5.董事责任

董事会会议,应由董事本人出席;董事因故不能出席,可以书面委托其他董事代为出席,委托书中应载明授权范围。

董事会应当对会议所议事项的决定作成会议记录,出席会议的董事应当在会议记录上签名。

董事应当对董事会的决议承担责任。董事会的决议违反法律、行政法规或者公司章程、股东大会决议,致使公司遭受严重损失的,参与决议的董事对公司负赔偿责任。但经证明在表决时曾表明异议并记载于会议记录的,该董事可以免除责任。

6.经理的设置

董事会下设经理,由董事会聘任或解聘,对董事会负责。

(三)监事会

股份有限公司设立监事会,其成员不得少于3人。

监事会应当包括股东代表和适当比例的公司职工代表,其中职工代表的比例不得低于1/3,具体比例由公司章程规定。监事会中的职工代表由公司职工通过职工代表大会、职工大会或者其他形式民主选举产生。

监事会设主席一人,可以设副主席。监事会主席和副主席由全体监事过半数选举产生。监事会主席召集和主持监事会会议;监事会主席不能履行职务或者不履行职务的,由监事会副主席召集和主持监事会会议;监事会副主席不能履行职务或者不履行职务的,由半数以上监事共同推举一名监事召集和主持监事会会议。

五、股份有限公司的股份发行和转让

(一)股份发行

公司的股份采取股票的形式,股票是公司签发的证明股东所持股份的凭证。

股份发行包括设立时的股份发行和设立后的股份发行。

1.股票发行的原则

股份发行实行公平、公正的原则,同种类的每一股份应当具有同等权利。

同次发行的同种类股票,每股的发行条件和价格应当相同;任何单位或者个人所认购的股份,每股应当支付相同价额。

2.股票发行价格

股票的发行价格可以按票面金额,也可以超过票面金额,但不得低于票面金额。

3.记名股票的发行

公司向发起人、法人发行的股票,应当为记名股票,并应当记载该发起人、法人的名称或者姓名,不得另立户名或者以代表人姓名记名。

4.股票交付时间

公司向股东交付股票的时间,必须在公司成立之后。公司成立前不得向股东交付股票。

5.新股的发行

公司发行新股,依照公司章程的规定由股东大会或者董事会对下列事项作出决议:新股种类及数额;新股发行价格;新股发行的起止日期;向原有股东发行新股的种类及数额。

(二)股份的转让

股份有限公司的股份转让是以自由转让为原则,以个别限制为例外。《公司法》对股份有限公司的股份转让的限制主要有:

1. 上市公司股票的转让

上市公司股票的转让必须在依法设立的证券交易场所进行。

2. 记名股票的转让

记名股票的转让必须采取背书的方式和法律规定的其他方式，否则不发生转让的效力，在此基础上还要变更股东名册，由公司将受让人的姓名或者名称及住所记载于股东名册。

3. 发起人股份的转让

发起人所持有的本公司的股份自公司成立之日起一年内不得转让。公司公开发行股份前已发行的股份，自公司股票在证券交易所上市交易之日起一年内不得转让。

4. 董事、监事、高级管理人员所持有的本公司股票的转让

公司董事、监事、高级管理人员应当向公司申报所持有的本公司的股份及其变动情况，在任职期间每年转让的股份不得超过其所持有本公司股份总数的25%；所持本公司股份自公司股票上市交易之日起一年内不得转让。公司董事、监事、高级管理人员离职后半年内，不得转让其所持有的本公司股份。公司章程可以对公司董事、监事、高级管理人员转让其所持有的本公司股份作出其他限制性规定。

5. 对本公司股票的收购

股份有限公司的收购股票行为，《公司法》也有限制性的规定，即原则上，公司不能收购自己的股票，但下列四种情况下例外：为减少公司注册资本；将股份奖励给本公司职工；与持有本公司股份的其他公司合并；股东因对股东大会作出的公司合并、分立决议持异议，要求公司收购其股份。

六、上市公司的特殊规定

上市公司，是指其股票在证券交易所上市交易的股份有限公司。

（一）股东会对特别事项的表决

上市公司在一年内购买、出售重大资产或者担保金额超过公司资产总额30%的，应当由股东大会作出决议，并经出席会议的股东所持表决权的2/3以上通过。

（二）独立董事的设立

上市公司设独立董事，具体办法由国务院规定。

（三）董事会秘书

上市公司设立董事会秘书，负责公司股东大会和董事会会议的筹备、文件

保管以及公司股权管理,办理信息披露事务等事宜。

(四)上市公司的信息披露义务

上市公司设立董事会秘书,负责公司股东大会和董事会会议的筹备、文件保管以及公司股权管理,办理信息披露事务等事宜。

(五)董事会关联交易的表决

上市公司董事与董事会会议决议事项所涉及的企业有关联关系的,不得对该项决议行使表决权,也不得代理其他董事行使表决权。该董事会会议由过半数的无关联关系董事出席即可举行,董事会会议所作出的决议须经无关联关系董事过半数通过。出席董事会的无关联关系董事人数不足3人的,应将该事项提交上市公司股东大会审议。

第五节　外国公司的分支机构

外国公司是指依外国法律在中国境外设立的公司,外国公司分支机构是外国公司依照中国法律在中国境内设立的分支机构。

一、设立批准

公司在中国境内设立分支机构,必须向中国机关提出申请,提交其公司章程、所属国籍的公司登记证书等有关文件,领取中国公司登记机关发给的营业执照。外国公司未经我国法定机关依法批准,不得在我国设立分支机构。

二、分支机构的管理和资金

外国公司必须指定代表人或者代理人管理其在中国境内设立的分支机构,同时要拨付与其经营活动相适应的资金,其经营资金所需的最低限额由国务院另行规定。

三、分支机构的名称

外国公司分支机构的名称应当标明其所属公司的国籍及责任形式,同时要将其公司章程置备于外国公司分支机构内。

四、外国公司分支机构的法律地位

外国公司分支机构不具备法人资格，其行为视作该外国公司的行为，其行为所生的权利、义务和民事责任，当然归属于该外国公司。

五、外国公司分支机构的撤销与清算

外国公司撤销其在中国境内的分支机构时，必须依法清偿债务，依照《公司法》的有关公司清算程序的规定进行清算。未清偿债务之前，不得将其分支机构的财产移至中国境外。

第六节　违反公司法的法律责任

一、公司设立过程中的法律责任

(一)公司在公司设立过程中的行政责任

1. 公司在申请登记时弄虚作假，主要指虚报注册资本、提交虚假材料或者采取其他欺诈手段隐瞒重要事实取得公司登记的行为。根据《公司法》第 199 条的规定，对以上行为，先由公司登记机关责令改正；另外，对虚报注册资本的公司，处以虚报注册资本金额 5%以上、15%以下的罚款；对提交虚假材料或者采取其他欺诈手段隐瞒重要事实的公司，处以 5 万元以上、50 万元以下的罚款；情节严重的，撤销公司登记或者吊销营业执照。

2. 根据《公司法》第 213 条的规定，外国公司擅自在中国境内设立分支机构的，由公司登记机关责令改正或者关闭，可以并处以 5 万元以上、20 万元以下的罚款。

(二)股东、发起人在公司设立过程中的行政责任

对于股东、发起人在公司设立过程中的行政责任，主要是指股东、发起人的瑕疵出资和虚假出资行为。

1. 瑕疵出资主要是指公司的发起人、股东未交付或者未按期交付作为出资的货币或者非货币财产的情形。瑕疵出资的发起人、股东往往是由于各种原因致使不能出资或不按期出资，各种事实也能清楚表明他们没有按规定出

资并没有弄虚作假的行为。对于瑕疵出资的行政责任,《公司法》规定应由公司登记机关责令改正。

2. 虚假出资主要是指公司的发起人、股东实际上未按规定履行出资义务,还制造其他事实来掩盖自己的未按规定出资行为。因此虚假出资者有明显逃避出资的故意。对于虚假出资的行为,《公司法》第200条规定,由公司登记机关责令改正,并处以虚假出资金额5%以上、15%以下的罚款。

案例:

甲公司与龙某签订一投资合同,约定:双方各出资200万元,设立乙有限责任公司;甲公司以其土地使用权出资,龙某以现金和专利技术出资(双方出资物已经验资);龙某任董事长兼总经理;公司亏损按出资比例分担。双方拟定的公司章程未对如何承担公司亏损作出规定,其他内容与投资合同内容一致。乙公司经工商登记后,在甲公司用以出资的土地上生产经营,但甲公司未将土地使用权过户到乙公司。

2006年1月,乙公司向丙银行借款200万元,甲公司以自己名义用上述土地使用权作抵押担保。同年3月,甲公司提出退出乙公司,龙某书面表示同意。

2006年8月,法院判决乙公司偿还丙银行上述贷款本息共240万元,并判决甲公司承担连带清偿责任。此时,乙公司已资不抵债,净亏损180万元。另查明,龙某在公司成立后将120万元注册资金转出,替朋友偿还债务。

基于上述情况,丙银行在执行过程中要求甲公司和龙某对乙公司债务承担责任。甲公司认为,自己为担保行为时,土地属乙公司所有,故其抵押行为应无效,且甲公司已于贷款后1个月退出了乙公司,因此,其对240万元贷款本息不应承担责任;另外乙公司注册资金中的120万元被龙某占用,龙某应退出120万元的一半给甲公司。龙某则认为,乙公司成立时甲公司投资不到位,故乙公司成立无效,乙公司的亏损应由甲公司按投资合同约定承担一半。

法律问题:

(1)甲公司应否承担乙公司亏损的一半?为什么?

(2)乙公司、甲公司和龙某对丙银行的债务各应如何承担责任?(根据2004年司法考试试卷四第三题改编)

分析:

(1)不应承担。公司成立后,股东之投资协议不能对抗公司章程,故甲公司仅有依章程向乙公司缴纳出资的义务,而无直接分担公司亏损的义务。

《公司法》第3条规定:"公司是企业法人,有独立的法人财产,享有法人财产权。公司以其全部财产对公司的债务承担责任。有限责任公司的股东以其认缴的出资额为限对公司承担责任;股份有限公司的股东以其认购的股份为限对公司承担责任。"因此,甲公司不能承担乙公司亏损的一半。

(2)乙公司应当以其全部资产对丙银行的债务负责。甲公司应当在200万元的出资范围内对丙银行的债务负责。龙某应当在120万元的范围内对丙银行的债务负责。

乙公司是法人,应当以其全部资产对丙银行的债务负责。甲公司是股东,其以土地使用权作价200万元进行出资,应当在200万元的出资范围内对丙银行的债务负责;龙某是股东,其出资完成后又抽逃公司资产120万元,为了落实出资义务,应当在120万元的范围内对丙银行的债务负责。

(三)中介机构在公司设立过程中的民事责任

在公司设立过程中,承担资产评估、验资或者验证等工作的中介机构出具的评估结果、验资或者验证证明是公司设立过程中的重要资料,也是具有高度公信力的凭证。《公司法》要求中介机构在出具这些材料的过程中要做到独立、公正,要准确地反映事实情况,以保持这些材料的权威性和公信力。如果因这些机构出具的评估结果、验资或者验证证明不实,给债权人造成损失的,除能够证明自己不存在故意或者重大过失外,在其评估或者证明不实的金额范围内承担赔偿责任。在规制中介机构如实出具中介资料方面,《公司法》明确设定了过错推定原则,加重了中介机构的举证责任,促使中介机构能够更加独立、公正的履行评估、验资、验证等事务。

(四)中介机构在公司设立过程中的行政责任

1.《公司法》第208条规定,中介机构即承担资产评估、验资或者验证的机构提供虚假材料的,由公司登记机关没收违法所得,处以违法所得1倍以上、5倍以下的罚款,并可以由有关主管部门依法责令该机构停业,吊销直接责任人员的资格证书,吊销营业执照。

2.《公司法》第208条规定,中介机构即承担资产评估、验资或者验证的机构因过失提供有重大遗漏的报告的,由公司登记机关责令改正,情节较重的,处以所得收入1倍以上、5倍以下的罚款,并可以由有关主管部门依法责令该机构停业,吊销直接责任人员的资格证书,吊销营业执照。

(五)公司设立过程中中介组织人员提供虚假证明文件罪

这个罪名主要针对中介组织从业人员的。《刑法》第229条规定,承担资产评估、验资、验证、会计、审计、法律服务等职责的中介组织的人员故意提供虚假证明文件,情节严重的,处5年以下有期徒刑或者拘役,并处罚金。

(六)公司登记机关相关责任人员在公司设立过程中的行政责任

公司登记机关的对符合要件的公司进行登记,并颁发营业执照的行为,是一种典型的行政许可行为。在设立过程中,对于符合条件的公司登记申请,公司登记机关要依法予以登记;对于不符合条件的登记申请,不能进行登记。否则,对公司登记机关直接负责的主管人员和其他直接责任人员,依法给予行政处分。

公司登记机关的上级部门强令公司登记机关对不符合法律规定条件的登记申请予以登记的,或者对违法登记进行包庇的,对直接负责的主管人员和其他直接责任人员依法给予行政处分。

(七)公司设立过程中相关主体的刑事责任

1.虚报注册资本罪

这个罪名主要针对申请公司登记的自然人或单位。我国《刑法》第158条规定,申请公司登记使用虚假证明文件或者采取其他欺诈手段虚报注册资本,欺骗公司登记主管部门,取得公司登记,虚报注册资本数额巨大、后果严重或者有其他严重情节的,处3年以下有期徒刑或者拘役,并处或者单处虚报注册资本金额1%以上、5%以下的罚金。单位犯前款罪的,对单位判处罚金,并对其直接负责的主管人员和其他直接责任人员处3年以下有期徒刑或者拘役。

2.虚假出资罪

这个罪名主要针对公司股东、发起人。《刑法》第159条规定,公司发起人、股东违反《公司法》的规定未交付货币、实物或者未转移财产权,虚假出资,数额巨大、后果严重或者有其他严重情节的,处5年以下有期徒刑或者拘役,并处或者单处虚假出资金额或者抽逃出资金额2%以上、10%以下的罚金。单位犯前款罪的,对单位判处罚金,并对其直接负责的主管人员和其他直接责任人员,处5年以下有期徒刑或者拘役。

(八)公司登记机关等国家机关工作人员滥用管理公司、证券职权罪

这个罪名主要针对公司登记机关等国家机关工作人员。《刑法》第403条规定,国家有关主管部门的国家机关工作人员,徇私舞弊,滥用职权,对不符合法律规定条件的公司设立、登记申请或者股票、债券发行、上市申请,予以批准或者登记,致使公共财产、国家和人民利益遭受重大损失的,处5年以下有期徒刑或者拘役。

二、公司存续过程中的法律责任

(一)公司在公司存续过程中的行政责任

公司在存续过程中承担的行政责任，主要涉及公司的财务、开停业、变更登记以及公司行为目的等，具体包括以下几种情况：

1.公司违反法律规定，在法定的会计账簿以外另立会计账簿的，由县级以上人民政府财政部门责令改正，处以5万元以上、50万元以下的罚款。

2.公司不按照法律规定提取法定公积金的，由县级以上人民政府财政部门责令如数补足应当提取的金额，并可以对公司处以20万元以下的罚款。

3.公司成立后无正当理由超过6个月未开业的，或者开业后自行停业连续6个月以上的，由公司登记机关吊销营业执照。

4.公司登记事项发生变更时，未按照本法规定办理有关变更登记的，由公司登记机关责令限期登记；逾期不登记的，处以1万元以上、10万元以下的罚款。

5.利用公司名义从事危害国家安全、社会公共利益的严重违法行为的，吊销营业执照。虽然"利用"的主体是其他自然人或者单位，但是公司作为独立的法人，对外危害国家安全、社会公共利益的行为表现为公司的行为，吊销公司营业执照，就剥夺了公司的营业能力，也就一定程度上遏制了其他人利用公司从事危害国家安全、社会公共利益的行为。

(二)股东在公司存续过程中的民事责任

公司成立后，股东享有公司股权，公司以其拥有的资产对外承担责任，股东原则上以出资为限对公司承担责任。但是股东在行使股东权利的过程中，可能会损害到公司、其他股东、公司债权人和社会公共的利益，在满足一定条件的基础上，股东对这些主体要承担民事责任。

1.滥用股东权的损害赔偿责任

公司股东应当遵守法律、行政法规和公司章程，依法行使股东权利，不得滥用股东权利损害公司和其他股东的利益。公司股东滥用股东权利给公司或者其他股东造成损失的，应当依法承担赔偿责任。这里的赔偿责任把股东作为一个独立个体，相对于公司和其他股东存在的时候，基于对公司和其他股东利益的侵犯而承担的赔偿责任，是一种典型的侵权责任。

2.公司法人人格否认时的连带责任

公司独立人格和股东有限责任有其非常优越的一面，但也有不好的一面，尤其是对于债权人和社会公共利益来说，公司独立人格和股东有限责任意味着他们的应得利益有可能得不到全部满足。股东掌握着公司控制权，追求利益最大化的动因可能会使股东为了逃避债务或者规避法定义务等原因而滥用公司法人独立地位和股东有限责任，严重损害公司债权人利益或者社会公共利益，我国《公司法》规定了“公司法人人格否认”的制度，规定在股东滥用公司法人独立地位和股东有限责任，逃避债务或者规避法定义务，严重损害公司债权人利益或者社会公共利益时，股东应当对公司债务承担连带责任。

3.控股股东通过关联交易损害公司利益的赔偿责任

这是一种特殊情况下的民事责任，要求股东是“控股股东”，而且损害公司利益的手段是通过“关联交易”的方式。控股股东在公司的表决中占有优势，能够影响公司的各项决策和事务的执行。控股股东为了自身的利益，或者为了某些特殊的利益，会导致公司作出一定的牺牲，或者把公司的利益转嫁自己或他人身上，或让公司从事高风险的事务，如用关联交易转移利润、让公司为自己担保等。在这种情况下，为了公司和其他股东的利益，《公司法》规定控股股东要承担赔偿责任。

(三)股东、发起人在公司存续过程中的行政责任

公司存续过程中，公司股东、发起人的行政责任主要是关于抽逃出资的规定。《公司法》第201条规定，公司的发起人、股东在公司成立后，抽逃其出资的，由公司登记机关责令改正，处以所抽逃出资金额5%以上、15%以下的罚款。

(四)其他人在公司存续过程中的行政责任

关于其他人冒用公司名义的行为，《公司法》规定，未依法登记为有限责任公司或者股份有限公司，而冒用有限责任公司或者股份有限公司名义的，或者未依法登记为有限责任公司或者股份有限公司的分公司，而冒用有限责任公司或者股份有限公司的分公司名义的，由公司登记机关责令改正或者予以取缔，没收违法所得，可以并处以10万元以下的罚款。

(五)董事、监事、高级管理人员在公司存续过程中的民事责任

公司董事、监事、高级管理人员是公司运行过程中的主要参与者与执行者，公司一般经营事项的决策、公司经营状况的自我监督、公司具体的事项的执行等都是由公司的董事、监事和高级管理人员来负责，他们在公司存续经营过程中具有很大的权力，是公司运行和发展的最重要的力量之一。同样，赋予权力的过程中也会带来义务的履行，如果董事、监事、高级管理人员滥用权力、漠视义务、不遵守职业操守等，必须负相应的法律责任。

1.董事对董事会决议的民事责任

这是董事的一项特殊民事责任。董事会在公司中的地位至关重要，尤其是公司股权高度分散的股份公司中，董事会的地位更是显赫，几乎决定着公司的命运，素有“董事会中心”一说，所以保证董事会在决议时必须为公司的利益着想，保证董事注意忠诚、勤勉义务，尤为重要。《公司法》第 113 条规定，董事应当对董事会的决议承担责任。董事会的决议违反法律、行政法规或者公司章程、股东大会决议，致使公司遭受严重损失的，参与决议的董事对公司负赔偿责任。但经证明在表决时曾表明异议并记载于会议记录的，该董事可以免除责任。以确保董事在决议时，从公司的整体利益出发，充分遵守法律、行政法规、公司章程和股东会决议的要求。

2. 董事、高级管理人员违法所得的返还责任

董事、高级管理人员掌握着公司的经营管理权，对公司的业务秘密和财务状况等了如指掌。这些权力和信息能为个人带来一定的利益，在公司利益和个人利益的博弈中，董事、经理有可能进行自利、自营行为，从事有违竞业禁止的行为等。《公司法》第 149 条以列举的方式对董事、高级管理人员的相关行为予以禁止：(1)挪用公司资金；(2)将公司资金以其个人名义或者以其他个人名义开立账户存储；(3)违反公司章程规定，未经股东会、股东大会或者董事会同意，将公司资金借贷给他人或者以公司资产为他人提供担保；(4)违反公司章程的规定或者未经股东会、股东大会同意，与本公司订立合同或者进行交易；(5)未经股东会或者股东大会同意，利用职务便利为自己或他人谋取属于公司的商业机会，自营或者为他人经营与所任职公司同类的业务；(6)接受他人与公司交易的佣金归为己有；(7)擅自披露公司秘密；(8)违反对公司忠实义务的其他行为。董事、高级管理人员违反禁止性规定所得的收入应当归公司所有。

3. 董事、监事、高级管理人员违法行为的赔偿责任

董事、监事、高级管理人员执行公司职务时违反法律、行政法规或者公司章程的规定，给公司造成损害的，应当承担赔偿责任。另外，公司的董事、监事、高级管理人员通过关联关系损害公司利益，致使公司遭受损害的，应当承担赔偿责任。对于董事、监事、高级管理人员侵害公司利益的法律责任的追究，《公司法》配以相关的诉讼启动程序来保证。

(六)公司相关责任人员在公司存续过程中的行政责任

《公司法》第 203 条规定，公司向有关主管部门提供虚假的或者隐瞒重要事实的财务会计报告等材料的，由有关主管部门对直接负责的主管人员和其他直接责任人员处以 3 万元以上、30 万元以下的罚款。虽然是公司行为，但

是发生这种情况的主要原因在于公司的有关责任人员，因为这些责任人员依法有保证材料真实性的义务。

三、公司清算过程中的法律责任

(一)公司在公司清算过程中的行政责任

1. 关于清算公告的行政责任

清算公告涉及公司债权人等利益相关者的切身利益，也涉及清算工作的整体运行，及时、准确、合法地进行清算公告是公司进入清算阶段的主要义务之一。《公司法》第 186 条规定，清算组应当自成立之日起 10 日内通知债权人，并于 60 日内在报纸上公告。《公司法》第 205 条规定，如果公司不按照《公司法》规定通知或者公告债权人的，由公司登记机关责令改正，对公司处以 1 万元以上、10 万元以下的罚款。

2. 关于清算期间经营活动的行政责任

公司进入清算阶段后，虽然公司的人格尚未消灭，但是公司职能已经发生变化，所有的公司活动主要围绕清算工作来进行。如果公司在清算期间开展与清算无关的经营活动的，由公司登记机关予以警告，没收违法所得。

3. 关于清算期间的财产处置的行政责任

公司清算制度的一个主要职能就是要对公司的财产进行最后的分配，财产分配必须严格按照法律规定的条件和顺序进行。如果公司在进行清算时，隐匿财产，对资产负债表或者财产清单作虚伪记载或者未清偿债务前分配公司财产的，由公司登记机关责令改正，对公司处以隐匿财产或者未清偿债务前分配公司财产金额 5%以上、10%以下的罚款；对直接负责的主管人员和其他直接责任人员处以 1 万元以上、10 万元以下的罚款。

(二)清算组成员在公司清算过程中的民事责任

在公司清算期间，清算组是公司的执行机关，负责公司清算期间的各项事务，清算组成员是公司在这个特殊时刻的具体事务的操作者和执行者。清算组成员因故意或者重大过失给公司或者债权人造成损失的，应当承担赔偿责任。

(三)清算组在公司清算过程中的行政责任

清算报告是清算组在完成公司清算工作后的总结性文件，是如实记载公司最终财产归属等清算状况的最终材料，也是据以注销公司登记、公告公司终止的重要法律凭证，因此清算报告必须如实地反映客观情况。如果清算组不按照《公司法》规定向公司登记机关报送清算报告，或者报送的清算报告隐瞒重要事实或者有重大遗漏的，由公司登记机关责令改正。

(四)清算组成员在公司清算过程中的行政责任

清算组成员具体负责清算公司的各项具体事务，除了对损害公司或债权人的行为承担赔偿责任之外，还要对一系列违法行为承担行政责任。清算组成员利用职权徇私舞弊、谋取非法收入或者侵占公司财产的，由公司登记机关责令退还公司财产，没收违法所得，并可以处以违法所得 1 倍以上、5 倍以下的罚款。

本章提要

公司是指资本由股东出资构成，股东以其出资额或者所持股份为限对公司承担责任，公司以其全部资产对公司债务承担责任，并依《公司法》的规定在中国境内设立的企业法人。《公司法》上的公司仅指有限责任公司和股份有限公司两种类型。并须在公司名称中予以标明。

公司享有法人财产权，以其全部财产对公司的债务承担责任。股东依法对公司享有资产收益、参与重大决策和选择管理者等权利。

公司人格否认制度，也称揭开公司面纱制度，一般是指为防止公司人格的滥用和保护债权人，法院在审理案件时，否定公司的法人人格，令股东直接清偿公司债务的法律制度。

有限责任公司的股东和股份有限公司的发起人“可以用货币出资，也可以用实物、知识产权、土地使用权等可以用货币估价并可以依法转让的非货币财产作价出资；但是，法律、行政法规规定不得作为出资的财产除外”。对作为出资的非货币财产应当评估作价，核实财产，不得高估或者低估

公司成立后，股东不得抽逃出资。除未按期募足股份、发起人未按期召开创立大会或者创立大会决议不设立公司的情形外，不得抽回其股本。

从理论基础来看，现代公司组织机构模式是受西方“三权分立”的政治学说影响的结果。组织机构的设置也表现为权力分工和制约，即股东会为公司的决议机关，讨论决定公司的有关重大问题；董事会为公司的经营管理机关，对股东会负责，并在其职权内决策公司的生产经营和管理活动。但由于股东会不是常设机构，无法时常对董事会的行为予以监督，于是，为了保护股东的利益，防止董事会滥用职权，又设置了监事会这一监督检查机构，实施对董事会业务执行活动的监督。其立法意图旨在使上述三种组织机构之间分工负责、互相配合、相互制衡。

股份的发行，实行公平、公正的原则，同种类的每一股份应当具有同等权利。同次发行的同种类股票，每股的发行条件和价格应当相同；任何单位或者个人所认购的股份，每股应当支付相同价额。股东转让其股份，应当在依法设立的证券交易场所进行或者按照国务院规定的其他方式进行。

外国公司在中国境内设立分支机构，必须在中国境内指定负责该分支机构的代表人或者代理人，并向该分支机构拨付与其所从事的经营活动相适应的资金。

复习思考题

1. 有限责任公司的设立条件有哪些？

2. 简述《公司法》关于有限责任公司的股东转让出资的法律规定的主要内容。

3. 简述公司董事、监事、高级管理人员的资格限制。

4. 股份有限公司的设立方式有哪几种？公司发行股份应贯彻什么原则？

5. 简述股份有限公司的股份转让的限制性规定。

6. 试述有限责任公司与股份有限公司法律特征的不同之处。

第四章

合 同 法

学习目的

- 了解合同法的地位，合同的法律特征。
- 掌握基本的合同法律知识，准确理解合同的成立、效力、履行、担保、变更和转让、违约责任等制度。

第一节 合同法概述

一、合同的概念和特征

合同也称为契约(contract)，它是平等主体的自然人、法人、其他组织之间设立、变更、终止民事权利义务关系的协议。合同是反映交易的法律形式，具有以下法律特征：

1. 合同是平等主体的自然人、法人和其他组织所实施的一种法律行为。

2. 合同以设立、变更或终止民事权利义务关系为目的和宗旨。只要当事人达成的协议依法成立并生效，就会对当事人产生法律效力，当事人也必须依照合同的规定享有权利和履行义务。

3. 合同是当事人协商一致的产物或意思表示一致的协议。合同是双方或多方当事人的法律行为。

二、合同关系的构成和分类

合同关系由主体、内容和客体三个要素构成的。合同关系的主体，又可称为合同当事人，包括债权人和债务人。债权人有权请求债务人依据法律和合同的规定履行义务；而债务人则依据法律和合同负有实施一定行为的义务。合同关系的客体，是指合同关系中权利义务所指向的对象，即行为。

1. 双务合同与单务合同。合同以双方当事人是否互负义务为标准而划分为双务合同与单务合同。双务合同中的双方当事人是一种对应关系，即双方既是权利主体，同时又是义务主体，双方既各自享有相应的权利，又承担相应的义务。而在单务合同中的双方当事人是一种非对应关系，表现为一方只享有权利而不承担义务，而另一方只承担义务而不享有权利。

2. 有偿合同与无偿合同。合同以双方当事人有无对价给付关系为标准而划分为有偿合同与无偿合同。有偿合同是指当事人因取得权利和利益须偿付一定代价的合同。有偿合同是商品交换最典型的法律形式。无偿合同是指当事人一方只取得权利而不偿付任何代价的合同。赠与合同是典型的无偿合同。

3. 有名合同与无名合同。合同以法律是否设有规范并赋予一个特定名称为标准而划分为有名合同与无名合同。有名合同，又称为典型合同，是指法律上已经确定了一定的名称及规则的合同。例如我国《合同法》中所列的买卖合同等 15 种合同都是有名合同。无名合同，又称非典型合同，是指法律上尚未确定一定的名称与规则的合同。

4. 诺成合同与实践合同。合同根据其成立是否以交付标的物为要件而划分为诺成合同与实践合同。诺成合同是指当事人双方意思表示一致即能成立的合同，即“一诺即成”的合同。实践合同是指除当事人双方意思表示一致外尚需交付标的物才能成立的合同。

5. 要式合同与不要式合同。合同根据其成立是否需要采用特定的形式或程序而划分为要式合同与不要式合同。要式合同，是指必须根据法律规定的方式而成立的合同。不要式合同，是指当事人订立的合同依法并不需要采取特定的形式。合同采用何种形式可由当事人自由选择。

6. 主合同与从合同。合同根据是否具有从属性而划分为主合同与从合同。主合同是指不需要其他合同的存在即可独立存在的合同。从合同是指以其他合同的存在为存在前提的合同，它不能脱离主合同而独立存在。

三、合同法的概念和特征

我国合同法是调整平等民事主体之间利用合同进行交易而产生的社会关系的法律规范的总和。合同法并不是一个独立的法的部门，而只是我国民法的重要组成部分，是民法体系中的一个特殊范畴。

第二节 合同的成立

合同的成立，是指合同因符合一定的要件而被法律认为客观存在。

合同的成立与合同的订立既有联系又有区别。合同的订立是合同成立的前提，合同的成立是合同订立的结果；合同的订立是指缔约各方自接触、洽商直至达成协议的动态过程，而合同的成立是指合同已作为一种客观存在的静态结果，标志着合同已产生已存在。

合同的成立须有双方或多方订约当事人、订约当事人对主要条款达成合意和一般应经过要约和承诺阶段等三个要件。《合同法》第 13 条规定："当事人订立合同，采取要约、承诺方式。"要约和承诺是合同成立的基本规则，也是合同成立的必经阶段。另外，由于合同的性质和内容不同，有的合同还需要特定的成立要件。例如，对实践合同来说，应以实际交付物作为其成立要件；而对于要式合同来说，则应履行一定的方式才能成立。

一、要约

(一)要约的概念

要约，在实践中又称为发盘、出盘、发价或报价等，是指一方当事人以缔结合同为目的，向对方当事人所作的意思表示。发出要约的人称为要约人，接受要约的人则称为受要约人、相对人。我国《合同法》第 14 条规定："要约是希望和他人订立合同的意思表示。"要约只是一种意思表示，不是事实行为，也不是民事法律行为。

(二)要约的有效条件

1. 要约必须具有订立合同的意图。要约人发出要约的目的在于订立合同，而这种订约的意图一定要由要约人通过其发出的要约充分表达出来，才能在受要约人承诺的情况下产生合同。

2. 要约必须向要约人希望与之缔结合同的受要约人发出。要约人向谁发出要约也就是希望与谁订立合同。要约原则上应向特定的人发出，特定人可以是一个人，也可以是数个。如果不是向特定人发出的提议，原则上视为要约邀请。

当然，法律可以在某些特定情况下允许向不特定的人发出订约的提议具有要约的效力，如对悬赏广告可明确规定为要约。另外，若要约人愿意向不特定人发出要约，并自愿承担由此产生的后果，也可以允许其成为要约。

3. 要约的内容必须具体确定。要约的内容越具体和确定，越有利于承诺人迅速作出承诺。所谓具体，是指要约的内容必须具有足以使合同成立的主要条款，一旦对方承诺就可以使合同成立。所谓确定，一方面，是指要约的内容必须明确，不能含糊不清，导致受要约人不能理解要约人的真实含义，无法承诺；另一方面，是指要约在内容上必须是最终的、无保留的，如果在要约的内容中保留了一定的条件，则受要约人根本不能作出承诺，这种意思表示在性质上不是真正的要约，而是要约邀请。

4. 要约必须送达受要约人。要约只有在送达受要约人后才能为受要约人所知悉，才能对受要约人产生实际的拘束力。对话要约不存在送达问题，只要求要约人（包括其代理人）应当将要约的内容告知受要约人，使其了解其内容。非对话要约，则应将要约的信件送达受要约人所能控制的地方，至于受要约人是否实际拆阅这些信件或文件，则不必考虑。

只有具备上述四个要件，才能构成一个有效的要约，并使要约发出后产生应有的拘束力。

（三）要约与要约邀请

所谓要约邀请，又称引诱要约，是指希望他人向自己发出要约的意思表示。

要约邀请不同于要约。首先，二者的目的不同。要约的目的在于与受要约人订立合同，其作用在于唤起受要约人的承诺；而要约邀请的目的在于唤起别人的注意，其目的是希望他人发出订立合同的要约。其次，二者的效力不同。要约是一种意思表示，要约发出后即会产生一定的法律约束力。要约人违反有效的要约，应承担法律责任；要约邀请是行为人订立合同的预备行为，性质上属事实行为，不具法律意义，行为人在法律上无须承担责任。最后，二者的相对人范围不同。要约原则上是针对特定对象进行的，而要约邀请一般针对的是不特定的多数人。

(四)要约的法律效力

要约的法律效力又称要约的拘束力。关于要约的法律效力,需要注意以下几个问题:

1. 要约开始生效的时间

口头形式的要约,其法律效力从相对人了解要约时开始生效;书面形式的要约,以要约到达受要约人之时产生法律效力。我国《合同法》第16条规定:“要约到达受要约人时生效。”

对于要约的生效时间应注意以下三个问题:(1)所谓送达是指要约送达受要约人所能够控制的地方(如受要约人的信箱等),并不一定实际送达受要约人及其代理人手中。(2)在要约人发出要约但未到达受要约人之前,要约人可以撤回或修改要约的内容。(3)采用数据电文形式订立合同,收件人指定特定系统接受数据电文的,该数据电文进入该特定系统的时间,视为到达时间;未指定特定系统的,该数据电文进入收件人的任何系统的首次时间,视为到达时间。

2. 要约的存续期间

要约的存续期间,也就是指要约可以在多长时间内发生法律效力。一般认为,要约的期限问题完全由要约人决定,如果要约人没有确定,则只能以要约的具体情况来确定合理期限。以口头形式发出的要约,如果要约中没有规定承诺期限,受要约人只有立即作出承诺,才对要约人产生拘束力。以书面形式发出的要约,如果要约人在要约中具体规定了存续期限,则该期限为要约的有效存续期限。如果要约中没有规定存续期限,则应当确定一段合理时间作为要约存续的期限。合理期限的确定应考虑以下三项内容:要约到达受要约人的时间;作出承诺所必要的时间;承诺通知到达要约人所必需的时间。

3. 要约法律效力的内容

要约在发出以后即对要约人和受要约人产生一定的拘束力。在要约生效以后,要约人不能随意撤销或对要约内容随意加以限制、变更和扩张。我国《合同法》第19条规定,如果要约人确定了承诺期限或者以其他形式明示要约不可撤销,或者受要约人有理由认为要约是不可撤销的,并已经为履行合同作了准备工作,则要约不可撤销。而受要约人在要约生效时即取得依其承诺而成立合同的法律地位。

(五)要约的撤回和撤销

要约的撤回是指要约人在要约发出以后,未到达受要约人之前,有权宣告取消要约,从而阻止要约生效。我国《合同法》第17条规定:“要约可以撤回。

撤回要约的通知应当在要约到达受要约人之前或者与要约同时到达受要约人。”

要约的撤销，是指要约人在要约到达受要约人并发生效力后，将该项要约取消，从而使要约的效力归于消灭。我国《合同法》第 18 条规定：“要约可以撤销。撤销要约的通知应当在受要约人发出承诺通知之前到达受要约人。”如果要约中规定了承诺期限或者以其他形式明示要约是不可撤销的，或者尽管没有明示要约不可撤销，但受要约人有理由信赖要约是不可撤销的，并且已经为履行合同做了准备工作，则不可撤销要约。

(六)要约失效

所谓要约失效，是指要约丧失了法律拘束力，即不再对要约人和受要约人产生拘束。要约失效的原因主要有以下几种：(1)拒绝要约的通知到达要约人。即受要约人没有接受要约所规定的条件，则要约失效。(2)要约人依法撤销要约。(3)承诺期限届满，受要约人未作出承诺，要约自动失效。(4)受要约人对要约的内容作出实质性变更，视为向要约人提出了一项反要约。

二、承诺

(一)承诺的概念和要件

根据《合同法》第 21 条，所谓承诺，是指受要约人同意要约的意思表示，即受要约人同意接受要约的条件以订立合同的意思表示。一般而言，要约一经承诺并送达要约人，合同便告成立。承诺必须符合一定的条件，才能产生法律效力：

1. 承诺必须由受要约人向要约人作出。如果是向要约人以外的其他人作出承诺，则不能产生承诺的效力。

2. 承诺必须在规定的期限内送达要约人。只有在规定的期限内到达的承诺才是有效的。承诺的期限，通常由要约人在发出的要约中规定；若没有规定期限，根据《合同法》第 23 条的规定，如果要约是以对话方式作出的，承诺人应当即时作出承诺；如果要约是以非对话方式作出的，应当在合理的期限内作出并到达要约人。

3. 承诺的内容必须与要约的内容一致。受要约人必须同意要约的实质内容，不得对要约的内容作出实质性更改，否则不构成承诺。若承诺对要约的内容作出非实质性变更的，除要约人及时表示反对或者要约表明承诺不得对要约的内容作出任何变更的以外，该承诺有效，合同的内容以承诺的内容为准。

4. 承诺必须表明受要约人决定与要约人订立合同。这就要求受要约人的承诺必须清楚明确，不能含糊。

5.承诺的方式必须符合要约的要求。承诺应当以通知的方式作出，但根据交易习惯或者要约表明可以通过行为作出承诺的除外。

(二)承诺的生效

我国《合同法》第25条规定："承诺生效时合同成立。"第26条规定："承诺通知到达要约人时生效。承诺不需要通知的，根据交易习惯或者要约的要求作出承诺的行为时生效。"所以，承诺生效时间以到达要约人的时间来确定。如果承诺不需要通知，则根据交易习惯或者要约的要求，一旦受要约人作出承诺的行为，承诺即生效。

(三)逾期承诺、承诺迟到和承诺撤回

逾期承诺是指受要约人未在承诺期限内发出承诺，也可称为承诺迟延、过期承诺。受要约人超过承诺期限发出承诺的，除要约人及时通知受要约人该承诺有效的以外，为新要约。

承诺迟到是指承诺人在承诺期限内发出承诺，但是承诺到达要约人时，已经超出了承诺期限。《合同法》第29条规定："受要约人在承诺期限内发出承诺，按照通常情形能够及时到达要约人，但因其他原因承诺到达要约人时超过承诺期限的，除要约人及时通知受要约人因承诺超过期限不接受该承诺的以外，该承诺有效。"

承诺的撤回是指受要约人在发出承诺通知以后，在承诺正式生效之前撤回其承诺。我国《合同法》第27条规定，"承诺可以撤回，撤回承诺的通知应当在承诺通知到达要约人之前或者与承诺通知同时到达要约人"。

三、合同成立的时间和地点

合同成立的时间是由承诺实际生效的时间所决定的，即承诺何时到达要约人，则承诺便在何时生效。在承诺迟到的情形，如果要约人没有及时通知受要约人因承诺超过期限而不接受该承诺，则该承诺有效，承诺生效时间以承诺通知实际到达要约人的时间来确定。采用数据电文形式订立合同的，如果要约人指定了特定系统接收数据电文，则受要约人承诺的数据电文进入该特定系统的时间，视为到达时间；如未指定特定系统，则该数据电文进入要约人的任何系统的首次时间，视为到达时间。以通知方式作出承诺的，则以收到承诺通知的时间为承诺生效时间。如果承诺不需要通知的，则受要约人可根据交易习惯或者要约的要求以行为的方式作出承诺，一旦实施承诺的行为，则为承诺的生效时间。如果合同必须以书面形式订立，则以双方在合同书上签字或盖章的时间为承诺生效时间。如果合同必须经批准或登记才能成立，则应以批准或登记的时间为承诺生效的时间。

承诺生效的地点为合同成立的地点。由于合同的成立地有可能成为确定法院管辖权及选择法律的适用等问题的重要因素，因此明确合同成立的地点十分重要。根据我国《合同法》第34、35条规定，当事人采用合同书形式订立合同的，双方当事人签字或者盖章的地点为合同成立的地点。而采用数据电文形式订立合同的，收件人的主营业地为合同成立的地点；没有主营业地的，其经常居住地为合同成立的地点。当事人另有约定的，按照其约定。

案例[①]：

某商厦因建造大楼，急需钢材，遂向甲钢材厂、乙钢材厂及丙钢材厂发出函电，称："我单位急需螺纹钢500吨，如贵厂有货，请速来电，我公司愿派人前往购买。"三家钢材厂在收到函电后，都先后向商厦回复了函电，在函电中告知它们备有现货，且告知了钢材的价格。丙钢材厂在发出函电的同时，派车给商厦送去500吨钢材。在该批钢材送到之前，商厦得知乙钢材厂所生产的钢材质量较好，且价格合理，因此，向乙钢材厂发出函电，称："我单位愿购买贵厂500吨钢材，盼速发货，运费由我公司负担。"在发出函电后第二天上午，乙钢材厂发函称已准备发货。下午，丙钢材厂将500吨钢材送到工地，而商厦却告知丙钢材厂，它已决定购买乙钢材厂的钢材，因此不能接收丙钢材厂送来的钢材。丙钢材厂认为，商厦对其发出的是要约，它发出函电并运送钢材的行为是承诺，合同因为承诺而生效，商厦拒收货物已构成违约，应当承担违约责任。双方协商不成，丙钢材厂遂向法院起诉，要求商厦履行合同，接收钢材，否则便承担违约责任。

法律问题：

如何认定商厦与三家钢材厂之间的发函行为的性质？商厦对于丙厂的损失是否应承担责任？

分析：

商厦的第一次发函行为属于要约邀请而不是要约，因为商厦只是表达了一种想购买钢材的意思，并且该意思表示中欠缺合同的有关主要条款，因而不是要约，没有拘束力。而三家钢材厂回函的内容明确具体，包含了订立合同所需的条款，并且有特定的受要约人，因此，三家钢材厂的回函构成了要约，而非对商厦的第一次意思表示的承诺。商厦仅对乙厂进行了承诺，所以商厦与乙钢材厂之间的买卖合同成立。而商厦和丙厂之间没有合同，商厦没有义务接收丙厂的钢材，也不存在承担违约责任的问题。丙厂的损失只能由自己承担。

① 房绍坤：《合同法篇》，中国人民大学出版社，2005年版，第2页。

四、缔约过失责任

缔约过失责任是指在合同订立过程中，一方因违背依据诚实信用原则所应尽的义务，而致使合同不成立、无效、被撤销或导致另一方的信赖利益受损所应承担的损害赔偿责任。

缔约过失责任与违约责任的基本区别在于，缔约过失责任发生在缔约阶段即合同的订立过程中，而不是发生在合同成立以后。缔约过失造成的是信赖利益损失，因此，在缔约过失责任中，应当以信赖利益作为赔偿的基本范围。

根据我国《合同法》第 42、43 条，缔约过失责任主要有如下几种类型：(1)假借订立合同，恶意进行磋商；(2)故意隐瞒与订立合同有关的重要事实或者提供虚假情况；(3)泄露或不正当地使用商业秘密；(4)其他违背诚实信用原则的行为。

第三节　合同的效力

合同的效力，又称合同的法律效力，是指已成立的合同对当事人各方乃至第三人产生的法律后果，或者说是法律拘束力。已成立的合同在效力上的表现主要包括生效合同、效力待定合同、无效合同、可撤销合同等形态。

一、合同的生效要件

根据《民法通则》第 55 条和《合同法》第 44 条的规定，合同的一般生效要件包括：

1. 当事人缔约时具有相应的缔约能力。缔约能力是指合同主体据以独立订立合同的主体资格，它是当事人订立合同的行为能力，也是合同当事人享有合同权利和承担合同义务的资格。

2. 意思表示真实。意思表示真实，是指表意人的表示行为应当真实地反映其内心的效果意思。也就是说，意思表示真实，要求表示行为应当与效果意思相一致。

3. 不违反强制性法律规范及公序良俗。《合同法》第 7 条规定："当事人订立、履行合同，应当遵守法律、行政法规，尊重社会公德，不得扰乱社会经济秩序，损害社会公共利益。"

4.标的须确定和可能。合同标的的确定是指当事人对合同行为性质、当事人权利义务已明确或可以明确。标的的可能是指合同标的客观上有实现的可能。

二、无效合同

(一)无效合同的概念

无效合同是指已成立的合同因违反法律、行政法规的强制性规定或其内容损害了社会公共利益而不具备生效要件的合同。无效合同是已经成立的合同，但该合同是不产生法律约束力的合同，是自始无效的合同。

(二)无效合同的种类

根据我国《合同法》第 52 条的规定，无效合同的种类主要包括如下几种：

1.欺诈。根据最高人民法院的解释，欺诈是指"一方当事人故意告知对方虚假情况，或者故意隐瞒真实情况，诱使对方当事人作出错误意思表示"的行为，并且该欺诈行为损害了国家利益。

2.胁迫。胁迫是一方当事人以将来要发生的损害或者以直接施加损害相威胁，而使对方当事人产生恐惧并与之订立合同的行为，并且该行为损害了国家利益。

3.恶意串通。恶意串通就是指合同当事人在明知或应知某种行为将会损害国家、集体或者第三人利益的情况下而故意共同实施该行为。

4.以合法形式掩盖非法目的的合同。这是指当事人实施的行为在形式上是合法的，但在内容上和目的上是非法的，如通过合法的买卖行为达到隐匿财产、逃避债务的目的。

5.损害社会公共利益的合同。社会公共利益体现了全体社会成员的最高利益，违反社会公共利益或公序良俗的合同无效。

6.违反法律、行政法规的强制性规定的合同。这是指当事人在订约目的、具体内容以及在形式上违反法律和行政法规的强制性规定的合同。

三、可撤销合同

(一)可撤销合同的概念

可撤销合同，又称为可变更、可撤销的合同，是指当事人在订立合同时因意思表示不真实，法律允许撤销权人行使撤销权而使之归于消灭的合同。在可撤销合同中，在有撤销权的一方当事人行使撤销权之前，合同对当事人仍有效力;只有在该当事人行使撤销权,法院或仲裁机构同意撤销该合同后,该合同才无效,且溯及合同成立之时。

(二)可撤销合同的种类

1.因重大误解订立的合同。所谓重大误解,是指当事人为意思表示时,因自己的过失对涉及合同法律效果的重大事项发生认识上的显著错误,而使自己遭受重大不利的法律事实。

2.显失公平的合同。显失公平,是指双方当事人的权利义务明显不对等,使一方遭受重大不利。这种合同的订立一般是一方当事人利用自己的优势或者另一方缺乏经验而订立的。

3.乘人之危的合同。乘人之危,指行为人利用对方窘迫或危难之处境,迫使其违背真实意思而订立合同的行为。例如,利用当事人急于救治病危患者的机会,抬高出租车的车价数倍。

4.欺诈、胁迫而订立的合同。这是指一方以欺诈、胁迫的手段订立合同,损害了集体或第三人的利益,但没有损害国家利益。

(三)撤销权的行使及其消灭

撤销权是指当事人依法享有的使合同的法律行为溯及既往地消灭的权利,属于形成权。撤销权通常由意思表示不真实而受损的一方当事人享有,如重大误解中的误解人、显失公平中遭受重大不利的一方当事人、欺诈胁迫行为中的受害人等。

撤销权的行使由撤销权人通过诉讼或仲裁方式为之。当事人请求变更的,人民法院或仲裁机构应当变更,但不得撤销;当事人请求撤销的,人民法院或仲裁机构可以酌情变更或撤销。撤销权的行使必须在规定的时间内进行。我国法律规定具有撤销权的当事人自知道或应当知道撤销事由之日起一年内行使撤销权。

撤销权会因为以下几种情况而消灭:(1)撤销权的行使超过了除斥期间。我国《合同法》第55条规定,撤销权的存续期间为1年。享有撤销权的当事人知道或者应当知道撤销事由之日起1年内未行使撤销权的,撤销权归于消灭。(2)撤销权人放弃撤销权。撤销权为一种权利,在有效期限内,撤销权人可以行使,也可以放弃。

四、效力待定合同

(一)效力待定合同的概念

效力待定合同又称效力未定合同,指已成立的合同因欠缺一定的生效要件,其效力尚未确定,须经过有权人的追认方能生效的合同。

效力待定合同的主要特征为:(1)合同已经成立。(2)成立的合同尚未生效。(3)合同是否发生效力须经权利人追认。所谓追认是指权利人明确作出同意或承认的意思表示。追认必须是明示的,沉默不构成追认。(4)效力待定合同的范围应由法律明确规定。

(二)效力待定合同的种类

1.限制行为能力人依法不能独立订立的合同。法律规定订立合同的行为人应当具有相应的民事行为能力,因此当行为人不具备相应民事行为能力而签订合同的,若法定代理人事后认可,则该合同有效;若法定代理人不认可,则合同不发生效力。但是纯获利益的合同或者与限制行为能力人的年龄、智力、精神健康状况相适应的合同,不必经法定代理人的追认。

2.无权代理人订立的合同。这是指行为人没有代理权而以被代理人名义订立的合同。如果经被代理人追认,无权代理可为有效代理,可对被代理人发生有权代理的法律后果。

3.无处分权人订立的合同。这是指无处分权人处分他人财产权利而订立的合同。若经过权利人追认或无处分权人在订约后取得处分权的,该合同有效。无处分权人不能取得处分权或权利人不予追认的,合同无效。

(三)追认权、催告权和撤销权

效力待定合同的效力取决于权利人的追认与否。追认,即对效力待定合同的事后承认或同意,这是一种单方意思表示,无须相对人的同意即可发生法律效力。能行使追认权的人,在限制行为能力人订立的合同中,指法定代理人;在无权代理人订立的合同中,指被代理人;在无处分权人订立的合同中,指权利人。

另外,为保护相对人的利益,法律赋予相对人以催告权和撤销权。催告权指相对人催促权利人在合理期限内明确答复是否承认该合同效力的权利。我国《合同法》第47、48条规定:对限制民事行为能力人订立的合同、无权代理人订立的合同,相对人可以催告法定代理人或被代理人在一个月内予以追认。法定代理人或被代理人未作表示的,视为拒绝追认。相对人的撤销权,是指在权利人表示追认之前,可撤回其作出的意思表示的权利。撤销权的行使应当以明示的方式作出，即合同相对人向权利人发出撤销通知，该通知到达权利人处发生撤销的效力。

五、合同被确认无效或被撤销的法律后果

合同被确认无效或被撤销或不被追认，其后果均导致合同自成立始就不发生履行的效力，即无效溯及既往，合同未履行的，不得履行；合同已经履行的，应当恢复原状。有过错的当事人应当承担缔约过失责任。如果是部分无效，不影响其他部分的效力。即使整个合同无效，解决合同争议的条款仍继续有效。

（一）返还财产

返还财产，是指合同当事人在合同被确认无效或被撤销以后，对已交付给对方的财产享有返还请求权，而已接受财产的当事人则有返还财产的义务。旨在使财产关系恢复到订立合同之前的状态。返还财产应以能够返还和有必要返还为前提。如果一方取得的财产已经不存在不能返还，或者没有必要返还，则取得财产的一方不承担返还财产的责任，而应向对方折价补偿。

（二）赔偿损失

合同无效或被撤销后，有过错的一方应当赔偿对方因此所受到的损失，双方都有过错的，应当各自承担相应的责任。但双方恶意违法损害公共利益、第三人利益的，则取得的财产收归国库或返还第三人。赔偿损失的范围包括缔约费用、为履约而准备所支出的费用、受害人支出上述费用的利息损失等。

（三）合同争议解决条款的效力

合同中有关争议解决方法的条款主要包括仲裁条款、选择诉讼法院条款、选择检验鉴定机构的条款以及法律适用的条款。这些条款是独立存在的，不受其他条款效力的影响。所以合同无效或被撤销后，虽然合同不具有履行效力，当事人间不能依合同确定相互间的权利义务和责任，但只要关于争议解决方法的条款不违法，则该条款仍然是有效的，对于当事人间的争议仍应按合同中约定的方法解决。

第四节　合同的履行

合同的履行是指债务人依据法律和合同的规定作出给付的行为。合同的履行是债权得以实现的前提,也是建立信用经济的基础,只有合同得到履行,才能形成良好的市场经济秩序。

一、合同履行的原则

合同履行的原则是指导合同当事人正确履行合同的规则。根据《合同法》规定,包括合同全面履行原则和依据诚信原则履行的原则。

(一)合同全面履行原则

合同的全面履行是指合同当事人应当依据合同和法律的规定,全面履行其合同项下的义务。换言之,债务人应当全面地、适当地完成其合同义务,从而使债权人的合同债权得到完全实现。具体而言,合同全面履行的原则包括如下几个方面内容:

1. 合同必须严守。合同全面履行的原则首先强调当事人必须依据合同约定全面履行义务,即要求合同当事人必须按照合同规定的履行主体、标的、时间、地点以及方式等履行其义务。

2. 如果合同约定不明确或没有规定,则应当按照合同填补漏洞的方法确定其义务,并以此作出履行。

3. 协作履行原则。按照全面履行原则,双方当事人不仅要严格按合同的约定履行义务,而且当事人在履行合同的过程中应当互相给予对方必要的协作。

4. 符合效益的原则。当事人在履行合同过程中,不仅要正确履行合同义务,而且要考虑到对方的利益,节省交易费用,例如债务人在履行债务中,可以选择最经济合理的履行方式。

(二)依据诚信原则履行的原则

《合同法》第 60 条第 2 款规定:“当事人应当遵循诚实信用原则,根据合同的性质、目的和交易习惯履行通知、协助、保密等义务。”在合同的订立、履行、变更、解除的各个阶段，甚至在合同关系终止以后，当事人都应当严格依据诚信原则行使权利和履行义务。

依据诚信原则履行义务不仅包括应履行依诚信原则所产生的各种附随义务，还包括依诚信原则履行合同的其他义务。附随义务是基于诚信原则和交易习惯所产生的各种附随于主义务的义务，包括合同当事人之间的通知、协助、保密等附随义务。除这种履行过程上的附随义务外，合同的权利义务终止后，当事人还应当根据交易习惯履行通知、协助、保密等后合同义务。在履行中，债务人应当作出必要准备，履行使用方法的告知义务、重要情事的告知义务、忠实的义务，不应做破坏债权人期待的行为；债权人对债务人的履行应当提供必要的协助(如给予指示、提供履行条件、协助办理特定手续、接受交付等)。当事人在整个合同过程中应保护相对人的人身、健康、财产等法益。这些附随义务与主义务构成了合同义务的义务群。

需要指出的是，依据诚信原则履行合同其他义务，其前提是合同没有约定或约定不明确的情况，也就是说，只能是双方没有约定或约定不明确，才能通过诚信原则进行补充。

二、合同履行的规则

(一)履行主体

合同履行的主体是参与合同履行的人，与合同主体不是同一概念，因为合同主体即合同当事人，直接享有合同权利和承担合同义务，故其仅限于债权人和债务人。而履行主体并不必然是合同当事人，其范围不局限于债权人和债务人，具体而言，履行主体包括受领履行人和债务履行人。

1.受领履行人。债务履行人履行债务，必须对享有受领权的人作出，才能发生履行的效力。在合同履行过程中，有权接受债务履行人履行之人，即受领履行人。债权人通常都是受领履行人，但是，在下列情况下，其不能受领履行：(1)债权人的债权已经被强制执行，禁止债务人再向债权人履行的；(2)债权人受破产宣告，对破产财产丧失管理权和处分权的；(3)债权人无民事行为能力或限制民事行为能力，履行行为为法律行为且需要债权人协助的。在上述三种情况下，债务履行人应当相应地向获准强制执行之人、破产债权人的清算组提出履行，或者在取得债权人法定代理人同意后向无民事行为能力、限制民事行为能力的债权人本人履行。

2.债务履行人。在通常情况下，债务履行人是债务人本人或者债务人委托的代理人。但是当事人可以约定由第三人向债权人履行债务，即合同债务可以由第三人代为履行。但是，并非一切合同债务都可以由第三人代为履行，例如作为合同内容的债务具有专属性，则不能由第三人代为履行；又如债权人与债务人之间有不得由第三人代为履行的约定。

第三人代为履行后，债权人与债务人之间的合同关系归于消灭。但是，在第三人和债权人之间可能发生清偿代位，此刻，债权人应当将原对债务人的债权，移转给履行债务的第三人。如果第三人不履行债务或者履行债务不符合约定，由于第三人代为履行不同于第三人承担债务，第三人不是合同当事人，因此仍然由债务人自己向债权人承担违约责任。

(二)履行标的

履行标的，是指债务人应当履行的内容，其因合同关系的不同而呈现出差异，如交付财物、移转权利，提供劳务、完成工作等。在一个具体的合同法律关系中，履行标的原则上为合同原已确定的标的。

所谓代物履行，是指债权人受领他种给付以代替原定给付而使合同得以履行的制度。代物履行必须具备一定的条件：(1)必须有原债务存在，即要求赖以产生原债务的合同有效成立；(2)必须以他种给付代替原定给付；(3)必须在当事人之间达成合意，仅仅依债务履行人的意思，而没有履行受领人(通常为债权人)的意思，不发生代物履行的效力；(4)必须受领履行人现实地受领他种给付，才发生债务履行的效力。

(三)对内容不明的合同的履行

合同当事人应当按照合同的约定全面、正确地履行合同，但是，如果合同的某些内容没有约定或者约定不明确，合同的履行就出现障碍，必须首先明确这些合同内容。

根据《合同法》第 60 条至第 62 条的规定，当事人应当遵循诚实信用原则，采取以下步骤来确定合同的内容：第一步，当事人双方协商补充，对不明确条款加以明确；第二步，如果通过双方协商不能达成补充协议，则按照合同有关条款或者交易习惯，来确定该条款的内容；第三步，如果通过上述两种方法仍不能明确合同内容，则直接适用《合同法》第 62 条的补充性规范，该条对质量、价款、履行地点、履行期限、履行方式、履行费用六个方面约定不明确应如何处理，都作出了具体的规定。对质量要求不明确的，按照国家标准、行业标准履行；没有国家标准、行业标准的，按照通常标准或者符合合同目的的特定标准履行。对价款或者报酬不明确的，按照订立合同时履行地的市场价格履行；依法应当执行政府定价或者政府指导价的，按照规定履行。对履行地点不明确的，给付货币的，在接受货币一方所在地履行。对履行期限不明确的，债务人可以随时履行，债权人也可以随时要求履行，但应当给对方必要的准备时间。对履行方式不明确的，按照有利于实现合同目的的方式履行。对履行费用的负担不明确的，由履行义务的一方负担。因接受履行一方变更住所或其他行为而导致增加履行费用的，增加的费用由受领履行人负担。

三、双务合同履行中的抗辩权

所谓抗辩权是指对抗对方请求或否认对方的权利主张的权利，又称为异议权。它与请求权相对。我国《合同法》第 66 条、第 67 条、第 68 条规定了同时履行抗辩权、先履行抗辩权和不安抗辩权。

（一）同时履行抗辩权

同时履行抗辩权，也称为履行合同的抗辩权，是指双务合同当事人一方在他方未对待履行以前，有权拒绝自己的履行。我国《合同法》第 66 条规定："当事人互负债务，没有先后履行顺序的，应当同时履行。一方在对方履行之前有权拒绝其履行要求。一方在对方履行债务不符合约定时，有权拒绝其相应的履行要求。"

同时履行抗辩制度主要适用于双务合同。同时履行抗辩权的行使必须符合以下条件：

第一，须有同一双务合同互负债务。这是同时履行抗辩发生的前提条件。具体来说，首先，须由同一双务合同产生债务，即指双方当事人之间的债务是根据一个合同产生的。如果双方的债务基于两个甚至多个合同产生，即使双方在事实上具有密切联系，也不产生同时履行抗辩权。其次，需双方当事人互负相互牵连的债务。所谓牵连关系是指双方所负的债务相互依存，不是相互独立的。再次，需双方所负的债务之间具有相应性，即当事人取得的财产权与其履行的财产义务之间在价值上大致相当，即为"等价"。

第二，须双方互负的债务均已届清偿期。同时履行抗辩权的适用，是双方对待给付交换关系的反映，并旨在使双方所负的债务同时履行，双方享有的债权同时实现，所以，只有在双方的债务同时到期时，才能行使同时履行抗辩权。即使双方所负债务是存在的，但如果双方债务为未同时到期，也不发生同时履行抗辩权。

第三，须对方未履行或未适当履行债务。原告向被告请求履行债务时，原告自己负有的与对方债务有牵连关系的债务未履行，被告因此可以主张同时履行抗辩权，拒绝履行债务。如果一方不适当履行债务，如部分履行、履行有瑕疵等，另一方可援用《合同法》第 66 条的规定，拒绝对方相应的履行请求。

第四，须对方的对待履行是可能履行的。同时履行是以能够履行为前提的。如果一方已经履行，而另一方因过错而不能履行其所负的债务，则只能适用债务不履行的规定请求补救，而不发生同时履行抗辩问题。如果因不可抗力发生履行不能，则双方当事人将被免责。

(二)先履行抗辩权

先履行抗辩权，是指当事人互负债务，有先后履行顺序，先履行一方未履行的，后履行一方有权拒绝其履行要求。先履行一方履行债务不符合约定的，后履行一方有权拒绝其相应的履行要求。

先履行抗辩权的行使必须符合以下条件：

1.须由同一双务合同互负债务。与同时履行抗辩权适用的条件一样，先履行抗辩权也是因双务合同履行机能上的牵连性而发生的，其适用的前提是由同一双务合同互负债务。

2.须由一方当事人先为履行。履行是否具有先后顺序，是先履行抗辩与同时履行抗辩的根本区别。从原则上说，履行具有先后顺序，应由当事人双方特别约定，如果双方在合同中没有规定履行顺序，可以依交易习惯来确定，如根据交易习惯不能确定履行顺序的，应当按照等价交换的原则，推定当事人双方负有同时履行的义务。

3.先履行的一方不履行或不适当履行合同的债务。先履行抗辩权是针对先履行一方的履行不符合合同规定而设定的。先履行一方未履行的，后履行一方有权拒绝其履行要求。先履行一方履行债务不符合约定的，后履行一方有权拒绝其相应的履行请求。

案例[①]：

刘某与张某订立房屋租赁合同，合同中约定：刘某将其130平方米的房屋出租给张某开网吧；年租金4万元，每年1月底前交清；租期5年；合同自签订之日起生效，在承租人支付第一年租金后10日内出租人将房屋交付承租人使用。合同签订后，刘某即将房屋腾空，但因张某未交房租，也就未将房屋交付张某使用。20日后，张某要求刘某交付房屋，而刘某则主张，张某未交付房租不能交房。张某便向法院起诉，要求刘某承担违约责任；而刘某认为，自己不交付房屋为行使抗辩权。

① 郭明瑞 张平华：《合同法学案例教程》，知识产权出版社，2003年版，第69页。

法律问题：

刘某是否违约？本案中是否存在抗辩权的行使？

分析：

本案中，当事人双方订立的租赁合同为互负对待给付的双务合同。在一般情形下，租赁合同的租金为使用租赁物的代价，应于使用后支付，但当事人完全可以自由约定租金的支付时间。本案中因当事人双方约定了刘某应于张某交付第一年租金后交付房屋，因此，张某应先履行其交付租金的义务，在张某未交付租金时，刘某拒绝交付房屋为行使先履行抗辩权，其行为不构成违约。

(三)不安抗辩权

不安抗辩权是指在异时履行的合同中，应当先履行的一方有确切证据证明对方在履行期限到来后，将不能或不会履行债务，则在对方没有履行或提供担保以前，有权中止债务的履行。

不安抗辩权行使必须符合以下条件：

1.须因双务合同互负债务。不安抗辩权只能产生于双务合同，要求当事人的给付为交换关系，一方的履行，是为了换取对方的履行。

2.负担先履行义务的一方当事人才能享有不安抗辩权。不安抗辩权的发生前提之一，是权利人负担先履行义务，因为先履行义务必然要承担对待履行不能实现的风险，只有当这种风险具有现实性的时候，当事人才可以将自己的给付暂时保留。

3.须出现后履行义务一方履行能力严重恶化的事实，并产生后履行义务一方到期不能履行、难以履行或不会履行的现实危险。例如有确切证据证明后履行义务一方存在经营状况恶化、转移财产、抽逃资金以逃避债务、丧失商业信誉等有丧失或者可能丧失履行债务能力的情形。如果并无确切证据证明以上情况，或者对方在接到通知后提供了充分的担保，则并不存在危险或者已经排除危险，先履行义务一方应当履行或者恢复履行，继续中止履行就将构成违约。

4.行使不安抗辩权时应通知对方当事人。行使不安抗辩权是负担先履行义务一方依法享有的权利，不以相对方同意为必要。但依诚实信用原则，行使权利时，应当及时通知对方。一方面是为了避免对方因此受到损害，另一方面也便于对方在获此通知后及时提供担保，以消灭不安抗辩权。

对于不安抗辩权的行使，先给付义务人应及时通知后给付义务人，并负有举证证明后给付义务人履行能力明显降低，有不能为对待给付的现实危险的义务。先履行义务的一方行使不安抗辩权后，可以中止履行合同义务并通知对方当事人。对方当事人在接到通知后，可以在合理的时间内提出担保，以消灭不安抗辩权，即对不安抗辩权进行再抗辩。后履行一方提出担保还应该及时，过于迟延时，按照诚实信用原则，可以认为后履行一方放弃对不安抗辩权的再抗辩。如果对方当事人在合理期限内未恢复履行能力并且未能提供适当担保的，中止履行一方可以进一步解除合同。

第五节　合同的担保

合同是债最常见和最重要的发生根据，广义上债的担保包括狭义的债的担保和债的保全。狭义债的担保是指法律为保证特定债权人利益的实现而特别规定的以第三人的信用或者以特定财产保障债务人履行义务、债权人实现权利的制度。其担保方式包括：人的担保即保证；物的担保即担保物权，包括抵押、质押和留置；金钱担保即定金。债的保全，也称合同的保全，是指法律为防止因债务人的财产不当减少给债权人的债权实现带来危害，允许债权人代债务人之位向第三人行使债务人的权利，或请求法院撤销债务人与第三人的民事行为的法律制度。合同的保全是通过债权人的代位权和债权人的撤销权加以实现。

一、合同的保全

(一)债权人的代位权

债权人的代位权是指因债务人怠于行使其对第三人享有的到期债权而危及债权人的债权实现时，债权人可以向人民法院请求以自己的名义代位行使债务人债权的权利。债权人的代位权是一种法定权利，是债权人的固有权利，针对的是债务人的消极不行使权利的行为。

根据最高人民法院《关于适用〈中华人民共和国合同法〉若干问题的解释(一)》第 11 条的规定，债权人行使代位权应当符合以下条件：

1. 债权人对债务人享有到期的、合法的、确定的债权。

2. 债务人对第三人享有到期债权。

3. 债务人怠于行使其债权。所谓的怠于行使其到期债权，是指债务人不履行其对债权人的到期债务，又不以诉讼方式或者仲裁方式向其债务人主张其享有的具有金钱给付内容的到期债权，致使债权人的到期债权未能实现。

4. 债务人怠于行使债权的行为对债权人造成损害。如果债务人仅有怠于行使债权的行为，而没有给债权人造成损害，债权人就没有行使代位权的必要。

代位权的行使必须通过诉讼的方式进行，其行使范围以债权人的债权为限。债权人向次债务人提起的代位权诉讼经人民法院审理后认定代位权成立的，由次债务人向债权人履行清偿义务，债权人与债务人、债务人与次债务人之间相应的债权债务关系即予消灭。债权人行使代位权所支出的费用由债务人负担。

（二）债权人的撤销权

债权人的撤销权是指因债务人实施减少其财产的行为对债权人造成损害的，债权人可以请求人民法院撤销该行为的权利。撤销权是一种法定权利，针对的是债务人不当处分财产的积极行为。

从《合同法》的规定来看，债权人撤销权的行使须具备客观要件和主观要件，而且因债务人所进行的行为是否有偿而有所不同。

1. 客观要件

(1)债务人实施了处分财产的行为。常见的处分行为包括：第一，放弃到期债权。即债权人在债权到期后明确表示免除债务人的债务。第二，无偿转让财产，即债务人将财产赠与他人的行为。第三，以明显不合理的低价转让财产。

(2)债务人处分财产的行为已经或将要严重损害债权人的债权。在不损害债权人债权的情况下，债务人处分其财产是其正当行使权利的表现，法律上不能对此进行干预，债权人更不得主张撤销。只有债务人在实施处分财产的行为以后，已不具有足够资产清偿对债权人所负的债务，才可以认定为有害于债权人的债权。

2. 主观要件

主观要件是指债务人与第三人的恶意状态，也就是债务人和第三人是否有明知债务人的行为会造成债权人债权损害而依然要进行该行为的故意。

债务人在对外负债未偿的情况下，还将自己的现有财产转赠他人或低价处理，一般都是存在恶意。对于第三人的恶意，要区分两种情形对待：如果债务人与第三人实施的是无偿行为，则不论第三人是否恶意，债权人均可行使撤销权；如果债务人与第三人实施的是有偿行为，则只有在第三人为恶意时，债权人才能进行撤销。我国《合同法》第74条也规定，债务人以明显不合理的低价转让财产时，受让人要知道该情形，债权人才可以行使撤销权。

根据法律规定，撤销权应当以诉讼方式行使，由享有撤销权的债权人以自己的名义，向法院起诉，请求法院撤销债务人不当处分财产的行为。债务人的行为一旦被撤销，则该行为自始无效。撤销权的行使范围以债权人的债权为限。撤销权自债权人知道或者应当知道撤销事由之日起一年内行使。自债务人的行为发生之日起五年内没有行使撤销权的，该撤销权消灭。

二、保证

(一)保证概述

保证是指第三人与债权人约定，当债务人不履行债务时，该第三人按照约定履行债务或者承担责任的担保方式。第三人是以自己的信用作担保，其实际上是以自己所有的财产作为债权人的债权实现的总担保。

保证的成立是由保证人和债权人订立保证合同，保证合同一般采用书面形式。根据《担保法》的规定具有代为清偿债务能力的法人、其他组织或公民，都可以作保证人。但国家机关一般不得担任保证人，学校、幼儿园、医院等以公益为目的的事业单位、社会团体也不得为保证人。另外，企业法人的分支机构、职能部门也不得为保证人，但企业法人的分支机构有法人书面授权的，可以在授权范围内提供保证。保证合同是无偿合同，具有单务性，是从合同。

保证方式分为一般保证和连带保证。《担保法》第19条规定，没有约定或约定不明确的，按照连带责任保证承担保证责任。

(二)保证的效力

1. 保证的范围。保证担保的范围包括主债权及利息、违约金、损害赔偿金和实现债权的费用。保证合同另有约定的，按照约定。若当事人对保证担保的范围没有约定或者约定不明确的，保证人应当对全部债务承担责任。

2. 债权人的权利。债权人在主债务人不履行债务时，得请求保证人履行保证债务即承担保证责任。但债权人权利的主张必须在保证期间内。根据《担保法》的规定，保证期间，当事人有约定的，从其约定；当事人没有约定的，保证期间为主债务清偿期限届满之日起6个月。债权人在这期间未要求保证人承担保证责任的，视为抛弃其债权的担保权，保证人免除保证责任。

3. 保证人的权利。由于保证合同是单务合同，保证人对债权人不享有请求给付的权利，所享有的只是抗辩权或者其他防御性的权利。主要包括：(1)

主债务人的抗辩权。保证人享有债务人的抗辩权，债务人放弃对债务的抗辩权的，保证人仍有权抗辩。(2)保证人享有一般债务人应享有权利，如合同无效、未到期等的抗辩。(3)先诉抗辩权，又称检索抗辩权。只有一般保证的保证人才享有先诉抗辩权，即保证人于债权人未就主债务人的财产强制执行而无效果前，对于债权人有拒绝清偿保证债务的权利。连带保证的保证人不享有这项权利。保证人在对债权人履行保证责任后，对主债务人享有追偿权。

4. 保证责任的免除和消灭。(1)保证期限届满而债权人未为请求时，保证责任免除。(2)债权人放弃物的担保，在放弃权利的范围内，保证责任免除。(3)主债务转让给第三人而未经保证人同意的，保证人的保证责任免除。(4)保证合同解除或终止时，保证人的保证责任消灭。(5)主债务消灭，保证责任消灭。

三、定金

(一)定金概述

定金是指合同当事人约定的，为确保合同的履行，由一方当事人预先支付给他方的金钱或其他替代物。定金可分为立约定金、成约定金、证约定金、违约定金和解约定金等种类。

定金合同除应具备合同成立的一般要件外，还要具备以下条件：

1. 定金合同须以有效的主合同的存在为前提。

2. 定金合同为要物合同。《担保法》第 90 条规定："定金合同从交付定金之日起生效。"

3. 定金合同的标的一般为金钱。但当事人有特别约定时，也可以以其他替代物作为定金。

4. 定金的数额应少于主合同的标的额。《担保法》第 91 条规定，定金数额由当事人约定，但不得超过主合同标的额的 20%。

(二)定金的效力

1. 证约效力。当事人一方交付定金的行为表明主合同已经成立的事实。

2. 定金在合同履行后，应当返还或者抵作价款。

3. 定金罚则。即交付定金的一方不履行债务时，无权要求返还定金；而收受定金的一方不履行债务时，应双倍返还定金给对方。

案例：[①]

甲公司为一家建筑公司，因业务需要，于 2002 年 3 月 15 日与乙水泥公司签订了一份水泥购销合同。合同规定：乙公司在 2002 年 4 月向甲公司供应 100 吨普通水泥，价款共计 10 万元，分两批交货，4 月 15 日交付 50 吨，4 月 30 日交付 50 吨。为保证合同履行，合同还约定甲公司向乙公司支付定金 1 万元。合同成立后，甲公司实际只向乙公司支付了 5 000 元作为定金，称待收到第一批水泥后再支付余下的 5 000 元定金。4 月 15 日，乙公司没有履行合同约定的义务，直到 4 月 30 日，甲公司未收到任何水泥。甲公司因工地急用水泥，只得另行购买。之后，甲公司要求乙公司承担违约责任，并依合同规定的数额双倍返还定金 2 万元。乙公司不同意，引起诉讼。

法律问题：

乙是否应该返还甲公司 2 万元？

分析：

本案中，甲、乙两公司签订了定金合同，约定甲公司向乙公司支付定金 1 万元。但甲公司没有按照约定的定金数额交付定金，而只向乙公司交付了 5 000元，少于约定的数额。因为定金合同是实践合同，只以实际交付的数额为限，所以，本案合法成立的定金数额是 5 000 元。由于乙公司没有履行合同约定的义务，根据定金罚则，甲公司有权要求乙公司双倍返还定金 1 万元，但甲公司无权要求按照合同约定的定金数额进行双倍返还。

第六节 合同的变更和转让

一、合同的变更

（一）合同变更的概念与特征

合同变更是债的变更的主要形式，它有狭义和广义之分。狭义的变更是指合同内容的某些变化，是在主体不变、标的不变、法律性质不变的条件下，在合同没有履行或没有完全履行之前，由于一定的原因，由当事人对合同约定的

① 房绍坤：《合同法篇》，中国人民大学出版社，2005 年版，第 46 页。

权利义务进行局部调整。这种调整,通常表现为对合同某些条款的修改或补充。广义的合同变更,除包括合同内容的变更以外,还包括合同主体的变更,即由新的主体取代原合同的某一主体,即新的债权人、债务人代替原来的债权人、债务人,但合同的内容并没有发生变化,这实质上是合同的转让。

合同变更具有以下几个特征:(1)合同的变更是在原合同基础上经双方协商一致而达成的新的协议;(2)合同的变更仅指合同内容的局部变更,而不是指对合同内容的全部改变;(3)合同变更会产生新的债权债务内容,当事人应按变更后的权利义务来履行。

(二)合意变更与变更权

合意变更,是当事人协商一致对原合同进行变更。《合同法》第77条第1款规定:"当事人协商一致,可以变更合同。"合意变更,是当事人以新的合同变更原合同,该新合同适用要约和承诺的程序。该新合同有无效事由或者撤销事由的,仍确认无效或者予以撤销。变更原合同的合意也是合同,它可以是书面形式,也可以是口头形式,也可以是行为。一般来说,变更书面合同应当采用书面形式。双方一致的行为,可以变更已经达成的书面合同。

变更权是指一方依法享有的单方通知对方变更合同的权利。单方变更权是形成权,变更的意思表示送达至相对人时,合同即发生变更,不依赖于相对人同意的意思表示。

(三)合同变更的效力

合同变更,是合同部分权利义务的变化,未变更的部分继续有效。如无特别约定,变更只对将来发生效力,已经履行的部分继续保持效力。因此,合同变更后一般不发生财产返还的问题。

《民法通则》第115条规定:"合同的变更或者解除,不影响当事人要求赔偿损失的权利。"在当事人协议变更时,如果合同的变更会给一方当事人造成损失,双方应就损失的处理作出约定。如无约定,因变更合同受益的一方,应当向对方补偿。因一方违约而协商变更合同的,并不因为变更了合同而免除了违约人的责任。

二、合同的转让

(一)合同转让的概念

合同转让,即合同权利义务的转让,在习惯上又称为合同主体的变更,是以新的债权人代替原合同的债权人;或新的债务人代替原合同的债务人;或新的当事人承受债权,同时又承受债务。上述三种情况,第一种是合同权利的转让称为债权转让;第二种是合同义务的转让称为债务转移(或称债务承担);第三是合同权利义务的概括承受。

根据《担保法》第 22 条、23 条的规定,以及《合同法》第 80 条、84 条的规定,债权人转让债权,是依法转让、通知转让,并不以债务人的同意为必要条件。而债务人转让债务须得到债权人的许可。

(二)合同转让的要件

1.须有有效的合同存在。无效合同约定的"权利义务"不为法律所承认,因此它们的转让也不为法律所承认。

2.须符合法定的程序。《合同法》第 87 条规定:"法律、行政法规规定转让权利或者转让义务应当办理批准、登记等手续的,依照其规定。"

3.须有转让人与受让人之间的协议。也就是说,转让人与受让人之间单独就债权、债务转让或者债权、债务概括转让必须有合意。

三、债权的转让

债权转让,是债权人将合同的权利全部或者部分转让给第三人。债权人是转让人,第三人称为受让人。债权转让须债权人与受让人达成合意,即须成立债权转让合同。

(一)债权转让合同的构成要件

1.须有有效的合同债权存在。债权的转让,须以合同债权的有效存在为前提,所以转让的债权应当是为法律所认可的、具有法律上约束力的债权。若债权人让与的债权为无效或不存在,即为给付不能,让与合同不成立。

2.须转让人与受让人之间达成协议。合同债权的转让人和受让人之间达成转让合同债权的协议,这是合同权利转让的法律依据。

3.合同转让的债权须具有可让与性。合同转让的债权须具有可让与性,为合同权利转让的必备要件。我国《合同法》第 79 条规定:"债权人可以将合同权利全部或者部分转让给第三人,但有下列情形之一的除外:(1)根据合同性质不得转让;(2)按照当事人约定不得转让;(3)依照法律规定不得转让。"

4.合同权利转让须合法且不得损害社会公共利益。合法是指合同权利转让的内容与形式必须符合法律规定。《合同法》第 87 条规定:"法律、行政法规规定转让权利或者转移义务应当办理批准、登记等手续的,依照其规定。"遵守社会公共利益也是合同权利转让应当遵守的原则,如果合同权利转让违背了社会公共利益,亦应当被宣告无效。

5.合同权利转让须通知债务人,否则对债务人不发生效力。我国《合同法》第 80 条规定:“债权人转让权利的,应当通知债务人。未经通知,该转让对债务人不产生效力。债权人转让权利的通知不得撤销,但经受让人同意的除外。”

(二)从权利的转移

从权利是附随于主权利的权利。《合同法》第 81 条规定:“债权人转让权利的,受让人取得与债权有关的从权利,但该从权利专属于债权人的除外。”也就是说,在一般情况下,债权人转让权利,受让人取得主权利和从权利。但有些从权利是专属于债权人自身的权利,在债权人转让债权时,该从权利不发生转移。

(三)债务人的抗辩权和抵销权

对于转让了的债权,债务人仍享有抗辩权。《合同法》第 82 条规定:“债务人接到债权转让通知后,债务人对让与人的抗辩,可以向受让人主张。”

另外,《合同法》第 83 条规定:“债务人接到债权转让通知时,债务人对让与人享有债权,并且债务人的债权先于转让的债权到期或者同时到期的,债务人可以向受让人主张抵销。”

四、债务的转移

债务转移是指债务人将合同的义务全部或者部分转移给第三人。债务的转移分为全部义务转移和部分义务的转移。全部债务的转移和部分债务的转移,都是免责的债务承担,债务人就转让出去的全部或者部分债务免责,对新债务人是否履行债务,并不承担担保责任。

(一)债务转移的条件

1.须有有效的债务存在。合同债务的合法有效存在是合同义务转移的基本前提。

2.债务须具有可转移性。在性质上不能进行转移的债务,或者法律、行政法规禁止转移的债务,不得进行转移,否则,转移协议无效。

3.债务人转移债务须征得债权人的同意。债务人将合同的义务全部或者部分转移给第三人的,应当取得债权人的同意。债务转让未经债权人同意的,不发生转让的效力。

(二)债务转移的法律效力

债务转移的效力,主要体现在第三人成为债务人,除此之外,效力还表现在以下几个方面:

1.抗辩权的移转。《合同法》第 85 条规定:“债务人转移义务的,新债务人可以主张原债务人对债权人的抗辩。”专属于原合同当事人的解除权和撤销权，只能由原债务人行使，而不得由新债务人行使。

2. 从债务的移转。《合同法》第 86 条规定：“债务人转移义务的，新的债务人应当承担与主债务有关的从债务，但该从债务专属于原债务人的除外。”根据民法上的“从随主”原则，原债务人转移债务以后，新债务人一并应对从债务予以承担，即使在转移债务的协议中未明确约定，亦同样如此。从随主原则的例外情形是，从债务专属于原债务人的，新债务人不予承担，即仍然由原债务人对债权人承担，债权人无权要求新债务人履行这些债务。

3. 债务转移与保证。《担保法》第 23 条规定：“保证期间，债权人许可债务人转让债务的，应当取得保证人的书面同意，保证人对未经其同意转让的债务，不再承担保证责任。”如果债权人许可债务人转让了部分债务，而未取得保证人的书面同意，则对转让的债务，保证人不再承担保证责任，没有转让的那部分债务，保证人继续承担保证责任。

五、概括转让

合同权利义务的一并转让，又称为合同权利义务的概括转让或概括承受。主要是指一方当事人在与他人订立合同后，依照其与第三人的约定并经对方当事人同意，由第三人取代自己在合同中的地位，承受合同中规定的权利和义务，这种转移是根据当事人的约定而进行的，称为意定概括承受。在某些情况下，根据法律的直接规定，合同当事人一方的权利、义务须一并转移给第三人，这种情况称为法定概括承受。

(一)意定概括转让

意定概括转让又称为概括承受、合同承受，是基于转让人和受让人(第三人)之间的合同产生的。《合同法》第 88 条规定：“当事人一方经对方同意，可以将自己在合同中的权利和义务一并转让给第三人。”意定概括转让包含了债务转移，因此必须取得对方当事人的同意。

(二)法定概括转让

法定概括转让，又称为法定概括承受，这种转让是直接依据法律规定产生的。法定概括转移的原因，主要是当事人的合并和分立。《合同法》第 90 条规定：“当事人订立合同后合并的，由合并后的法人或者其他组织行使合同权利，履行合同义务。当事人订立合同后分立的，除债权人和债务人另有约定的以外，由分立的法人或者其他组织对合同的权利和义务享有连带债权，承担连带债务。”

第七节　合同权利义务的终止

一、合同权利义务终止的原因

合同权利义务的终止，是指由于一定的法律事实发生，使合同设定的权利义务归于消灭的法律现象。合同是有期限的民事法律关系，不可能永久存续。合同是一个运动过程，因订立而产生，因履行、解除、抵销、免除、混同等事由而消灭。

根据《合同法》的规定，合同的权利义务终止，不影响合同中结算和清理条款的效力，也不影响合同中独立存在的有关解决争议方法的条款的效力。

我国《合同法》第 91 条规定："有下列情形之一的，合同的权利义务终止：(一)债务已经按照约定履行；(二)合同解除；(三)债务相互抵销；(四)债务人依法将标的物提存；(五)债权人免除债务；(六)债权债务同归一人；(七)法律规定或者当事人约定终止的其他情形。"其中，"其他情形"包括合同当事人死亡、破产而债务无人继受，约定的终止期限届至，等等。

《合同法》第 92 条规定："合同的权利义务终止后，当事人应当遵循诚实信用原则，根据交易习惯履行通知、协助、保密等义务。"此为合同后义务的规定。对合同后义务，也有人称为后合同义务。后合同义务是合同终止后当事人应当履行的义务。后合同义务可以是作为形式，如通知、协助等；也可以是不作为方式，如不泄露他人的商业秘密等。后合同义务是基于诚实信用原则和交易习惯而产生的法定义务。对后合同义务，当事人也可以在合同中特别约定。

二、合同的解除

(一)合同解除的概念

合同解除是指在合同有效成立以后，当具备法律规定的解除条件时，因当事人一方的意思表示或当事人双方的协议，使合同关系自始或仅向将来消灭的行为。

(二)合同解除的类型

1. 单方解除和协议解除。单方解除，是指解除权人行使解除权将合同解除的行为。它不必经过对方当事人的同意，只要解除权人将解除合同的意思表示直接通知对方，或经过人民法院或仲裁机构向对方主张，即可发生合同解除的效果。协议解除，是指当事人双方通过协商同意将合同解除的行为。它不以解除权的存在为必要，解除行为也不是解除权的行使。不过，协商解除的内容不得违反法律、行政法规的强制性规定，不得违背国家利益和社会公共利益。否则，解除协议无效，当事人仍要按照原合同履行义务。

2.法定解除和约定解除。合同解除的条件由法律直接加以规定者，其解除为法定解除。约定解除，是指当事人以合同形式，约定为一方或双方保留解除权的解除。其中，保留解除权的合意，称之为解约条款。解除权可以保留给当事人一方，也可以保留给当事人双方。

(三)合同解除的条件

合同解除的条件，分为法定解除的条件和约定解除的条件，法定解除又有一般法定解除和特别法定解除的条件之分。合同法规定的一般法定解除条件大致有四大类型：一是协议解除的条件；二是约定解除的条件；三是不可抗力致使不能实现合同目的；四是违约行为。其中，违约行为原则上是债务人违反合同的主给付义务，违反从给付义务及附随义务一般不得解除合同，但致使合同目的落空时可以解除合同。

1.协议解除的条件。协议解除的条件，是当事人双方协商一致，将原合同加以解除的协商一致，也就是在双方之间又重新成立了一个合同，其内容主要是把原来的合同废弃，使基于原合同发生的债权债务归于消灭。协议解除采取合同的形式，因此它要具备合同的有效要件：当事人有相应的行为能力，意思表示真实，内容不违反强行性规范和社会公共利益，要采取适当的形式等。

2.约定解除的条件。约定解除的条件，是当事人双方在合同中约定的或在其后另订的合同中约定的解除权产生的条件。只要不违反法律的强行性规定，当事人可以约定任何会产生解除权的条件。

3.法定解除的条件。我国《合同法》第94条规定了合同法定解除之情形，即，“有下列情形之一的，当事人可以解除合同：(1)因不可抗力致使不能实现合同目的的；(2)在履行期限届满之前，当事人一方明确表示或者以自己的行为表明不履行主要债务的；(3)当事人一方迟延履行主要债务，经催告后在合理期限内仍未履行的；(4)当事人一方迟延履行债务或者有其他违约行为致使不能实现合同目的的；(5)法律规定的其他情形。”

(四)合同解除权的消灭

我国《合同法》第95条规定了解除权的消灭，即：“法律规定或者当事人约定解除权行使期限的，期限届满当事人不行使的，该权利消灭。法律没有规定或者当事人没有约定解除权的行使期限，经对方催告后在合理的期限内不行使的，该权利消灭。”解除权行使的期限，无论是法定期限还是约定期限，在性质上属于除斥期间。

(五)合同解除的法律后果

合同解除具有使基于合同发生的债权债务关系消灭的效力。合同解除后，债权债务关系消灭，但对于解除以前的债权债务关系应当如何处理，这就涉及到合同溯及力的问题。合同解除有溯及力，是指解除使合同关系溯及既往地消灭，合同如同自始未成立。合同解除无溯及力，是指合同解除仅仅使合同关系向将来消灭，解除之前的合同关系仍然有效。我国《合同法》第 97 条授权合同当事人可根据履行情况和合同性质选择是否溯及既往的请求。所谓根据合同性质和履行情况，一般认为依合同履行是否具有连续性而有所区别：继续性合同的解除原则上无溯及力；非继续性合同的解除原则上有溯及力。

恢复原状是有溯及力的解除所具有的直接效力，是双方当事人基于合同发生的债务全部免除的必然结果。恢复原状，在原给付物存在时，返还原物；原给付物不存在时，若原物是可替代物，可以返还同一种类物；原物是不可替代物，可按解除当时该物之价款返还。原给付物在给付后产生孳息，孳息也应随原给付物一并返还。一方在占有原给付物期间支付的必要费用，也应返还。

合同解除无溯及力时，解除前的合同关系仍然有效，因此解除前进行的给付还有法律根据，只是自合同解除之时起尚未履行的债务被免除，则受领人将其多得的利益按不当得利规则加以返还。

最后，合同解除不影响当事人要求赔偿损失的权利。

三、抵销

抵销是双方当事人互负债务时，一方通知对方以其债权充当债务的清偿或者双方协商以债权充当债务的清偿，以使双方的债务在对等数额内消灭的行为。抵销分为法定抵销与合意抵销。

(一)法定抵销

法定抵销，是指合同当事人双方互负到期债务，且该债务标的物种类、品质相同时，任何一方作出的以其债权充当债务的清偿使相互间相当数额的债务同归消灭的意思表示。抵销权在性质上是形成权。《合同法》第 99 条规定：“当事人互负到期债务，该债务的标的物种类、品质相同的，任何一方可以将自己的债务与对方的债务抵销，但依照法律规定或者按照合同性质不得抵销的除外。当事人主张抵销的，应当通知对方。通知自到达对方时生效。抵销不得附条件或者附期限。”

抵销使双方互负的债务在数额相等的范围内消灭。双方债务额相等时，全部债务消灭；双方债务额不相等时，债务数额大的一方就超出的债务仍负清偿之责。当抵销生效后，就消灭的债务不再发生支付利息的从债务，抵销权发生后给付迟延责任归于消灭。抵销的效力，溯及至可以抵销时。

（二）合意抵销

合意抵销是双方当事人协商一致将各自的债务抵销。《合同法》第 100 条规定：“当事人互负债务，标的物种类、品质不相同的，经双方协商一致，也可以抵销。”合意抵销，实际上是当事人订立以抵销债务为内容的合同。

四、提存

提存是债务人无法履行债务或者难以履行债务的情况下，将标的物交由提存机关保存，以终止合同权利义务关系的行为。设立提存制度的目的，主要在于保护债务人，同时也兼顾了债权人的利益。

《合同法》第 101 条第 1 款规定：“有下列情形之一，难以履行债务的，债务人可以将标的物提存：（一）债权人无正当理由拒绝受领；（二）债权人下落不明；（三）债权人死亡未确定继承人或者丧失民事行为能力未确定监护人；（四）法律规定的其他情形。”提存的标的物可以是货币、有价证券、票据、提单、权利证书、货物等，动产和不动产都可以提存。除不适于提存或者提存费用过高的以外，提存的标的物应当与合同约定的标的物相符。《合同法》第 101 条第 2 款规定：“标的物不适于提存或者提存费用过高的，债务人依法可以拍卖或者变卖标的物，提存所得的价款。”

提存视为与履行具有相同的效力，自提存之日起，债务人与债权人之间的合同权利义务终止，债权人不得再向债务人请求履行合同。标的物提存后，毁损、灭失的风险的承担由债务人转移到债权人。提存期间，标的物的孳息归债权人所有。提存费用由债权人负担。债权人领取提存物的权利，自提存之日起 5 年之内不行使而消灭，提存物扣除费用后归国家所有。此“5 年”，属于除斥期间。提存机关有妥善保管提存物的义务。因提存机关保管不善致使提存标的物毁损、灭失的，提存机关应当向债权人承担赔偿责任。债权人要求提存机关承担赔偿责任的权利，亦应在提存之日起 5 年之内行使。

五、免除

免除是指债权人免除债务人的债务，是债权人以消灭债务人债务为目的的抛弃债权的意思表示。《合同法》第 105 条规定："债权人免除债务人部分或者全部债务的，合同的权利义务部分或者全部终止。"免除债权由债权人单方为意思表示即可生效，故免除可以是单方法律行为，但也不排除债权人与债务人订立免除合同，从而免除债务人的债务。

免除违反法律、行政法规禁止性规定的无效。如《企业破产法(试行)》第 35 条规定：在人民法院受理破产案件前 6 个月至破产宣告之日的期间内，破产企业"放弃自己的债权"的行为无效。因为此举侵犯了破产企业债权人的利益。免除侵害他人利益的，他人可以请求撤销免除行为。如根据《合同法》第 74 条的规定，因债务人放弃其到期债权对债权人造成损害的，债权人可以请求人民法院撤销债务人的免除行为。

免除的意思表示到达债务人后，即发生免除债务的效果，因而不得撤销。但可以撤回，即撤回的通知与免除的通知同时到达时或者先于免除的通知到达的，应当发生撤回的效果。

六、混同

合同关系或债的关系的主体是对立的双方，当债权与债务同归于一人，不存在债权人和债务人，由此导致权利义务关系终止时，称为混同。混同是债权、债务归属于同一人的事实，无须任何意思表示，所以混同为法律事件，是债消灭的独立原因。

混同导致合同权利义务的终止，合同之债绝对消灭。主债及从债均不复存在。

第八节 违约责任

一、违约责任的概述

违约责任，也称为违反合同的民事责任，是指合同的当事人违反合同义务所应承担的责任。这里的违反合同义务，包括不按照合同的约定或法律的规定履行合同义务。因为合同当事人除了应当全面履行合同约定的义务外，还应当遵循诚实信用原则，根据合同的性质、目的和交易习惯，履行通知、协助、保密等法定义务，不履行这些法定义务和不履行合同的约定义务一样，也要承担民事责任。

违约责任具有以下几个法律特征：(1)违约责任是合同当事人不履行合同义务所产生的民事责任；(2)违约责任具有相对性，只能在特定的当事人之间产生；(3)违约责任具有任意性，合同关系当事人可以在法律允许的范围内，事先对违约责任作出约定；(4)违约责任是一种财产责任；(5)违约责任具有补偿性和制裁性的双重属性。

二、违约责任的构成要件

违约责任的构成要件是指违约当事人应具备何种条件才应承担违约责任，违约责任的构成要件包括：

(一)违约行为

违约行为是指合同当事人违反合同义务的行为。合同依法成立，即在当事人之间产生法律约束力，如果任何一方当事人不履行合同规定的义务，则为法律所不许，因此，违约行为是民事违法行为的一种，违约行为所侵犯的客体是合同债权。

(二)不存在法定和约定的免责事由

在违约行为发生之后，违约当事人并不是在任何情况下都应承担违约责任，如果其具有法定或约定的免责事由，则虽然其实施了违约行为，也无须承担违约责任。所以，违约行为并不是违约责任的唯一构成要件。不可抗力是法定的免责事由，而约定的免责事由可由当事人自行约定。

三、违约行为

根据违约行为发生时合同履行期限是否到来为标准，可以将违约行为分为预期违约和实际违约两大类。

(一)预期违约

预期违约也称先期违约，是指在合同履行期限到来之前，一方无正当理由而明确表明其在合同履行期到来之后将不会履行合同，或者其行为表明其在合同履行期限到来之后将不可能履行合同。预期违约侵害的是期待的债权而不是现实的债权。

预期违约又可分为明示毁约和默示毁约。所谓明示毁约，是指合同一方当事人无正当理由，明确肯定地向对方当事人表示他将在履行期限到来不履行合同。所谓默示毁约，是指在履行期到来之前，一方以自己的行为表明其在合同履行期到来之后不履行合同，并且另一方有足够的证据证明一方将不履行合同，而一方也不愿意提供必要的履行担保。即一方当事人具有《合同法》第68条所规定的情况，包括经营状况严重恶化；转移财产、抽逃资金以逃避债务；丧失商业信誉；有丧失或可能丧失履行债务能力的其他情形。

(二)实际违约

在履行期限到来之后，当事人不履行或不完全履行合同义务的，将构成实际违约。实际违约有以下几种类型：

1.拒绝履行。拒绝履行是指在合同的履行期限到来之后，一方当事人无正当理由拒绝履行合同的全部义务。

2.迟延履行。迟延履行是指合同当事人的履行违反了履行期限的规定。迟延履行在广义上包括债务人的给付迟延和债权人的受领迟延。狭义上是指债务人的给付迟延。我国《合同法》第92条规定的迟延履行是广义的概念，因此，凡是违反履行期限的履行都可以称为迟延履行。

3.不适当履行。不适当履行是指合同当事人交付的标的不符合合同规定的质量要求，就是说履行有瑕疵。我国《合同法》第111条规定："质量不符合约定的，应当按照当事人的约定承担违约责任。对违约责任没有约定或约定不明确的，依照本法第61条的规定仍不能确定的，受损害方根据标的的性质以及损失的大小，可以合理选择要求对方承担修理、更换、重作、退货、减少价款或者报酬等违约责任。"

4.部分履行。部分履行是指合同履行不符合数量的规定，或者说履行在数量上存在不足，在部分履行的情况下，非违约方首先有权要求违约方依照合同规定的数量继续履行，非违约方也有权要求违约方支付违约金，如果因部分履行造成了损失，有权要求赔偿损失。

5.其他不完全履行的行为。根据《合同法》的规定，债务人应当按照法律和合同的规定，全面、适当地履行合同，因此，当事人履行合同时，除在标的、质量、数量、期限上符合法律和合同规定外，在履行的地点、方式等也应符合法律和合同的规定，因此，履行地点、方式等不适当的，也属于违约行为。

四、违约责任的承担形式

(一)实际履行

实际履行也称为强制实际履行、依约履行、继续履行。作为一种违约后的补救措施,实际履行是指在一方违反合同时,另一方有权要求其依据合同的规定继续履行。我国《合同法》第109条和111条针对金钱债务和非金钱债务两种情况中的实际履行问题也分别作出了规定。

实际履行作为一种违约责任形式,其适用的条件除须具备一般违约的构成要件外,还须具备以下条件:(1)必须是合同未被解除,并且受害方要求继续履行。(2)必须有履行的可能。强制违约方继续履行合同只能在违约方应该履行,能够履行而不履行的情况下适用,如果因法律的规定和合同的性质而不能履行,则不适用实际履行。

(二)损害赔偿

损害赔偿又称为违约的损害赔偿,是指违约方因不履行或不完全履行合同义务而给对方造成损失,依法和依据合同的约定应承担的赔偿损失的责任。

违约损害赔偿具有如下特点:(1)损害赔偿是因债务人不履行有效合同债务所产生的责任;(2)损害赔偿原则上仅具有补偿性而不具有惩罚性;(3)损害赔偿具有任意性,可由当事人在订立合同时预先约定赔偿金;(4)损害赔偿以赔偿当事人实际损失为原则。损失赔偿额应当相当于因违约所遭受的损失,包括合同履行后可以获得的利益。

(三)违约金

违约金是指由当事人通过协商预先确定的,在违约发生后,违约方向对方支付的一定数额的金钱。违约金具有如下特点:(1)违约金是由当事人协商确定的;(2)违约金是一种违约后生效的责任形式。由于违约金的设立在于督促当事人履行合同义务,因此也具有担保的功能。

(四)定金

《合同法》第115条规定:"当事人可以依照《中华人民共和国担保法》约定一方向对方给付定金作为债权的担保。债务人履行债务后,定金应当抵作价款或者收回。给付定金的一方不履行约定的债务的,无权要求返还定金;收受定金的一方不履行约定的债务的,应当双倍返还定金。"若当事人在合同中同时约定了违约金和定金,那么在发生违约的情况下,当事人只能在违约金和定金之间择一适用,而不能同时适用。定金主要适用于不履行合同的行为,即只有在出现根本违约的情况下,使非违约一方基于合同所产生的期待利益丧失,订立合同的目的不能实现时，才能适用定金罚则。

五、违约责任的免除

违约责任的免除，是指没有履行或没有完全履行合同义务的当事人在法律规定或双方约定的情况出现时，不承担违约责任。在我国合同法中，免责事由有以下两种：

（一）不可抗力

不可抗力是指当事人不可预见、不能避免并不能克服的客观情况。《合同法》第 117 条规定："因不可抗力不能履行合同的，根据不可抗力的影响，部分或者全部免除责任，但法律另有规定的除外。当事人迟延履行后发生不可抗力的，不能免除责任。"不可抗力的范围，通常包括自然因素和社会因素两方面。自然因素如火灾、水灾、地震等，社会因素如战争、社会动乱等。法律还允许当事人在合同中事先约定不可抗力的范围。

（二）因合同约定的免责事由的出现而免责

合同当事人除可在合同中约定不可抗力的范围外，还可以在合同中约定某些限制或免除其违约责任的事由，通常将合同中的这种约定称免责条款。免责条款作为合同的组成部分，是双方当事人依据合同自由原则就免责的内容或者范围进行协商的结果，其目的是限制或者排除当事人未来的违约责任，当事人在合同中约定免责条款，有利于当事人预先分配风险，避免争议。但是，《合同法》第 53 条规定了两种免责条款无效：一是造成对方人身损害的免责条款无效，二是因故意或重大过失给对方造成财产损失的免责条款无效。

案例：

甲乙签订一钢材买卖合同，约定甲于 9 月 20 日前向乙提供钢材 100 吨。9 月 18 日，甲所在地发生水灾，一直持续到 10 月初。在此期间，甲未履行合同，也未向乙说明受水灾之事。乙不得不高价从丙处购得所需材料，多花费了 4 万元。

法律问题：

甲是否构成违约？乙是否有权解除合同？本案该如何处理？

分析：

（1）本案中，甲由于发生水灾这种不可抗力而违约，而不可抗力是法定免责事由。因此，甲无须承担违约责任。

（2）甲因不可抗力持续到履行期限届满后，致使乙不能实现合同目的。所以，乙享有法定的解除合同的权利。

(3)甲因不可抗力致使不能实现合同目的,甲乙因而享有法定解除权。但由于甲在发生不可抗力后,未及时将这种不可抗力的事实告知合同相对人乙,致使乙的损失进一步扩大,因而甲应对4万元的损失承担赔偿责任。

本章提要

合同是平等主体的自然人、法人、其他组织之间设立、变更、终止民事权利义务关系的协议。当事人订立合同,采取要约、承诺方式,要约和承诺是合同成立的基本规则,也是合同成立的必经阶段。

要约是希望和他人订立合同的意思表示。要约通常都具有特定的形式和内容,一项要约发生法律效力,则必须具有特定的有效条件。要约到达受要约人时生效,在要约生效前可以依法撤销或撤回。承诺是指受要约人同意要约的意思表示,即受要约人同意接受要约的条件以订立合同的意思表示。承诺生效时合同成立。已成立的合同在效力上的表现主要包括生效合同、效力待定合同、无效合同、可撤销合同等形态。若合同被确认无效或被撤销或不被追认,其后果均导致合同自成立始就不发生履行的效力。

合同履行的原则是指导合同当事人正确履行合同的规则,具体包括合同全面履行原则和依据诚信原则履行的原则。我国《合同法》还规定了同时履行抗辩权、先履行抗辩权和不安抗辩权。为了保障债务人履行义务、债权人实现权利,法律规定了合同的担保方式,包括保证、物权担保和定金。

合同变更是指合同内容的某些变化。合同转让是指合同权利义务的转让,又称为合同主体的变更,包括债权转让、债务转移、合同权利义务的概括承受。合同权利义务的终止,是指由于一定的法律事实发生,使合同设定的权利义务归于消灭的法律现象。

违约责任是指合同的当事人违反合同义务所应承担的责任。违约责任的承担形式包括实际履行、损害赔偿、违约金和定金。若当事人没有履行或没有完全履行合同义务是因不可抗力或属于合同约定的免责事由,则违约责任免除。

复习思考题

1. 一个有效的要约需要具备哪些条件?
2. 简述合同的生效要件。
3. 当事人履行合同时应遵循哪些原则?
4. 不安抗辩权的行使必须符合哪些条件?
5. 无效合同具体包括哪些情形?
6. 债务的转移需要符合哪些条件?
7. 合同权利义务终止的原因有哪些?
8. 违约责任的承担形式有几种?

第五章

产品质量法

学习目的

■ 全面掌握和了解我国《产品质量法》中所规定的产品质量管理制度和产品质量责任制度，正确把握企业质量体系认证制度和产品质量认证制度的含义及其区别。

■ 熟悉生产者和销售者依法所应当承担的产品质量责任和义务

■ 掌握产品责任的性质，产品责任的构成要件和归责原则，产品责任的时效期限。

■ 其中，产品质量监督方式、产品缺陷的含义及其类型，产品责任因果关系的认定是本章的重点和难点。

第一节　产品质量法概述

一、产品的概念和范围

(一)产品的概念

“产品”一词本是经济学上的一个概念，现在法学上也被广泛使用。广义的产品是指经过加工、制作，使之具有一定使用价值的劳动成果。从法律角度看，产品是指经过某种程度或方式加工用于消费和使用的物品，即指生产者、销售者能够对其质量加以控制的产品，而不包括内在质量主要取决于自然因素的产品。

(二)产品的范围

纵观各国的产品责任法，对"产品"范围的界定不尽相同。随着经济的发展，特别是信息产业和高新技术的突飞猛进，人类可利用的资源越来越多，各国的立法和司法实践渐渐趋向于把产品作广义的解释。我国《产品质量法》并非适用于所有的产品，因而这里讲的"产品"比一般意义上的产品范围要小。

1. 适用《产品质量法》的产品范围

(1)该产品是经过加工、制作的。鉴于天然产品的质量问题不是人所能左右的，且天然产品的质量也难以制定和适用统一的标准，故在我国，初级农产品、狩猎品(农、林、牧、渔等产品)和原始矿产品(原油、原煤、原矿)等未经过加工、制作的产品，不属于《产品质量法》的调整对象。

(2)该产品必须是用于销售。非用于销售的产品，即不作为商品的产品，如自己制作、自己使用或馈赠他人的产品，不属于国家进行质量监督管理的范围，也不能对其制作者适用《产品质量法》关于产品责任的严格规定。只要产品是为了销售而加工、制作的，无论是企业为了营销目的而无偿赠送，或者作为福利分发交付消费者，还是以有偿的方式提供他人使用，都应当认为属于产品。①

2. 不适用《产品质量法》的产品范围

(1)建设工程。建设工程，包括房屋、公路、桥梁、隧道等工程。建筑工程属于不动产，建设工程的质量问题与一般加工、制作的产品有较大的不同，对建设工程的质量问题，应当适用《建筑法》等法律的规定。但是为保证建设工程的质量，从根本上杜绝因使用质劣的原材料而留下的隐患，《产品质量法》中又规定建筑工程所用的建筑材料、建筑构配件和设备等，属于其所指的产品范围，适用《产品质量法》的相关规定。

(2)军工产品。军工产品，主要是指武器装备、弹药及其配套产品，包括专用的原材料、元器件等。由于军工产品一般不进入市场销售，并牵涉到保密和国家安全的问题，因此《产品质量法》第 73 条规定"军工产品质量监督管理办法，由国务院、中央军事委员会另行制定。"

(3)核设施、核产品。核电站等核设施、核产品的生产具有高度的危险性。

---

① 段晓娟:《论我国产品责任法的完善》,《财经问题研究》1998 年第 8 期。

按照国际上的通行做法，对因核电站等核设施、核产品造成损害的赔偿责任，与一般的产品责任有所不同。《产品质量法》第 73 条第 2 款规定“因核设施、核产品造成损害的赔偿责任，法律、行政法规另有规定的，依照其规定。”

二、产品质量

产品质量是产品的生命，同时也是消费者与用户利益的保障，因此，各国普遍重视对产品质量的要求。所谓产品质量是指产品在正常的使用条件下，为满足合理的使用要求所必须具备的物质、技术、心理和社会特征的总和，它是产品各种使用性能的综合体现，是产品使用价值的象征。产品质量包括产品结构、性能、纯度、强度、物理性能和化学成分等内在的质量特征，同时还包括外观、形状、颜色、气味、包装等外部特征。《产品质量法》中的产品质量还应与法律联系起来，即指由国家的法律、法规、质量标准等所确定的或由当事人的合同所约定的有关产品适用、安全、外观等诸种特性的综合。

产品质量可分为合格与不合格两大类。其中，合格又分为符合国家质量标准、符合部级质量标准、符合行业质量标准和符合企业自订质量标准四类。不合格产品包括：(1)瑕疵。瑕疵是指产品质量不符合用户、消费者所需的某些要求，但不存在危及人身、财产安全的不合理危险，或者未丧失原有的使用价值。产品瑕疵可分为表面瑕疵和隐蔽瑕疵两种。(2)缺陷。缺陷是指产品存在危及人体健康、人身、财产安全的不合理的危险。包括设计上的缺陷、制造上的缺陷和未预先通知的缺陷。(3)劣质。劣质是指其标明的成分的含量与法律规定的标准不符，或已超过有效使用期限的产品。(4)假冒。假冒是指该产品根本未含法律规定的标准的内容，以及非法生产、已经变质的而根本不能作为某产品使用的产品。

我国《产品质量法》第 26 条对产品质量的标准作了细化，规定产品质量应当符合下列要求：不存在危及人身、财产安全的不合理的危险，有保障人体健康和人身、财产安全的国家标准、行业标准的，应当符合该标准；具备产品应当具备的使用性能，但是对产品存在使用性能的瑕疵作出说明的除外；符合在产品或者其包装上注明采用的产品标准，符合以产品说明、实物样品等方式表明的质量状况。

三、产品质量立法和我国《产品质量法》的基本内容

(一)国外产品质量立法

现代意义的产品质量法律迄今已经历了上百年的历史,它是随着现代工业化生产的发展,许多新产品投入市场,造成消费者受到伤害的案件不断增多,而形成和发展起来的。西方资本主义国家中,美国的产品责任法律是发展比较早的,到目前为止,美国的产品立法、归责原则、保护体系被公认是处于世界领先地位。二战以后,西欧一些国家开始重视产品责任的问题,主要是通过引申解释民法典的有关规定来处理涉及产品责任的案件。20 世纪 80 年代以后,特别是 1985 年 7 月欧共体通过的《关于对有缺陷的产品的责任的指令》的生效,对当时欧共体的成员国的产品责任法律产生了重大的影响,成为欧洲产品责任立法发展的契机。目前世界各国在产品质量立法方面存在三种模式:第一种是使用民法规范来规制,主要是侵权法、合同法规则扩展;第二种是制定专门的产品责任法,如德国的《产品责任法》、日本的《产品责任法》、英国的《消费者保护法》(第一章"产品责任")以及美国的《统一产品责任法》(美国商务部公布的专家建议文本)等;第三种是制定与产品质量相关的法律和特殊产品责任的法律。

随着世界经济一体化的进程,产品质量责任立法也日益显现出趋同性。目前有关产品质量责任立法的国际性或区域性的公约主要有:1973 年的《关于产品责任适用法的公约》、1977 年的《关于人身伤害产品责任欧洲公约》、1985 年欧共体《关于对有缺陷的产品的责任的指令》。

(二)我国产品质量立法

建国后至改革开放前,我国关于产品质量立法几乎是空白,关于产品质量管理及消费者权益保护的法律规定只是散见在其他的各种法律、法规或者部门法规之中。为了适应进一步改革开放和建立社会主义市场体系的要求,提高产品质量和完善产品质量法律体系,打假治劣和维护市场经济秩序,1993 年 2 月 22 日,中华人民共和国第七届全国人大常委会第 30 次会议通过了第一部全面、系统地规定产品质量的《中华人民共和国产品质量法》,该法自 1993 年 9 月 1 日起施行。《产品质量法》将产品质量监督管理法和产品责任法两个法律范畴的基本规范融为一体,是一部具有特色的立法。它的施行对于增强全民族的产品质量意识,提高我国产品质量的总体水平,明确产品质量责任,惩治生产、销售伪劣产品的行为,保护消费者的合法权益,维护社会主义市场经济秩序,发挥了重要作用。

随着改革开放的深入社会主义市场经济的发展,原有的《产品质量法》暴露出许多弊端和缺陷,不利于保护广大消费者的生活质量和人体健康,不利于与国际接轨,有些规定已经难以适应新情况、新变化、新要求。为此,第九届全国人大常委会第十六次会议在2000年7月8日通过了《全国人民代表大会常务委员会关于修改〈产品质量法〉的决定》,该决定从2000年9月1日开始生效。

(三)我国《产品质量法》的基本内容

我国产品质量立法在立法模式上采用的是专门立法的方式,但与西方的专门立法模式又有所不同,西方国家的产品质量立法主要调整的是产品质量责任关系,而我国的《产品质量法》是将产品责任法与产品质量监督管理法结合在一起,统一规定在一部法律之中,在我国原有的一大批有关产品质量监督管理法律法规的基础上,同时又吸收了西方国家关于产品责任法的原则精神和具体内容,建立起了具有中国特色的产品质量法体系。我国的《产品质量法》主要调整以下几方面的法律关系:

1.产品质量监督管理关系。即各级技术质量监督部门、工商行政管理部门对产品质量进行监督管理过程中所发生的法律关系,是一种管理、监督与被管理、被监督的关系

2.产品质量责任义务关系。即产品的生产者、销售者与用户和消费者之间因产品质量问题引发的损害赔偿法律关系,是一种在商品交易关系中发生的平等主体间的经济关系。

3.产品质量检验、认证关系。即因中介服务所产生的中介机构与市场主体之间的法律关系,及因产品质量检验和认证不实损害消费者利益而产生的法律关系。

第二节　产品质量的监督管理

产品质量的监督管理是产品质量法所确定的产品质量监督管理机构、制度、办法和措施的总称。其宗旨就是通过建立和完善各种产品质量监督管理制度来实现国家的调控职能。我国现行的产品质量法,根据国际惯例和我国实际,确立了产品质量的监督管理体制、制度和措施。

一、产品质量监督管理体制

产品质量监督管理体制，是指有关产品质量监督管理的主体、职责、权限、方式、方法等制度的统称。在市场经济条件下，企业是产品质量行为的主体，保证产品质量主要是企业的责任。产品质量的提高，主要依靠市场竞争机制的作用。但是，政府作为社会经济活动的宏观组织者和管理者，为维护正常的经济秩序，引导经济的健康发展，维护消费者的合法权益，也必须对产品质量问题实施必要的监督和宏观管理。

《产品质量法》在总结我国产品质量监督管理实践和立法经验教训的基础上，确立了统一管理与分工管理、层次管理与地域管理相互结合的产品质量监督管理体制。《产品质量法》第 8 条规定，国务院产品质量监督部门主管全国产品质量监督工作。国务院有关部门在各自的职责范围内负责产品质量监督工作。县级以上地方产品质量监督部门主管本行政区域内的产品质量监督工作。县级以上地方人民政府有关部门在各自的职责范围内负责产品质量监督工作。法律对产品质量的监督部门另有规定的，依照有关法律的规定执行。

产品质量监督管理是一个全过程，事前、事中、事后都要管理，当然要以不影响企业的正常生产经营为限度。这是质量技术监督部门行使权限、职责的一个特点，它反映了我国产品质量监督管理体制的特色。

二、产品质量监督管理的主要制度

产品质量监督管理，是指对质量监督活动的计划、组织、指挥、调节和监督的总称。产品质量监督和管理具有严格的科学性、规律性。包括我国在内的各国在长期的管理实践中，创立了许多有益的管理制度，比较重要的包括：企业质量体系认证制度、产品质量认证制度、标准化管理制度、工业产品生产许可证制度、产品质量检验管理制度、产品质量监督抽查制度和产品质量状况信息发布制度等。

（一）企业质量体系认证制度

企业质量体系认证制度是指依据国家质量管理和质量保证系列标准，由国家认可的认证机构，对自愿申请认证的企业的质量体系，进行检查、确认、颁发认证证书，以证明企业质量体系和质量保证能力符合相应标准要求的一种制度。企业质量体系认证制度具有以下特点：

1. 企业质量体系认证制度实行自愿认证原则，由企业根据自愿原则可以向认证机构申请企业质量体系的认证。经认证合格的，由认证机构颁发企业质量体系认证证书。任何单位或个人都不得强迫企业申请质量体系认证。

2. 企业质量体系认证的依据是国家质量管理和质量保证系列标准。我国采用国际通用的质量管理标准。目前国际上通用的"质量管理和质量保证"标准是 ISO 9000 系列国际标准,我国对企业实行质量体系认证的依据是 CB/T 19000—ISO 9000 质量管理和质量保证系列国家标准。假如现行标准不能满足要求的,认证机构可以组织制定补充标准,经国家技术监督局予以确认。

3. 企业质量体系认证的认证机构是国务院技术监督部门或由其授权的部门认可的认证机构。在我国,认证机构目前主要包括国务院产品质量监督部门直接设立的认证委员会和授权其他行政主管部门设立的行业认证委员会。

4. 实行企业质量体系认证,对内可以加强企业内部质量管理,实现质量目标,创造优质产品;对外,可以提高企业质量信誉,提高顾客对供方的信任,增加订货,减少顾客对供方的检查评定,有利于顾客选择合格的供方。企业通过体系认证获得的体系认证证书虽然不能用在所生产的产品上,但可以用于正确的宣传,在申请产品质量认证时可免除对企业质量体系认证的检查。它是 ISO 向各国推荐的认证制度的一种。

(二)产品质量认证制度

产品质量认证制度是指依据产品标准和相应的技术要求,经认证机构确认并通过颁发证书和认证标志,以证明企业某一产品符合相应技术要求的活动。《产品质量法》第 14 条第 2 款规定:国家参照国际先进的产品标准和技术要求,推行产品质量认证制度。企业根据自愿原则可以向国务院产品质量监督部门认可的或者国务院产品质量监督部门授权的部门认可的认证机构申请产品质量认证。经认证合格的,由认证机构颁发产品质量认证证书,准许企业在产品或者其包装上使用产品质量认证标志。目前,质量认证标志有长城标志(用于获准认证的电工产品)、PRC 标志(用于获准认证的电子元器件产品)、方圆标志(用于其他获准认证的产品)。

企业质量体系认证与产品质量认证有显著区别:(1)前者认证的对象是企业的质量体系,后者认证对象是企业的产品;(2)前者认证的依据是质量管理标准,后者认证的依据是相关的产品标准;(3)从认证结论上看,前者是要证明企业质量体系是否符合质量管理标准,后者是要证明产品是否符合产品标准。

产品质量认证制度的基本内容包括:

1. 认证对象。目前我国产品质量认证工作已在机械、电子、轻工、建筑材料、化工、医药、食品、冶金等领域开展。

2. 认证依据。《产品质量法》规定,国家参照先进的产品标准和技术要求,推行产品质量认证制度。这就表明，我国产品质量认证，是根据国家认可的标准进行的。

3. 认证方式。我国产品质量认证方式采用国际上通行的第三方认证制度。质量认证由国务院产品质量监督管理部门或其授权的部门所认可的认证机构承担。每类开展质量认证的产品都有相应的认证委员会。自 1982 年我国加入国际电工委员会以来，至今已先后成立了电子器件、电工产品、水泥等 10 多个认证委员会，已经对一大批企业颁发了有关的认证证书。

4. 认证种类。按照规定，我国产品质量认证分为合格认证和安全认证两种。安全认证是以安全标准为依据进行的认证或只对产品中有关安全的项目进行认证。实行安全认证的产品，必须符合《中华人民共和国标准化法》(以下简称《标准化法》)中有关强制性标准的要求。合格认证是对产品的全部性能、要求，依据标准或相应技术要求进行的认证。实行合格认证的产品，必须符合《标准化法》规定的国家标准或者行业标准的要求。

5. 认证原则。我国产品质量认证实行自愿认证制，即产品质量认证由企业自愿申请。但为了规范市场经济秩序、打击假冒伪劣、促进产品质量提高和保护消费者权益，同时也为了实践我国加入世贸组织时所作出的郑重承诺，国家质量技术监督总局和认监委于 2001 年底建立并组织实施了中国强制性产品认证制度，对涉及人民生命安全、动植物安全、环境保护及国家安全的产品实施市场准入。

6. 认证的条件。按照规定，中国企业、外国企业均可提出认证申请。企业向产品质量认证机构申请产品质量认证，需符合下列条件：一是企业的产品符合有关的国家标准或行业标准及有关的技术要求；二是有合理的理由证明其产品质量稳定，并能够正常批量生产；三是企业质量体系符合有关国家标准或国际标准的要求。

7. 认证的程序。由企业自愿向有关的认证机构提出书面申请；认证机构受理认证申请后，组织对企业的质量体系进行检查；对企业申请认证的产品进行现场抽样检验，由认证检验机构作出检验结果的报告；认证机构对检查报告和检验报告进行审查，认为其合格的，批准认证，颁发认证证书，并准许使用认证标志。

获得产品质量认证的企业，可以在产品质量认证证书规定的型号、规格的产品上使用认证标志。除接受国家法律和行政法规规定的检查外，还可以享受免于其他检查，并享有实行优质优价、优先推荐评为国优产品等国家规定的优惠。但获准认证的产品、已取得认证证书的企业，应当接受认证委员会对其产品及质量体系进行的监督检查。使用认证标志的企业也应当保持其企业的质量体系始终符合认证要求。如果认证产品采用的标准或者企业的质量体系已经改变，达不到认证时所具备的条件的，应当停止使用认证标志。

(三)标准化管理制度

标准是生产、流通、科研和建设工程等活动中通用的技术依据。标准化是指在经济、技术、科学和管理等社会实践中，对重要的事物和概念通过制定、发布和实施标准，达到统一，以获得最佳秩序和社会效益的全部活动。产品质量的标准化管理制度是关于产品质量标准的制定、实施、监督检查的各项规定的总称，是产品质量管理的依据和基础，是实现产品质量管理专业化、社会化和现代化的可靠保障。根据我国现实的技术水平和发展目标，产品质量法规定了以国家标准、行业标准为中心，辅之以地方标准和企业标准的标准体系，形成评价产品质量的统一模式。

1. 产品质量标准的制定

根据我国《标准化法》的规定，凡工业产品的品种、规格、质量、等级或安全、卫生要求，工业产品的设计、生产、检验、包装、储存、运输、使用方法或者生产、储存、运输中的安全、卫生要求，工业生产的技术术语、符号、代号和制图方法等，需要统一的技术要求，应当制定标准。产品质量标准按其制定的部门或单位以及适用范围的不同，可分为国家标准、行业标准、地方标准和企业标准。

2. 产品质量标准的实施

我国标准化法将标准按性质的不同，分为强制性标准和推荐性标准。强制性标准是指法律规定的必须予以严格执行的产品标准，没有替代和选择的余地，不符合标准的产品将不得进入市场或者将受到相应处罚，它包括部分国家标准和行业标准以及全部地方标准，主要有药品标准，食品卫生标准，兽药标准，产品及产品生产、储运和使用中的安全、卫生标准，劳动安全、卫生标准，运输安全标准，国家需要控制的重要产品质量标准等等。而所谓推荐标准，是指强制标准以外的所采用的不具有强制执行效力的产品标准，它们由执行者自觉加以采用。强制性以外的标准是推荐性标准，国际标准也是推荐性标准。其中，国际标准，特别是国际标准化组织(ISO)提供的，并已为包括中国在内的很多国家和地区广泛采用的企业质量体系认证标准和产品质量认证标准最具代表性。

为了保证强制性标准的实施，引导人们执行推荐性标准，《产品质量法》第13条规定，“可能危及人体健康和人身、财产安全的工业产品，必须符合保障人体健康和人身、财产安全的国家标准、行业标准；未制定国家标准、行业标准的，必须符合保障人体健康和人身、财产安全的要求；禁止生产、销售不符合保障人体健康和人身、财产安全的标准和要求的工业产品。”

(四)工业产品生产许可证制度

实行市场经济，其基本规则是公平竞争、公平交易。如果笼统地规定实行生产许可证制度，势必限制市场的自由进入。然而，任何产品都自由进入市场也是不可能的，对少量的直接涉及人身安全、健康的产品发放生产许可证仍有必要。所谓工业产品生产许可证制度，是指为了保证直接关系公共安全、人体健康、生命财产安全的重要工业产品的质量安全，贯彻国家产业政策，促进社会主义市场经济健康、协调发展，由国务院工业产品生产许可证主管部门对涉及人体健康的加工食品、危及人身财产安全的产品、关系金融安全和通信质量的产品、保障劳动安全的产品、影响生产安全和公共安全的产品，以及法律法规要求依照《工业产品生产许可证管理条例》的规定实行生产许可证管理的其他产品的生产企业，进行实地核查和产品检验，确认其具备持续稳定生产合格产品的能力，并颁发生产许可证证书，允许其生产的一种行政许可制度。

工业产品生产许可证制度规定，生产企业必须具备保证产品质量安全的基本条件，并按规定程序取得生产许可证，方可从事相关产品的生产活动。任何企业未取得生产许可证，不得生产实行生产许可证制度管理的产品。任何单位和个人不得销售或者在经营活动中使用未取得生产许可证的产品。取得生产许可证的企业，需要每年度向省、自治区、直辖市工业产品生产许可证主管部门提交企业自查报告；县级以上地方工业产品生产许可证主管部门组织定期、不定期的监督检查，要求生产企业保证产品质量稳定合格，不得降低取得生产许可证的条件。

(五)产品质量检验管理制度

产品质量检验制度是指由法律赋予职权的检验机构依据国家、行业和国际的特定标准对生产、流通领域的产品质量进行强制性检验的一种质量管理制度。根据《产品质量法》第 19 条、第 20 条和第 21 条的规定，产品质量检验机构必须具备相应的检测条件和能力，经省级以上人民政府产品质量监督部门或者其授权的部门考核合格后，方可承担产品质量检验工作。法律、行政法规对产品质量检验机构另有规定的，依照有关法律、行政法规的规定执行。从事产品质量检验的中介机构必须依法设立，不得与行政机关和其他国家机关存在隶属关系或者其他利益关系。产品质量检验机构必须依法按照有关标准，客观地、公正地出具检验结果或者认证证明。

(六)产品质量监督抽查制度

产品质量监督抽查是国家对产品质量进行监督检查的主要方式之一。产品质量监督抽查是指产品质量监督部门依法对生产、销售的产品,依据有关规定进行抽样、检验,并对抽查结果依法公告和处理的活动。产品质量监督抽查制度的目的在于加强对生产、流通领域的产品质量实施监督,以督促企业提高产品质量,从而保护国家和广大消费者的利益,维护社会经济秩序。

监督抽查的产品主要有三类:一是可能危及人体健康和人身、财产安全的产品,包括药品、食品、电器产品、易燃易爆产品等等;二是影响国计民生的重要工业产品,包括工业原材料、基础件、农业生产资料和重要的民用日常工业品;三是消费者和有关组织反映有质量问题的产品,包括通过消费者权益保护组织反映的发生质量问题较多的产品。

监督抽查工作由产品质量监督部门统一规划和组织。国家的产品质量监督检查应由国务院产品质量监督部门统一规划和组织,目前的实际做法是由国家质量技术监督局在每一季度选择部分产品组织一次国家级的产品质量监督抽查。同时县级以上的地方产品质量监督管理部门也可以在本行政区域内组织对产品质量的监督抽查。对已经国家监督抽查的产品,地方不得重复抽查;上级监督抽查的产品,下级不得重复抽查,以减轻企业不必要的负担。涉及药品、食品等某些特殊产品的监督抽查,有关法律另有规定的,依照有关法律的规定执行。

为保证检验结果的公平和代表性,抽查所需检验的样品应当在市场上和企业的成品仓库内的待销售产品中随机抽取,抽取样品的数量不得超过检验的合理需要。为防止增加企业的负担,不得向被检查人收取检验费用。生产者、销售者对抽查结果有异议的,可在收到检验结果之日起 15 日内向监督管理抽查部门或者上级产品质量监督部门申请复检,复检结果为检验的最终结论。

对依法进行的产品质量监督检查,生产者、销售者不得拒绝。若抽查的产品质量不合格,由实施监督抽查的产品质量监督部门责令其生产者、销售者限期改正。逾期不改正的,由省级以上人民政府产品质量监督部门予以公告,公告后经复查仍不合格的,责令停业,限期整顿;整顿期满后经复查产品质量仍不合格的企业,将被吊销营业执照。

(七)质量状况信息发布制度

为使质量监督管理工作公开、透明,使社会公众及时了解产品质量状况,引导和督促市场经营主体切实提高产品质量,产品质量法规定,国务院和省、自治区、直辖市人民政府的产品质量监督部门应当定期发布其监督抽查的产品的质量状况报告，接受社会的监督。政府质量信息发布是消费者知情权的基本要求，也是行使监督权的前提条件，政府有关部门必须依法履行该项职责。

三、产品质量的社会监督

产品质量的提高、消费者权益的保护是全民族的事业、全社会的事业，因此必须由全社会来承担。社会监督包括社会舆论监督、社会团体监督和用户、消费者对产品质量的监督。

（一）社会舆论监督

社会舆论监督是指通过社会舆论传播等方式实施的监督。新闻媒体对产品质量实行社会监督，其主要职责是运用舆论工具向消费者介绍产品质量知识，宣传国家有关产品质量的方针、政策和法律、法规及规章，揭露产品生产、销售中的违法行为等。

（二）社会团体监督

社会团体监督，主要指消费者协会和其他消费者组织依法对产品质量所进行的社会监督。《产品质量法》第 23 条规定："保护消费者权益的社会组织可以就消费者反映的产品质量问题建议有关部门负责处理，支持消费者对因产品质量造成的损害向人民法院起诉。"法律赋予了保护消费者权益组织两项社会监督权利，即建议处理权和支持起诉权。

（三）消费者监督

对于消费者的监督，《产品质量法》第 22 条规定："消费者有权就产品质量问题，向产品的生产者、销售者查询；向产品质量监督管理部门、工商行政管理部门及有关部门申诉，有关部门应当负责处理。"依照法律规定，消费者在产品质量社会监督方面享有查询权、要求处理权、申诉权和检举权。

案例：

2002 年 10 月 8 日日，上级主管部门负责人来到红星厂，指示该厂的厂长要着手准备申请企业质量体系认证。该厂的厂长表示，根据厂里的具体情况，尚不准备在近几年申请认证。该负责人命令厂长必须按照他的指示去做，否则就撤厂长的职。企业必须申请质量体系认证吗？

法律问题：

1. 在我国有哪些部门有权依法对产品质量进行监督管理？
2. 我国产品质量法确立了哪些产品质量监督管理制度？

3. 案件中上级负责人的说法正确吗?

分析:

产品质量监督管理是指国家质量技术监督行政部门以及地方质量技术监督行政部门(包括质量技术监督部门、工商行政管理部门、卫生行政管理部门、进出口商品检验部门等)依据法定的行政权力,以实现国家职能为目的,对产品质量进行的管理活动。

为保证产品质量,我国《产品质量法》规定了国家采取的一系列宏观管理和具体监督措施,主要包括产品质量检验制度、工业产品生产许可证制度、产品质量认证制度、企业质量体系认证制度、产品质量监督检查制度等。

本案中,企业在条件具备时可以申请质量体系认证。在条件不具备时,任何人无权强制企业申请。

第三节 产品质量义务

产品质量义务是指产品的生产者、销售者应保证其生产、销售的产品符合适用、安全的要求,不得存在不合理的危险。产品质量义务是一种法定义务,包括作为的义务和不作为的义务。《产品质量法》第五章第一节、第二节对生产者和销售者的产品质量义务分别作了系统的规定。

一、生产者的产品质量义务

鉴于生产者是产品的直接创造者,其产品的开发、设计和制造决定了产品质量的全部特征和特性,产品的生产环节对其质量好坏具有根本性的作用。因此各国立法在确定产品质量主体时,通常把重点放在生产者。我国立法也加重了生产者的质量责任和义务。

(一)保证产品的内在质量

保证产品内在质量是生产者的首要义务。《产品质量法》第26条规定:生产者所生产的产品质量"不存在危及人身、财产安全的不合理的危险,有保障人体健康和人身、财产安全的国家标准、行业标准的,应当符合该标准";"具备产品应当具备的使用性能,但是,对产品存在使用性能的瑕疵作出说明的除外";"符合在产品或者其包装上注明采用的产品标准,符合以产品说明、实物样品等方式表明的质量状况。”也就是说，判定产品质量责任的主要依据是产品内在质量是否符合默示担保条件和明示担保条件。

1.符合默示担保条件

生产者对产品质量的默示担保责任是依法产生的，主要是商销性默示担保。它是指生产者用于销售的产品应当符合该产品生产和销售的一般目的。

(1)生产的产品应当符合安全、卫生的标准要求，保证不存在危及人身、财产安全的不合理的危险。

(2)产品应当具备产品应当具备的使用性能。应注意的是，当生产者对产品使用性能的瑕疵作出说明时，可以免除生产者的此项义务。

2.符合明示担保条件

所谓明示担保是指产品的生产者或销售者对产品的性能、质量所做的一种声明或陈述。它主要见于生产者或销售者证明其产品符合某一标准或者要求的说明之中。《产品质量法》第 26 条第 2 款第 3 项规定了生产者明示担保的要求，应当“符合在产品或者其包装上注明采用的产品标准，符合以产品说明、实物样品等方式表明的质量状况”。因此，生产者应当保证产品质量符合其向社会公众作出的有关承诺。

需要指出的是，对产品说明中的有些夸张之词，虽有过分之处，但其并没有确切说明产品具体性能、功用等质量指标，因而一般不视为生产者的明示担保。

(二)保证产品标识符合法律、法规规定的要求

所谓“产品标识”，是指用于识别产品或者其特征、特性所作的各种表示的统称。产品标识由生产者提供，其主要作用是表明产品的有关信息，帮助消费者了解产品的质量状况，说明产品的正确使用、保养方法，指导消费。

《产品质量法》第 27 条规定，产品或者其包装上的标识必须真实，并符合下列要求：

1.有产品质量检验合格证明。

2.有中文标明的产品名称、生产厂名和厂址。

3.根据产品的特点和使用要求，需要标明产品规格、等级、所含主要成分的名称和含量的，用中文相应予以标明；需要事先让消费者知晓的，应当在外包装上标明，或者预先向消费者提供有关资料。

4.限期使用的产品，应当在显著位置清晰地标明生产日期和安全使用期或者失效日期。

5.使用不当，容易造成产品本身损坏或者可能危及人身、财产安全的产

品，应当有警示标志或者中文警示说明。裸装的食品和其他根据产品的特点难以附加标识的裸装产品，可以不附加产品标识。

案例[①]：

2004 年 4 月 7 日，杨先生在北京富诚佳信科技公司以 2 050 元购买了一台柯达牌 6340 型相机。包装里没有配送中文印刷版的产品使用说明书。在相机的外包装上，写明包装内的物品包括“光盘、用户手册”。在相机包装内附有简明的中文印刷版使用说明书 1 张，在该说明书上方写明“有关详情，请参阅您的相机用户手册”；包装内另有以光盘为载体的《相机用户指南》。原来柯达所有型号的数码照相机均只有以光盘为载体的使用说明。杨先生来到柯达电子（上海）有限公司要求解决此问题。公司对远道而来的杨先生进行了接待，并向其提供了打印的光盘所载内容的文字说明。尽管如此，杨先生仍认为，柯达电子（上海）有限公司提供的产品使用说明书不符合国家相关法律、法规的规定，使其不能完全了解产品的性能及使用方法，且不得不专程赶赴上海索要说明书，给其造成了额外的经济损失。为此，杨先生将柯达电子（上海）有限公司和北京富诚佳信科技公司告上法庭，要求柯达电子（上海）有限公司赔偿经济损失 1 500 元，并公开对其道歉；佳信科技公司赔偿其资料查询费 30 元。

法院经审理认为，产品标识指用于识别产品及其质量、数量、特征、特性、使用方法所做的各种表示的统称。《产品质量法》第 27 条对产品的标识应当符合的各项要求作出了明确的规定，从形式要件上看，这些规定包括：必须使用中文；需要让消费者知晓的，应当在外包装上表明或预先向消费者提供有关资料；对于限期使用产品的有效期应当在产品的显著位置标注；使用不当容易造成产品本身损坏或者可能危及人身、财产安全的，应当予以警示。另外，国家质量技术监督总局所制定颁布的《产品标识标注规定》明确规定：产品标识可以用文字、符号、数字、图案以及其他说明物等表示。从上述法律规定可以看出，尽管目前大部分产品的说明书都以印刷版的形式出现，但这种形式并非法律所规定产品说明书所必须采用的形式，而是可以采用文字、符号、数字、图案以及其他说明物等多种形式出现。柯达公司在其生产的柯达

① 《北京一消费者状告“柯达”为讨中文说明案》，http://www.chinalawedu.com/news/21602/8800/89/2004/11/he467115193417111400213 50_139921.htm，下载日期：2006 年 7 月 23 日。

6340型数码相机的包装中附有图文一体的简明中文使用说明及《相机用户指南》光盘，详细说明了该型号数码相机的使用方法，应当认定生产者已经履行了法律规定的相关义务。杨先生提出说明书载体为光盘而非纸张系违反了国家强制性法律规定的理由于法无据，不予支持。故此，北京市一中院对此案作出了终审判决，北京富诚佳信科技公司向杨先生支付档案查询费30元人民币，驳回杨先生的其他诉讼请求。

分析：

本案关键在于正确理解《产品质量法》第27条对产品标志的法定要求。法院在经过分析论证后，得出的结论是：图文一体的中文说明及光盘可视作履行义务。这是一份正确的判决，也有助于我们正确理解该法第27条的规定。

(三)保证产品包装符合规定要求

产品包装是指在产品运输、储存、销售等流通过程中，为了保护产品，方便储运，促进销售，按一定技术方法，采用的容器、材料及辅助物并在包装物上附加有关标识的总称。根据法律和产品标准的规定，产品应当具有包装的，其包装必须符合规定的要求。《产品质量法》第28条还对某些特殊产品的包装作出明确规定："易碎、易燃、易爆、有腐蚀性、有放射性等危险物品以及储运中不能倒置和其他有特殊要求的产品，其包装质量必须符合相应要求，依照国家有关规定作出警示标志或者中文警示说明，标明储运注意事项。"

(四)严禁生产假冒伪劣产品

据国际上一些权威商业和工业产权组织估算，假冒伪劣产品约占国际贸易总额8%～10%，成为仅次于毒品的世界第一大公害。[①] 从生产资料至生活资料，从内销产品至外销产品，从一般商品至高档耐用消费品，假冒伪劣产品无所不包，无处不有。因此，《产品质量法》第29条至第32条对生产者作出以下禁止性行为规范要求：

1. 不得生产国家明令淘汰的产品。
2. 不得伪造产地，不得伪造或者冒用他人的厂名、厂址。
3. 不得伪造或者冒用认证标志等质量标志。
4. 生产者不得对产品掺杂、掺假。
5. 生产者不得以假充真、以次充好。

---

① 潘光政："法律顾问·产品质量法讲座"，《上海标准化》，2002年2月，第45页。

6.生产者不得以不合格产品冒充合格产品。

二、销售者的产品质量义务

在我国的商业习惯中，销售者也称为经销者，是指有权出售产品的单位和个人，包括享有产品批发权和零售权的单位和个人。他们是产品实现其使用价值的中介，也是法律规定的产品责任的直接承担者之一。根据《产品质量法》的规定，销售者应当切实履行有关执行进货检查验收制度，保持销售产品的质量，保证销售产品的标识符合法律、法规规定要求，严禁销售假冒伪劣产品等产品质量义务。

(一)执行进货检查验收制度

生产者与销售者交付产品的过程，也是履行各自权利、义务的过程。由于直接面对消费者的是销售者，如发生了产品责任事故，销售者将很可能承担第一性责任，因此，销售者应当建立并执行进货检查验收制度，验明产品的出厂检验合格证明，中文标明的产品名称、厂名、厂址和其他标识，以防止假冒伪劣产品进入流通领域。销售者的进货检查验收应当包括产品标识检查、产品观感检查和必要的产品内在质量的检验。该制度相对消费者及国家市场管理秩序而言是销售者的义务，相对于供货商而言则是销售者的权利。销售者的验收标准由双方当事人确定的，如该产品涉及国家强制性标准就必须执行该标准。

(二)销售产品质量保持义务

销售者应当采取有效措施，保持销售产品的质量，“保持销售产品质量”，是指保持产品在通常保养条件下应保持或达到的质量。根据一些产品本身所具有的特征和特性，产品质量会因为时间而发生一定的合理的变化，这是正常的，也是允许的。对一些可能发生质量问题的产品，销售者应当采取必要措施予以处理，确保其所销售的产品不失效、不变质。销售者有主动建立和采取各种办法、措施、长期保持所销售的产品质量的义务。特别是当产品从生产者到达消费者之前有比较长的时间时，保持该产品的原有质量是销售者质量义务的直接体现。

(三)保证产品的标识符合规定要求

《产品质量法》第 36 条明确规定:“销售者销售的产品的标识应当符合本法第 27 条的规定。”销售者在进货验收后，产品的所有权已经属于销售者。因此，销售者必须对销售的产品质量负责，包括对有关产品标识是否符合规定的要求负责。销售者有关产品标识的质量义务与生产者相同。

(四)严禁销售假冒伪劣产品

《产品质量法》第 35 条、第 37 条至第 39 条对销售者作出了以下禁止性行为规范：

1. 不得销售国家明令淘汰并停止销售的产品和失效、变质的产品；

2. 不得伪造产地，伪造或冒用他人的厂名、厂址；

3. 不得伪造或冒用认证标志、名特优标志等质量标志；

4. 不得掺杂、掺假、以假充真、以次充好，以不合格产品充合格产品。

销售者违反这些禁止性规定，将被追究民事、行政、乃至刑事责任。

第四节 法律责任

一、产品瑕疵责任

产品瑕疵责任，也叫产品瑕疵担保责任或产品质量的合同责任，是指产品的生产者或销售者通过明示或默示的方式，对产品质量作出保证，在产品存在瑕疵时，生产者、销售者对用户或消费者承担的民事责任。在产品买卖合同中，出卖人具有担保其销售产品无质量瑕疵的义务，出卖人没有履行瑕疵担保义务，其售出的产品质量不符合明示担保或默示担保时，出卖人就应该承担相应的合同项下的责任。

(一)承担瑕疵责任的条件

根据《产品质量法》第 40 条之规定，售出的产品有下列情况之一的，销售者应当承担产品瑕疵责任：

1. 不具备产品应当具备的使用性能而事先未说明的。这里所讲的“不具备产品应当具备的使用性能”，是指不具备产品的特定的用途和使用价值，比如制冷空调不具备制冷性能等。

2. 不符合在产品或者其包装上注明采用的产品标准的。这里所讲的“不符合在产品或者其包装上注明采用的产品标准”，是指不符合在产品或者其包装上注明采用的推荐性产品标准(包括国家标准、行业标准和企业标准)。

3. 不符合以产品说明、实物说明等方式表明的质量状况的。销售者出售的产品的质量与产品说明、实物样品不符的，也属于违反销售者对出售产品质量担保的义务，应当承担相应的民事责任。

(二)承担瑕疵责任的方式

根据《产品质量法》的规定，销售者售出的产品具有瑕疵问题的，即应承担产品质量责任，销售者应当负责修理、更换、退货；给购买产品的消费者造成损失的，销售者应当赔偿损失。

1. 修理。产品虽然存在质量问题，但经过修理即可符合质量标准的，消费者可以要求销售者进行修理。

2. 更换。产品存在质量问题，但通过修理仍不能符合质量标准的，可以要求更换。

3. 退货。如果存在产品质量问题严重，难以修复，或者由于修理、更换时间的延误，消费者已不再需要该产品，有权要求退掉产品。

4. 赔偿损失。产品因质量不合格导致严重毁损或灭失，不能修理、更换或退货的，给消费者造成损失的，可要求赔偿损失。

销售者未按照规定承担上述责任的，由产品质量监督部门或者工商行政管理部门责令改正。另外，根据《合同法》的规定，因产品质量不合格应承担产品质量责任的形式还有支付违约金、重作、减少价款或者报酬等。

(三)销售者的先行责任及追偿权

由于在绝大多数情况下，用户、消费者只知销售者为何人，并不认识生产者或者由于距离的问题向生产者索赔也很麻烦，所以法律规定在损害发生后首先由销售者承担赔偿责任。销售者承担责任后，属于生产者的责任或者属于向销售者提供产品的供货者的责任的，销售者可以向生产者、供应者追偿。但是如果生产者之间、销售者之间、生产者与销售者之间订立了产品买卖合同、承揽合同有不同约定的，合同当事人按照约定执行。

案例：

2005 年 2 月 6 日，周森花 1200 元在市电器商场购买了一台家用录像机.使用不到一个月，录像机出现故障，周森找到商场要求维修，可商场包经理声称:“生产厂家已把维修费用返还给保修单上所列的维修单位，而且商场与生产厂家及修理者之间订有合同，明确规定:凡录像机出现质量问题均由用户送交修理者负责维修.商场只是代销单位，不承担三包责任。”由于到维修单位修理距离遥远，周森专程送修很不方便。

法律问题：

周森可以采取何种途径维护自己的权益?

分析：

根据《产品质量法》第40条的规定，我国对产品质量问题实行“谁销售谁负责”的原则。该案中，录像机保修单上所列的修理者在三包有效期内所承担的免费修理业务，实际上是受委托而代理销售者开展修理业务的，这是销售者与生产者、修理者之间的约定，对消费者无约束力，消费者没有义务去遵守服从.至于商场与生产者之间的是销售还是代销，这只是销售方式的不同，代销关系并不能改变商场的销售者身份.作为消费者无法知道也没有必要需要知道生产者和销售者之间是经销关系还是代销关系，因为无论何种关系都改变不了销售者与消费者之间的权利义务关系。因此，按照《产品质量法》的规定，周森有权要求商场承担“三包”责任。如果商场对周森的正当要求故意拖延或无理拒绝，周森可向商场所在地消费者组织投诉，也可向工商行政管理机关申诉，受理的消费者委员会或工商行政管理机关应当要求或责令商场立即改正并履行“三包”责任。

二、产品责任

（一）产品责任的概念和特征

产品责任，也叫产品缺陷责任或产品质量侵权责任，是指产品的生产者、销售者因其生产、售出的产品造成他人人身、该产品以外的其他财产的损失而依法应当承担的赔偿责任。

产品合同担保责任不能充分保护受害人求偿的权利，这就促使了产品责任法律的产生。产品责任与产品瑕疵责任相比，具有以下特征：(1)产品责任是侵权责任，不以生产者、销售者与受害消费者有直接的合同关系为前提；(2)产品责任的主体不限于合同当事人；(3)产品责任的责任形式主要是损害赔偿；(4)产品责任由国家法律强制规定，不得以当事人之间的协议变更或者免除。

（二）产品责任的归责原则

产品责任的归责原则是确定产品的生产者和销售者承担损害赔偿责任的依据和标准，是消费者诉请司法机关追究产品生产者或销售者产品责任的基本法律依据和指导思想。综观现代各国产品责任法，就产品责任的归责原则而言可以归纳为三种类型[①]:其一为严格责任类型。责任之成立不以过错为要件,对消费者最有利。以美国和法国为代表。其二为中间责任类型。通过举证责任之倒置,使制造商或经销商负推定过失责任,在实际效果上接近于严格责任。德国、荷兰属于这一类。其三为过错责任类型。英国和日本属于这一类。坚持以过错为责任成立之要件,原则上应由受害人对制造商或经销商负证明过错之举证责任,但在实践中,法院往往引用事实自证规则或所谓新过失理论以缓和受害人之不利地位。

对产品质量的归责原则,我国《产品质量法》采取过错责任原则与无过错责任原则并存的立法模式。即销售者依照过错责任原则承担损害赔偿责任,有过错即承担责任,无过错则不承担责任;生产者和不能指明缺陷产品生产者的销售者依照无过错责任原则承担损害赔偿责任,只要存在损害事实,无论生产者和不能指明缺陷产品生产者的销售者有无过错均须承担损害赔偿责任。而且,在民事诉讼活动中,根据《民事诉讼法》的规定,对于因产品缺陷存在的纠纷,实行"举证责任倒置"的方式,将产品缺陷与损害事实之间是否存在因果关系的举证责任规定给生产者、销售者。

(三)产品责任的构成要件

产品责任的构成要件,是指生产者或销售者承担产品缺陷责任的法律要件。按照各国产品责任法的规定,产品责任的构成要件因归责原则的不同而有所差异。适用无过错责任原则确定和追究产品责任时,其主要要件包括:

1.行为主体是产品的生产者、销售者以及其他对产品质量负有直接责任的人。根据我国《产品质量法》的规定,除了生产者、销售者、供货者可能成为产品责任主体外,产品质量检验机构、认证机构出具的检验结果或者认证证明不实,造成损失的,应当承担相应的赔偿责任;社会团体、社会中介机构对产品质量作出承诺、保证,而该产品又不符合其承诺、保证的质量要求,给消费者造成损失的,与产品的生产者、销售者承担连带责任。尽管2000年修改后的《产品质量法》将产品责任主体作了扩大,但与发达国家相比还有一定的距离,如《斯特拉斯堡公约》规定,修理者、运输者、仓储者也是责任主体。

2.产品存在缺陷。产品存在缺陷是侵权行为人违反法律义务的表现,也是造成受害人人身或财产损失的原因,因而它是承担产品缺陷责任的前提。缺陷是一个具有特定法律涵义的概念,原则上是指产品存在的不合理的危险

① 梁慧星:《民法学说与立法研究》,中国政法大学出版社,1993年版,第137～138页。

性。它与产品瑕疵不同，产品瑕疵是指产品本身交易价值的低落状态，其本身尚不足以造成他人人身伤害或其他财产损害。狭义地说，瑕疵是指一般性的质量问题，如产品的外观、使用性能等方面。但是广义地说，产品不符合其应该具有的质量要求，即构成瑕疵。产品存在瑕疵，生产者和销售者仅仅承担产品瑕疵担保责任，而产品存在缺陷，生产者和销售者则要承担侵权责任。

根据我国《产品质量法》第 46 条的规定，产品缺陷是指："产品存在危及人身、他人财产安全的不合理的危险；产品有保障人体健康和人身、财产安全的国家标准、行业标准的，是指不符合该标准。"判断产品是否存在缺陷的依据有两个标准：

第一，产品是否存在着危及人身、财产安全的不合理危险。缺陷应当是不合理的危险，如果是合理危险，例如当时的科学技术水平还无法检验出来产品存在对人身、财产有损害的危险等，则不构成产品缺陷。

第二，产品是否符合保障人体健康、人身财产安全的国家标准、行业标准。这也是衡量产品是否存在缺陷的标准之一。但我们应当注意的是，符合规定标准的产品不一定不存在缺陷。"产品质量标准是国家根据现代科技发展状况、产品设计和加工水平等多种因素指定的，而不以产品无危险性或具有安全性为唯一标准。实践中可能出现虽然符合某种质量标准却具有危险性的情况。"[①]在实践中，某一强制性标准可能并不包含产品的全部安全性指标，尤其是对新产品而言更是如此。如果对一个具有不合理危险的产品，仅仅因其符合国家或行业标准而不追究责任者的损害赔偿责任，这对受害者来说是不公平的。[②] 所以，符合强制性标准的产品应同时符合不合理危险标准，而违反任何一项标准均可认定其具有缺陷。

关于缺陷的种类，我国《产品质量法》并没有对它作出规定。产品的缺陷可以按照不同的标准分类，依据形成的时间不同，可以分为产品投入流通前形成的缺陷和投入流通后形成的缺陷；按照缺陷的隐藏程度不同，可以分为当时科学上不能发现的缺陷和能发现的缺陷；依照缺陷产生的原因不同，分为设计性缺陷、制造性缺陷、警示性缺陷和开发缺陷。

---

① 王利明：《民法·侵权行为法》，中国政法大学出版社，1994 年，第 477 页。

② 朱克鹏、田卫红：《论我国产品责任的构成要件及其完善》，《深圳大学学报》，1995 年第 2 期，第 27～32 页。

案例：

原告陆某为装修新买的房屋先后向恒成装饰材料门市部购买了138.27平方米的水曲柳实木地板，购买价人民币8 711元。装修竣工后不久，陆某发现室内飞虫不断，越来越多，影响正常生活。原告称，飞虫系地板中所长出，显然地板质量不合格，故要求将已铺设使用的地板退货，并由被告承担赔偿责任。

本案的审理过程中，有两种意见：一种意见认为，地板铺设后出现飞虫是质量瑕疵，属于没有按照合同约定交付合格的货物，是违约行为。另一种意见认为，地板出现飞虫，不仅是质量瑕疵，而且是产品缺陷，属于产品责任，原告可以选择诉讼。

分析：

我国《产品质量法》第46条规定，产品缺陷是指产品存在危及人身、他人财产安全的不合理的危险；产品有保障人体健康和人身、财产安全的国家标准、行业标准的，是指不符合该标准。产品质量与合同责任的“质量”要求是不同的。我国关于“缺陷”的理解应是“不合理的危险”与“不符合标准”。所称缺陷，是指产品存在危及人身、他人财产安全的不合理的危险；产品有保障人体健康和人身、财产安全的国家标准、行业标准的，是指不符合该标准。本案地板出飞虫是否属于缺陷产品，主要应考量地板铺设后使用中出现飞虫是否为“不合理的危险”或不符合《产品质量法》规定的相关标准。一般认为，不合理的危险下产品缺陷包括：产品设计、制造上存在不合理危险；产品未给予适当的警告或指示，使得产品存在不合理危险；产品不符合销售者的明示担保，使得产品存在不合理危险。案中地板属于木制品，是由木材制作的，树木在生长过程中生有虫子，是合理的情况，是一般的常识；但树木加工成木材，制成地板，就要求加工过程须采用必要的技术，杀死木材中的活虫及虫卵，使得地板能够符合其本身的用途，不致产生安全隐患。本案中虫蛀地板的断裂可能性就存在伤人毁物的可能性，飞虫乱飞就会造成居住环境破坏、人体健康的危险性，所以，虽然木材生虫是可能、合理的，但是地板进入流通时仍然存在虫患，就存在不合理的危险了，不符合地板的有关的标准。因而在地板铺设后出现虫子、虫蛀，应属于产品缺陷。

3.缺陷造成了损害

产品缺陷责任的产生以受害人遭受了人身、财产损害为前提。如果没有损害事实，或者仅仅造成缺陷产品本身的损害，均不构成产品责任，这里的损害包括人身损害和财产的损失。

4.产品缺陷和损害之间有因果关系

因果关系是客观事物之间前因后果的关联性。产品缺陷与损害事实之间的因果关系，是指产品的缺陷与受害人的损害事实之间的引起与被引起的关系。其中，产品缺陷是原因，损害事实是结果。与一般侵权行为的不同在于，一般侵权行为中的损害后果往往是由于某种具体的行为所引起的，而产品责任中损害后果则是由于产品缺陷所引起的，其中并不存在着某一个具体的侵权行为。

确定产品责任中的因果关系是一个非常棘手的问题。一般认为，只要产品缺陷与损害事实之间存在着相当的因果关系就可以认定为它们之间具有因果关系，也就是说产品缺陷依照一般的观念足以认定它是造成损害的原因，而损害是产品缺陷可能导致的后果即可。因此，产品责任的受害人证明因果关系时，不必证明产品缺陷是其损害发生的唯一原因或直接原因，通常只要证明产品缺陷是损害发生的实质原因，即该缺陷足以引起这种损害的发生，法律上的因果关系即告成立。在此："因果关系是一个事实问题，如果没有某一个缺陷就没有损害发生，那么该缺陷就是损害的原因；如果不论是否有缺陷，损害都会发生，那么该缺陷就不是损害的原因。"[①]此外，需要注意的是，产品缺陷致人损害总是以使用行为或消费行为或者其他种种行为为中介的，生产者或销售者并不能以此而主张免责。例如《斯特拉斯堡公约》第 5 条第 2 款明确规定，如果损害是由产品的缺陷和第三人的作为或不作为造成，则不能减轻生产者的责任。

(四)产品责任的免除

生产者或销售者根据严格责任原则应承担产品责任，但是，严格责任并不等于绝对责任。按照严格责任的理论，生产者只要能证明法律规定的免责事由，进行有效抗辩，就可以免除生产者的赔偿责任。根据我国《产品质量法》第 41 条的规定，生产者能够证明以下情况之一的，不承担赔偿责任：

1.生产者未将产品投入流通的。"未将产品投入流通"是指生产者生产的产品未出厂、销售。也就是说，具有缺陷的产品尚未出厂、销售，发生了损害，不适用《产品质量法》的规定。

2.产品投入流通时引起损害的缺陷尚不存在的。这项免责条件是指产品在出厂、销售时，不存在产品缺陷。产品缺陷是在生产者脱离对产品的控制以后，在流通领域或者消费过程等其他环节中，由其他人造成的。

① 海维特：《产品责任法概述》，中国标准出版社 1991 年版，第 76 页。

3.将产品投入流通时的科学技术水平尚不能发现缺陷的存在的。根据发展风险理论的观点,认为科学技术在不断发展之中,特别是当今的科学技术,可谓日新月异,以前的科学技术认为无缺陷的,经过一段时间后可能会被认为是有缺陷的,对于这种缺陷已经造成的损失,是人类生产或社会进步必须要的代价,它不能由生产者承担,而应当由社会分担。因此如果按照产品被投入流通时的科学技术水平,产品的缺陷是未知的或不可知悉的,此时受害者不能以依照进步了的技术发现产品有缺陷为理由,来要求生产者对该缺陷造成的损害赔偿损失。发展风险理论对于保护生产者的利益,促进产业的发展,十分有益。然而这种理论对于消费者而言则又显得不公。因此,法律对于发展风险又必须进行必要的限制。一般而言,法律上的控制主要表现在两个方面:生产者的补救义务和召回制度的建立。

需要注意的是,判定生产者是否知道或者应当知道产品投入流通时存在不存在产品缺陷,并不是依据生产者所掌握的科学技术为依据,而是以当时社会所具有的科学技术水平为依据。只有当时社会的科技水平尚不能发现产品缺陷的时候,才能免除生产者的侵权赔偿责任。

上述生产者的免责条件,也同样适用于销售者。另外,被害人对有缺陷产品造成损害扩大负有过错的,可以适当减轻被告人的赔偿责任。

案例:

1998年春节前,李某将家里装扮一新,接来老人,准备欢欢乐乐过个年。除夕晚上,李某点燃刚从单位拿回的卡式炉,正打算露一手,谁知"轰"一声,卡式炉爆炸了,老人被炸伤,李某的右手也被炸裂。事后,李某找到有关部门,有关部门对此进行了调查。原来该型号卡式炉是某市一家电器公司的新产品,出事前几天送到李某单位(电子产品检测所)请求测试,李某认为该电器公司产品质量一直不错,于是就顺手拿回一台,准备春节使用,谁想竟发生了此事。

法律问题:

若李某起诉卡式炉制造公司(即某市电器公司)能否胜诉?哪些情况可以不负产品质量责任?

分析:

《产品质量法》第41条第2款规定:"生产者能够证明有下列情况之一的,不承担责任:(一)未将产品投入流通;(二)产品投入流通时引起损害的缺陷尚不存在;(三)将产品投入流通时的科学技术水平尚不能发现缺陷的存在的。"本案中产品尚未投入流通,因此生产者不承担赔偿责任。李某自己有过错,责任应自负。

(五)赔偿方式和赔偿标准

1. 造成人身伤害的。因产品存在缺陷造成受害人人身伤害的,侵害人应当赔偿医疗费、治疗期间的护理费、因误工减少的收入等费用;造成残疾的,还应当支付残疾者生活自助具费、生活补助费、残疾赔偿金以及由其扶养的人所必需的生活费等费用;造成受害人死亡的,并应当支付丧葬费、死亡赔偿金以及由死者生前扶养的人所必需的生活费等费用。

2. 造成财产损失的。因产品存在缺陷造成受害人财产损失的,侵害人应当恢复原状或者折价赔偿。受害人因此遭受其他重大损失的,侵害人应当赔偿损失。

3. 关于对受害人由此受到的精神损害的赔偿问题。至于精神损害赔偿是否应当列入产品责任的赔偿范围,对此学者有不同意见。① 我国《产品质量法》中虽没有精神损害赔偿的明确立法规定,但是最高人民法院于 2001 年 3 月 8 日以法释[2001]7 号《关于确定民事侵权精神损害赔偿责任若干问题的解释》的司法解释形式对精神损害赔偿予以认可。在司法实践上,我国不少法院也支持了产品责任赔偿范围包括精神损害赔偿观点。②

---

① 如张新宝教授认为"虽然法律没有指明何为'其他重大损失',但从逻辑结构分析,它显然不是指生命、健康方面的损害,也不是指财产损失。……'其他重大损失'应当是指人格方面的损害以及由此产生的精神损害"。[2006 年 7 月 20 日下载于中国民商法律网"法学教室"栏目之"产品责任(上)"]也有的学者认为,精神损害赔偿不应当是产品责任的赔偿范围,原因在于产品侵权责任与例如诽谤的引起的人格权侵权责任不同,对后者要求精神损害赔偿是恰当的,而产品责任的核心目的仍然在于给予受害人之物质损失的救济。(吴越:《消费者保护与产品责任法的完善》,2006 年 7 月 20 下载于 http://business.sohu.com/20050405/n225031488.shtml)

② 北京市海淀区人民法院于 1997 年 3 月 15 日判决了我国第一起因产品缺陷造成的精神损害赔偿案,即贾国宇人身损害赔偿案,以审判实践对精神损害赔偿作出了肯定的回答。在该案件的判决中法院指出:"根据《民法通则》第 119 条规定的原则和司法实践掌握的标准,实际损失除物质方面外,还包括精神损失,即实际存在的无形的精神压力和痛苦。本案原告在事故发生时尚未成年,身心发育正常,烧伤造成的片状疤痕对其容貌产生了明显影响,并使之劳动能力部分受限,严重地妨碍了她的学习、生活和健康,除肉体痛苦外,无可置疑地给其精神造成了伴随终身的遗憾和伤痛,必须给予抚慰和补偿。精神损害赔偿 65 万元的诉讼请求明显过高,其过高部分不予支持。"最后判决被告赔偿原告贾国宇精神损失赔偿金 10 万元,总计判赔 273 257.83 元。(资料来源:《中华人民共和国最高人民法院公报》,1997 年第 2 期,第 68~70 页。)

（六）生产者和销售者的连带责任

为便于用户、消费者行使权利，《产品质量法》规定了生产者和销售者之间的连带责任，该法第 43 条规定："因产品存在缺陷造成人身、他人财产损害的，受害人可以向产品的生产者要求赔偿，也可以向产品的销售者要求赔偿。"

至于销售者与生产者之间的责任分配，《产品质量法》有明确规定：属于产品生产者的责任，产品的销售者赔偿后，有权向产品的生产者追偿；属于产品销售者的责任，产品的生产者赔偿后，有权向产品的销售者追偿。

关于销售者与生产者之间的责任归属，根据该法第 42 条第 1 款的规定，如果产品缺陷是由销售者的过错所致，比如，销售商因保管不善致食品受病菌污染，则应由销售者承担责任。因此，在销售者向生产者追偿的情况下，生产者如果不能证明销售者因过错使产品存在缺陷的事实，又不能证明第 41 条第 2 款规定的免责事由的存在，则应当承担责任。

根据该法第 42 条第 2 款的规定，在销售者不能指明缺陷产品的生产者或供货者的情况下，只能由其自行承担责任。

案例[①]：

1995 年 7 月 10 日，姚某从个体户杨某的杂货店购买了 4 瓶"海鸥"牌啤酒。回到家中，姚某弯腰把啤酒放在地上，刚将啤酒放下未起身，其中的 1 瓶啤酒突然发生爆炸，弹起的瓶盖将姚某的眼睛打伤，四处乱飞的玻璃片将姚某的脸、胳膊、腿多处划伤，鲜血直流。其他 3 瓶啤酒也被爆炸的那瓶啤酒冲倒摔碎。姚某住院治疗花去 3 000 多元，于是要求杨某赔偿其全部医疗费及误工费、营养费。杨某认为啤酒爆炸伤人不应由他负责，而应由啤酒生产厂家负责。后来经有关部门进行鉴定得出如下结论：啤酒爆炸是由于瓶内压力严重超过规定标准所致，责任完全在于啤酒生产厂家。于是姚某向人民法院起诉，要求个体户杨某和啤酒生产厂家赔偿他因啤酒爆炸所遭受的一切损失。而杨某则认为啤酒爆炸完全是由于啤酒生产厂家的原因造成的，自己不应承担赔偿责任。

法律问题：

生产者和销售者如何分担产品质量责任？

分析：

本案中，造成啤酒爆炸的原因是由于瓶内啤酒压力严重超过规定的标准，啤酒生产厂家应当承担产品质量责任。我国《民法通则》第122条规定：

① 陈光中：《案例精析 300 题详解》，中华工商联合出版社，1999 年版，第 180 页。

"因产品质量不合格造成他人财产、人身损害的,产品制造者、销售者应当承担民事责任。"《产品质量法》第 14 条对生产者的产品质量责任也作出了明确的规定。啤酒生产厂家生产的啤酒本来就存在着危及人身、财产安全的危险,没有达到产品质量要求。《产品质量法》第 29 条规定:"因产品存在缺陷造成人身、缺陷产品以外的其他财产损害的,生产者应当承担赔偿责任。"本案中,个体户杨某也应承担赔偿责任。《产品质量法》第 28 条规定:"售出的产品有下列情形之一的,销售者应当负责修理、更换、退货;给购买者造成损失的,销售者应当赔偿损失:①不具备产品应当具备的使用性能而事先未做说明的;②不符合不符合在产品或者包装上注明采用的产品标准的;③不符合以产品说明、实物样品等方式表明的质量状况的。"本案中,个体户杨某销售的"海鸥"牌啤酒存在着严重缺陷,因此杨某应当承担赔偿姚某遭受的损失的责任。但杨某在赔偿姚某损失后,有权向产品生产厂家追偿。

(七)产品责任的时效

1. 诉讼时效

《产品质量法》第 45 条第 1 款规定,因产品存在缺陷造成损害要求赔偿的诉讼时效期间为 2 年,自当事人知道或者应当知道其权益受到损害时起计算。超过两年,受害人即丧失胜诉权。《民法通则》第 136 条规定,下列诉讼时效期间为一年:(1)身体受到伤害要求赔偿的;(2)出售质量不合格的商品未声明的;(3)延付或者拒付租金的;(4)寄存财物被丢失或者损毁的。《产品质量法》的规定与之并不矛盾,因为它是对因产品缺陷造成损害的特殊侵权行为的诉讼时效的规定。《食品管理法》、《药品管理法》对有关产品责任诉讼时效规定是 1 年,在这里应当适用"后法优于前法的原则",适用两年的诉讼时效。

2. 请求权期间

为体现民法的公平原则,平衡产品的生产者和消费者的利益,《产品质量法》第 45 条第 2 款规定,因产品存在缺陷造成损害要求赔偿的请求权,在造成损害的缺陷产品交付最初消费者满 10 年丧失;但是,尚未超过明示的安全使用期的除外。

三、产品质量行政责任

(一)产品质量行政责任的概念和特征

产品质量行政责任,是指违反《产品质量法》的单位或者个人所应该承担的行政法律后果。产品质量行政责任具有以下特征:(1)产品质量行政责任是产品质量法律关系主体违反了关于产品质量方面的行政义务而承担的行政制裁，其法律规范属于行政法学的范畴。(2)产品质量的违法行为，尚未超出产品质量法律法规所规定的违法限度，未构成犯罪的，因而适用行政制裁。(3)产品质量行政责任主要调整非平等主体之间的法律关系，体现了制裁性或惩罚性，具有强制实施的威慑力量。

(二)产品质量行政责任的种类及罚则

1.生产、销售不符合保障人体健康和人身、财产安全的国家标准、行业标准的产品的，责令停止生产、销售，没收违法生产、销售的产品，并处违法生产、销售产品(包括已售出和未售出)货值金额等值以上、3倍以下的罚款；有违法所得的，并处没收违法所得；情节严重的，吊销营业执照。

2.在产品中掺杂、掺假，以假充真，以次充好，或者以不合格产品冒充合格产品的，责令停止生产、销售，没收违法生产、销售的产品，并处违法生产、销售产品货值金额50%以上、3倍以下的罚款；有违法所得的，并处没收违法所得；情节严重的，吊销营业执照。

3.生产销售国家明令淘汰并停止销售的产品的，责令停止生产、销售，没收违法生产、销售的产品和违法所得，并处罚款；情节严重的，吊销营业执照。

4.销售失效、变质产品的，责令停止销售，没收违法销售的产品和违法所得，并处以罚款；情节严重的，吊销营业执照。

5.伪造产品产地的，伪造或者冒用他人厂名、厂址的，伪造或者冒用认证标志的，责令改正，没收违法生产、销售的产品和违法所得，并处罚款；情节严重的，吊销营业执照。

6.产品标识不符合《产品质量法》第27条规定的，责令改正；有包装的产品标识不符合《产品质量法》第27条第(4)项、第(5)项规定，情节严重的，责令停止生产、销售，并处违法生产、销售产品货值金额30%以下的罚款；有违法所得的，并处没收违法所得。

7.拒绝接受依法进行的产品质量监督检查的，给予警告，责令改正；拒不改正的，责令停业整顿；情节特别严重的，吊销营业执照。

8.产品质量检验机构、认证机构伪造检验结果或者出具虚假证明的，责令改正，对单位及直接负责的主管人员、其他直接责任人员处以罚款；有违法所得的，没收违法所得；情节严重的，取消其检验资格、认证资格。

产品质量检验机构、认证机构出具的检验结果或者证明不实，造成损失的，应当承担相应的赔偿责任；造成重大损失的，撤销其检验资格、认证资格。

产品质量认证机构违反规定，对不符合认证标准而使用认证标志的产品，未依法要求其改正或者取消其使用认证标志资格的，对因产品不符合认证标准给消费者造成的损失，与产品的生产者、销售者承担连带责任，情节严重的撤销其认证资格。

9. 对生产者专门用于生产《产品质量法》第 49 条、第 50 条所列的产品或者以假充真的产品的原辅材料、包装物、生产工具，应当予以没收。

10. 知道或者应当知道属于《产品质量法》规定禁止生产、销售的产品而为其提供运输、保管、仓储等便利条件的，或者为以假充真的产品提供制假生产技术的，没收全部收入，并处罚款。

11. 服务业的经营者将《产品质量法》第 49 条至第 52 条规定禁止销售的产品用于经营性服务的，责令停止使用；对知道或者应当知道所使用的产品属于《产品质量法》规定禁止销售的产品的，依法给予处罚。

12. 隐匿、转移、变卖、损毁被产品质量监督部门或者工商行政管理部门查封、扣押的物品的，处以罚款并没收违法所得。

13. 各级人民政府工作人员和其他国家机关工作人员有下列情形之一的，依法给予行政处分：第一，包庇、放纵产品生产、销售中违反《产品质量法》规定行为的；第二，向从事违反《产品质量法》规定的生产、销售活动的当事人通风报信，帮助其逃避查处的；第三，阻挠、干预产品质量监督部门或者工商行政管理部门依法对产品生产、销售中违反《产品质量法》规定的行为进行查处，造成严重后果的。

14. 产品质量监督部门在产品质量监督抽查中超过规定的数量索取样品或者向被检查人收取检验费用的，由上级产品质量监督部门或者检察机关责令退还；情节严重的，对直接负责的主管人员和其他直接责任人员依法给予行政处分。

15. 产品质量监督部门、产品质量检验机构或者其他国家机关违反规定，向社会推荐生产者的产品或者以监制、监销等方式参与产品经营活动的，责令改正，消除影响，没收违法收入并处罚款；情节严重的，对直接负责的主管人员和其他直接责任人员给予行政处分、撤销其质量检验资格。

16. 产品质量监督部门或者工商行政管理部门的工作人员滥用职权、玩忽职守、徇私舞弊，尚不构成犯罪的，给予行政处分。

17. 拒绝、阻碍产品质量监督部门或者工商行政管理部门的工作人员依法执行职务，未使用暴力的，由公安机关依照《治安管理处罚条例》的规定处罚。

四、产品质量刑事责任

产品质量刑事责任，是指违反《产品质量法》，情节严重，构成犯罪的行为人所应承担的刑事法律后果。我国《产品质量法》规定的可以依法追究刑事责任的产品质量犯罪行为有：

1. 生产、销售不符合保障人体健康和人身、财产安全的国家标准、行业标准的产品，情节严重的；

2. 在产品中掺杂、掺假，以假充真，以次充好，或者以不合格产品冒充合格产品，情节严重的；

3. 销售失效、变质的产品，情节严重的；

4. 产品质量检验机构、认证机构伪造检验结果或者出具虚假证明的；

5. 知道或者应当知道属于本法规定禁止生产、销售的产品而为其提供运输、保管、仓储等便利条件，或者为以假充真的产品提供制假生产技术的；

6. 各级人民政府工作人员和其他国家机关工作人员包庇、放纵产品生产、销售中违反本法规定行为的；向从事违反本法规定的生产、销售活动的当事人通风报信，帮助其逃避查处的；阻碍、干扰产品质量监督部门或者工商行政管理部门依法对产品生产、销售中违反本法规定的行为进行查处，造成严重后果的；

7. 产品质量监督部门或者工商行政管理部门的工作人员滥用职权、玩忽职守、徇私舞弊的；

8. 以暴力、威胁方法阻碍产品质量监督部门或者工商行政部门的工作人员依法执行职务的。

本章提要

产品质量法是调整产品质量监督管理关系和产品质量责任关系的法律规范的总称。产品是指经过加工、制作用于销售的产品。

我国产品质量的监督管理制度包括：企业质量体系认证制度、产品质量认证制度、标准化管理制度、工业产品生产许可证制度、产品质量检验管理制度、产品质量监督抽查制度和产品质量状况信息发布制度等。

生产者的产品质量义务主要有：保证产品合格；包装及产品标识齐全；不得生产国家明令淘汰的产品；不得伪造产地；不得伪造或者冒用他

人的厂名、厂址；不得伪造或者冒用认证标志、名优标志等质量标志；不得掺杂、掺假；不得以假充真、以次充好；不得以不合格产品冒充合格产品等义务。销售者的产品质量义务主要有：进货验收义务；保持产品质量义务；有关产品标识的义务；不得违反禁止性规范等义务。产品生产者和销售者承担责任的形式包括：产品瑕疵责任责任、产品责任、行政责任和刑事责任。

产品责任的构成要件是：行为主体是产品生产者、销售者以及其他对产品质量负有直接责任的人；产品存在缺陷；存在损害事实；产品缺陷和损害事实之间有因果关系。

复习思考题

1. 我国现行《产品质量法》对“产品”范围的界定是否准确和合适？
2. 简述产品责任的构成要件。
3. 试述生产者、销售者的产品质量责任和义务。
4. 什么是产品缺陷？产品的缺陷可分为几种类型？
5. 生产者对其生产的产品品质且应当达到什么要求？
6. 试论产品责任的赔偿范围。
7. 产品责任及承担产品责任的原则是什么？
8. 产品出现质量缺陷，哪些情况下生产者可以不承担赔偿责任？
9. 简述我国现行产品质量监督管理的主要制度。

第六章
消费者权益保护法

学习目的

■ 掌握消费者的含义、特征,经营者的概念、特征。
■ 了解消费者享有的权利以及经营者应承担的义务。
■ 了解消费者问题以及《消费者权益保护法》的产生和发展历史,以及消费者权益争议的解决途径,违反《消费者权益保护法》的行为应当承担的法律责任。

第一节 消费者权益保护法概述

一、消费者、消费者权益和消费者权益保护法的概念

(一)消费者的概念和特征

1. 消费者的概念

准确地把握和理解消费者的定义,必须首先明确什么是消费。消费作为社会再生产的一个重要环节,通常是指人们消耗物质资料以满足物质和文化生活需要的过程。从经济学的角度来看,消费包括生产消费和生活消费。前者是以物质资料的生产为目的,作为生产过程之必需的劳动力和生产资料的

消费；后者则是以劳动力的再生产为目的，作为人的生存和发展之必需的生活资料的消费，即生活消费，即社会成员为了满足个人物质和文化生活需要而消费各种物质资料和劳务的过程或行为。在提倡“消费者主权”和基本人权的今天，生活消费作为人类的基本需要，自然成为法律必须加以规制的重要领域。可以这么说，原则上消费者权益保护法所称的“消费”是指不再用于生产的情形下的“最终的消费”[①]，即生活消费。它包括：①为维持人们生存所必需的食品、药品、服装、日用品以及居住条件等物质资料消费；②为进一步丰富物质生活和精神生活需要的各种消费；③为促使人们体智全面发展而需要消费的各种资料，如文体用品以及家用电子计算机等。

所谓消费者，国际标准化组织“消费者政策委员会”1978 年 5 月 10 日在日内瓦召开的第一届年会上把“消费者”定义为“以个人消费为目的，具有购买、使用商品和服务性质的个体公民”。我国在这一定义的影响下，在 1985 年 6 月颁布的《消费品使用说明总则》中首次规定了“消费者”是“为满足个人或家庭的生活需要而购买、使用商品或服务的个体社会成员”。我国 1994 年 1 月 1 日正式施行的《消费者权益保护法》并未直接明确消费者的定义，但该法第 2 条规定：“消费者为生活消费需要购买、使用商品或者接受服务，其权益受本法保护；本法未作规定的，受其他有关法律、法规保护。”也就是说《消费者权益保护法》中所涉及的“消费者”，主要是指生活资料的消费者，在特殊情况下也包括生产资料的消费者，如农民的生产性消费活动等。

2. 消费者的特征

(1)消费者是购买、使用商品或接受服务的居民，为了生活需要而购买商品或接受服务的人。因此，任何社会组织、团体、单位均应排除在“消费者”概念之外。只有分散的、单个的自然人，才需要特殊保护；而个体社会成员只有在为个人生活目的进行消费活动时，才被视为《消费者权益保护法》上的消费者。这与国际上的通说是一致的。另外，消费者还包括使用他人购买的商品或接受由他人支付费用的服务的人。

(2)消费者消费的客体包括商品和服务。《消费者权益保护法》所规定的消费行为的客体，是指用于生活消费的那部分商品和服务。这里应当指出两点：一是商品和服务必须是合法的经营者在法律规定的商品和服务范围之内，法律禁止购买、使用的商品和禁止接受的服务，不属于《消费者权益保护法》规定的商品和服务；二是必须是消费者通过公开的市场交易而购买使用的商品

① 张严方：《消费者保护法研究》，法律出版社，2003 年版，第 108 页。

或接受的服务，如果是私下的交易，即使是为生活消费而购买使用商品或接受服务，也不能作为“消费者”而受到《消费者权益保护法》的保护。我国《工商行政管理机关受理消费者申诉暂行办法》和各消费者协会《受理消费者投诉暂行规定》就将“消费者无法证实自己权益受到侵害的申诉”和“个人之间私下交易商品的投诉”排除在受理申诉和投诉的范围之外。

(3)消费者的消费方式包括购买、使用(商品)和接受(服务)。这些消费方式一般是通过支付等同于商品、服务价格的货币而实现的，同时还可以通过提供其他形式的代价(如劳力、提供便利条件等)来实现消费目的，至于不支付任何代价而由经营者赠与的商品或服务，也属于受《消费者权益保护法》保护的消费方式。

(4)消费者的消费是生活性消费。任何人只有在其进行消费活动时才是消费者。其目的是满足个人或家庭生活需要，而不是为了生产经营的需要。

案例[①]：

2003年4月13日，自称为川内著名专业打假人士的刘某在成都某知名食品销售公司第57分场见其出售的标识为中国贵州茅台酒厂有限责任公司保健食品“茅台不老酒”。酒的外包装的“说明书”和“合格证”上未标明该保健食品的保健作用、适宜人群及有关注意事项，知道这不符合卫生部颁发的《保健食品管理办法》的要求，便购买了一盒，售价259元。购买后未饮用。后向法院起诉称该酒标签和说明书上内容违反规定，依卫生部卫法监发(1999)第579号文件的精神，属不合格产品，系欺诈消费者行为，侵犯了其依《消费者权益保护法》规定所享有的知悉权，诉请法院依《消费者权益保护法》第19条判决被告退还货款，自愿放弃双倍赔偿，并要被告在新闻媒介上公开向其赔礼道歉。

法律问题：

刘某是不是《消费者权益保护法》中所称的消费者？其主张能否得到法院的支持？

分析：

《消费者权益保护法》保护的消费者是为生活消费需要购买、使用商品或接受服务的人，其购买、使用商品的目的是为了生活消费需要，他看重的是商品本身的使用价值。而知假买假者购买商品的目的是为了营利，他并不看重

① 2006年8月10日下载于 http://www.hicourt.gov.cn/theory/artilce_list.asp?id=1713&l_class=1

商品本身的使用价值，主要是通过购买商品索赔。一般来说，在买卖关系中，消费者总是处在弱者的地位，而知假买假者则不同，他们在购买前利用已知的知识和技能，了解经营者出售的商品的真实情况，有时他们在某些方面的知识比经营者还要多，因而在买卖关系中并不处于弱者地位。而《消费者权益保护法》正是基于消费者在与经营者的买卖关系中处于相对弱势，为保护消费者的合法权益不受侵害而制定的。所以知假买假者不应认定是消费者。就本案例而言，刘某购买"茅台不老酒"的目的不是为了生活消费需要，而是为了索赔或监督，因此其不是《消费者权益保护法》中所称的消费者，当然不能用该法来调整此纠纷。

（二）消费者权益的概念

消费者权益，是指消费者依法享有的权利及该权利受到保护时而给消费者带来的应得利益。因此，消费者权益可理解为消费者的权利与利益的合称。其核心是消费者的权利，并且，在广义上，消费者的权利已包含了消费者的利益，前者的有效实现是后者从应然状态转化为实然状态的前提和基础。① 其主要特征为：

1. 权利的享有主体是消费者，即一个社会个体成员，只要是在消费的情况下，以消费者的身份购买、使用商品或者接受服务时即享有消费者的此类权利。

2. 消费者的权利是消费者可以实施某种行为的可能性。这就是说消费者的权利可以表现为其有权自己决定作出一定的行为，也可以表现为其有权要求他人作出一定的行为。前者如消费者在不违反法律规定前提条件下，对商品和服务有权进行比较、鉴别和挑选；后者如消费者有权要求经营者对所提供的商品和服务作出真实的、明确的说明。

3. 消费者权利是消费者所享有的法定权利。一般情况下，根据权利产生的依据不同，可以将权利分为法定权利和约定权利。前者是由法律直接规定而产生的，如选举权、诉权等。后者是由当事人依法约定产生的，如合同当事人所享有的各项权利等。消费者的权利是法定权利，作为法定的权利，具有强制性，任何人都不得剥夺，经营者以任何方式剥夺消费者的权利的行为都是无效的。

4. 消费者的权利是法律基于消费者的弱者地位而特别赋予的权利。我国

① 马民英、赵际红：《经济法学》，山西人民出版社，2002 年版，第 304 页。

《消费者权益保护法》上所规定的消费者的权利，正是为了充分保护消费者的利益，基于其弱者地位而特别赋予的权利。如《消费者权益保护法》第49条关于惩罚性赔偿金制度在该法中的规定，充分说明了消费者在购买、使用商品和接受服务的消费活动中处于被动的弱者地位，其在受到侵害以后往往因为力量薄弱而很难实现求偿权。从立法上规定惩罚性赔偿金制度，实际上是国家对消费者所采取的一种特殊的保护措施。

(三)消费者权益保护法的概念

消费者权益保护法是指旨在保护消费者的各项基本权利，不使消费者因购买或使用商品或者接受服务而遭受损害的各项法律规范的总称。可分为广义和狭义两种。狭义的保护消费者权益的法律，一般特指《消费者权益保护法》；广义的保护消费者权益的法律，通常泛指与保护消费者合法权益有关的法律、法规的总称，其内容包括物价、质量、标准、计量、安全、商标、广告以及化工、食品、药品等方面的法律、法规中有关保护消费者合法权利的规定。

我国自改革开放以来，保护消费者权益问题日渐得到重视，并陆续出台了一批地方性法规。1993年10月31日，第八届全国人民代表大会第四次会议通过了《中华人民共和国消费者权益保护法》，自1994年1月1日起施行。这是我国制定的第一部保护消费者权益的专门法律。

二、《消费者权益保护法》的基本原则

(一)国家保护原则

我国《消费者权益保护法》第5条规定：国家保护消费者的合法权益不受侵害。国家采取措施，保障消费者依法行使权利，维护消费者的合法权益。在经济生活中，由于各种原因，个体消费者的合法权益极易受到不法侵害，却没有足够的力量充分保护自己；这种侵害不仅对于消费者自身，而且对国家经济民主的维持、对社会经济整体的有效运行、对社会秩序的稳定都有极大的危害。为了校正这种情况，以国家为核心的公权力必须主动介入到微观经济层面，站在消费者一边，通过保护消费者的合法权益，去规范和控制不法经营者的行为，达到经济协调、社会稳定的目标。

自美国总统肯尼迪提出消费者的基本权利，并在政府设立专门机构(联邦贸易委员会消费者保护司)以后，各国政府相继把消费者权利的保护纳入了政府行政工作的范畴。联合国1985年通过的《保护消费者准则》中也明确规定："各国政府应当拟订、加强或保持有力的保护消费者的政策措施，以确保消费者的健康和安全不受危害；促进和保护消费者的经济利益；……各国政府应当

提供和维护适当的监测机构,以便拟订、执行和监测保护消费者的政策。”

（二）全社会保护原则

我国《消费者权益保护法》第 6 条规定:保护消费者的合法权益是全社会的共同责任。国家鼓励、支持一切组织和个人对损害消费者合法权益的行为进行社会监督。大众传播媒介应当做好维护消费者合法权益的宣传,对损害消费者合法权益的行为进行舆论监督。全社会保护原则的实质,就是在国家保护的基础上将对消费者权益的保护扩大到全社会范围,动用一切社会力量,对经营者及其他可能或实际侵害消费者的行为进行预防、控制、规范和监督。

社会保护原则的具体体现为社会力量的监督作用。所谓社会力量的监督,是指除拥有强制力的国家以外的在社会生活中实际存在的组织和个人的监督,它包括消费者的监督、消费者组织的监督、大众传媒机构的监督以及一切与消费者权益有关的企业、事业单位、社会团体的监督。

（三）法律保护与经济发展水平相适应原则

各国在不同时期,由于物质经济条件的局限,对消费者权益进行国家保护和社会保护的法律原则的贯彻并非是绝对的、无条件的,而是应与经济发展水平相协调。我国是一个发展中国家,法制建设、公民意识、商业道德、管理和技术水平都有待提高和发展。因此,对消费者权益的保护不能完全按照良好的愿望进行。正如马克思所说的,任何权利都不能超过社会的经济结构和经济结构制约下的文化发展。过度的保护不仅不能促进经济的协调运行,反而会抑制、甚至侵害了与消费者相对应的经营者的合法权益。这就构成了《消费者权益保护法》的适度原则,即法律保护与经济发展水平相适应原则。

适度保护主要体现在对经营者责任的认定和对消费者损害赔偿的额度规定两个方面。我国《消费者权益保护法》对经营者的责任认定基本上采用以过错责任制度为主的归责原则;在消费者损害赔偿制度中,除了经营者欺诈行为造成消费者的损失应当加大赔偿额以外,基本以赔偿物质损失为主,而对精神损失的赔偿则持慎重态度。

三、《消费者权益保护法》的适用对象

我国《消费者权益保护法》规定:消费者为生活消费需要购买、使用商品或者接受服务,其权益受本法保护。这就明确了该法适用于消费者为生活消费需要购买、使用商品或者接受服务的情况。

1. 消费者为生活消费需要购买、使用商品或者接受服务的,适用《消费者权益保护法》。

2.农民购买、使用直接用于农业生产的生产资料时，参照《消费者权益保护法》执行。

3.经营者为消费者提供其生产、销售的商品或者提供的服务，适用于《消费者权益保护法》。

案例[①]：

2003年6月20日上午，杨某的父母及妻子万某等人乘坐某出租汽车服务有限公司出租车驾驶员陆某所驾的轿车。车辆转弯时，因左前轮爆裂，致使方向突然左偏，与相向行驶的一辆大客车相撞，出租车司机陆某和杨某的父母及妻子万某4人当场死亡，其他人受伤。事故发生后，交警立即赴现场勘查，经调查取证后认为，该起事故无法确认何方责任。协商未果，受害人的亲属杨某等人向法院提起诉讼。

法律问题：

本案的受害人的亲属可否依据《消费者权益保护法》向出租汽车服务有限公司提出赔偿请求？

分析：

原告的父母及妻子乘坐被告营运的出租汽车，被告为提供服务的经营者，受害人为接受服务的消费者，且乘坐出租汽车就是一种消费。作为被告出租汽车服务有限公司为乘客提供有偿服务时，负有将乘客安全及时地送达目的地的义务。但由于被告提供服务的营运出租车左前轮爆裂酿成车祸致乘客身亡，被告的行为同时违反了两个不同的法律规范，即《道路交通事故处理办法》和《消费者权益保护法》。对此，受害人的亲属有权选择其中之一行使请求权。

第二节 消费者的权利

一、消费者权利的由来和发展

消费者权利作为一种基本人权，是生存权的重要组成部分。消费者权利

① 陈大恩、陈守海、周茜副：《经济法》，石油工业出版社，2005年版，第198页。

的具体内容，在不同的时候和不同的国家而有所差异，但其基本内容和精神都是一致的。一般认为，在世界上最早明确提出消费者权利的是美国总统约翰·肯尼迪。他针对美国消费者问题日益严重的情况，于1962年3月15日向国会提出了关于保护消费者利益的特别国情咨文，即《保护消费者利益的总统特别咨文》(或称《总统关于消费者利益的白皮书》)，指出消费者应享有以下四项权利：一是获得商品的安全保障的权利；二是获得正确的商品信息资料的权利；三是对商品有自由选择的权利；四是有提出消费者意见的权利。

肯尼迪的理论提出以后，逐渐为各国所广泛认同并在实践中加以发展，每年的3月15日则被规定为"国际消费者权益日"。随着时间的推移、社会的发展和国际消费者权益保护运动的发展，消费者权利的内容也不断得到补充和完善。例如，1985年联合国通过的《保护消费者准则》，规定了消费者应该享有以下6项权利：(1)健康和安全不受危害的权利；(2)享有经济利益的权利；(3)获得足够信息和自由作出选择的权利；(4)接受消费教育的权利；(5)获得损害赔偿的权利；(6)自由组织消费团体或组织的权利。国际消费者组织联盟主张和提出消费者应该享有如下8项权利：(1)得到必须的物品和服务借以生存的权利；(2)享有公平的价格待遇和选择的权利；(3)安全保障权；(4)获得足够资料的权利；(5)寻求咨询的权利；(6)获得公平赔偿和法律帮助的权利；(7)获得消费者教育的权利；(8)享受健康环境的权利。

二、消费者的权利

我国的《消费者权益保护法》在广泛吸取各国及国际消费者保护立法经验的基础上，规定消费者享有9项权利，这些权利包括：安全权、知情权、选择权、公平交易权、求偿权、结社权、受教育权、受尊重权和监督权。

(一)保障安全权

保障安全权，简称安全权，是消费者最基本的也是最主要的权利，也是宪法赋予公民的人身权、财产权在消费领域的体现。它是消费者在购买、使用商品和接受服务时所享有的保障其人身、财产安全不受损害的权利。安全权包括以下两方面内容：

1.人身安全权。人身安全权又包括：(1)消费者的生命安全权，即消费者的生命不受危害的权利。(2)消费者的健康安全权，即消费者的身体健康状况不受损害的权利。

2.财产安全权。财产安全权是指消费者的财产不受损失的权利。财产安全不仅指交易标的财产的安全，也包括消费者其他财产的安全。财产损失有时表现为财产在外观上发生损毁，有时则表现为价值的减少。

消费者在整个消费过程中都享有安全权。这就要求：(1)经营者提供的商品必须具有合理的安全性，不得提供有可能对消费者人身及财产造成损害的不安全、不卫生的产品。(2)经营者向消费者提供的服务必须有可靠的安全保障。(3)经营者提供的消费场所应具有必要的安全保障，使消费者能在安全的环境中选购商品及接受服务。

案例[①]**：**

9岁的黄薛珠(女)与三位同学在被告方厦门肯德基有限公司所属的华侨餐厅就餐后在餐厅所设“儿童开心园”玩耍，因为当时园内小朋友较多，比较拥挤，黄薛珠小朋友在玩滑梯时，在滑梯上被挤下摔伤，左胫骨骨折，住院治疗长达一个多月。出事当时被告方没有工作人员在场对园内小朋友们的活动进行疏导和管理。

法律问题：

被告是否要承担赔偿责任?

分析：

本案是一起典型的违反安全保障义务的侵权行为。《消费者权益保护法》第7条规定：“消费者在购买、使用商品和接受服务时享有人身、财产安全不受损害的权利。”本案的焦点在于被告有没有这种疏导和管理义务。原告到被告的餐厅用餐，就餐后在餐厅所设“儿童开心园”玩耍，是一种生活消费行为。虽然该园不属于公共娱乐场所，也不属于社会上有偿经营的娱乐场所，但它是被告向消费者提供的餐饮及服务的一部分，是为其餐饮商品销售目的的配套服务部分，或者说是其提供的不同于其他餐饮经营者的特色服务的一部分。虽然法律对餐饮业内附设儿童游乐园是否应当设专人看护及造成损害的责任承担没有明文规定，但是被告对到该园内玩耍的儿童负有保护、照顾的法律义务，这种义务主要来自于业务上的要求，即对园内儿童活动进行疏导、管理。被告为其商业目的，特设“儿童开心园”，虽然不乏营造舒适消费环境的善意，但其根本目的是招徕顾客，创造竞争条件。因此经营者不能仅考虑设不设这种场所的问题，还要充分考虑设置后的安全，特别是到园内玩耍的都是少年儿童，需要倍加小心。所以经营者负有谨慎管理、充分注意和及时疏导、有效防止事故发生的现场看护义务。但是被告却忽视了这

① 最高人民法院应用法学研究所编：《人民法院案例选·民事卷》(中)，第194号案例，第952页。

些义务，没有尽到管理者的责任。本案的警示意义在于：一是消费者在进行消费时应当注意自身的安全，防止发生危险；二是经营者必须善尽安全保障义务，为消费者的人身和财产安全提供保障，对经营场地存在的危险或者潜在危险负有消除和警示的义务，否则对造成的消费者损害，应当承担侵权责任；三是消费者受到此类伤害时，应当理直气壮地向经营者索赔。

（二）知情权

知情权或称获取信息权、了解权，是指消费者在购买、使用商品或者接受服务时，有权询问、了解商品或者服务的有关真实情况，而提供商品或者服务的经营者有义务真实地向消费者说明有关情况。

随着社会经济的发展，人民生活水平的提高，满足人民日常生活需要的消费品也日趋多样化和复杂化，不同的商品有不同的功能和用途，消费者不可能也没有必要了解所有消费品的功能、用途和特点。为保护消费者的权益，我国《消费者权益保护法》第 8 条规定："消费者有权根据商品或者服务的不同情况，要求经营者提供商品的价格、产地、生产者、用途、性能、规格、等级、主要成分、生产日期、有效期限、检验合格证明、使用方法说明书、售后服务，或者服务的内容、规格、费用等有关情况。"只有这样，才能保障消费者与经营者进行交易时做到知己知彼，并表达自己真实的意思。

案例[①]**：**

美国加利福尼亚州总检察长比尔·洛克耶尔日前对 9 家著名连锁快餐店和食品制造商提起诉讼，要求法庭强制它们用警告性标签标明其炸薯条、薯片中致癌物丙烯酰胺的含量。这是美国检察机关首次就炸薯条含致癌物问题提出诉讼。据《洛杉矶时报》报道，被洛克耶尔指控的快餐店包括麦当劳、肯德基、汉堡王等，食品制造商包括宝洁等，根据美国的法律，企业必须向公众"清楚而合理地"标明其产品中潜在的危险物质。洛克耶尔强调，他并不是鼓动人们不吃炸薯条，因为炸薯条的诱惑"很难拒绝"，但消费者有权知道他们所吃的炸薯条中有超量的致癌物质。

分析：

在我国，炸薯条同样在麦当劳、肯德基等连锁店畅销，但对炸薯条的致癌

① 2006 年 8 月 10 日下载于 http://www.tech－food.com/news/2005－8－29/n0042608.htm

危害，消费者因为缺乏知情权而难以充分预料。目前我国大多消费者几乎是"闭着眼睛"在半信半疑中被动消费，对于商品相关情况知之很少，在很多时候要么凭借经验与感觉消费，要么被广告牵着鼻子盲目消费。只有某些商品被彻底曝光"有害"时才幡然醒悟，方知上当受骗。本案虽然发生在美国，但是它对于我国的消费者积极行使自己的知情权也是很有意义的。

(三)自主选择权

自主选择权是指消费者享有的自主选择商品或者服务的权利，可以根据自己的经验、喜好、判断等自主地选择商品或服务，不受任何人的强制。而经营者只能通过合法的途径吸引消费者，不得通过各种理由限制消费者的选择权，不得以强买强卖方式或联手方式或价格垄断或搭售等不正当手段提供商品或服务。

自主选择权主要包括以下几个方面的内容：(1)有权自主选择提供商品或者服务的经营者；(2)有权自主选择商品品种或者服务方式；(3)有权自主决定购买或者不购买任何一种商品、接受或者不接受任何一项服务；(4)在自主选择商品或服务时，有权进行比较、鉴别和挑选。

案例[①]：

2000 年 5 月 18 日，刘茂通在联通公司营业部购买手机一部，并办理了GSM"如意行"业务服务合同，当时他在合同上签完字后，联通公司即称其可以免费使用"来电显示"业务。至于来电显示是否一直免费，服务登记表上没有说明。而 2004 年 4 月 7 日，联通公司突然在媒体上刊登业务通告，称从 2005 年 5 月 1 日起，将对 2003 年 5 月 1 日以前入网的联通用户收取每月 5 元的"来电显示"费，用户如不办理来电显示关闭手续，公司将开始对老客户收取"来电显示"费。刘茂通认为联通公司未经作为平等主体的广大老客户的认可，单方变更履行合同义务的行为是无效行为，侵犯了包括原告在内的广大联通老客户的合法权益。2004 年 4 月 16 日，刘茂通将联通公司起诉到法院，请求依法判令被告单方变更合同的行为无效，并承担本案的诉讼费用。联通公司认为：其所提供的"来电显示"是一种增值服务，手机的基本功能只是通话，来电显示是补充业务，是独立的可供选择的增值业务。

① 宋立军：《从消费者权益保护法角度分析手机"来电显示"收费的不合理性》，2006 年 8 月 10 日下载于：http://www.law-lib.com/lw/lw_view.asp? no=4098&page=2

分析：

《消费者权益保护法》第 9 条规定："消费者享有自主选择商品或者服务的权利。消费者有权自主选择提供商品或者服务的经营者，自主选择商品品种或者服务方式，自主决定购买或者不购买任何一种商品、接受不接受任何一项服务。"由于联通和移动在中国的垄断地位，目前我们谈手机用户自主选择服务，是不现实的。但是，手机用户完全有权利选择接受或者不接受某项服务。如果在 2004 年 5 月 1 日以前，联通公司就告知手机用户，来电显示在将来会收费的，那么，手机用户就会根据自己的实际情况进行选择，至少有以下几种不同的选择方式：(1)不接受来电显示服务；(2)无论收费与否都接受来电显示服务；(3)在免费时接受来电显示服务，不免费的时候不接受来电显示服务；(4)在免费期间不接受来电显示服务，而收费时接受来电显示服务。这四种选择方式都是手机用户的自由。而联通恰恰没有尊重消费者的这些多样性的自主选择权，使很多人的权利不能有效地行使。

(四)公平交易权

市场交易的基本规则是：自由、公平、诚实信用、遵守法律规范、不得违反公认的商业道德。因此，消费者和经营者都享有公平交易的权利。公平交易权的内容是很广泛的，其具体表现又与消费者的其他权利有交叉，因此在国外的立法中，明确赋予消费者以公平交易权的并不多。我国《消费者权益保护法》考虑到现实生活中消费者这方面权利经常受侵害的实际情况，突出强调了消费者的这项权利，并且根据现实生活中经常出现的几种情况，规定了这一权利的主要内容："消费者在购买商品或者接受服务时，有权获得质量保障、价格合理、计量正确等公平交易条件，有权拒绝经营者的强制交易行为。"现实生活中侵犯消费者公平交易权的事例比比皆是。例如"打折商品"是时下经营者的价格促销手段。时令商品一旦过了季节，商家总想将积压商品卖出去，以达到加速资金周转，提高经济效益的目的；但经营者降价的原因与产品应具备的质量、功能无关，所以经营者不能因此影响消费者获得质量有保障的商品的权利，经营者作出的"打折商品概不退还"的规定是无效的。

(五)依法求偿权

依法求偿权是法律赋予公民的一项重要权利，其基本含义是当公民的合法权益受到他人的不法侵害而导致人身、财产损失时，可以依法要求侵权人予以赔偿。在《消费者权益保护法》中依法求偿权是指消费者在购买、使用商品和接受服务受到人身、财产损害时，依法享有的向经营者要求获得赔偿的权利。依法求偿权是弥补消费者所受损的必不可少的救济性权利。享有求偿权的主体是因购买、使用商品或者接受服务而受到人身、财产损害的消费者，包括以下几种类型：(1)商品的购买者；(2)商品的使用者；(3)服务的接受者；(4)第三人。第三人是指除商品的购买者、使用者或者服务的接受者之外的，因为偶然原因而在事故现场受到损害的其他人。

(六)依法结社权

结社权首先表现为一种政治权利，我国宪法第35条规定，公民有言论、出版、集会、结社、游行、示威的自由。根据这一规定，公民享有广泛的结社权。在消费领域中就表现为消费者依法结社权，它指的是消费者享有依法成立维护自身合法权益的社会团体的权利，它是宪法权利在消费领域的具体体现。

之所以要赋予消费者结社权，是因为在市场经济条件下，消费者和经营者的利益在某种程度上是对立的，而单个消费者在与经营者的较量中无论经济实力还是经营知识都始终处于弱势地位。赋予消费者以结社权，使消费者通过有组织的活动，维护自身合法权益是非常必要的，也是国家鼓励全社会共同保护消费者合法权益的体现。

(七)求教获知权

求教获知权，或称受教育权、获取知识权，是从知悉真情权中引申出来的一种消费者权利，它指的是消费者所享有的获得有关消费和消费者权益保护方面的知识的权利。保障这一权利的目的，是使消费者更好地掌握所需商品或者服务的知识和使用技能，以使其正确使用商品，提高自我保护意识。应当说，接受教育，获取相关知识，提高自我保护能力，既是消费者的权利，也是消费者的义务。

求教获知权包括两方面的内容：一是获得有关消费方面的知识，比如有关消费观的知识，有关商品和服务的基本知识，有关市场的基本知识；二是获得有关消费者权益保护方面的知识，比如消费者权益保护的法律、法规和政策，以及保护机构和争议解决途径等方面的知识。

(八)维护尊严权

我国宪法、刑法和民法通则都有规定，公民的人格尊严不受侵犯，禁止用任何方法对公民进行侮辱、诽谤和诬告陷害。我国《消费者权益保护法》第14条对此也作了明确规定。所谓维护尊严权是指消费者在购买、使用商品和接受服务时所享有的其人格尊严、民族风俗习惯得到尊重的权利。尊重消费者的人格尊严和民族习俗，是社会文明进步的表现，也是尊重和保障人权的重要内容。

案例[①]：

1998年7月8日上午10时许，当上海外国语大学学生钱缘离开屈臣氏公司四川北路店时，店门口警报器鸣响，该店一女保安员上前阻拦钱缘离店，并引导钱缘穿行三处防盗门，警报器仍鸣响，钱缘遂被保安人员带入该店办公室内。女保安用手提电子探测器对钱缘全身进行检查，确定在钱缘的髋部带有磁信号。在女保安员及另一女文员在场的情况下，钱缘解脱裤扣接受女保安的检查。店方未检查出钱缘身上带有磁信号的商品，方允许钱缘离店。1998年7月20日，钱缘起诉到上海市虹口区人民法院，以自己在屈臣氏公司四川北路店无端遭到搜身，被两次脱裤检查，使自己心理受到极大伤害为由，要求屈臣氏公司公开登报赔礼道歉，赔偿精神损失费人民币50万元。屈臣氏公司、四川北路店辩称，因钱缘出店门引起警报器鸣叫才对其进行必要的检查，不存在侵权行为。一审法院判决被告上海屈臣氏公司四川北路店应向钱缘赔礼道歉，赔偿钱缘精神等损失费人民币25万元；被告上海屈臣氏日用品有限公司承担连带责任。被告不服上诉，上海市第二中级人民法院判决撤销一审法院判决，改判赔偿精神损害人民币1万元。

分析：

超市搜身，无疑侵害了消费者的人格尊严，而人格尊严是一般人格权的核心内容，《消费者权益保护法》第14条和第43条都规定了消费者的人格尊严受到保护。其实，本案最引人关注的是赔偿数额。确定精神损害赔偿数额的标准，第一是有效地抚慰受害人的精神损害，第二是有效地制裁行为人的违法行为，第三是能够对社会公众进行教育和警戒。本案赔偿25万元和赔偿1万元，似乎都有不够合适之处，应当引起法院和法官的思考。

（九）监督批评权

消费者享有对商品和服务以及保护消费者权益工作进行监督的权利，简称监督权。依据我国《消费者权益保护法》的规定，消费者享有对商品和服务以及保护消费者权益工作进行监督的权利。此外，消费者有权检举、控告侵害消费者权益的行为和国家机关及其工作人员在保护消费者权益工作中的违法失职行为，有权对保护消费者权益工作提出批评、建议。

---

① 杨立新、朱呈义、张国宏：《“3·15”十周年：消费者维权经典案件点评》，2006年8月10日下载于 http://www.yanglx.com/dispnews.asp? id=242

第三节 经营者的义务

一、经营者的概念和特征

(一)经营者的概念

经营者是指向消费者提供其生产、销售的商品或者提供服务的公民、法人或者其他经济组织,是以营利为目的的从事生产经营活动并与消费者相对应的另一方当事人。

(二)经营者的特征

我国《消费者权益保护法》上规定的经营者具有以下基本特征:

1.经营者包括生产者、销售者和服务者

经营者的经营活动,不单指商品销售,也包括商品的生产和有偿服务活动,这是市场经济条件下经营的基本含义。

2.经营者是与消费者相对应的另一方当事人

经营者是相对于消费者而言的,由于他们向消费者提供了商品或者服务,才使得消费者的消费需要得以满足。向消费者提供商品或者服务包括直接提供和间接提供。按照我国有关法律、法规的规定,经营者应当是依法登记注册的从事生产经营活动的单位和个人。但在实践中,向消费者提供商品或者服务的单位和个人也存在未登记的情况。这其中有依法不需要登记注册的,如医院、进入集贸市场销售自产农副产品的农民等,这些单位和个人在向消费者提供商品或者服务时,处于与消费者对应的另一方当事人的地位,属于《消费者权益保护法》上的经营者。也有一些单位和个人应是依法登记注册而未登记注册从事违法经营的,如持他人营业执照从事非法经营活动的。这些单位本不是合法的经营者,但他们在向消费者提供商品或者服务时,与消费者存在实际的市场交易关系,直接关系到消费者的切身利益,实际上也处于与消费者对应的经营者的地位,因此,也应该视其为《消费者权益保护法》上的经营者。

3.经营者提供商品或者服务以直接营利为目的

以营利为目的,在经营者的行为上体现为向消费者提供的商品和服务是有偿的。非以有偿方式提供商品和服务的单位和个人不是经营者,提供未经流通领域推出的产品的单位和个人,如进行新闻报道的新闻单位等,这类单位和个人即使给他人造成了损害,也不能视其为《消费者权益保护法》上的经营者。这里的营利并非指在经营上一定有盈余,只要是有偿提供商品和服务,不论其结果是否获利,都视为以营利为目的的经营活动。

案例:

某县一中购进一批单放机,动员学生每人买一台学习英语。很多学生拒绝购买。学校领导遂命人在校门口外面的地面上设摊销售,旁边立牌:"减价销售,一律100元。"这个价格比当时市面上的单放机的价格要低1/5。一位叫黄静的学生买回后几天便找到了校领导,声称单放机有质量问题,要求退货。遭到拒绝后遂向县人民法院起诉。开庭审理时,原告诉称,被告销售的单放机质量低劣,违反了《消费者权益保护法》第22条关于经营者义务的规定,应当依法承担民事责任。被告辩称,学校属事业单位,并非进行商品或者服务经营的企业,不应属于《消费者权益保护法》中所称的"经营者",因此不应依《消费者权益保护法》承担责任。人民法院审理后,依照《消费者权益保护法》的有关规定,认定学校是该案中的经营者,没有履行经营者的有关质量义务,侵犯了消费者黄静的权利。法院判决学校对黄静购买的单放机作退货处理,并赔偿黄静经济损失50元。

分析:

《消费者权益保护法》所称的经营者应当是一个动态的概念。凡是为消费者提供其生产、销售的商品或者提供服务的公民、法人和其他组织,只要从事了经营活动,不论是合法经营还是违法经营,都属于经营者。本案中,某县一中属事业单位,其进行的单放机销售行为属违法经营,应当依法予以取缔。但是,由于它实际上从事的经营活动已使其与消费者之间形成了既定的权利义务关系,该校应当处于经营者的地位,承担经营者的义务和责任。

二、经营者的义务

由于经营者是为消费者提供其生产、销售的商品或者提供服务的市场主体,是与消费者直接进行交易的另一方,经营者的义务是与消费者的权利对立统一的,因此,明确经营者的义务对于保护消费者权益至为重要。我国《消费者权益保护法》第三章对经营者的义务作了专门规定。

(一)依法定或约定履行的义务

这是对经营者的经营者义务的一般性、概括性规定。要求经营者向消费者提供商品或者服务,应当依照《中华人民共和国产品质量法》和其他有关法律、法规的规定履行义务。经营者和消费者有约定的，应当按照约定履行义务，但双方的约定不得违背法律、法规的规定，特别是法律、法规的强制性规定。

(二)听取意见和接受监督的义务

经营者应当听取消费者对其提供的商品或者服务的意见，接受消费者的监督。这是与消费者的监督批评权或称质询权相对应的经营者的义务，对此加以法律规定对于改善消费者的地位是甚有裨益的。消费者不论是否购买商品都有权对经营者及经营者的商品提出意见和建议。

案例[①]：

韩成刚于1993年10月至1994年9月间，先后在一些报刊上发表了一系列矿泉壶有害健康的文章，提醒消费者“慎用”和“当心”，并对相关公司的广告点名进行了批评。生产矿泉壶的百龙公司、天津市天磁公司等以侵害其名誉权为由，向太原市中级人民法院提起诉讼。1996年6月，山西省高级人民法院终审判决认定，韩成刚从维护消费者权益角度出发，依法行使了舆论监督权，没有侵害天磁公司等商家的名誉权。韩成刚继而向北京市东城区人民法院起诉天磁公司等5被告侵害其舆论监督权，要求被告赔偿4.89万元。一审和二审法院均裁定驳回其起诉，理由是山西省高级人民法院作出的终审判决，已依法对韩成刚的舆论监督权给予了保护，韩成刚不能就同一事实再次起诉。但韩成刚因被诉所受到的损失却没有得到补偿——山西法院并没有支持其损害赔偿的反诉，北京法院也不予支持。

分析：

本案是《消费者权益保护法》施行以来首例消费者个人对经营者的经营行为进行监督的诉讼。对于经营者损害消费者合法权益的行为，消费者个人有权进行批评监督，经营者也有听取意见和接受监督的义务。《消费者权益保护法》第6条第2款和第15条对此有明确规定，赋予了消费者以批评监督权，任何消费者在日常消费生活中，发现经营者提供商品或服务不符合国家规定的要求，危害消费者的，都有权提出自己的批评意见。韩成刚作为消费者，针对矿泉壶危害人体健康的问题，撰文向社会公众说明，并对百龙公司、天磁公司等商家点名批评，这是正当行使消费者监督权的行为。被批评者不

---

① 杨立新、朱呈义、张国宏：《“3·15”十周年：消费者维权经典案件点评》，2006年8月10日下载于 http://www.yanglx.com/dispnews.asp? id=242

但不能自省，反而向法院起诉批评者，是拒绝监督的表现。山西省高级人民法院对此予以正确认定，值得称赞。而天磁公司等商家起诉韩成刚侵害法人名誉权，无疑是一种对韩成刚正当行使监督权的妨害，韩成刚因诉讼所受到的损失同天磁公司等商家的侵害行为有因果关系。因此，韩成刚以天磁公司等5商家为被告起诉其舆论监督权受到侵害，请求赔偿，这是韩成刚的应有权利。遗憾的是，两地的法院都没有能够充分地保护韩成刚的合法权益，值得深省。

（三）保障人身和财产安全的义务

这是与消费者的保障安全权相对应的经营者的义务。经营者应当保证其提供的商品或者服务符合保障人身、财产安全的要求。对可能危及人身、财产安全的商品和服务，应当向消费者作出真实的说明和明确的警示，并说明和标明正确使用商品或者接受服务的方法以及防止危害发生的方法。

经营者发现其提供的商品或者服务存在严重缺陷，即使正确使用商品或者接受服务仍然可能对人身、财产安全造成危害的，应当立即向有关行政部门报告，由有关部门告知消费者，并采取防止危害发生的措施。例如2004年10月1日起开始实施的《缺陷汽车产品召回管理规定》就涉及了确认召回制度。天津等地的地方性消费者权益保护法也已规定了确认召回制度。台湾《消费者保护法》中规定了某些经营者必须购买第三者责任保险，企业经营者可以通过保险来减轻他们的损失。

近年来，审判实践中遇到了一些在宾馆、酒店、银行、寄宿学校等杀人越货的案件。从这些案件发生的原因看，经营者在安全保障上存在着问题，正是这些单位未尽安全保障义务给了犯罪分子以可乘之机。有的赔偿权利人在向犯罪分子索赔不能而要求经营者赔偿时，经营者往往以没有实施侵害行为，不应承担民事责任为由进行抗辩。对此《最高人民法院关于审理人身损害赔偿案件适用法律若干问题的解释》第6条中明确规定：从事住宿、餐饮、娱乐等经营活动或者其他社会活动的自然人、法人、其他组织，未尽合理限度范围内的安全保障义务致使他人遭受人身损害，赔偿权利人请求其承担相应赔偿责任的，人民法院应予支持。

（四）不作虚假宣传的义务

这是与消费者的知悉真情权相对应的经营者的义务。经营者应当向消费者提供有关商品或者服务的真实信息，不得作引人误解的虚假宣传，否则即构成侵犯消费者权益的行为和不正当竞争行为。

此外,经营者对消费者就其提供的商品或者服务的质量和使用方法等具体问题提出的询问,应当作出真实、明确的答复。在价格标示方面,商店提供商品应当明码标价。

(五)标明真实名称和标记

经营者应当标明真实名称和标记。真实的名称和标记是消费者区分不同经营者的重要依据,也是判断不同商品和服务来源的重要依据。如果经营者不标明其真实名称和标记,而是冒用其他经营者的名称或商品和服务的标记,不仅侵犯了其他经营者的合法权益,而且侵犯了消费者的合法权益。对于租赁他人柜台或者场地的经营者,应当标明其真实名称和标记。

(六)出具相应的凭证和单据的义务

经营者提供商品或者服务,应当按照国家有关规定或者商业惯例向消费者出具购货凭证或者服务单据;消费者索要购货凭证或者服务单据的,经营者必须出具。由于购货凭证或者服务单据具有重要的证据价值,对于界定消费者和经营者的权利义务亦具有重要意义,因此,明确经营者出具相应的凭证和单据的义务,有利于保护消费者权益。

(七)提供符合要求的商品或服务的义务

经营者的质量义务以消费者正常使用商品或者接受服务为前提,经营者应当保证在正常使用商品或者提供服务的情况下说明其提供的商品或者服务应当具有的质量、性能、用途和有效期限,能够满足消费者的需求;但消费者在购买该商品或者接受该服务前已经知道其存在瑕疵的除外。

此外,经营者以广告、产品说明、实物样品或者其他方式表明商品或者服务的质量状况的,应当保证其提供的商品或者服务的实际质量与表明的质量状况相符。

(八)不得单方作出对消费者不利规定的义务

为了保障消费者的公平交易权,经营者不得以格式合同、通知、声明、店堂告示等方式作出对消费者不公平、不合理的规定,或者减轻、免除其损害消费者合法权益应当承担的民事责任。凡属对消费者不公平、不合理或者片面减轻、免除应承担的民事责任的格式条款、店堂告示、通知、声明等,都是无效的,对消费者没有任何约束力。

(九)履行"三包"或其他责任的义务

经营者提供商品或者服务,按照国家规定或者与消费者的约定,承担包修、包换、包退或者其他责任的,应当按照国家规定或者约定履行,不得故意拖延或者无理拒绝。这里的包修、包换、包退就是我们经常所说的"三包"。对包修、包换、包退的大件商品，消费者要求经营者修理、更换、退货的，经营者应当承担运输等合理费用。这里的“其他责任”，是指“三包”以外的民事责任。

(十)不得侵犯消费者的人身权

消费者的人身权是其基本人权，消费者的人身自由、人格尊严不受侵犯。经营者必须对消费者的人格尊严和人身自由予以尊重，并且不得以任何借口、用任何形式对消费者的人身自由加以侵犯。经营者不得搜查消费者的身体及其携带的物品，且不能利用一般合同条款予以免责。

第四节　消费者权益的保护

一、消费者权益的保护机构和组织

(一)消费者权益的保护机构

在消费者政策和消费者立法方面，国家应保护消费者的合法权益不受侵害，并应采取具体措施，保障消费者依法行使权利，维护消费者的合法权益。依据我国《消费者权益保护法》第四章的规定，国家通过立法机关、行政机关和司法机关的各种职能活动，实现对消费者合法权益的保护。

1.立法保护机关。有关消费者权益保护方面的各项法律、行政法规是由全国人大及其常委会、国务院及所属的主管机关或省、自治区、直辖市人大及其常委会制定和颁布的，它是国家充分有效地保护消费者合法权益的基础和依据。

2.行政保护机关。各级人民政府应当加强领导，组织、协调、督促有关行政部门做好保护消费者合法权益的工作。各级人民政府应当加强监督，预防危害消费者人身、财产安全行为的发生，及时制止危害消费者人身、财产安全的行为。各级人民政府的工商行政管理部门和其他有关行政部门应当依照法律、法规的规定，在各自的职责范围内，采取措施，保护消费者的合法权益。此外，有关行政部门应当听取消费者及其社会团体对经营者交易行为、商品和服务质量问题的意见，及时调查处理。

3.司法保护机关。人民法院和人民检察院是对消费者合法权益实施司法保护的主要机关。人民法院是代表国家行使审判权的司法机关。《消费者权益保护法》特别规定了人民法院对消费者合法权益的保护职责。按规定,为了及时、有效地惩处侵害消费者合法权益的违法犯罪行为,人民法院应当采取措施,方便消费者提起诉讼。对于符合《中华人民共和国民事诉讼法》起诉条件的消费者权益争议,人民法院必须受理,并应及时审理,以使消费者权益争议尽快得到解决。

(二)消费者权益的保护组织

消费者组织是指依法成立的对商品和服务进行社会监督的保护消费者合法权益的社会团体。依法结社权是消费者的一项重要权利,依法成立消费者组织就是实现这一权利的具体体现。成立消费者组织的目的是对商品和服务进行社会监督,以便更好地保护消费者的合法权益。为此,我国《消费者权益保护法》第五章专门对消费者组织作了明文规定。依据该法规定,我国的消费者组织有两种:一种是消费者协会,包括中国消费者协会和各地设立的消费者协会;另一种是其他消费者组织,是指除消费者协会系统之外,由消费者依法成立的旨在维护自身合法权益的社会团体。它们不得从事商品经营和营利性服务,不得以牟利为目的来向社会推荐商品和服务。

在保护消费者合法权益方面,中国消费者协会和地方各级消费者协会,是我国保护消费者合法权益的主要社会组织。依据我国《消费者权益保护法》第32条规定,消费者协会履行下列七项基本职能:

1.向消费者提供消费信息和咨询服务

消费信息主要包括商品和服务在市场中存在的现状、发展趋势及商品和服务的提供者等一系列情况或资料。咨询服务是指消费者协会针对消费者询问的有关消费及消费者权益保护方面的问题,依据客观事实予以解答。为使消费者在购买、使用商品或接受服务时,更好地行使权利,保护自己的合法权益,及时获得有关消费信息和知识,消费者协会应客观、公正地向消费者提供消费信息和咨询服务,正确引导消费者的消费活动,以使其免受损害。应该强调的是,消费者协会提供消费信息与咨询服务不能以牟利为目的,并应当保证信息的真实和准确。

2.参与有关行政部门对商品和服务的监督、检查

对商品和服务进行行政监督、检查,是国家赋予有关行政机关的一项行政职权。换句话说,是由有关行政机关代表国家对商品和服务是否符合国家法律、法规的规定行使监督、检查职权。消费者协会除依照法律、法规和章程对商品和服务进行社会监督外,还可参与有关行政部门的监督、检查,主要表现为:行政部门在对与消费者权益密切相关的商品和服务履行监督、检查职权

时,应吸收消费者协会参加,共同进行。消费者协会也可以依据本法主动要求参加有关行政部门的监督、检查。规定消费者协会有权参与有关行政部门对商品和服务的监督检查,目的在于充分发挥消费者协会的社会监督职能,及时反馈消费者对商品和服务中存在的问题的意见,促使经营者守法经营。

3.就有关消费者合法权益问题,向有关行政部门反映、查询,提出建议

有关行政部门,是指具有保护消费者合法权益职能及责任的行政部门,既包括执法监督部门,也包括行业主管部门。这里所说的有关消费者合法权益问题,是指在消费领域中与消费者合法权益相关的所有问题。包括:商品和服务质量、价格等情况;经营者的不法行为;行政部门及其工作人员的工作;具体事件的处理;消费者的意见和要求,等等。消费者协会向有关行政部门查询分两类情况:其一,针对有关消费者合法权益的问题,向有关行政部门调查询问相关的情况;其二,针对消费者协会反映的关于消费者权益的具体问题,向有关行政部门调查询问处理情况。提出建议是指消费者协会就消费者合法权益问题,向有关行政部门提出建设性的意见以供其参考。赋予消费者协会向有关行政部门反映、查询、建议的职能,有利于消费者协会对消费者合法权益进行保护,对沟通政府与消费者之间的联系能起到重要的桥梁作用。

4.受理消费者的投诉,并对投诉事项进行调查、调解

消费者向消费者协会投诉,是指消费者在购买、使用商品或接受服务时,其合法权益受到损害,向消费者协会反映情况,要求给予解决的行为。消费者协会受理的投诉包括三种情况:一是消费者直接向消费者协会进行的投诉;二是消费者向有关单位进行的投诉;三是经营者或其主管部门请求消费者协会协助处理的投诉。消费者在购买、使用商品或接受服务中,只要认为自己的合法权益受到损害,都可以进行投诉。消费者协会经审查,对符合投诉范围和消费者协会管辖范围的投诉,予以受理,进行调查、调解。对不符合受理条件的,不予受理。消费者协会受理消费者投诉,应站在公正的立场上,对投诉事项认真进行调查,查明事实,分清是非、责任,依法、公平处理纠纷。在消费者和经营者自愿的基础上,进行调解,使之达成解决问题的协议,从而解决争议。

5.投诉事项涉及商品和服务质量问题的,可以请鉴定部门鉴定,鉴定部门应当告知鉴定结论

鉴定是指运用仪器设备、专门知识或技能对某事物进行鉴别和判断的一种活动。鉴定结论又称鉴定意见,是指鉴定部门通过鉴定活动所作的结论。鉴定结论是证据的一种,可以作为认定事实的依据。消费者协会在受理投诉中,涉及判断有关商品和服务质量问题时,不能简单地凭感官加以认定,而应

提请鉴定部门依法取得鉴定结论，避免判断的随意性，从而严肃、公正地解决消费者权益纠纷。鉴定部门对消费者协会提请鉴定的事项，应及时予以鉴定，并有义务将鉴定结论如实告知消费者协会。

6. 就损害消费者合法权益的行为，支持受害的消费者提起诉讼

当消费者的合法权益受到损害时，消费者协会可以支持受害的消费者向人民法院提起诉讼，请求人民法院予以公正判决，以保护消费者的合法权益。消费者协会对受害消费者提起诉讼予以支持包括两方面的含义：其一是给消费者以道义上及有关法律知识方面的支持，支持受害的消费者依法提起诉讼；其二是作为消费者的委托代理人直接参加诉讼。消费者提起的诉讼，包括民事诉讼、行政诉讼和刑事附带民事诉讼，但适用的程序有所不同。

7. 对损害消费者合法权益的行为，通过大众传播媒介予以揭露、批评

大众传播媒介主要是指报纸、杂志、广播、电视等，这些传播媒介传播信息具有速度快、范围广、影响大等特点。消费者协会针对损害消费者合法权益的行为，可以公开在大众传播媒介上予以登载、播放，进行曝光、批评，以充分发挥舆论监督在社会监督中的作用，强化消费者协会在保护消费者权益方面的职能，同时增强社会免疫力，促使经营者尊重消费者的合法权益。

需要指出的是，这七项职能是消费者协会的法定职能，各级消费者协会必须依法履行，消费者协会不得有违法失职的行为。凡消费者协会履行职能中涉及到的一切组织和个人，必须积极地给予配合和支持。

案例：

某日上午，居民邹某向县消费者协会工作人员投诉。邹家从县土产公司门市部购买的红星五金厂生产的燃油汽化炉在使用时，燃烧的柴油突然喷出，汽化炉罐底脱落，引起大火，将在场的鲁丽萍和邹小伟烧成重伤，并烧毁财产价值约 5 000 元。鲁丽萍、邹小伟全身烧伤面积分别达到 52%和 40%，烧伤深度分别为 5 度和 3 度，造成了终身残疾。从购买到事故发生之日不到 7 个月。县消费者协会同志立即派人进行调查，查明邹某反映的情况属实；又委托省质量检验部门对县土产公司门市部销售的、红星五金厂生产的同一批产品抽样检验，结论为：该种燃油汽化炉系不合格产品。据此，县消费者协会几次给红星五金厂写信、去电话，说明产品质量问题和事件造成的严重后果。县消费者协会的认真负责和一再督促，引起了红星五金厂负责人的重视，该厂承担了赔偿责任，并探望了受害人。

法律问题：

本案中，县消费者协会履行了什么职能？

分析：

县消费者协会履行了第(4)、(5)项职能，即：①它受理了消费者邹某的投诉，并对投诉的燃油汽化炉爆炸一事进行调查、调解；②就邹某投诉燃油汽化炉爆炸案涉及的产品质量问题，提请省质检部门进行鉴定。通过以上工作，维护了受害人的合法权益。

二、消费者权益争议的解决

消费者权益争议，是指消费者和经营者之间在买卖商品、接受和提供服务过程中，因权利受到侵害或者义务的不履行所产生的争议。

(一)争议的解决途径

《消费者权益保护法》第34条规定了解决争议的五种途径和方式。五种方式的约束力度和效力是递次增强的。

1.与经营者协商和解

协商和解，是指消费者与经营者发生争议后，就与争议有关的问题进行协商，达成和解协议，使纠纷得以解决的活动。协商和解是解决消费者纠纷最常见的形式之一，消费者在发现自己的权利受到侵害或就与自己利益有关的问题与经营者发生意见分歧时，可以直接与经营者联系，提出自己的要求和看法，同经营者协商解决。协商和解具有及时、便利、经济、有利于维护当事人之间友好关系的优点，因此，协商和解在实际生活中运用得最为普遍。

消费者可以直接与经营者协商解决，也可委托消费者协会或其他人为代理人，与经营者协商和解。协商和解的关键在经营者。

2.请求消费者协会调解

消费者协会进行调解，是由消费者协会对争议双方当事人进行说服劝导、沟通调和，以促进争议双方达成解决纠纷的协议的活动。我国《消费者权益保护法》规定消费者协会有调解消费纠纷的职责，因此，对属于其受理范围的争议，在消费者提出请求时，不得拒绝调解。消费者协会在调解过程中，应坚持以下原则：(1)自愿原则，即调解全过程都应贯彻双方当事人自愿的原则；(2)合法原则，即调解过程和调解方案都不得违法，不得损害国家、社会、集体和第三人的合法权益。

由消费者协会作为中间调解人参加的调解是民间调解，属非权力机构调解。

3. 向有关行政部门申诉

消费者在权益发生纠纷后，除协商和解或向消费者协会申请调解外，还可以向有关行政机关提出申诉，要求行政机关保护自己的合法权益。工商行政管理部门负有对一般商品、服务进行综合管理的职责。消费者与经营者发生一般性民事争议的，可以向工商行政机关申诉。除此之外，我国食品卫生、药品管理、价格管理、环境保护、医疗卫生、计量管理等保护消费者的法律规范中都有有关行政机关处理消费纠纷的规定。消费者与经营者发生该类纠纷时，可以向相应的行政机关申诉，要求其作出公正的处理。

有关行政部门对消费者的申诉及其与经营者的争议，也可以依法进行调解；可依法律规定和自己的职权，作出处理决定；对有违法行为的经营者，可依法作出行政处罚。

若进行调解，亦应坚持自愿、合法的原则。有关行政部门作出的决定和处罚属行政行为，当事人在法定期限内未提起行政诉讼的，对已作出的决定或处罚，应当执行；如拒不执行，行政机关可依法执行或申请人民法院强制执行。

4. 根据与经营者达成的仲裁协议提请仲裁机构仲裁

根据《消费者权益保护法》的规定，对消费者权益争议，如当事人之间存在仲裁协议，可将纠纷提交仲裁机构仲裁。有关消费争议的仲裁，应根据《仲裁法》的规定进行。仲裁机构依法作出的仲裁裁决，具有法律效力。对生效的仲裁裁决，当事人应当履行。一方当事人不履行的，另一方当事人可依照民事诉讼法向人民法院申请强制执行。

5. 向人民法院起诉

消费争议发生后，消费者和经营者在没有仲裁协议的情况下，可以向人民法院起诉。消费争议一般为民事案件，可依照《民事诉讼法》的规定向人民法院提起民事诉讼。但在特殊情况下，消费争议可能属于刑事案件，根据最高人民法院的司法解释，对于轻微的伤害案件、侮辱诽谤案件，受害人可以提起自诉刑事诉讼。此外，被害人由于被告人的犯罪行为遭受物质损失的，在刑事诉讼过程中，有权提起刑事附带民事诉讼。

在选择具体的争议解决途径时，消费者要权衡争议的解决成本，考虑交易费用，从而作出理性的选择。总的来说，哪种途径在总体上对于当事人的利益较大，消费者就可以选择哪种解决途径。

（二）消费者求偿对象的确定

消费者在购买、使用商品或者接受服务的过程中，因合法权益受到损害而与经营者发生消费者权益争议时,最关键的问题便是要确定求偿主体。在实践中,销售者与经营者之间相互推卸责任,给消费者主张权利的行为设置障碍的现象时有发生。针对这种情况,《消费者权益保护法》作出了明确规定。

1.销售者先行赔偿制度。《消费者权益保护法》第35条第1款规定,消费者在购买、使用商品时,其合法权益受到损害的,可以向销售者要求赔偿。销售者赔偿后,属于生产者的责任或者属于向销售者提供商品的其他销售者的责任的,销售者有权向生产者或者其他销售者追偿。这里规定的是商业先行赔偿的原则。

2.销售者与生产者之间的连带赔偿责任制度。《消费者权益保护法》第35条第2款规定,消费者或者其他受害人因商品缺陷造成人身、财产损害的,可以向销售者要求赔偿,也可以向生产者要求赔偿。属于生产者责任的,销售者赔偿后,有权向生产者追偿。属于销售者责任的,生产者赔偿后,有权向销售者追偿。

3.《消费者权益保护法》第35条第3款规定,消费者在接受服务时,其合法权益受到损害的,可以向服务者要求赔偿。

4.展销会举办者、柜台出租者的特殊责任。《消费者权益保护法》第38条规定,消费者在展览会、租赁柜台购买商品或者接受服务,其合法权益受到损害的,可以向销售者或者服务者要求赔偿。展览会结束或者柜台租赁期满后,也可以向展览会的举办者、柜台的出租者要求赔偿。展览会的举办者、柜台的出租者赔偿后,有权向销售者或者服务者追偿。

5.企业合并、分立后责任的归属。《消费者权益保护法》第36条规定,消费者在购买、使用商品或者接受服务时,其合法权益受到损害,因原企业分立、合并的,可以向变更后承受其权利义务的企业要求赔偿。

6.营业执照持有人与租借人的赔偿责任。《消费者权益保护法》第37条规定,使用他人营业执照的违法经营者提供商品或者服务,损害消费者合法权益的,消费者可以向其要求赔偿,也可以向营业执照的持有人要求赔偿。

7.从事虚假广告行为的经营者和广告经营者的责任。《消费者权益保护法》第39条规定,消费者因经营者利用虚假广告提供商品或者服务,其合法权益受到损害的,可以向经营者要求赔偿。广告的经营者发布虚假广告的,消费者可以请求行政主管部门予以惩处。广告的经营者不能提供经营者的真实名称、地址的,应当承担赔偿责任。

8.经营者违反安全保障义务,造成他人人身损害的直接责任和补充责任。《最高人民法院关于审理人身损害赔偿案件适用法律若干问题的解释》第6条第1款规定:“从事住宿、餐饮、娱乐等经营活动或者其他社会活动的自然人、法人、其他组织,未尽合理限度的安全保障义务,致使他人遭受人身损害,赔偿权利人请求其承担相应责任的,人民法院应予支持。”这是经营者违反安全保障义务的直接责任。这里所谓“合理限度”,主要考虑经营者的主观预见能力和客观防控能力,即损害发生于经营者的危险控制范围;对发生损害的潜在危险经营者能够合理予以控制;损害结果的发生没有第三责任者的介入等等。在这种情况下,经营者就要承担全部责任。

同时《最高人民法院关于审理人身损害赔偿案件适用法律若干问题的解释》第6条第2款又规定:“因第三人侵权导致损害结果发生的,由实施侵权行为的第三人承担赔偿责任。安全保障义务人有过错的,应当在其能够防止或者制止损害的范围内承担相应的补充责任。安全保障义务人承担责任后,可以向第三人追偿。”该规定表明,在第三人的侵权行为是损害事实发生的直接根本原因的情况下,如果能够确定加害人,由加害人或其他负有责任的人承担责任,安全保障义务人不承担责任;在加害人无法确定,权利人向其求偿不能时,由安全保障义务人承担全部责任;如果能够确认加害人,但是加害人或者对损害负有赔偿责任的人的资金能力不足以承担全部责任时,则先由加害人或者对损害负有赔偿责任的人尽力承担责任,剩余部分由负有安全保障义务的人承担补充责任。

三、损害消费者权益的法律责任

经营者侵害消费者合法权益的行为是违法行为,应当承担相应的法律责任。《消费者权益保护法》根据违法行为的不同性质、损害大小、情节轻重,分别确定了民事责任、行政责任和刑事责任。

(一)民事责任

1. 关于承担民事责任的概括性规定

经营者提供商品或者服务有下列情形之一的,除《消费者权益保护法》另有规定的以外,应当按照《产品质量法》和其他有关法律、法规的规定,承担民事责任:(1)商品存在缺陷的;(2)不具备商品应当具备的使用性能而在出售时未作说明的;(3)不符合在商品或者其包装上注明采用的商品标准的;(4)不符合商品说明、实物样式等方式表示的质量状况的;(5)生产国家明令淘汰的商品或者销售失效、变质的商品的;(6)销售的商品数量不足的;(7)服务的内容和费用违反约定的;(8)对消费者提出的修理、重作、更换、退货、补足商品数量、退还货款和服务费用或者赔偿损失的要求,故意拖延或者无理拒绝的;(9)

法律、法规规定的其他损害消费者权益的情形。

2.侵犯人身权的民事责任的专门规定

我国《消费者权益保护法》对侵犯人身权的民事责任作了专门的规定，其主要内容如下：

(1)经营者提供商品或者服务，造成消费者或者其他受害人人身伤害的，应当支付医疗费、治疗期间的护理费、因误工减少的收入等费用，造成残疾的，还应当支付残疾者生活自助用具费、生活补助费、残疾赔偿金以及由其扶养的人所必需的生活费等费用。

(2)经营者提供商品或者服务，造成消费者或者其他受害人死亡的，应当支付丧葬费、死亡赔偿金以及由死者生前扶养的人所必需的生活费等费用。

(3)经营者侵害消费者的人格尊严或者侵犯消费者人身自由的，应当停止侵害、恢复名誉、消除影响、赔礼道歉，并赔偿损失。

3.侵犯财产权的民事责任的专门规定

我国《消费者权益保护法》对侵犯财产权的民事责任也作了专门的规定，其主要内容如下：

(1)经营者提供商品或者服务，造成消费者财产损害的，应当按照消费者的要求，以修理、重作、更换、退货、补足商品数量、退还货款和服务费用或者赔偿损失等方式承担民事责任。消费者与经营者另有约定的，按照约定履行。

(2)对国家规定或者经营者与消费者约定包修、包换、包退的商品，经营者应当负责修理、更换或者退货。在保修期内两次修理仍不能正常使用的，经营者应当负责更换或者退货。对包修、包换、包退的大件商品，消费者要求经营者修理、更换、退货的，经营者应当承担运输等合理费用。

(3)经营者以邮购方式提供商品的，应当按照约定提供。未按照约定提供的，应当按照消费者的要求履行约定或者退回货款，并应当承担消费者必须支付的合理的费用。

(4)经营者以预收款方式提供商品或者服务的，应当按照约定提供。未按照约定提供的，应按照消费者的要求履行约定或者退回预付款，并应承担预付款的利息和消费者必须支付的合理费用。

(5)依法经有关行政部门认定为不合格的商品，消费者要求退货的，经营者应当负责退货。

(6)因欺诈产生的惩罚性赔偿。《消费者权益保护法》第 49 条规定："经营者提供商品或者服务有欺诈行为的，应当按照消费者的要求增加赔偿其受到的损失，增加赔偿的金额为消费者购买商品的价款或者接受服务的费用的一倍。”所谓欺诈行为是指经营者故意采取欺骗的手段，造成消费者认识上的错误的行为。认定在买卖关系或者服务中的欺诈行为，应当注意把握以下两个方面的要素：①经营者对重要事实作虚假陈述。所谓重要事实包括商品的质量、性能、用途、价格、数量等或者服务的质量、内容、价格等。②经营者必须具有主观故意，其所作的虚假陈述目的就是使消费者相信，从而推销商品，结果是侵害了消费者的利益。经营者具有欺诈行为，是其承担加倍赔偿责任的重要前提。

案例[①]：

2001年3月15日，鹤壁市消费者李某购买了当地一家建筑安装公司的一套住房，总价65 780元。李某交付了54 800元房款，打了10 980元的欠条，建筑公司出具了65 780元的财务收据。入住后不久，李某发现房子多处断裂，开始协商退房，随后又获悉，这套住房是开发商在1999年底未经规划部门批准擅自建设的，鹤壁市建委已经下发了拆除令，法院正在强制执行，而且整栋楼房的房产证又被抵押给了银行。李某此前对这些毫不知情。2001年11月8日，李某以欺诈销售商品房为由，将这家公司诉至鹤壁市山城区法院，要求依据《消费者权益保护法》予以双倍赔偿。2002年2月，一审法院判决认定这家公司对消费者构成欺诈，判决双倍赔偿。被告不服，上诉至鹤壁市中级人民法院。2002年5月29日，二审法院维持一审判决。被告仍不服提起申诉，被法院驳回。

分析：

本案是全国首例终审生效的商品房欺诈双倍赔偿案，引起了各界的极大关注。近年来，随着我国住房商品化进程的发展，绝大多数人必须通过购买的形式取得住房。但是商品房的购买者是否属于《消费者权益保护法》规定的“消费者”，商品房买卖中的欺诈行为是否适用《消费者权益保护法》规定的“双倍赔偿”？在民法理论界及司法实践中存在不同看法。有的认为商品房并非《消费者权益保护法》规定的一般商品，如果适用双倍赔偿条款将会导致双方当事人利益的明显失衡，违背民法的公平原则；有的认为商品房当然也是《消费者权益保护法》规定的商品，只要存在欺诈行为就应当实行双倍赔偿。在实务中由于商品房涉及金额大等等原因，实际上使得消费者提出双倍

① 杨立新、朱呈义、张国宏：“‘3·15’十周年：消费者维权经典案件点评”，2006年8月10日下载于：http://www.yanglx.com/dispnews.asp? id=242

赔偿的要求后常常得不到法律支持。在本案中,法院根据《消费者权益保护法》认定房地产公司对消费者构成欺诈,判决被告向消费者双倍赔偿,保护了消费者的合法权益,在越来越多的商品房买卖纠纷案件中具有突破性的意义,可以为其他法院对同类案件的审理提供借鉴作用。当然,由于商品房是一种金额较大的商品,按《消费者权益保护法》第 49 条规定"一刀切"实行双倍赔偿也未必妥当,应当根据商品房出卖人的欺诈情节、标的金额、损害后果等因素综合认定,确定是否予以双倍赔偿。2003 年 6 月 1 日起施行的最高人民法院《关于审理商品房买卖合同纠纷案件适用法律若干问题的解释》对此作了专门规定,第 8 条、第 9 条规定在五种情形下可以请求商品房的出卖人承担不超过已付购房款一倍的赔偿责任,这是公平、合理的。商品房消费者可以据此对特定情形下的房地产出卖人的欺诈行为请求惩罚性赔偿。

(二)行政责任

我国《消费者权益保护法》不仅规定了违法经营者的民事责任,而且还规定了相应的行政责任。依据该法第 50 条的规定,经营者有下列情形之一的,若《中华人民共和国产品质量法》和其他有关法律、法规对处罚机关和处罚方式有规定,则依照这些法律、法规的规定执行;若上述法律、法规未作规定,则由工商行政管理部门责令改正,可以根据情节单处或者并处警告、没收违法所得、处以违法所得 1 倍以上 5 倍以下的罚款,没有违法所得的,处以 1 万元以下的罚款,情节严重的,责令停业整顿、吊销营业执照:

1. 生产、销售的商品不符合保障人身、财产安全要求的;

2. 在商品中掺杂、掺假,以假充真,以次充好,或者以不合格商品冒充合格商品的;

3. 生产国家明令淘汰的商品或者销售失效、变质的商品的;

4. 伪造商品的产地,伪造或者冒用他人的厂名、厂址,伪造或者冒用认证标志、名优标志等质量标志的;

5. 销售的商品应当检验、检疫而未检验、检疫或者伪造检验、检疫结果的;

6. 对商品或者服务作引人误解的虚假宣传的;

7. 对消费者提出的修理、重作、更换、退货、补足商品数量、退还货款和服务费用或者赔偿损失的要求,故意拖延或者无理拒绝的;

8. 侵害消费者人格尊严或者侵犯消费者人身自由的;

9. 法律、法规规定的对损害消费者权益应当予以处罚的其他情形。

经营者对上述处罚决定不服的,可以自收到处罚决定之日起 15 日内向上一级机关申请复议,对复议决定不服的,可以自收到复议决定书之日起 15 日内向人民法院提起诉讼，也可以直接向人民法院提起诉讼。

(三)刑事责任

经营者造成消费者人身伤害、死亡构成犯罪的，实施欺诈等违法行为构成犯罪的，非法限制人身自由构成犯罪的，应当依法追究刑事责任。经营者或其他人员以暴力、威胁等方法阻碍有关行政部门人员依法执行公务的，应当追究刑事责任。国家工作人员玩忽职守或者包庇侵害消费者合法权益行为构成犯罪的，应当依法追究刑事责任。

本章提要

消费者权益保护法是调整在保护公民消费权益的过程中所产生的社会关系的法律规范的总称。

消费者是指为了个人生活消费需要购买、使用商品和接受服务的自然人。

消费者的权利包括：安全保障权、知情权、自主选择权、公平交易权、获得赔偿权、结社权、获得相关知识权、受尊重权、监督批评权。

经营者的义务包括：履行法定义务及约定义务、接受监督的义务、保证商品和服务安全的义务、提供真实信息的义务、表明真实名称和标记的义务、出具凭证或单据的义务、保证质量的义务、履行“三包”或其他责任的义务、不得单方面作出对消费者不利规定的义务、不得侵犯消费者人格权的义务。

经营者和消费者发生消费者权益争议的可以通过五种途径解决，即双方协商和解、请求消费者协会调解、向有关行政部门申诉、提请仲裁机构仲裁、向人民法院提起诉讼。经营者对其侵害消费者权益的行为应分别承担民事责任、行政责任和刑事责任。

复习思考题

1. 理解我国《消费者权益保护法》中所称的“消费者”的含义。

2. 简述消费者的权利。

3. 简述经营者的义务。

4. 简述消费者权益争议的解决途径。

5. 哪些行为属欺诈消费者的行为？对欺诈消费者的行为应如何处理？

6. 如何理解《消费者权益保护法》的适用范围？

7. 我国消费者组织的性质是什么？消费者协会有哪些职能？现行法律规定消费者协会的七项职能是否完整？

第七章

反不正当竞争法

学习目的

- 了解反不正当竞争法律制度的沿革、概况，各种不正当竞争行为和限制竞争行为的概念、类型、特征及相应的法律监管和违法主体应承担的法律责任。
- 通过本章的学习，准确界定各种不正当竞争行为的边界，并能运用所学的法律知识分析相关案例。

第一节　反不正当竞争法概述

什么是竞争？这是解读反不正当竞争法首先必须弄清的问题。《现代汉语词典》对"竞争"词条的定义是："为了自己方面的利益而跟人争胜。"本书所要探讨的竞争，主要指的是经济学意义上的竞争，是一种建立在一定的市场状况下的竞争，同时也是由经济法所调整的竞争。早在1907年，德国法学家罗德(Lobe)就给竞争过这样的定义：竞争是各方通过一定的活动来施展自己的能力，为达到各方共同的目的而各自所作的努力，而且竞争行为仅存在于同类商品的供应之间。[①] 我国也已有多位学者对竞争下过定义。综合起来可概括为:竞争主要是两个或两个以上的市场主体在特定的市场上通过提供同类或类似的商品或服务,为争取市场地位或顾客而作的一番较量,并产生优胜劣汰的结果。[②] 从经济学角度来看,竞争引发优胜劣汰,引导资源优化配置。正如恩格斯曾总结的那样,只有通过竞争的波动从而通过商品价值的波动,商品生产的价值规律才能得到贯彻。[③] 但由于市场经济本身所固有的缺陷,公平自由的竞争机制常常遭到破坏,譬如出现各种不正当竞争行为(unfair competition practices)和反竞争行为(anti-competition practices)。世界各国都十分重视并通过法律手段矫正之。根据一般国家的立法,竞争法主要涉及调整反不正当竞争和反垄断两方面,它们也正是本章要介绍的重点。

一、反不正当竞争法的概念和特征

(一)反不正当竞争法的概念和历史沿革

反不正当竞争法的定义通常有实质和形式之分。在我国,形式上的反不正当竞争法仅指1993年颁布的《中华人民共和国反不正当竞争法》,实质上的反不正当竞争法不仅包括《中华人民共和国反不正当竞争法》及配套的法规规章,还涵盖其他一切调整市场竞争过程中因规制不正当竞争行为而产生的社会关系的法律规范。本书侧重介绍形式意义上的反不正当竞争法。

反不正当竞争法中的反垄断的立法活动可追溯到古代罗马,公元前后罗马皇帝曾颁布过关于粮食商业的法律,禁止粮行操纵价格的行为。现代意义上的制止垄断的法律,以美国1890年颁布的《谢尔曼反托拉斯法》为首创。该法包含了禁止和限制企业从事不正当竞争行为的有关规定,对遏制当时的经济寡头和寡头统治发挥了重要的作用,从而疏通了资本主义借以发展的竞争渠道。1914年美国又制定了《克莱顿法》和《联邦贸易委员会法》,基本构建了反托拉斯法的基本体系。此后,各国纷纷效仿。

制止不正当竞争的法律,作为一种约束性规则,产生于19世纪的欧洲。当时,19世纪的欧洲正面临从自由竞争向寡头经济过渡,完全的自由被滥用为损害他人利益的理由,法国的法院在实践中推出了"不正当竞争"的概念。但世界上最早作为特别法来立法的禁止不正当竞争的法律诞生于德国,1896

① 刘大洪:《反不正当竞争法》,中国政法大学出版社,2005年版,第4页。

② 同上。

③ 《马克思恩格斯全集》(21卷),第215页。

年德国制定了《反不正当竞争法》,1957 年发布了《反控制竞争法》。当今,有关反不正当竞争的立法还可见于跨国立法的有关的文献,《班吉协定》就是其中一例。作为世界上第一个调整跨国工业产权与版权的地区性公约,《班吉协定》由正文部分和 9 个附件组成,其中附件五就是关于商号与不公平竞争。

我国自 20 世纪 80 年代以来相继发布了一系列保护合法竞争,反对不正当竞争的法律、行政法规和行政规章。如 1980 年颁布了《国务院关于开展和保护社会主义竞争的暂行规定》。1993 年全国人大常委会通过了《反不正当竞争法》之后,国家工商行政管理局先后发布了《关于禁止有奖销售活动中不正当竞争行为的若干规定》(1993 年)、《关于禁止公用企业限制竞争行为的若干规定》(1993 年)、《关于禁止仿冒知名商品特有名称、包装、装潢的不正当竞争行为的若干规定》(1995 年)、《关于禁止商业贿赂行为的暂行规定》(1996 年)、《关于禁止串通招标投标行为的暂行规定》(1998 年)等行政规章。国家发展计划委员会在 1999 年发布了《关于制止低价倾销行为的规定》,国务院在 2001 年公布了《关于禁止在市场经济活动中实行地区封锁的规定》。由此,初步形成了具有中国特色的反不正当竞争法体系。

(二)反不正当竞争法的特征

1.调整对象具有广泛性

《反不正当竞争法》作为调整市场竞争行为、维护市场竞争秩序、实现公平竞争的基本法,它不仅调整破坏市场竞争秩序的行为,如侵犯商业秘密行为、商业贿赂行为等,还调整妨碍市场充分有效竞争的行为,如政府及其所属部门滥用权利限制竞争的行为,企业间联合限制竞争行为等。

2.调整手段具有综合性

《反不正当竞争法》采用诸法合体的方式,运用综合的法律手段来维护市场公平的秩序。具体表现在对不正当竞争行为采用多元的法律责任形式加以规制。违反竞争法的行为可能会产生多种不良后果,因此传统的单一责任的承担方式不足以威慑不正当竞争行为。《反不正当竞争法》第四章规定了三种责任形式,其中行政责任包括处以罚款、没收违法所得、责令停止违法行为、吊销营业执照等,民事责任主要是赔偿损失,刑事责任有侵犯商业秘密罪、串通招投标罪等。

3.具有国际性

我国《反不正当竞争法》的出台,本身就是与国际竞争立法接轨的产物。如"商业秘密"、"搭售"、"折扣"、"佣金"、"反倾销"等法律术语都是移植先进国家的法律成果。同时,反不正当竞争法所调整的对象亦具国际性。国内市场日益融入国际市场，因此我国《反不正当竞争法》立法时也力求与国际贸易规则靠近。如自愿、公平、诚信和遵守商业道德原则的确定与国际公认的竞争原则相符。又如各国反不正当竞争法内容基本上均涵盖限制竞争与不正当竞争行为等。

二、反不正当竞争法的立法模式

综观世界各国对不正当竞争行为的规制，大致采取了三种立法模式。

(一)基于法律一般原则取缔不正当竞争

法国可作为此类立法的典范。虽然法国于 1945 年和 1963 年制定了《物价控制法令》和《尊重诚实竞争的法令》，但法国至今未制定反不正当竞争法。

(二)制订特别法

属于这一类型的国家，又可分为三种：

1. 统一立法模式(合并立法模式)。是将反垄断、禁止限制竞争和反不正当竞争三大类行为合并起来立法，制定统一的反不正当竞争法。如匈牙利、我国台湾地区。

2. 分别立法模式。即分别制定反垄断法、防止禁止限制竞争法和反不正当竞争法。如德国、日本、韩国、英国。

3. 混合专项立法模式。即不明确划分垄断行为、限制竞争行为和不正当竞争行为，而是在一个专项法案中将这三种行为都纳入规范的范围。如美国 1890 年的《谢尔曼反托拉斯法》、1914 年的《克莱顿法》和《联邦贸易委员会法》即属此列。

(三)折中立法

这种立法以比利时为代表。在比利时，不正当竞争也可根据民法上的民事责任的一般原则加以制裁。国王于 1934 年也发布命令，准许商事法庭庭长在商人请求下，命令停止违反工商诚实习惯的行为。本命令对不正当竞争界定了一般性的边界。刚果等亦属于此类立法的国家。

就我国而言，在经济体制的转轨时期，各种违反商业诚信的不正当竞争现象日益猖獗，急需法律调整。但当时学界对反垄断法的认识尚未统一，因而借鉴了美国式的立法模式。目前，我国先制定了《反不正当竞争法》，并且将一些严重的限制竞争行为也纳入该法，而《反垄断法》也正在紧锣密鼓地筹划之中，形成了一个日渐完善的法律体系。

三、反不正当竞争法的基本原则

我国《反不正当竞争法》第 1 条规定:“为保障社会主义市场经济健康发展,鼓励和保护公平竞争,制止不正当竞争行为,保护经营者和消费者的合法权益,制定本法。”《反不正当竞争法》第 2 条第 1 款规定:“经营者在市场交易中,应当遵循自愿、公平、诚实信用的原则,遵守公认的商业道德。”

根据上述规定,可以将我国反不正当竞争的的基本原则归纳为:

(一)自愿原则

自愿原则,指在商品或服务的交易过程,交易各方在法律许可的范围内完全凭依个人意愿并不受制于他人在经济或行政上的势力影响。包括三层含义:(1)进入或退出市场自愿;(2)进行市场交易自愿;(3)禁止和消除限制禁止,即防止地区封锁或行业垄断。

但自愿竞争常受到下列要素的限制:(1)国家利益和社会公共利益;(2)他人利益;(3)特殊情况,如法律的特殊规定、战争等;(4)竞争者自身条件。

(二)公平竞争原则

此原则包括两个方面的含义:(1)平等竞争;(2)公正竞争。

公平竞争是正当竞争的前提和基础,也是合法竞争的主要内容。平等竞争要求市场主体资格平等,互不隶属;各主体权利、义务对等;平等地受到法律的调整。公正地竞争是侧重于对市场的管理者而言,要保障各竞争主体竞争机会均等、竞争过程公平、竞争结果排斥各市场主体受生产经营以外的非法因素干扰。公平原则要求市场主体不谋取法律以外的任何特权和利益。

(三)诚实信用原则

指经营者在各种市场交易过程中,应从善意出发,信守诺言,诚实不欺,行使各项权利,履行各自义务。诚实信用素有“透明规定”和“帝王条款”之称,较之其他原则具有拾遗补缺之功效。针对《反不正当竞争法》未规定的内容,可以凭依该原则予以调整;对已有规定但适用会导致明显不公的,可依诚实信用原则加以修正。

(四)遵守商业道德原则

商业道德又称为“公认的商业道德”,是指人们在长期的市场经济活动中逐渐形成的并为人们所普遍遵守的善良习俗。这些商业道德因为具有普遍适用性,属于市场交易行为中的商业行为规范。如“货真价实”的交易道德、“不偏不倚、不赚差价”的中介道德等。遵守商业道德有利于弥补法律规范的不足,同时也可促进各市场主体不断提高职业道德和社会责任感。

案例：[1]

1989年，某单位辞职干部赵友山在哈尔滨市设立龙庆公司进入石油成品油零售行业，1993年赵开始介入批发行业。1995年至1997年龙庆公司每年销售成品油30万吨，向100多个加油站批发成品油，同时，自己还经营了7个加油站。

1998年3月国务院宣布重组石油工业，组建两大全业务的石油集团：中国石油天然气集团公司(简称"中石油"，获得了北方12省的油气资源和相应的勘探生产，及下游的炼油、批零等业务)、中国石油化工集团公司(简称"中石化"，获得南方19省的油气资源及勘探生产业务)。1999年5月，国务院办公厅转发了国家经贸委等五部门《关于进一步整顿和规范成品油市场秩序的意见》(国办发[2001]72号)，进一步赋予两大集团专营权，过去自由竞争的成品油批发零售市场，自此变成了两大寡头瓜分的局面。赵友山经营的龙庆公司亏损与日俱增，迫不得已，于2002年与中石油谈判收购，黑龙江省审计事务所评估公司价值为3 200万元，但中石油出价为2 000万且只要资产不要人。谈判破裂。2003年5月，在两大集团的要求下，铁道部发文，铁路部门只承运中石油和中石化托运的成品油，龙庆公司被迫停业。

分析：

案例中中石油运用其经济优势和政治背景所实施的行为，如以明显不合理的价格收购龙庆公司，及施压迫使铁路部门不承运其他公司的成品油等，均违反了《反不正当竞争法》所规定的自愿、公平、平等的原则。

四、我国反不正当竞争法的基本内容与特点

《反不正当竞争法》是我国第一部以规范市场主体行为、维护市场公平竞争秩序为目的的成文法律。其立法宗旨明确、逻辑严密，在解读这部法之前我们先来初步了解一下该法的概况。

(一)典型的经济法

从法律性质上说，《反不正当竞争法》是典型的公私法结合的经济法，从立法宗旨到执法体制、法律责任都体现了这一点。根据该法第1条，我国《反不正当竞争法》确立了鼓励和保护公平竞争，保护经营者与消费者合法权益的立

① 刘大洪：《反不正当竞争法》，中国政法大学出版社，2005年版，第19～21页，转引自《南方周末》2003年10月17日。

法目的。采取的是行政执法机关和司法机关共同执法的双轨制，并规定了多元的法律责任。

(二)采用了概括加列举的立法体例

首先在第2条规定了竞争应遵循的概括性条款即"经营者在市场交易中，应当遵循自愿、公平、诚实信用的原则，遵守公认的商业道德"，及不正当竞争的一般条款，即"本法所称的不正当竞争，是指经营者违反本法规定，损害其他经营者的合法权益，扰乱社会经济秩序的行为"。随后又用专章规定了11种具体的行为：第5条的市场混淆行为，第8条的商业贿赂行为，第9条的引人误解的虚假宣传行为，第10条的侵犯商业秘密行为，第13条的不正当有奖销售行为，第14条的商业诋毁行为，第15条的串通招标投标行为等7种。另外，值得一提的是该法第6条的公用企业滥用优势地位限制竞争行为，第7条的政府及所属部门滥用行政权力限制竞争行为，第11条的低价倾销行为，第12条的附条件交易及搭售商品行为等4种行为一般被认为是典型的限制竞争行为。

第二节　不正当竞争行为

一、不正当竞争行为的概念和特征

(一)概念

市场经济体制在我国确立和运行之后，市场经济得到逐渐发育和培养，尤其是中国加入世贸后，由于世界经济一体化的冲击，各种竞争异常激烈。然而，竞争的过程总是交织着正当与不正当竞争行为。

所谓正当竞争，是指经营者为追求自身利益的实现，在不违背市场竞争的基本原则的前提下进行的竞争活动。正当竞争，能够最大限度地调动经营者的积极性，促使其完善管理、提高技术，向市场提供公众所需的质优价廉的商品；通过优胜劣汰，使生产资料和社会劳动得到合理的配置，并使经济活动充满活力、健康发展，并因此，给消费者和全社会带来最大福利。[①] 正当竞争应

① 吕春燕：《经济法律原理与实务》，清华大学出版社，2002年版，第255页。

当是一种合理、合法的竞争。

不正当竞争的定义首先出现在法国，但作为一个法律概念，却是诞生于19世纪末的德国和美国。当时，德国制定的成文法、美国的普通法判例以及一些国家围绕工业产权国际保护问题签署的《保护工业产权巴黎公约》都相继推出了“不正当竞争”一词。[①]

综观各国的反不正当竞争法，一般是从违反善良风俗和诚实信用等商业惯例的角度来定义不正当竞争的。[②]由于“善良风俗”、“良好的经营风尚”、“诚实习惯”、“诚实信服”等标准并非法律上的规范术语，在实践中难以操作，因此，各国在反不正当竞争法中往往在一般定义之后均会罗列应受处罚的具体的不正当竞争行为。我国的《反不正当竞争法》亦是如此。《反不正当竞争法》第2条第2款的规定：“不正当竞争，是指经营者违反法律规定，损害其他经营者的合法权益，扰乱社会经济秩序的行为。”在这一定义之后，《反不正当竞争法》又列举了应予处罚的11种不正当竞争行为（将4种限制竞争行为也纳入其中）。

（二）特征

根据我国《反不正当竞争法》，不正当竞争行为具有以下特征：

1. 主体的特定性

根据《反不正当竞争法》第2条的解释，所谓经营者是指从事商品经营或者营利性服务的法人、其他经济组织和个人。实践中，如何把握和认识“经营者”，是能否正确理解和执行该法条的关键。比如，只有具备合法经营资格的主体才可以成为经营者，还是不管有无经营资格，只要客观上从事了经营行为就可以认定为经营者？政府及其所属部门能否成为不正当竞争行为的主体？我们认为，界定“经营者”不应当从其固有资格上界定，从行为角度界定经营者更为合理，即只要参与或者从事了市场经营活动，都应属于《反不正当竞争法》上的经营者。

---

① 高庆年：《新经济法原理》，中国民主法制出版社，2001年版，第221页。

② 如德国的《反不正当竞争法》称不正当竞争为“在营业中为竞争目的采取违反善良风俗的行为”；前南斯拉夫的《防止不正当竞争和垄断协议法》认定不正当竞争是“联合劳动组织为了从事商品交换和服务或其他经济活动，而做出的违反良好的经营风尚并给其他联合劳动组织、消费者或社会共同体带来或者能够带来损害的行为。”《保护工业产权巴黎公约》第10条第2款规定：“任何违反工商业中良好和诚实习惯的竞争行为都是不正当竞争行为。”瑞士则规定：“不正当竞争是指任何欺骗性的商业行为，或以其他手段违反诚实信用原则的任何商业行为。”

2. 行为的违法

不正当竞争行为的违法性，主要表现在违反了《反不正当竞争法》的规定，既包括违反了该法第二章关于禁止不正当竞争行为的各种具体规定，也包括违反了该法所确立的自愿、公平、诚实信用等基本原则。《反不正当竞争法》第二章所列举的不正当竞争行为，是判断经营者在市场交易中的行为是否属于不正当竞争行为的重要法律依据。但是，由于现实经济生活的复杂多样性，《反不正当竞争法》不可能将所有的不正当竞争行为全部列举出来，因此，在实践中，如果经营者的某项行为难以被确认为该法所明确列举的不正当竞争行为，那么，还可以依据该法第 2 条第 1 款所确立的自愿、平等、公平、诚实信用等基本原则来认定，倘若经营者的某项行为从根本上有悖于这一基本原则，同样属于不正当竞争。

3. 不正当竞争行为侵害的客体是其他经营者的合法权益和正常的社会经济秩序

不正当竞争行为是一种有目的、损他性的行为，是以侵害"其他经营者"合法权益为直接目标的行为。这里的"其他经营者"，即其竞争对手，既包括其实际的竞争对手，也包括其潜在的竞争对手。当然，有些不正当竞争行为，如虚假广告和欺骗性有奖销售，还同时损害广大消费者合法权益，只有严厉禁止这些不正当竞争行为，才能确保市场经济健康有序发展。

二、不正当竞争行为的类型

借鉴世界各国反不正当竞争法的相应规范，结合我国市场竞争的实际情况，我国《反不正当竞争法》将不正当竞争行为归纳为 11 种行为，其中 4 种属于限制竞争的行为，7 种属于不正当竞争行为，现将这 7 种不正当竞争行为分述如下：

(一)市场混淆行为

1. 混淆行为的定义和特征

市场混淆行为又称为市场混同行为、欺骗性交易行为，是指经营者采用假冒或仿冒等欺骗手段，使其商品或提供的服务与他人的商品或提供的服务相混淆，造成或足以造成购买者误认的不正当竞争行为。从各国立法例和市场经济实践来看，市场混淆是一种古老而传统的不正当竞争行为，也是最广泛和最易被经营者采用的不正当竞争行为。《保护工业产权巴黎公约》及大多数国家的反不正当竞争法均将混淆行为归入禁止之列。

该行为的特点是：(1)行为的主体是从事市场交易活动的经营者。(2)行为的客体是他人商品的标识,包括:注册商标;知名商品特有的名称、包装、装潢;企业的名称或姓名以及其他的质量或产地的认证标志等。(3)行为的后果客观上造成或足以造成消费者或用户发生混淆。

2.混淆行为的类型

根据我国《反不正当竞争法》第5条的规定,我国法律规定的市场混淆行为主要有:

(1)假冒他人的注册商标

我国的《商标法》与《反不正当竞争法》都对假冒他人注册商标的行为作了禁止性规定。其立法意图是编织更加严密的法网,使得假冒注册商标的行为即使《商标法》无法涵盖,亦可通过《反不正当竞争法》追究其法律责任。假冒他人的注册商标,是目前不正当竞争行为中的一个主要类型,行为者的目的是假借他人商标的声名,直接侵占商标持有人的已有市场份额,牟取非法利益。全国人民代表大会常务委员会法制工作委员会专门对假冒他人注册商标的含义作了解释,根据《商标法》的规定,是指未经注册商标所有人的许可,在同一种商品或类似商品上使用与其注册商标相同或者近似的商标。

(2)擅自使用、仿冒知名商品特有的名称、包装、装潢

首先涉及知名商品的界定。知名商品由于深受消费者的欢迎,市场占有量巨大,将给企业带来颇丰的利益,如"可口可乐"、"贵州茅台"等。故绝大多数国家将知名商品的保护列入反不正当竞争法的保护范畴。所谓知名商品的界定目前在实践中主要是根据国家工商行政管理部门《关于禁止仿冒知名商品特有的名称、包装、装潢的不正当竞争行为的若干规定》(以下简称《若干规定》)第4条第1款的规定,"商品的名称、包装、装潢被他人擅自作相同或者近似使用,足以造成购买者误认的,该商品即可认定为知名商品"。虽然这一"反推原则"操作性强,但逻辑上却不够严密,同时也剥夺了涉嫌仿冒者提供反证的机会。

学理上亦有对知名商品的认定,主要有三个标准[①]:一是经国家主管部门按照严格程序认定的名优商品;二是在本地区或者国内外为用户、消费者所熟悉的商品;三是从维护合法经营者权益的角度说,可以划定较宽的标准,就是擅自使用或近似使用他人的商品名称、包装、装潢,一般即可认为他人的商品为知名商品。

---

① 全国人大法工委民法室编著:《中华人民共和国反不正当竞争法释义》,法律出版社,1994年版,第16页。

其次，特有的名称、包装、装潢的认定亦是一个需要关注的法律问题。所谓特有，是相对于通用而言，指商品名称、包装、装潢非为相关商品所通用，并具有显著的区别性特征。商品名称有通用名称与特有名称之分。①就商品名称而言，通用名称是指某类商品所共同具有的名称，它可以将某一类商品与另一类的商品区分开；《若干规定》第 3 条第 3 款规定，特有名称，则指知名商品独有的与通用名称有显著区别的商品名称，但该商品名称已作为注册商标的除外。②关于包装的界定，《若干规定》第 3 条第 4 款规定，包装是指为识别商品以及方便携带、储运而使用在商品上的辅助物和容器。《反不正当竞争法》所保护的商品包装，是指在一定程度上体现了某种商品独有的特征，为消费者识别该商品提供一定参照标准的包装。③涉及对装潢的界定，《若干规定》第 3 条第 5 款规定，装潢是指为识别与美化商品而在商品或者其包装上附加的文字、图案、色彩及其排列组合。特有的装潢因其所含的特征更为明显，不仅可以起到美化商品的作用，还可成为消费者区分商品的依据。

最后，"近似"的判定。擅自使用知名商品完全相同的名称、包装、装潢比较好判断，比较复杂的是有关"近似"的认定。根据《若干规定》第 5 条，"对使用与知名商品近似的名称、包装、装潢，可以根据主要部分和整体形象相近，一般购买者施以普通注意力会发生误认等综合分析认定。一般消费者已经发生误认或混淆的，可以认定为近似"。

(3)擅自使用他人企业名称或者姓名

企业名称是企业区别商品或服务来源的营业标志。《反不正当竞争法》不仅保护经工商行政管理部门登记注册的企业名称，也保护未经登记注册的企业名称。保护企业名称和姓名的目的是保护因企业名称或姓名而产生的商业信誉。擅自使用他人的企业名称或姓名，实质上是盗用企业的商业信誉，牟取非法利益，是典型的不正当竞争行为。民法主要是从人格权的角度对名称权、姓名权予以保护；而竞争法是从维护市场竞争秩序的角度防止商品出处的混淆。

(4)伪造或冒用他人商品的认证标志、名优标志、产地标志

这一行为包含了两方面的不正当竞争行为，既有伪造或仿冒的市场混淆行为，又有虚假表示的行为(即《反不正当竞争法》第 9 条规制的行为)。

质量标志是指证明经营者的商品质量达到一定水平的标志，包括认证标志、名优标志以及其他质量标志。认证标志是指经国际或国内权威认证机构认证合格，颁发给企业表示产品质量已达认证标准的一种证明。名优标志是证明其产品符合政府规定标准的一种标志。被授予名优标志具有荣誉性质。

伪造质量标志的目的是向消费者传递虚假的质量信息，是一种欺骗行为。产地标志主要是指货源标记和原产地名称。货源标记指商品的制造、加工、择选地或商品生产者的所在地。我国《原产地标记管理规定》中，将原产地标记（地理标志）的产品定义为：一个国家、地区或特定地方的地理名称，又将该名称用于指示一项产品且该产品的质量特征完全或主要取决于该地理环境、自然条件、人文背景等因素。因此，原产地名称所反映的就不仅是产品与其产地之间的外部联系，同时还揭示出产品质量与产地之间的内在联系，此时的产地名称便成为一种质量标志，具有以产地识别商品的功能。如法国的香水、瑞士的手表、南非的钻石。

认证标志、名优标志、产地标志从不同程度反映商品的声誉，伪造或冒用人利用混淆手段，其目的是欺骗消费者，从而获得非法利益，因此这种行为是不正当竞争行为。

3. 法律责任

《反不正当竞争法》第 21 条针对第 5 条所列的不正当竞争行为作出了相应的处罚规定：经营者假冒他人的注册商标，擅自使用他人的企业名称或者姓名，伪造或者冒用认证标志、名优标志等质量标志，伪造产地，对商品质量作引人误解的虚假表示的，按照《商标法》、《产品质量法》的规定处罚。经营者擅自使用知名商品特有的名称、包装、装潢，或者使用与知名商品近似的名称、包装、装潢，造成和他人的知名商品相混淆，使购买者误认为是该知名商品的，监督检查部门应当责令停止违法行为，没收违法所得，可以根据情节处以违法所得一倍以下的罚款；情节严重的，可以吊销营业执照；销售伪劣商品，构成犯罪的，依法追究刑事责任。

（二）商业贿赂行为

1. 商业贿赂的定义和特征

（1）商业贿赂的定义。商业贿赂是指经营者在市场交易活动中，为争取交易机会，特别是为取得相对于竞争对手的市场优势，暗中给予对方有关人员和能够影响交易的其他相关人员以财物或者其他利益的行为。[①]

《反不正当竞争法》第 8 条规定："经营者不得采用财物或者其他手段进行贿赂以销售或者购买商品。在账外暗中给予对方单位或者个人回扣的，以行贿论处；对方单位或者个人在账外暗中收受回扣的，以受贿论处。"

（2）商业贿赂的特征

---

① 黄勤南：《中国反不正当竞争法讲座》，改革出版社，1995 年版，第 96 页。

第一，主体是从事市场交易的经营者，包括买卖双方。其他主体可能从事行贿但不属于商业贿赂。

第二，商业贿赂的经营者在主观上出于故意，目的是争取交易机会，获取优惠的交易条件，而非其他目的。

第三，在客观方面，表现为违反国家有关财务会计及廉政方面的法律、法规和规定，私下暗中给付财物或其他报偿。根据国家工商行政管理局《关于禁止商业贿赂行为的暂行规定》，所谓财物，是指现金和实物，包括经营者为销售或购买商品，假借促销费、宣传费、赞助费、科研费、劳务费、咨询费、佣金等名义，或者以报销各种费用等方式，给付对方单位或者个人的财物。所谓其他手段，是指提供国内外各种名义的旅游、考察等给付财物以外的其他利益的手段。

第四，商业贿赂行为由行贿和受贿构成。一方行贿，另一方不接受；或一方索贿，另一方不给付均不构成商业贿赂。

2. 商业贿赂与相关经济术语的区分

从表面上看，商业贿赂与商业折扣、商业佣金极为相近。但依据《反不正当竞争法》第 8 条第 2 款规定："经营者销售或者购买商品，可以以明示方式给对方折扣，可以给中间人佣金。经营者给对方折扣、给中间人佣金的，必须如实入账。接受折扣、佣金的经营者必须如实入账。"商业折扣和商业佣金均是正常的交易手段，是法律允许的。区分的关键在于是"明示"还是"暗中"，以及是否入账。

这里的"账外暗中"，是指未在依法设立的反映其生产经营活动或者行政事业经费收支的财务账上按照财务会计制度的规定明确如实记载，包括不记入财务账，转入其他财务账或者作假账等。折扣是商品购销中的让利，是指经营者在销售商品时，以明示并如实入账的方式给予对方的价格优惠，包括支付价款时对价款总额按一定比例予以扣除，以及支付价款总额后再按一定比例予以退还两种形式。所谓"明示和入账"是指根据合同约定的金额和支付方式，在依法设立的反映其生产经营活动或者行政事业经费收支的财务账上按照财务会计制度规定明确如实记载。佣金是指经营者在市场交易中给予为其提供服务的具有合法经营资格的中间人的劳务报酬。佣金也必须在规定的账目中予以反映。

3. 商业贿赂的法律责任

商业贿赂行为从根本上扭曲了公平竞争的本质，使市场规律无法正常发挥作用，破坏了正常的交易秩序。因此，《反不正当竞争法》第 22 条规定："经营者采用财物或者其他手段进行贿赂以销售或者购买商品，构成犯罪的，依法追究刑事责任；不构成犯罪的，监督检查部门可以根据情节处以 1 万元以上、20 万元以下的罚款，有违法所得的，予以没收。”

(三)引人误解的虚假宣传行为

1. 虚假宣传的定义和特征

(1)定义

在现代商品经济社会，广告等媒介是极有效的促销手段。随着我国社会主义市场经济的发展，商业广告等宣传媒体在社会经济生活中的地位和作用也日益重要，它既是促成商品生产者、经营者和消费者三者发生商业交易关系的媒介，又是商业生产经营者相互之间进行商业竞争的手段。但虚假宣传却引发大量的社会问题。虚假宣传的行为是指经营者利用广告或其他方法，对其提供的商品或者服务向消费者作出的与商品或者服务实际情况不相符的宣传。《反不正当竞争法》第 5 条第 4 项规定，经营者不得在商品上伪造或者冒用认证标志、名优标志等质量标志，伪造产地，对商品质量作引人误解的虚假表示。该法第 9 条进一步规定：“经营者不得利用广告或者其他方法，对商品的质量、制作成分、性能、用途、生产者、有效期限、产地等作引人误解的虚假宣传。广告的经营者不得在明知或应知的情况下，代理、设计、制作、发布虚假广告。”《广告法》第 3 条规定，广告应当真实合法，符合社会主义精神文明建设的要求。第 4 条规定，广告不得含有虚假内容，不得欺骗、误导消费者。这里的“在商品上”、“广告和其他方法”基本上涵盖了当前公众所熟知的各种宣传形式。

(2)特征

第一，主体主要是商品的生产经营者，即广告主。另外，广告的代理制作者和广告的发布者也可以成为虚假宣传的主体。

第二，客观上借助广告或者其他方法，进行了引人误解或虚假的宣传行为。虚假是指经营者进行商业宣传的内容与被宣传的商品或服务的实际状况不符；引人误解则主要强调受宣传的对象因为宣传的内容对被宣传的商品或服务产生或足以产生错误认识。

第三，主观上广告的经营者必须是明知或应知才承担法律责任，而广告主的主观过错不影响其是否承担责任。

第四，虚假宣传的内容主要涉及商品或者服务的质量、声誉等，即包括商品的质量、制作成分、性能、用途、生产者、有效期限、产地、荣誉等或者服务的质量、方式等。

第五，虚假宣传的后果，达到了引人误解的程度，扰乱了社会经济秩序。

2.虚假宣传的法律责任

(1)经营者的法律责任

《反不正当竞争法》第24条第1款规定："经营者利用广告或者其他方法，对商品作引人误解的虚假宣传的，监督检查部门应当责令停止违法行为，消除影响，可以根据情节处以1万元以上、20万元以下的罚款。"

(2)广告经营者的法律责任

《反不正当竞争法》第24条第2款规定："广告的经营者，在明知或者应知的情况下，代理、设计、制作、发布虚假广告的，监督检查部门应当责令停止违法行为，没收违法所得，并依法处以罚款。"这一条主要是对行政责任的规定。其民事责任可分别依据《广告法》、《消费者权益保护法》、《反不正当竞争法》第20条的规定追究。情节严重的，还须承担刑事责任。

(3)社会团体和其他组织的法律责任

社会团体和其他组织，在虚假广告中向消费者推荐商品或服务，使消费者的合法权益受到损害的，应当依法承担连带责任。

(四)侵犯商业秘密的行为

1.商业秘密定义

对于商业秘密，不同的国家认定的标准不尽相同。德国的反不正当竞争法没有对商业秘密下定义，但实务认为，所谓商业秘密是指所有人有保密的意思，具有正当的经济利益，与经营有关的尚未公开的信息。日本的不正当竞争防止法也没有对商业秘密进行界定，但通常认为商业秘密是企业在化学化合物、制造方法、物质的处理、储藏方法以及在推销方法等方面，具有秘密性、实用性的发明、发现或构思，它能使所有人在竞争中获得优势。[①] 而我国《反不正当竞争法》第10条规定："本条所称的商业秘密，是指不为公众所知悉、能为权利人带来经济利益、具有实用性并经权利人采取保密措施的技术信息和经营信息。"一般而言，要求商业秘密应当具备秘密性和有用性。现有的商业秘密可分为四个方面：交易秘密、经营秘密、管理秘密、技术秘密。其核心内容是技术秘密。

2.侵犯商业秘密行为的类型

优胜劣汰是市场竞争的基本准则，激烈的市场竞争决定着企业的生死存亡。在当今高度信息化的社会中，企业保持其特有的商业秘密是一项十分有

① 李艳芳：《经济法案例分析》，中国人民大学出版社，2006年3月第2版，第140页。

效的战略措施。为了鼓励企业积极进行新产品、新技术、新方法的研究和开发,各国都十分重视对商业秘密的法律保护。[①] 我国《反不正当竞争法》第10条规定:"经营者不得采用下列手段侵犯商业秘密:(一)以盗窃、利诱、胁迫或者其他不正当手段获取权利人的商业秘密;(二)披露、使用或者允许他人使用以前项手段获取的权利人的商业秘密;(三)违反约定或者违反权利人有关保守商业秘密的要求,披露、使用或者允许他人使用其所掌握的商业秘密。""第三人明知或者应知前款所列违法行为,获取、使用或者披露他人的商业秘密,视为侵犯商业秘密。"

3.侵犯商业秘密行为的认定

(1)行为主体可以是经营者也可以是其他人。

(2)客观上实施了侵犯他人商业秘密的行为,既可以是一种侵权行为,也可以是违反约定的违约行为。同时,以非法手段获取、披露和使用他人的商业秘密的行为已经或可能给权利人带来损害后果。

(3)侵权认定在司法实务中采用"接触加相似"的原则。[②] 这一原则本质上是对商业秘密案件中举证责任的分配问题作出的一种规定。根据"接触加相似"原则,原告只要证明:①被告对原告的商业秘密有接触;②被告的产品与原告的产品实质相同;③这种客体的实质相同与被告的接触具有法律上的因果关系,这就完成了初步的举证责任。此时,被告须证明其技术的"合法来源",如果被告无法完成举证,法院就可以认定其侵权。

4.侵犯商业秘密的法律责任

《反不正当竞争法》第25条明确规定了侵犯商业秘密的行政责任:"违反本法第10条规定侵犯商业秘密的,监督检查部门应当责令停止违法行为,可以根据情节处以1万元以上、20万元以下的罚款。"另外,根据该法第20条及《合同法》的相关规定,可以追究行为人的民事责任。《刑法》第229条规定了侵犯商业秘密罪即:"凡是侵犯商业秘密的行为,给商业秘密的权利人造成重大损失的,处3年以下有期徒刑或者拘役,并处或单处罚金;造成特别严重后果的,处3年以上7年以下有期徒刑,并处罚金。"

实践中,权利人还可依照《合同法》、《劳动法》的有关规定,对违反约定义务、侵犯商业秘密的行为予以制裁。

---

① 李艳芳:《以案说法(经济法编)》中国人民大学出版社,2006年7月第1版,第320～321页。

② 朱妙春:《商业秘密诉讼案代理纪实》,知识产权出版社,2004年版,第456页。

(五)低价倾销行为

1. 低价倾销行为的定义和特征

(1)定义

低价倾销又被称为不正当亏本销售,或掠夺性定价,是指经营者以排挤对手为目的,以低于成本的价格销售商品或提供服务。①

虽然在市场竞争中,经营者享有较充分的自由定价的权利,但价值规律告诉我们,价格必须围绕价值上下波动,价格在很大程度上决定着企业的利润。经营者低价倾销的行为实质上是利用其经济优势,通过一定时期在某一特定区域低价抛售,争夺市场份额,击垮竞争对手,达到垄断市场的目的。从维护正当的竞争秩序出发,法律应对不正当的价格竞争予以严厉限制。但基于社会的复杂多变性,《反不正当竞争法》第 11 条规定了四种除外情况:①销售鲜活商品;②处理有效期限即将到期的商品或者其他积压的商品;③季节性降价;④因清偿债务、转产、歇业降价销售商品。

(2)特征

第一,行为实施主体通常是卖方的经营者,且绝大多数情形下是处于竞争优势地位的经营者,它往往拥有雄厚的经济实力。

第二,客观上实施了低价倾销的行为。根据国家发展计划委员会《关于制止低价倾销行为的规定》,生产成本包括制造成本和由管理费用、财务费用、销售费用构成的期间费用。经营成本则包括购进商品进货成本和由经营费用、管理费用、财务费用构成的流通费用。低价倾销就是指商品或服务以低于上述所列的生产成本或经营成本的价格进行销售。

第三,行为的目的是排挤竞争对手、争夺市场份额。通常低价倾销会持续较长的一段时间,以较大的市场投放量,达到拖垮竞争对手的目的。

第四,侵害的客体是正常的市场竞争秩序。只要行为人实施了低价倾销的行为即已构成对正常市场秩序的破坏,并不要求竞争对手真正受到排挤。从短期看,只有竞争对手受损,消费者甚至可以获得"渔翁"之利;但长此以往,竞争对手退出市场,行为人一家独大,必定推行垄断价格,消费者最终会遭受垄断的危害。

2. 低价倾销的法律责任

《反不正当竞争法》并未直接规定其法律责任,但由于该行为同样属于一

---

① 时建中、王强:《掠夺性定价的经济学分析和竞争法对策》,《经济法论丛》第 4 卷,法律出版社 2003 年版。

种价格违法的行为，因此也要受到《价格法》的调整。《价格法》第40条规定，对于低于成本价销售的行为由价格行政主管部门责令改正，没收违法所得，可以并处违法所得5倍以下的罚款；没有违法所得的，予以警告，可以并处罚款；情节严重的，责令停业整顿，或者由工商行政管理机关吊销营业执照。《价格违法行为行政处罚规定》第4条、第9条又作了补充规定：企业经营者没有违法所得的，可以并处3万元以上、30万元以下的罚款；个人经营者没有违法所得的，可以处5万元以下的罚款。

(六)不正当有奖销售行为

湖南省某县百货公司，决定采取有奖销售的办法推销商品，扭亏为盈。规定凡购买该公司50元商品者即发一张兑奖券，该奖设特等奖至20等奖共21个奖次。自有奖销售的方法推行以来，百货公司销量大增，但一、二等奖和特等奖始终都未出现。经举报，由县工商局检查发现，该公司根本就没有一、二等奖和特等奖的奖号。因此，工商局对该公司依法进行处罚。

1.定义

根据国家工商行政管理2002年发布的《关于禁止有奖销售活动中不正当竞争行为的若干规定》，有奖销售是指经营者销售商品或者提供服务，附带性地向购买者提供物品、金钱或者其他经济上的利益的行为。包括：鼓励所有购买者的附赠式有奖销售和鼓励部分购买者的抽奖式有奖销售。凡以抽签、摇号等带有偶然性的方法决定购买者是否中奖的，均属于抽奖方式。经政府或者政府有关部门依法批准的有奖募捐及其他彩票发售活动，不适用本规定。

法律并不禁止所有的有奖销售行为，而只对不正当的有奖销售行为予以禁止。如上文所举的湖南某县百货公司对已向公众明示的奖项进行变更，造成欺骗购买者的后果，不仅损害其他经营者的合法权益、消费者的利益，而且扰乱了社会经济秩序。

不正当有奖销售行为是指，经营者在销售商品或者提供服务时，以欺骗或者其他不正当的手段附带性地向购买者提供物品、金钱或者其他经济上利益的行为。

2.不正当有奖销售行为的表现方式

我国《反不正当竞争法》第13条明确禁止以下三种有奖销售行为：

(1)采用谎称有奖或者故意让内定人员中奖的欺骗方式进行有奖销售。这主要是指奖券中根本没有奖项号码，或者有中奖号码但却故意让内定人员中奖，或者故意将设有中奖标志的商品、奖券不投放市场或者不与商品、奖券同时投放市场，或者故意将带有不同奖金金额或者奖品标志的商品、奖券按不同时间投放市场，或者对所设奖项的种类、中奖概率、最高奖金额、总金额、奖品种类、数量、质量、提供方法等作虚假不实的表示等。

(2)利用有奖销售的手段推销质次价高的商品。即经营者将有奖销售作为推销质次价高商品的手段，目的在于获取非法利润而损害消费者的合法权益。质次价高是指经营者违反诚实信用原则，其销售商品或服务的价格远高于商品或服务本身的价值。而“质次”也不等于不合格，应由工商行政管理机关根据同期市场同类商品的价格、质量和购买者的投诉进行认定，必要时会同技术监督部门、药品管理部门、物价部门等相关部门认定。

(3)抽奖式的有奖销售，最高奖的金额超过 5 000 元。抽奖式有奖销售只鼓励部分抽取奖励的购买者，具有随意性和投机性。奖项过高容易刺激消费者的投机心理，与市场经济倡导的诚实劳动相背。因此，法律规定抽奖式的有奖销售最高奖的金额不得超过 5 000 元。对于巨额奖项的有奖销售，以非现金的物品或者其他经济利益作奖励的，应按照同期市场同类商品或者服务的正常价格折算其金额。

3. 不正当有奖销售的法律责任

《反不正当竞争法》第 26 条规定：“经营者违反本法第 13 条规定进行有奖销售的，监督检查部门应当责令停止违法行为，可以根据情节处以 1 万元以上、10 万元以下的罚款。”另外，根据该法第 20 条、《关于禁止有奖销售活动中不正当竞争行为的若干规定》、《产品质量法》、《消费者权益保护法》、《刑法》的相关规定，不正当有奖销售行为的责任人还应承担对其他经营者和消费者的民事责任，甚至还需承担行政责任、刑事责任。

(七)商业诋毁行为

1. 诋毁竞争对手行为的概念

社会生活中，一些经营者为扩大自己的市场份额而采取对竞争对手及其所提供的商品或服务进行诋毁谩骂等，以损害竞争对手的商业形象。

诋毁竞争对手行为又称为商业诽谤行为，是指市场经营者为了占有市场，使自己在市场竞争中取得优势，故意捏造、散布有损竞争对手形象和商业信誉、商品声誉的虚假信息，从而削弱其市场竞争能力的行为。

2. 商业诋毁行为的构成要件

(1)行为主体之间具有竞争关系，主要是指同一行业的经营者，在产品或服务上存在竞争关系；其他经营者若受到唆使从事诋毁他人商誉行为的，可以构成共同侵权人，但新闻媒体被利用或接受指使的仅构成一般的侵害他人名誉权行为。

(2)主观上，经营者具有过错，既包括故意，也包含重大过失；不得以太疏忽没有预见为由进行抗辩。

(3)客观上，经营者实施了针对特定竞争对手捏造、散布虚假事实的行为。捏造即无中生有假造事实，既可以是全部捏造，也可以是部分捏造。散布则是将捏造的虚假事实扩散传播。若散布的是真实的消息则不构成商业诋毁。值得注意的是商业诋毁行为与上文提及的引人误解的虚假宣传不同，商业诋毁行为不是对自己的产品或服务进行虚假宣传，而是对竞争对手的商品或服务以及其他工商业活动进行不实陈述。

(4)商业诋毁行为后果可以是实际也可以是可能造成商誉损害。如通过广告、新闻发布会等形式捏造、散布虚假事实，使用户不明真相产生怀疑心理，进而影响其交易决策。

3. 商业诋毁行为的表现形式

(1)产品附属资料中的商业诋毁。这是指行为人在自己的产品说明书及其他文字说明资料中，吹嘘本产品质量上乘，故意贬低他人的产品质量。

(2)产品交易中的商业诋毁。这是指在具体的产品交易过程中，向业务客户及消费者散布虚假事实，以贬低竞争对手的商业信誉，诋毁其商品或服务的质量声誉。

(3)新闻、广告中的商业诋毁。这是指召开新闻发布会，刊登对比性广告、声明性广告等形式，对他人的商誉进行攻击或贬低的行为。

(4)直接在公众中散布谣言。即经营者为了贬低他人的商誉而在公众中散布不利于竞争对手的谣言。

(5)组织、唆使、利用他人进行商业诋毁。即经营者组织、唆使或者利用他人捏造、散布不利于竞争对手的虚假事实，损害竞争对手的商誉。如指使顾客或消费者，向有关经济监督管理部门做关于竞争对手产品质量低劣、服务质量差、侵害消费者权益等情况的虚假投诉，从而达到贬低其商业信誉的目的。

4. 商业诋毁行为的法律责任

商誉是社会公众对市场经营者名誉的积极评价，并能以有形的形式给该市场经营者带来现实利益的回报，诋毁他人商誉会损害竞争对手及消费者的合法利益，是一种典型的不正当竞争行为。但是，我国《反不正当竞争法》并没有专门的条款规定其法律责任。其民事责任的追究主要是根据《民法通则》的规定及《反不正当竞争法》第 20 条规定的不正当竞争行为所应承担的一般民事责任。至于行政责任，法律层面没有规定，只在一些地方性法规中略有涉及，这些地方的监管部门能够对商业诋毁行为给予相应的行政处罚。在地方性法规没有规定行政责任的地方，如果经营者的行为符合第 9 条的虚假宣传行为，地方的行政执法部门也可依此给予处罚。至于刑事责任，可按刑法第 221 条处理。

但《反不正当竞争法》执行至今，市场上出现许多新的不正当竞争行为是立法者始料不及的，仍然沿用现有的《反不正当竞争法》已略显捉襟见肘。因此，不断有学者建议修订《反不正当竞争法》，增设新的不正当竞争行为的类型，如将购物凭证制度与还本销售行为一并规定，补充有关不当特许经营和纠缠或骚扰销售、服务行为的规制等。[①]

第三节　限制竞争行为

一、限制竞争行为的概念和特征

(一)概念

限制竞争行为是指妨碍甚至完全阻止、排除市场主体进行竞争的协议和行为。[②] 包括特定市场内滥用市场支配地位或者与其他经营者合谋排除或限制竞争，损害公益的行为。

(二)特征

根据我国《反不正当竞争法》的相关规定，限制竞争行为具有以下特征：

1. 主体的特定性。根据《反不正当竞争法》的相关条款，限制竞争者通常是占据某种优势地位的主体。在我国，大致可以分为两类：一是享有独占经济地位的经营者；二是政府及其所属部门。在此将前者的行为称为经济性限制竞争行为，后者的行为称作行政性限制竞争行为。

2. 行为集中表现为以下三种情形：滥用市场支配地位如搭售或附加不合理交易条件；订立限制竞争协议如在招投标中的串通行为；行政性垄断，其凭

① 四川省工商局公平交易处(匡科执笔)：《关于修订〈反不正当竞争法〉的建议》，《工商行政管理》2004 年第 17 期。

② 司法部国家司法考试中心编审：《国家司法考试辅导用书》(第一卷)，法律出版社 2003 年版，第 237 页。

借的不是一种经济上的优势，而是滥用行政权的结果。如下文案例中邮电部门对电信业的干预。

3. 限制竞争行为侵害的客体是其他经营者和消费者的合法权益及正常的社会经济秩序。它与一般的不正当竞争行为一样，是一种有目的的、损他性的行为，是以侵害“其他经营者”合法权益，获取超额的垄断利益为直接目标的行为。而且由于限制竞争的主体通常是强势主体，因此只有通过立法严厉禁止这些不正当竞争行为，才能确保市场经济健康有序发展。

案例①：

从技术上讲，电信业包括电信网及运营、网上服务、通讯设备三部分。1994 年之前，中国的电信网的运营与网上服务合二为一，由邮电部独家垄断经营。由于缺乏竞争，一方面电信资费节节攀升，另一方面，电信服务质量并未有所改善。1992 年电子部、电力部和铁道部联合向国务院正式提出组建“联通公司”的请示，1993 年 12 月 14 日国务院正式同意电子部等三部门共同组建“中国联合通信有限公司”(简称联通公司)。1994 年 7 月 19 日联通公司正式成立。从此，中国公用电信业由邮电部独家垄断变为邮电部和联通公司双寡头垄断。

1998 年本着“政企分开、破除垄断、保护竞争”的原则，我国开始了邮电分离、政企分开的政府体制改革。1998 年 3 月，我国在原邮电部和电子部的基础上成立了信息产业部。此时，中国电信作为原邮电部的直属企业仍然占据市场 99% 的份额。电信市场成为绝对的寡头垄断市场。1998 年底和 1999 年初，总理办公会议围绕中国电信的拆分先后四次召开专题会议。1999 年 2 月 4 日，总理办公会议形成决议：中国电信被一分为四——分拆为中国电信、中国移动、中国卫星通讯和国信寻呼 4 个公司，国信寻呼的资产不久并入了中国联通。2001 年 11 月，国务院批准了新的《电信体制改革方案》，对中国电信再次进行分拆。将垄断骨干网和市话网的中国电信再次分拆为两部分：北方 10 省(区、市)(含北京、河北、天津、山西、内蒙古、河南、山东和东北三省)与中国网通、吉通重组为网络通信集团公司(新网通)；西北和南方 21 省(区、市)成为分拆后的中国电信集团公司。2002 年 2 月，重组后的中国电信和中国网通正式挂牌。经过两次重组整合后，我国电信领域已经

① 张维迎、盛洪：《从电信业看中国的反垄断问题》，载季晓南主编：《中国反垄断法研究》，人民法院出版社 2001 年版，第 454～471 页。

形成中国电信、中国网通、中国移动、中国联通、铁通公司加中国卫星等6家基础电信运营商和4 000多家增值电信、无线寻呼企业相互竞争的市场格局。到2002年6月底,电信业务收入的市场占有率,中国电信为32.6%,中国网通为16.8%,中国移动为38.3%,中国联通为11.2%,铁通公司为1.1%。一家独大的局面已不复存在。

排斥竞争,必然使某些主体凭依其经济上或政治上的优势,获取垄断利益,同时损害其他经营者和消费者的合法利益。本案中,我国政府通过对中国电信进行分拆,从而打破电信领域内的垄断局面,促进该领域的有序竞争。并通过市场所固有的竞争机制促使各电信运营商不断降低成本和提高效率,最终使消费者受益。

二、限制竞争行为的类型

(一)公用企业或其他依法具有独占地位的经营者的限制竞争行为

《反不正当竞争法》第6条规定:"公用企业或者其他依法具有独占地位的经营者,不得限定他人购买其指定的经营者的商品,以排挤其他经营者的公平竞争。"

1.行为构成要件

第一,主体的特殊性。

即主体限定在公共企业或者其他依法具有独占地位的经营者,通常是指通过固定的网络或其他基础设施提供公共产品或服务的经营者。[①] 1993年12月9日国家工商行政管理局发布了《关于禁止公用企业限制竞争行为若干规定》。依据该规定,公用企业被界定为涉及公用事业的经营者,包括供水、供电、供热、供气、邮政、电讯、交通运输等行业的经营者。而具有独占地位的经营者通常是指在特定市场上处于无竞争状态,或者已取得压倒性地位和排除竞争对手能力的经营者,即垄断企业。

第二,行为的特定性。

根据《反不正当竞争法》第6条规定,公用企业或者其他依法具有独占地位的经营者限制竞争行为具有如下要件:

根据国家工商行政管理局第20号令《关于禁止公用企业限制竞争行为的若干规定》第4条之规定,公用企业或者其他依法具有独占地位的经营者不得

① 刘大洪:《反不正当竞争法》,中国政法大学出版社2005年版,第74页。

进行下列限制竞争行为：

(1)限定用户、消费者只能购买和使用其附带提供的相关商品，而不得购买和使用其他经营者提供的符合技术标准要求的同类商品；

(2)限定用户、消费者只能购买和使用其指定的经营者生产或者经销的商品，而不得购买和使用其他经营者提供的符合技术标准要求的同类商品；

(3)强制用户、消费者购买其提供的不必要的商品及配件；

(4)强制用户、消费者购买其指定的经营者提供的不必要的商品；

(5)以检验商品质量、性能为借口，阻碍用户、消费者购买、使用其他经营者提供的符合技术标准要求的其他商品；

(6)对不接受其不合理条件的用户、消费者拒绝、中断或者削减供应相关商品，或者滥收费用；

(7)其他限制竞争行为。

第三，行为具有危害性

即行为具有现实或潜在的危害，行为侵害的客体是其他经营者的公平竞争权以及消费者对商品的选择权。

2.法律责任

公用企业或其他依法具有独占地位的企业若实施了上述行为，应承担相应的法律责任。省级或设区的市级工商行政管理机关可责令其停止违法行为，并根据情节，处以5万元以上、20万元以下罚款。被指定的经营者借此销售质次价高的产品和滥收费用的，省级或设区的市级工商行政管理机关可没收违法所得，并可根据情节，处以非法所得1倍以上、3倍以下的罚款。

(二)政府及其所属部门滥用权利的限制竞争行为

《反不正当竞争法》第7条规定："政府及其所属部门不得滥用行政权力，限定他人购买其指定的经营者的商品，限制其他经营者正当的经营活动。政府及其所属部门不得滥用行政权力，限制外地商品进入本地市场，或者本地商品流向外地市场。"

1.行政性垄断的成因

(1)多元化行政利益的驱动是行政性垄断产生的根本原因。经济体制改革使得政府管理的无限性不再存在，但经济体制改革突出了多元利益。在实行"划分收支、分级包干"的财政体制下，财政上缴的任务是固定的，收入越多，地方留成的就越多。地方留成越多，地方政府的政绩就越大，于是便形成了政治利益。同时税制改革后实行"分税制"，地方利益主要体现在地方税和地方国有企业上交给政府的利税上。而本地企业的利润便与当地政府及其所属部门的切身利益产生一定的联系。在上述利益的驱动下，地方政府或政府部门往往滥用其行政权力，进行行政性垄断。

(2)经济体制改革的不彻底和政治体制改革的相对滞后为行政性垄断提供了生存的土壤。1979 年开始的经济体制改革将全局性的国家垄断演变为局部性的行政垄断。由于社会主义的计划经济还没最终转变为社会主义的市场经济，旧的经济体制所崇拜的依靠行政权管理经济的残余依然随处可见，在现实中就体现为行政性垄断。同时，政治体制改革的相对滞后，使得地方政府及其所属部门更有可能为谋求本地区、本部门的经济利益和“政绩”，屡屡滥用行政权力，直接参与企业的生产经营(如组建行政性公司)，或者对企业间的竞争进行排除和限制(如地区封锁、部门封锁)。

(3)国家对行政性垄断欠缺必要的法律规制以及行政人员依法行政法律意识的淡薄是行政性垄断产生的重要原因。现行法律、法规对行政性垄断的规定过于零散，效力层次较低，未能形成完整、系统的行政性垄断规制体系。目前规制行政垄断的责任就落在《反不正当竞争法》上，但该法不足以对行政机关及其所属部门滥用行政权干预经济形成有效威慑，主要体现在：第一，只规定了政府限定交易和地区垄断两种行政性垄断形式，对其他一些主要的行政性垄断形式未能依法予以规制。第二，缺乏有效的法律上的救济。既没有赋予受害企业和消费者提起民事诉讼的权利，也没有赋予受害企业提起行政诉讼的权利。《反不正当竞争法》第 2 条规定赋予的诉权通常认为主要是针对遭遇不法的经营者侵害的情形。同时，由于我国根深蒂固的“官本位”思想，加上“权大于法”的误解，使得在行政部门推行“依法行政”异常艰难。

2. 行为成立要件

(1)主体为政府及其所属部门。“政府”，是指除中央政府外的地方各级人民政府；“所属部门”是指中央机构中的各有关职能部门(包括各部、委、局等)和地方各级政府的职能部门。他们属于国家的行政管理机关，具有国家赋予的行政管理权，天然地处于垄断地位。在此需要注意的是行政机关及其所属部门是以集体的名义实施限制竞争的行为，体现的是行政主体集体意志，而不是其中个别行政官员的行为。

(2)客观上实施了滥用行政权力的行为。滥用行政权力的行为是指违反法律、行政法规的规定而行使行政权力的行为。这种行为已经不属于政府及其所属部门的正当管理活动，而是对市场上自由竞争的不当干预。具体包括实施行政性强制经营行为和实施地区封锁行为。行政性强制经营行为是指在政府及其所属部门以行政权进行干预下发生的经营活动。这一行为违背了民法中的诚信、自愿、平等的基本原则，同时又为滋生官员腐败提供温床，危害极大。地区封锁行为，是指地方政府及其所属部门没有法律依据，仅凭借行政权力限制商品在本地和外地之间正常流通，以谋取地方利益的行为。这一行为违反了市场经济统一大市场的要求，人为地进行条块分割，干扰正常的市场秩序。为此，2001 年 4 月 21 日国务院颁发的《关于禁止在市场经济活动中实行地区封锁的规定》，明文禁止各种形式的地区封锁行为，包括不得以任何方式限定、变相限定单位或者个人只能经营、购买、使用本地生产的产品或者接受本地提供的服务；不得在道路、车站、港口、航空港或者本行政区域边界设置关卡阻碍外地产品进入或者本地产品运出；不得对外地产品或者服务设定歧视性收费项目，规定歧视性价格，或者实行歧视性收费标准等。

(3)行为的目的在于保护本部门、本地区的利益，从而直接或间接地限制了其他经营者的经营活动，损害了公平竞争的市场竞争机制。

3. 法律责任。

《反不正当竞争法》第 30 条规定："政府及其所属部门违反本法第 7 条所禁止的滥用行政权力的行为，限定他人购买其指定的经营者的商品，限制其他经营者正当的经营活动，或者限制商品在地区之间正常流通的，由上级机关责令其改正；情节严重的，由同级或者上级机关对直接责任人员给予行政处分。被指定的经营者借此销售质次价高商品或者滥收费用的，监督检查部门应当没收违法所得，可以根据情节处以违法所得一倍以上、三倍以下的罚款。"由此可见，行政机关及其所属部门滥用行政权破坏正常的经济秩序，主要承担的是行政责任，责任的追究也主要源于行政机关系统内部的上下级之间的督察约束。

(三)搭售或者附加其他不合理条件销售商品的行为

《反不正当竞争法》第 12 条规定，"经营者销售商品，不得违背购买者的意愿搭售商品或者附加其他不合理的条件"。根据《民法通则》、《合同法》的规定，交易各方可以在平等协商的基础上附加一定条件，但所附条件必须合理合法。否则，可能导致因涉嫌违法致使合同无效。搭售就是一种附加不合理条件的行为，是一种利用其某种优势地位，违背买方意志强行搭售其他商品的行为。其他不合理条件主要是指一些限制技术进步、商品流通、交易对方的选择等方面的条件，如经营者强迫购买者接受其提出的限定销售价格、限定销售地区、限定销售对象等交易条件。

1. 行为成立的要件

(1)行为的实施主体是具有一定经营优势的经营者。实施搭售或附加其他不合理条件销售商品的主体必须是经营者，若是行政机关及其所属政府部门则可能构成滥用行政权限制竞争的行为。其次，该主体具有一定的经营上的优势，且这种优势通常是因技术或公平竞争形成的，有别于通过法律、法规赋予的具有垄断性的公用企业或者其他依法具有独占地位的经营者。

(2)经营者实施了搭售或者附加其他不合理条件的行为。主要表现为经营者在销售重要商品或者紧缺商品时，硬性向购买者搭售次要商品、非必需商品或者滞销或积压商品，或者生产者向经销者供货时，硬性要求经销者按照生产者限定的价格或者限定销售的对象，在限定的地区内销售该商品等。

(3)该行为造成了一定的危害。即经营者违背对方意愿利用经济上的优势强行搭售或者附加不合理的条件进行交易，严重违反了公平自愿、自由选择、诚实信用的交易原则。同时也损害或剥夺了其他同业竞争对手提供相关产品或服务的机会。

2. 法律责任

在《反不正当竞争法》第四章“法律责任”中并未专门规定搭售行为的法律责任条款。因此被侵害的经营者可依据该法第 20 条有关遭受不正当竞争获取民事救济的一般性规定获得赔偿。同时，还可根据《合同法》、《民法通则》、《消费者权益保护法》的相关规定维护自己的合法权益。

案例[①]：

美国微软公司是软件业的巨头公司，占据着全球操作系统 90%以上的市场份额。1998 年 5 月 18 日，美国联邦政府司法部连同 20 个州(南卡罗来那州后来退出)的总检察官对微软提起诉讼，控告其滥用市场支配地位，妨碍其他软件厂商的正当竞争。2000 年 4 月 3 日，哥伦比亚特区地方法院法官杰克逊在判决书中认为，微软公司在个人电脑操作系统中滥用了支配地位，通过捆绑销售，将 IE(Internet Explorer)浏览器强加给消费者；同时在 Windows 系列操作系统中安装源代码，将竞争对手排除在外。虽然后来微软同司法部及原告中的 9 个州和解，但微软公司亦为此付出了相应的代价。

(四)招标投标中的串通行为

招标投标作为买卖交易的一种方式，起源于 18 世纪的英国。目前，政府机构采购大宗货物通常采取招投标的方式，以保证采购行为的公开、公平、公正。为真正落实上述目的，保护广大经营者的合法权益，需要对招投标中的不

① 倪振峰编著:《竞争法案例教程》，复旦大学出版社 2005 年版，第 220 页。

正当竞争行为进行规制。我国相继出台了《反不正当竞争法》、《招标投标法》、《关于禁止串通招投标行为的暂行规定》等一系列法律、法规。

1. 招标投标的概念

招标投标,是指以订立招标采购合同为目的的民事活动,具体包括招标和投标两个主要步骤。

所谓的招标,是指招标者为购买商品或者让他人完成一定的工作,通过发布招标通知或者投标邀请书等形式,公布特定的标准和条件,公开或者书面邀请投标者投标,从中选择中标者的行为。实施招标行为的人为招标者,包括项目主办人和代理招标活动的中介机构,但不得是自然人。

投标,是指投标者按照投标文件的要求,提出自己的报价及相应条件的行为。实施投标行为的人为投标者,对于自然人,法律基于现实的考虑作出了不同于招标人的特别规定,即依法招标的科研项目允许个人参加投标的,投标的个人适用《招标投标法》的规定。

2. 串通招标投标行为的两种情况

《反不正当竞争法》第 15 条规定:"投标者不得串通投标,抬高标价或者压低标价。投标者和招标者不得相互勾结,以排挤竞争对手的公平竞争。"招标投标行为是以竞争的方式优化资源配置,若招投标的过程中招标人或投标人之间相互串通,使招投标的竞争性减弱或丧失,则优化资源配置的目标难以实现。因此法律将之作为限制竞争的行为予以制止。由上述法律规定可知,在招标投标中限制竞争的行为可归结为两类:

(1)投标者串通投标,抬高标价或者压低标价的行为。认定该行为的要点有:首先,主体必须是投标者;其次,客观上存在串通投标的行为。主要形式有[①]:①投标者之间相互约定,一致抬高或者压低投标报价;②投标者之间相互约定,在招标项目中轮流以高价位或者低价位中标;③投标者之间先进行内部竞价,内定中标人,然后再参加投标;④投标者之间就标价以外其他事项进行串通,以排挤其他竞争对手的行为。最后串通的目的是通过某种安排排挤竞争者或使得招标者得不到理想的合同条件。

(2)招投标者相互勾结以排挤竞争对手。这一行为也被某些学者简称为勾结投标[②],认定此行为的要点有:第一,行为的主体既包括投标者又包括招

① 刘大洪:《反不正当竞争法》,中国政法大学出版社 2005 年版,第 167 页,转引自:孔祥俊:《反不正当竞争法实务全书》,法律出版社 1998 年版。

② 刘大洪:《反不正当竞争法》,中国政法大学出版社 2005 年版,第 167 页。

标者;第二,客观上存在招标者和投标者勾结的行为;第三,招投标者相互勾结的目的在于不正当地排挤其他投标者,使共谋的投标者中标。具体而言主要表现形式有:①招标者违背保密义务,在公开开标前,开启标书,并将投标情况告知其他投标者;或者协助投标者撤换标书,更改报价;或者向投标者泄露标底。②招标者与投标者非法接触,私下商定在招标投标时压低或者抬高标价,中标后再给投标者或者招标者额外补偿。③招标者预先内定中标者,在确定中标者时以此决定取舍。④招标者和投标者之间其他串通招标投标行为,如投标者向招标者行贿以谋取不正当利益。

3. 法律责任

《反不正当竞争法》第 27 条专门规定了串通招投标的法律责任:"投标者串通投标,抬高标价或者压低标价;投标者和招标者相互勾结,以排挤竞争对手的公平竞争的,其中标无效。监督检查部门可以根据情节处以 1 万元以上、20 万元以下的罚款。"[①]该法的第 20 条作为追究民事责任的根据。

另外,《刑法》第 223 条规定了串通招标投标罪,规定投标人相互串通招投标报价,损害招标人或者其他投标人的利益,情节严重的,处 3 年以下有期徒刑或者拘役,并处或者单处罚金。另外还规定,投标人与招标人串通投标,损害国家、集体、公民的合法利益的,依照前款规定处罚。同时,1999 年 8 月 30 日颁布的《招标投标法》对招标投标中的串通行为亦规定了相应的法律责任,包括民事责任、行政责任、引述的刑事责任,并且针对不同违法主体分别作出了相应规定。由此建立起比较完善的责任体系。

(五)垄断行为

垄断也可以认定为一种限制竞争的极端形式,我国的《反不正当竞争法》由于出台的历史背景尚未明确规定对垄断行为的规制,而《反垄断法》亦呼之欲出,因此我们在此对垄断作简要的介绍。垄断就学理上而言分为两种:行政性垄断和经济性垄断。《反垄断法》通常所指的垄断属于经济性垄断,是自由竞争的市场经济发展的结果,且必须具备危害性和违法性。

从产业组织理论出发,依据垄断的构成要件,各国的反垄断法主要对下列垄断形式加以规制:

① 由于串通投标和招投标勾结的行为是多个主体共同参与的违法行为,在进行处罚时实践中做法不一,若将多个违法行为人视为一个违法主体,则对他们处罚的总额不得超过 20 万元;若将多个违法行为人视为多个违法主体,则对他们可以分别处以 1 万元以上、20 万元以下的罚款。

1. 卡特尔:一般是指生产同类产品的厂商,为取得高额利润而就产量、价格、市场分割等达成协议,从而损害其他经营者和消费者合法权益的行为。

2. 辛迪加:通常指同一生产领域的厂商为统一购销而订立协议所形成的垄断联合。

3. 托拉斯:主要指生产同类商品或在生产上有紧密联系的厂商从生产到销售实行全面合并所形成的垄断联合。

4. 康采恩:是指并非同一部门的大企业围绕其中实力最雄厚的企业所结成的垄断联合。

如果某一竞争主体的行为在主体、主观方面、客观方面、危害后果方面均构成上述行为,即可认定垄断行为成立,经营者则应承担相应的法律责任。根据各国的司法实践,承担责任的形式主要有:赔偿损失、通报批评、限期纠正、罚款、没收非法所得。倘若情节严重,也可能遭受有期徒刑或罚金的刑事制裁。但基于对国家整体利益的保护,各国亦规定了反垄断法的适用除外情形如军事领域等。

第四节　监督检查

一、监督检查部门

虽然《反不正当竞争法》第 4 条赋予一切组织和个人对不正当竞争行为进行社会监督,但根据《反不正当竞争法》第 3 条、第 16 条的规定,我国对不正当竞争行为的监督检查机关却只有两类:一是县级以上人民政府工商行政管理部门,这是对不正当竞争行为进行监督检查的主要职能部门;二是县级以上依照法律、行政法规规定的其他职能部门,如卫生行政管理部门依法可对食品和药品方面的不正当竞争行为进行监督检查。

二、监督检查部门的职权

根据《反不正当竞争法》第 17 条规定,监督机关在监督检查时[①]有权行使

① 依据《反不正当竞争法》第 18 条规定,监督检查部门工作人员监督检查不正当竞争行为时,应当出示检查证件。

下列职权：

1. 问询权。监督检查部门有权按照法律、行政法规规定的程序询问被检查的经营者、利害关系人和证明人，有权要求其提供证明材料或者与不正当竞争行为有关的其他资料。被检查的经营者、利害关系人和证明人应当如实提供有关资料或者情况。

2. 查询、复制权。监督检查机关有权查询、复制与不竞争行为有关的协议、账册、单据、文件、记录、业务函电和其他资料。

3. 检查权。监督检查机关有权检查与《反不正当竞争法》第 5 条规定的市场混淆行为有关的财物，必要时可以责令被检查的经营者说明该商品的来源和数量，暂停销售，听候检查，不得转移、隐匿、销毁该财物。

4. 处罚权。监督检查机关对已经发生的不正当竞争行为，可以依法对经营者进行相应的处罚，包括责令停止不正当竞争行为、没收非法所得、消除影响、赔礼道歉、吊销营业执照、处以罚款等。

三、缺陷与完善

我国现行的反不正当竞争法律体系中存在相关法律竞合、多头管理的普遍现象，严重削弱了工商行政管理部门的执法权。如根据《建筑法》规定，建筑工程中的不正当竞争行为由建筑行政主管部门监督检查；《价格法》则规定低价倾销等不正当竞争行为由物价部门监管。《法制日报》、湖北频道 2004 年有关“兴隆工商查处电信垄断遭遇尴尬”的报道[①]将这一法律弊端披露无遗。据报道，某县电信部门存在强制搭售行为，但根据《电信条例》的相关规定[②]，县工商行政管理局并无权干预，只能留待电信管理部门内部解决。因此有关《反不正当竞争法》纯粹化的呼声此起彼伏。

至于监督检查机关的职权，也是争议较多的一个部分。工商行政部门普遍认为当前法律所赋予的调查取证权限不足以有效打击不正当竞争行为，建议增设行政强制措施如查封、扣押、冻结等权力，有些学者干脆建议工商行政执法司法化。[③] 而被查的单位和个人也在积极主张应进一步扩大要求听证的权力，将听政制度适用于更多的情形，以保障其合法权利。

---

① http://legaline.com.cn/2004－6/200464223937.htm

② 详见《电信条例》第 3 条、第 72 条。

③ 四川省工商局公平交易处(匡科执笔)：《关于修订〈反不正当竞争法〉的建议》，《工商行政管理》2004 年第 17 期。

第五节 法律责任

《反不正当竞争法》第四章专章规定了不正当竞争者及相应的监督检查机关违法应承担的法律责任。主要可归纳为以下三种：

一、民事责任

根据国外的立法例[①]及司法实践，反不正当竞争法的法律制裁主要包括民事制裁和刑事制裁，且以民事制裁为主。我国《反不正当竞争法》第 20 条、第 27 条也规定了侵权者应承担下列民事责任：

1. 停止侵害，消除影响。《反不正当竞争法》虽然没有在法条中明文列举，但《反不正当竞争法》作为市场竞争的基本法和兜底法，须与其他法律、法规共同构筑制裁不正当竞争行为的法网。当不正当竞争行为得以确认，防止侵权损害进一步扩大是立法者的应有之意。[②]

2. 民事行为无效。《反不正当竞争法》第 27 条规定，投标者串通投标或与招标人勾结投标的，其中标无效。

3. 赔偿损失。《反不正当竞争法》第 20 条规定，经营者违法本法规定，给被侵害的经营者造成损害的，应当承担损害赔偿责任，被侵害的经营者的损失难以计算的，赔偿额为侵权人在侵权期间因侵权所获得的利润；并应当承担被侵害的经营者因调查该经营者侵害其合法权益的不正当竞争行为所支付的合理费用。

二、行政责任

与我国正处于经济转型中相关，我国的《反不正当竞争法》对不正当竞争行为的法律制裁也集中体现在行政责任的承担方面，几乎囊括了对所有不正当竞争行为的制裁。具体包括：责令停止违法行为、没收违法所得、罚款、责令改正、给予行政处分、吊销营业执照。需要注意的是，对政府及其所属部门的限制竞争行为，仅适用由上级行政机关责令改正。

---

① 如日本《不正当竞争防止法》和德国的《反不正当竞争法》均有相关规定。

② 《反不正当竞争法》的行政责任中多次强调责令停止违法行为可以得到印证。

当事人对监督检查部门作出的处罚决定不服的，可以自收到处罚决定之日起15日内向上一级主管机关申请复议；对复议决定不服的，可以自收到复议决定书之日起15日内向人民法院提起诉讼，也可以直接向人民法院提起诉讼。

三、刑事责任

《反不正当竞争法》规定，经营者假冒他人注册商标，进行商业贿赂，销售伪劣商品的行为；监督检查机关工作人员滥用职权、玩忽职守、徇私舞弊，构成犯罪的，依法追究其刑事责任。此外，《广告法》、《招标投标法》、《价格法》中也有对刑事责任的规定，以及《刑法》第219条对侵犯商业秘密，给权利人造成重大损失，构成犯罪的，亦规定了相应的刑事责任。

需要说明的是有三种行为在《反不正当竞争法》“法律责任”一章未单独提及，即低价倾销行为、搭售或附加不合理条件的行为及诋毁商誉的行为。这并不意味着法律对此类侵权者网开一面。被侵害的经营者可根据《反不正当竞争法》第20条有关民事赔偿的一般性规定索赔，也可根据相关法律如《民法通则》维护自己的合法权益。

本章提要

反不正当竞争法是市场经济的基本法之一，调整市场经营者从事生产经营活动的过程中所产生的各种社会关系。

根据《反不正当竞争法》规定，不正当竞争是指经营者违反该法规定，损害其他经营者的合法权益，扰乱社会经济秩序的行为。学理上将之细化为：不正当竞争行为和限制竞争行为。不正当竞争行为，是指经营者在市场竞争中，采取非法或有悖公认的商业道德的手段和方式，与其他经营者竞争的行为。具体包括：市场混淆行为、商业贿赂行为、虚假宣传行为、侵犯商业秘密、低价倾销行为、不正当有奖销售行为及诋毁商誉的行为。而限制竞争行为，是指妨碍甚至完全阻止、排除市场主体进行竞争的协议和行为。[①] 包括特定市场内滥用市场支配地位或者与其他经营者合谋排除或限制竞争，损害公益的行为。具体涵盖了四种行为：公用企业或其他依法具有独占地位的经营者的限制竞争行为，政府及其所属部门限制竞争行为，搭售或附加不合理条件的行为，招标投标中的串通行为。

---

① 司法部国家司法考试中心编审：《国家司法考试辅导用书》（第一卷），法律出版社2003年版，第237页。

对不正当竞争行为的监督检查权主要集中在两类机构:一是县级以上人民政府工商行政管理部门,这是对不正当竞争行为进行监督检查的主要职能部门;二是县级以上依照法律、行政法规规定的其他职能部门,如卫生行政管理部门依法可对食品和药品方面的不正当竞争行为进行监督检查。因经营者不正当竞争行为侵害其他竞争主体或公众权益的应分别承担民事责任、行政责任和刑事责任。其中行政责任是主要的责任形式。

复习思考题

1. 列举《反不正当竞争法》所调整的主体。
2. 什么是不正当竞争行为？有哪些类别？
3. 什么是限制竞争行为？有哪些类别？

第八章

银行法

■ 了解银行及银行法的一般理论知识及体系；

■ 了解我国中国人民银行的性质、地位及职能，掌握我国的货币政策工具，了解由中国人民银行和中国银监会构成的金融监管体系；

■ 了解我国商业银行的职能和经营原则，其组织机构和业务范围，以及商业银行从设立、变更、接管及终止所涉及的法律规定；

■ 大概了解政策性银行的基本知识，我国政策性银行的现状。

第一节　银行法概述

一、银行的概念和历史沿革

银行是专门经营存款、贷款、汇兑、结算等业务，充当信用中介和支付中介的金融机构。这种中介信用机构，是以货币为媒介的，它是商品经济和货币交换、社会分工充分发展的产物。银行是随着商品经济的发展最早产生的金融机构，在现代金融体系中居于核心地位。

在历史上，银行是由铸币兑换业发展而来的。在前资本主义社会，不仅在各个国家间流通着不同的货币，甚至在同一个国家的不同地区，铸币的形式也不完全一致。随着商品生产的初步发展和货币交换范围的逐步扩大，从事贸易的商人到外地购销货物，都必须将本地货币或外地货币兑换成金银进行支付。这样，就出现了铸币兑换业，同时，也出现了专门从事铸币兑换业的货币兑换商。以后，随着商品生产和货币交换的进一步发展，货币兑换商除了从事铸币兑换业外，又代商人保管货币、收付现金、办理结算和汇兑业务，并收取一定的手续费，这样，货币兑换商手中就聚集起大量的货币资金，并用于发放贷款业务，收取利息。这时，货币兑换业就发展为银行业了。据史料记载，近代最早的银行是 1580 年在意大利成立的威尼斯银行。此后，1609 年在荷兰的阿姆斯特丹、1629 年在德国的汉堡以及其他城市也相继成立了银行。世界最早的资本主义银行，是 1694 年在国家帮助下成立的英格兰银行。英格兰银行的建立，是适应资本主义生产方式进一步发展的新型的信用制度。我国第一家银行是中国通商银行，成立于 1897 年。我国最早的银行法规则是 1908 年颁布的《银行通行则例》，同年还颁布了《储蓄银行则例》(共 13 条)，以后国民党政府又颁布了《储蓄银行法》(共 17 条)和《中央银行法》(共 51 条)。旧中国的银行法大半是从资本主义国家抄来的，并打上了半封建半殖民地的烙印。

二、银行法的概念和调整对象

(一)银行法的概念

从不同的角度理解银行法会有不同的含义。如果从法学学科角度理解，银行法是指银行法学，它是法律科学门类中的一个分支学科，是一门应用性较强的综合性学科。银行法学研究的对象不仅包括现实存在着的银行法律现象，而且还要研究历史上曾经发挥过作用的银行法制度和现象。如果从法的实质意义或部门法的体系上理解，银行法是指调整货币银行关系的法律规范的总称。这些银行法律规范或较集中规定在国家制定的规范性文件中，或散见于一系列其他规范性文件之中。如果从立法体系的角度理解，或者说从法的体系的外在表现形式意义上理解，银行法是有关规范和管理银行行为的规范性文件的总称，包括所有银行法律(如《中央银行法》、《商业银行法》)、行政法规和规章等银行规范性文件。

从银行法调整社会关系的性质来看，银行法调整的银行组织关系、银行经营关系和银行管理关系中，既有平等性的银行经营业务关系，又有带管理性的银行组织关系和银行管理关系；既涉及储户、商业银行等社会个体的利益，又涉及社会整体和国家的利益。从银行法律规范的任意性和强行性相结合的特点看，银行法既有私法的色彩，又有公法的表现，具有公法、私法相融合的属性；从调整方法上看，银行法运用民事、行政、刑事等多种手段进行综合调整。所以，有学者认为，银行法体现了经济性、社会性、管理性、综合性和公法私法相交融等经济法的特点，将其纳入经济法的体系是科学的。

(二)银行法的调整对象

银行法的调整对象是指银行法效力所及社会关系的范围。当某类社会关系被纳入银行法的调整对象时，它便成为银行法的调整对象。我国银行法的调整对象是货币银行关系，包括货币银行业务关系及其组织管理关系。前者主要包括银行经营货币及信用业务关系，后者主要包括银行组织关系和银行管理关系。

1. 银行组织关系

银行组织关系属于银行管理关系范畴，是一种主要涉及银行内部组织结构的管理关系。基于其不同于其他管理关系的特点，可以将银行组织关系作为银行法调整对象的一类社会关系单独列出。银行组织关系是指银行在设立、变更、接管、终止过程中发生的组织管理关系，以及银行内部组织机构设置和确认内部各部门之间权限过程中发生的组织管理关系。其中包括：银行内部组织机构之间的组织关系和管理关系、银行的财务预算关系、会计核算关系、资金调度拨付关系等。银行法调整银行组织关系的目的是加强银行的组织管理，增强银行竞争力和自我约束力，同时，也是为了严格市场准入，维护金融市场秩序。

2. 银行经营业务关系

银行经营业务关系是指银行之间以及银行与其客户之间，在经营货币或其他信用业务等活动中所形成的经济关系，例如存款关系、贷款关系、结算关系、投资关系和金融代理关系等。银行经营业务关系是一种横向的平等主体之间的经济关系，它的一方是银行，另一方是其服务的对象，包括自然人、法人(包括银行)和国家等。

3. 银行管理关系

银行管理关系是指国家金融主管机关和其他国家经济管理机关对银行行为进行监督管理和宏观调控过程中形成的社会关系。例如政府对存款、贷款和利率的管理关系，货币和外汇管理关系，结算管理关系，银行监管与审计关系等。银行管理关系是一种纵向的非平等主体之间的经济管理关系，它的一方是银行，另一方是具有管理权的国家经济管理机关以及被授权的组织等。

任何事物都是不断发展变化的，事物本身以及环境的发展使得一些本来必备的因素被淡化甚至消灭,法律的调整对象也是如此。随着社会经济生活的发展,尤其是我国加入了 WTO,银行法的调整对象也将不断地发生变化。

三、银行法律关系

(一)银行法律关系的概念和特征

银行法律关系是指按照银行法的要求,并基于一定的客观事实产生的具有权利、义务内容的社会关系。根据这个定义,银行法律关系具有以下几个特征:一是银行法律关系是按照银行法要求确立的社会关系;二是银行法律关系是基于银行法所设立的一定事实而产生的;三是银行法律关系是一种具有权利、义务内容的社会关系;四是银行法律关系是一种受国家强制力保护的社会关系。除了具有这四项特征外,银行法律关系还具有这样的特点:从主体上看,参加银行法律关系的一方当事人必定为银行;银行法律关系的内容涉及的是银行管理和银行业务;银行法律关系的客体一般是作为物的货币、金银或有价证券等。

(二)银行法律关系的要素

银行法律关系的要素是任何银行法律关系构成不可缺少的因素,这些因素就是银行法律关系的主体、内容和客体,三者缺一不可,故称为构成银行法律关系的三要素。

1. 银行法律关系的主体

银行法律关系的主体范围是广泛的,例如,银行、非银行金融机构以及参加银行活动的企事业单位、国家机关、社会团体、个人等均可成为主体,国家也可以充当特殊的主体。当然,根据具体银行法律关系的不同性质,对主体条件有不同的要求,这在银行法律规范中都有明确的规定。

2. 银行法律关系的内容

银行法律关系的内容一般是指银行法律关系主体之间的权利与义务。银行法律关系既然是一种由银行法确认的具有权利义务内容的社会关系,那么权利和义务也就成为银行法律关系中不可缺少的基本要素。银行法律规定着各主体的权利与义务,银行法律关系主体之间的相应行为实践着权利义务。权利义务的实现,是银行法律调整机制运行的目的,是维护金融秩序的保障。

3. 银行法律关系的客体

银行法律关系的客体是指银行法律关系主体之间权利与义务所共同指向的客观对象或目标。根据我国银行法的规定,可以作为银行法律关系客体的主要有财产和行为。财产,既包括国家的全民财产和集体的财产,也包括个人的财产，它还可以是财产的一般表现形式——货币、票据等。行为，是指主体有意识有目的的活动。某些行为能够满足权利人的物质利益要求，可以成为银行法律关系的客体。例如，商业银行提供保管箱服务，这种保管服务行为就是《商业银行法》确认的一种可以称为客体的行为之一。

(三)银行法律关系的产生、变更和消灭

银行法律关系作为一种社会关系，有它产生、变化和终止的情形。促使银行法律关系发展变化的条件具有法律规定性：

1. 银行法律关系的产生、变更和消灭要有法律上的依据，这个依据就是银行法律规范。因此，银行法律规范就是银行法律关系产生、变更和消灭的法律前提条件。

2. 银行法律关系的产生、变更和消灭要有法律事实的存在。例如，只有在借贷双方当事人协商一致，签字或履行其他法定手续行为之后，贷款合同方能成立，现实的贷款合同法律关系才能产生。

3. 银行法律关系的产生、变更和消灭，与权利义务的承担者的行为有密切的关系。法律关系是主体之间的权利义务关系，离开关系的当事人不可能产生，也不存在变更和消灭的情形。因此，符合银行法律规范要求的主体，是产生、变更和消灭银行法律关系的基本要件之一。

第二节　中国人民银行法

一、中央银行与我国中国人民银行概述

(一)中央银行的概念与性质

中央银行是一国金融体制中居于核心地位，依法制定和执行国家货币金融政策，实施金融调控与监管的特殊金融机关。

由于各国制度上的差异，在中央银行这一表述上，各有不同称谓。除部分国家直接以“中央银行”命名外，有的称之为“国家银行”，如丹麦、瑞士等国；有的称之为“储备银行”，如美国、印度等国；有的称之为“人民银行”，如朝鲜和中国；有的则直接冠以国名，如日本、意大利与法国等国。因此，识别一国的中央银行，不能单纯视其名称而定，而应具体考虑其地位与职能。19 世纪末 20 世

纪初各国基本上都建立了中央银行。

中央银行的性质是由其在国民经济中所处的地位决定的，并随中央银行制度的发展而不断改变。现代中央银行较之初期的中央银行，在地位和性质上都发生了很大的变化，它已由为政府解决财政困难、抑制通货膨胀的政府银行，逐步发展为代表国家管理金融的特殊机关，处于一国金融业的首脑和领导地位。这些都决定了现代中央银行具有区别于其他金融机构的独特性质。

1. 从中央银行的地位看，中央银行是一国信用制度的枢纽，是国家干预和调节经济的重要工具。其一，中央银行处于整个银行体系的核心，它可以根据经济发展的客观需要，运用货币政策工具来影响商业银行的信用行为，达到控制社会信用规模，调节信用结构的目的。其二，中央银行既是金融市场的参与者，又是金融市场的管理者，在金融市场上处于支配地位。其三，中央银行虽不直接与社会公众发生贷款行为，但却是商业银行唯一的货币供应者。

2. 从中央银行与政府的关系看，中央银行是国家管理金融的机关，是制定和执行金融政策的部门，是国家控制和调节货币信用的机构。

3. 从中央银行的职能看：(1)中央银行是发行的银行。所谓发行的银行主要是指中央银行垄断货币的发行权，是国家唯一的货币发行机构。中央银行垄断货币发行权，有利于稳定币值，建立良好的货币发行与流通秩序，保证货币的投入量与商品流通的需求相适应。(2)中央银行是政府的银行。中央银行受政府制约，又独立于政府。首先中央银行的设置是为了代表政府执行国家的金融政策，它作为政府的银行，与政府保持密切的合作关系，必然受到政府的制约；其次，政府又同其他部门一样，同属于中央银行的顾客，因此，中央银行又必须独立于政府之外，对所有的经济及金融事务均提供公正的服务，不应成为财政赤字的支持者。(3)中央银行是银行的银行。中央银行作为银行的银行主要体现在：依法集中保管金融机构缴存的存款准备金，对全国金融机构承担最后贷款人责任，主持全国金融机构之间的票据清算。(4)中央银行是金融调控与监管的银行。中央银行的金融调控与监管职能，就是通过制定和执行货币信用政策，影响商业银行创造货币的基础和能力，实现货币供应总量的调节与控制，并引导资金的流向，促进产业和产品结构的合理化，为国民经济的持续、健康、稳定、协调发展创造条件。

(二)中国人民银行的概念

中国人民银行是主管我国金融市场的政府部门，是我国的中央银行。

我国《中国人民银行法》规定，中国人民银行是在国务院领导下主管金融事业的行政机关，是国家货币政策的制定者和执行者，同时也是金融市场的监管者。

(三)中国中央银行的沿革与《中国人民银行法》

中国的中央银行萌芽于20世纪初。新中国的中央银行是中国人民银行。但中国人民银行并非一开始就是专门的中央银行。中国人民银行成立于1948年12月1日,是在原华北银行、北海银行、西北农民银行合并的基础上于石家庄建立的,同一天还发行了该行的货币——人民币。1949年初,中国人民银行总行迁至北京。1949年10月新中国成立后,又合并了东北银行、内蒙古人民银行等地区性银行,成为全国统一的国家银行。1986年1月7日国务院发布的《中华人民共和国银行管理暂行条例》以行政法规的形式规定:"中国人民银行是国务院领导和管理全国金融事业的国家机关,是国家的中央银行。"从而确立了我国真正意义上的中央银行制度。1995年3月18日,第八届全国人大第三次会议表决通过的《中华人民共和国中国人民银行法》以基本法律的形式明确规定了中国人民银行作为我国中央银行的地位。这是我国第一部单行的中央银行立法,也是我国国家最高权力机关制定的我国第一部金融基本法律。

为了适应市场经济的发展需要以及中国银行业监督管理委员会(以下简称中国银监会)分设后中国人民银行职责调整的需要,2003年12月27日,十届全国人大常委会六次会议通过了《关于修改〈中华人民共和国中国人民银行法〉的决定》,对原《中国人民银行法》修改了19条,删去了2条,增加了4条。本次修改,强化了中国人民银行与制定和执行货币政策有关的职责,实现了其由直接金融监管向维护金融稳定职能的转换,增加了反洗钱等职能。修改后的《中国人民银行法》自2004年2月1日起施行,从而使中国人民银行的法制建设步入了一个新的时期。

二、中国人民银行的职能与组织机构

(一)中国人民银行的职能与职责

根据《中国人民银行法》规定,中国人民银行在国务院领导下,制定和执行货币政策,防范和化解金融风险,维护金融稳定。这表明了中国人民银行的两大任务和职能:一是制定和执行货币政策;二是从以往对金融业的日常监督,改为对金融业的宏观调控。中国人民银行法还规定了中国人民银行的具体职责。综合起来看,中国人民银行具备中央银行应具备的一切职能。

中国人民银行的职责是中国人民银行职能的具体化。2003年中国银监会成立之后,原来属中国人民银行职责中的一些职责移交给了中国银监会。

例如，原来由中国人民银行审批成立商业银行的职责，现在是由中国银监会履行。现行《中国人民银行法》规定了中国人民银行的具体职责：发布与履行其职责有关的命令和规章；依法制定和执行货币政策；发行人民币，管理人民币流通；监督管理银行间同业拆借市场和银行间债券市场；实施外汇管理，监督管理银行间外汇市场；监督管理黄金市场；持有、管理、经营国家外汇储备、黄金储备；经理国库；维护支付、清算系统的正常运行；指导、部署金融业反洗钱工作，负责反洗钱的资金监测；负责金融业的统计、调查、分析和预测；作为国家的中央银行，从事有关的国际金融活动；国务院规定的其他职责。除此之外，中国人民银行为执行货币政策，可以依照《中国人民银行法》第四章的有关规定从事金融业务活动。

现在法律中规定的中央银行的职责主要集中在与货币有关的职责上，而监管银行和金融机构的职责多数转移给中国银监会了。中国人民银行和中国银监会在工作中是相互合作的，《中国人民银行法》规定：国务院建立金融监督管理协调机制，具体办法由国务院规定。

(二)中国人民银行的组织机构

中国人民银行实行行长负责制。行长领导中国人民银行的工作，副行长协助行长工作。中国人民银行总行根据业务需要设立若干职能部门。人民银行行长由国务院总理提名，由全国人民代表大会决定，由国家主席任免。在全国人民代表大会闭会期间，由全国人大常委会决定。行长每届任期为5年，可以连任。

中国人民银行总行下设货币政策委员会，作为制定货币政策的咨询议事机构。货币政策委员会由中国人民银行、国家有关部门、商业银行的负责人和专家组成，中国人民银行行长、国家外汇管理局局长、中国证券监督管理委员会主席为货币政策委员会的当然委员。主席由中国人民银行行长担任。货币政策委员会应当在国家宏观调控、货币政策制定和调整中发挥重要作用。

《中国人民银行法》规定，中国人民银行根据履行职责的需要设立分支机构。分支机构是中国人民银行的派出机构，接受总行的统一领导和管理。分支机构根据中国人民银行的授权，维护本辖区的金融稳定，承办有关业务。1998年底，经国务院批准，中国人民银行进行机构改革，将原来按行政区划设置的分支机构，改为按经济区划设置，在全国设立九大分行：天津分行、沈阳分行、上海分行、南京分行、济南分行、武汉分行、广州分行、成都分行、西安分行，撤销了北京分行和重庆分行，由总行营业管理部门履行所在地中央银行职责。这项金融体制改革，适应了市场经济发展的要求，有助于克服现行体制的弊端,对于建立现代金融制度具有重大的现实意义。

三、人民币

(一)人民币的法律地位

中华人民共和国的法定货币是人民币。人民币主币单位为元,辅币单位为角、分。人民币无论主币、辅币,都具有无限法偿能力,即以人民币支付中华人民共和国境内的一切公共的和私人的债务,任何单位和个人不得拒收。

(二)人民币的发行原则

人民币发行所依赖的主要原则是:垄断发行原则、经济发行原则、计划发行原则。

(三)人民币的发行与管理

人民币的发行决定权在中央政府即国务院,由中国人民银行统一印制、发行。

人民币的发行主要通过信贷渠道,即中国人民银行通过发行库将发行基金投入业务库,以对商业银行及其他金融机构提供贷款、办理再贴现,购买有价证券,收兑黄金、白银、外汇等方式,将一部分货币投入流通领域。根据《中国人民银行法》第22条规定,货币发行基金由中国人民银行统一掌管,未经国务院批准,任何单位和个人都无权动用。发行基金的支用权属于发行总库,各级分支库所掌管的基金只是总库的一部分,下级库只能在上级库指定的出库限额内办理出库。发行基金的调拨采取逐级负责的办法,即总库负责各个分库之间的调拨,分库负责地区中心支库的调拨,中心支库负责县支库之间的调拨。

国家禁止伪造、变造人民币;禁止出售、购买伪造、变造的人民币;禁止运输、持有、使用伪造、变造的人民币;禁止故意毁损人民币;禁止在宣传品、出版物或者其他商品上非法使用人民币图样。

任何单位和个人不得印制、发售代币票券,以代替人民币在市场上流通。根据政府有关部门通知,1998年12月20日之后,各种代币票券一律作废,此举解决了多年来商业领域代币票券流通的问题。2003年修改的《中国人民银行法》第20条进一步确定了禁止代币票券代替人民币流通的原则。

人民币虽然还不是国际上自由流通的货币,但由于它的信誉,使得它在香港地区、澳门地区和国外一些地方逐步允许用以进行市场结算。与此相适应,从2005年1月1日起,中国公民出入境、外国人出境每人每次携带的人民币限额由原来的6 000元调整为20 000元,这预示着人民币逐步走向国际化。

四、中国人民银行的业务

(一)中国人民银行开展业务的特点

中国人民银行作为我国的中央银行和国家金融监管机关,为履行其宏观调控和金融监管的基本职能,必然要开展业务活动,但由于其特殊银行与特殊机关的特殊性质,决定了其业务活动的开展也必然具有特殊性,并要遵循特定的原则。首先,其业务活动开展不以营利为目的,而是通过提供业务服务来稳定货币、稳定金融,调节宏观经济的发展。其次,其业务对象特定,即主要是商业银行和其他金融机构,不直接对一般企业和个人开展业务。再次,开展业务活动时,以国家的名义和身份进行。

(二)中国人民银行的货币政策

货币政策是中央银行调节货币供求以实现宏观经济调控目标的方针和政策的总称,是国家宏观经济政策的重要组成部分。正确制定和实施货币政策,是各国中央银行的主要职责。

1. 中国人民银行的货币政策目标

货币政策目标是中央银行实施货币政策所要达到的目的。《中国人民银行法》第 3 条规定:货币政策目标是保持货币币值稳定,并以此促进经济增长。这种表述并不是将货币稳定与经济增长并列,而是有主次、有层次的,将币值稳定作为经济增长的前提条件,因此保持币值稳定仍然是我国中国人民银行货币政策的单一与主要目标。

2. 中国人民银行的货币政策工具

货币政策工具是中央银行实现其货币政策目标的政策手段,主要分为一般性货币政策工具和选择性货币政策工具。一般性货币政策工具是中央银行经常大量使用的工具,它主要由法定存款准备金政策、再贴现政策和公开市场业务政策组成,也俗称为中央银行的"三大法宝"。

《中国人民银行法》根据我国实际情况和今后金融改革的发展方向,规定了六种货币政策工具,其中既有一般性的货币政策工具,又有符合我国国情的特定工具。

(1)存款准备金政策。是指中央银行依法规定和调整商业银行缴存中央银行的存款准备金率,控制商业银行创造信用的能力,达到缩小或扩大商业银行的贷款能力,从而间接地控制货币供应量。

(2)中央银行基准利率政策。基准利率是指在利率体系中起主导作用的基础利率,它的水平和变动决定其他各种利率的水平和变动。

(3)再贴现政策。所谓贴现,是指金融机构以合格票据向中央银行贴现,中央银行对金融机构提供信用,实质上是中央银行与商业银行之间票据买卖和资金让渡的过程。中央银行通过制定和调整再贴现率来决定金融机构的融资成本,干预和影响市场利率及货币市场的供求,从而调节货币供应量。

(4)再贷款政策。中央银行根据经济发展需要和货币供应量的情况,掌握、控制对商业银行的贷款额,就可以达到控制和调节货币供应量及信贷规模的目的。再贷款政策是一种最直接有效的政策。

(5)公开市场业务。是指中央银行在金融市场上公开买卖有价证券(主要是政府公债券、国库券和银行承兑票据等)影响金融机构的头寸,吞吐基础货币,从而起到调节信用与货币供应量的业务活动。1997 年 4 月中国人民银行发布的《公开市场暨一级交易商管理暂行规定》,规定了公开市场业务交易的品种、对象、方式等具体事项。

(6)其他货币政策。主要有:贷款限额、特种存款、消费信用控制等。

3.货币政策的传导机制

在市场经济条件下,中央银行只有通过其直接控制下的各种货币政策工具,才能对宏观经济运行施加影响。这种影响必须通过市场机制传导、递进,并经历一个时间过程。一般是:中央银行运用货币政策工具——影响商业银行等金融机构的活动(基础货币、短期利率等操作目标发生变化)——影响货币供应量(中介目标发生变化)——影响国民经济宏观指标(最终目标发生变化)。

(三)中国人民银行的其他主要业务

1.经理国库。国库就是国家金库,是国家收支的出纳机关,负责办理国家预算资金的收入和支出,由中央银行具体经理。国库分为中央国库和地方国库。国库的基本职能是准确及时地收纳各项国家预算收入,办理国家预算支出的拨付,同时督促检查预算收支的执行情况。组织管理国库是中国人民银行的一项重要职责。

2.组织或协调组织清算系统,提供清算服务。中国人民银行是银行的银行,为商业银行和其他金融机构提供清算服务,组织或协助组织金融机构相互之间的清算事项。

3.代理发行、组织兑付政府债券。中国人民银行可以代理国务院财政部门向金融机构发行、组织兑付政府债券。

(四)中国人民银行业务禁止性规定

《中国人民银行法》为了规范中国人民银行的行为,保障货币政策独立地运行，规定了中国人民银行开展业务活动的禁止事项。

1.不得向政府财政透支，不得直接认购、包销国债和其他政府债券。财政预算资金的来源主要是税收和发行国债，而不能从中国人民银行透支。如果可以透支的话，就意味着中国人民银行多发放了货币，结果会导致通货膨胀。

2.不得对金融机构账户透支。其目的是防止通货膨胀。当商业银行资金短缺时，可以通过再贴现等方式从中国人民银行获得贷款，但一般不能向中国人民银行透支。

3.不得向地方政府、各级政府部门和非银行金融机构提供贷款。中国人民银行的分支机构设在地方，但这些机构是中国人民银行的派出机构，在业务上与地方政府没有直接的联系。当地方政府需要资金时，不能向中国人民银行的地方分支机构要求贷款，中国人民银行的地方分支机构也不能向地方政府提供贷款。这是为了避免地方政府一旦不能偿还贷款，势必造成中国人民银行因多发放货币而引起通货膨胀。

4.不得向任何单位和个人提供担保。中国人民银行不是经营单位，没有商业客户，所以，中国人民银行不能参与商业贷款的担保活动。如果参与了，当借款人不能偿还时，中国人民银行就有义务偿还；但是，中国人民银行并无相应资金来履行这种义务，其资金只能用于执行符合货币政策目的的有关项目，而不能用来支付商业贷款。

五、中国人民银行与中国银监会的金融监管体制

(一)中国人民银行的金融监管

2003 年 4 月，中国银行业监督管理委员会成立，履行原由中国人民银行履行的对银行、金融资产管理公司、信托投资公司及其他存款类金融机构的监管职责，同年 12 月 27 日十届人大常委会第六次会议通过了《中华人民共和国银行业监督管理法》，以法律的形式正式确立了银监会对我国金融业特别是银行业的监督管理地位和职责。但是，同样是 2003 年 12 月 27 日修改的《中国人民银行法》仍然保留了“金融监督管理”一章，为中国人民银行保留了甚至新增了必要的金融监管职责。这些金融监管职责，不再是对银行业金融机构的日常性监管，而是以强化宏观调控、防范和化解金融风险、维护宏观金融稳定为目的的，以市场为主要对象的功能性监管。目前，中国人民银行承担的主要金融监管职责有：监督管理银行间同业拆借市场和银行间债券市场；实施外汇管理，监督管理银行间外汇市场；监督管理黄金市场；负责金融机构反洗钱工作；管理信贷征信业。

(二)中国银监会的金融监管

2003年4月29日，中国银监会发布2003年第1号公告，规定了银监会的主要职权：金融规章和业务命令的制定权；商业银行等金融机构设立、变更、终止及其业务范围的审批权，即市场准入和退出的审批权；稽核检查权；对问题金融机构的处置权；金融信息调研发布及商业银行信息披露监管权；行政处置权；国务院交办的其他事务处理权。

2003年《中国人民银行法》修改后，我国形成了一个比较完善的金融监管体系。中国人民银行根据执行货币政策和维护金融稳定的需要，可以建议银监会对银行业金融机构进行检查监督，银监会应自收到建议之日起30日内予以回复。中国人民银行应当和中国银监会、国务院其他金融监督管理机构建立监督管理信息共享机制。

六、中国人民银行的财务会计制度与违反《中国人民银行法》的法律责任

(一)中国人民银行的财务会计制度

中国人民银行实行独立的财务预算管理制度，其预算经国务院财政部门审核后，纳入中央预算，接受国务院财政部门的预算执行监督。中国人民银行每一会计年度的收入减除该年度支出，并按照国务院财政部门核定的比例提取总准备金后的净利润，全部上缴中央财政；其亏损由中央财政拨款弥补。

中国人民银行的财务收支和会计事务，应当执行法律、行政法规和国家统一的财务、会计制度，接受国务院审计机关和财政部门依法分别进行的审计和监督；应当于每一会计年度结束后的三个月内，编制资产负债表、损益表和相关的财务会计报表，并编制年度报告，按照国家有关规定予以公布。中国人民银行的会计年度自公历1月1日起至12月31日止。

(二)违反《中国人民银行法》的法律责任

1. 违法行为

《中国人民银行法》列举了如下违法行为：(1)关于货币方面，属于违法行为的有：伪造、变造人民币，出售伪造、变造的人民币，或者明知是伪造、变造的人民币而运输的；购买伪造、变造的人民币或者明知是伪造、变造的人民币而持有、使用的；在宣传品、出版物或者其他商品上非法使用人民币图样的；印制、发售代币票券，以代替人民币在市场上流通的。(2)关于金融监管方面，存在的违反行为主要表现在违反了《中国人民银行法》第32条的规定。(3)关于贷款、担保等方面，属于违法行为的有：中国人民银行违反规定向地方政府、各级政府部门提供贷款，向非银行金融机构以及其他单位和个人提供贷款(但国

务院决定中国人民银行可以向特定的非银行金融机构提供贷款的除外)，对单位和个人提供担保以及擅自动用发行基金的；地方政府、各级政府部门、社会团体和个人强令中国人民银行及其工作人员违法提供贷款或者担保的。

2. 对违法行为的处理

主要有:(1)行政责任。根据不同情况，依法给予罚款、没收违法所得、拘留等行政处罚。对负有直接责任的主管人员和其他直接责任人员，依法给予行政处分。在追究行政责任时，必须责令纠正违法行为。(2)刑事责任。凡是构成犯罪的，必须依法追究刑事责任。(3)经济赔偿责任。在有关贷款、担保等违法行为中，造成损失的，负有直接责任的主管人员和其他直接责任人员应当承担部分或者全部赔偿责任。

案例：

某公司系1994年由某村创办的一家集体企业。1995年，该公司因资金周转困难，某些负责人提议，年终给工人发工资时，自行印制代币票券，代替人民币在公司内、村内暂时使用。1995年11月底，该公司以人民币100元的图样印制企业内部票券1 000张，相当于人民币10万元。12月25日将这批代币券发到工人手中，声称在本公司内可流通，也可在本村内使用，票面金额与人民币等值，约定到1996年6月到公司以同样面值兑换成人民币。1996年1月，该行为被中国人民银行得知，人民银行立即作出决定：责令该公司立即收回该批代币票券，罚款1万元，并提请有关部门追究该公司责任人员的责任。

分析：

本案中，该公司以人民币100元的图样印制企业内部票券，虽然限定在本公司和村内使用，但已形成一定范围的流通，因而违反了《中国人民银行法》第19条规定即“禁止在宣传品、出版物和其他商品上非法使用人民币图样”以及第20条规定即“任何单位和个人不得印刷、发售代币票券，以代替人民币在市场上流通”。《中国人民银行法》的规定，在宣传品、出版物和其他商品上非法使用人民币图样的，中国人民银行应当责令改正，并销毁非法使用的人民币图样，没收违法所得，并处5万元以下罚款。

第三节　商业银行法

一、我国《商业银行法》的制定及立法宗旨

商业银行法是针对商业银行的经营活动予以规范的法律。新中国成立以来相当长一段时间里，我国实行金融计划经济和行政对金融的指令性领导，长期没有进行金融市场化的运作，基本上依靠政府而非法律管理金融业。1987年国务院颁布了《银行管理暂行条例》，金融业有了第一个行政规章。随着金融业的迅速发展，外资金融机构进入我国的数量增多，原来的法规已显过时，制定一部全面的银行法的呼声越来越高。1995年，《商业银行法》终于颁布实施，标志着我国金融体制改革与管理进入了法制化的新时期。随着经济的发展，为适应我国金融监管体制的改革，2003年12月27日十届全国人大常委会第六次会议通过了《全国人民代表大会常务委员会关于修改〈中华人民共和国商业银行法〉的决定》，修改后的《商业银行法》自2004年2月1日起实施。

《商业银行法》的立法宗旨主要在于保护商业银行、存款人和其他客户的合法利益，规范商业银行的行为，提高信贷资产质量，维护金融市场秩序以及促进经济发展。

二、商业银行概述

(一)商业银行的概念

商业银行是以金融资产和负债为经营对象，以利润最大化或股东收益最大化为主要目标，提供多样化服务的综合信用中介机构，是金融企业的一种。这里的“商业”既表明这类银行的业务范围，又表明银行的性质是商业性的，是追求盈利的。

由于各国发展进程和民族特点的不同，对商业银行采取了不尽一致的称谓。如美国称国民银行，英国称存款银行，法国称信贷机构或存款银行，德国称信贷机构或信用机构，日本称普通银行。我国原称专业银行，现称商业银行。不论何种称谓，都是将这类银行定位为经营货币的营利性组织。

《商业银行法》规定，商业银行是依照《商业银行法》和《公司法》设立的，是

吸取公众存款，发放贷款，办理结算等业务的企业法人。即商业银行是经营货币和资金的金融企业，具有独立的民事权利能力和民事行为能力，依法自主经营、自负盈亏，以其全部法人财产独立承担民事责任。

(二)商业银行的职能

商业银行作为金融组织体系的主体，对现代经济生活的重要性集中反映在它的四个基本职能上。

1. 信用中介职能

商业银行通过其负债业务(主要是吸收存款)把社会上闲散的各种货币资本集中到银行里，再通过银行的资产业务(放款和投资等)，把它投向经济各部门。在这过程中，商业银行作为货币资本的借入者和贷出者的中介人，来实现资本的融通，并从吸收资金的成本和发放贷款的利息收入、投资收益的差额中，获取收入，形成银行利润。商业银行因此成为买卖"资本商品"的大商人。在此过程中，不改变货币的所有权，只是改变货币的使用权。

2. 支付中介职能

即商业银行通过客户在银行开立的存款账户，代理客户办理货币兑换、货币结算、货币收付等业务，成为工商企业、团体和个人的货币保管者、出纳者和收付代理人。这是商业银行吸引客户和提供社会财富服务最主要的方式。

3. 信用创造职能

商业银行通过自己的信贷活动，创造和收缩活期存款，把自己的负债(吸收的存款)作为货币来流通(转账结算)，这是显著区别于专业银行和其他金融机构的最显著的特征。商业银行利用吸收的存款发放贷款，在支票流通和转账结算的基础上，贷款又转化为存款，在这种存款不提现或不完全提现的情况下，就增加了商业银行的资金来源，最后在整个银行体系形成数倍于原始存款的派生存款。

4. 金融服务职能

随着经济的发展，银行间的业务竞争日趋激烈，迫使商业银行不得不拓展其业务，提高其服务品质，以招徕顾客。现代商业银行利用其设施先进、联系面广、信息灵通和专业知识丰富等优势，为客户提供信息服务、咨询服务以及代交公共费用、代发工资、代理融资和保管箱等项服务。在现代经济生活中，金融服务已成为商业银行的重要职能。

(三)商业银行的经营原则

商业银行的经营原则是商业银行开展金融业务活动所必须遵循的基本指导思想，是保障商业银行规范、稳健运行的基本行为准则，也是各国商业银行开展业务活动普遍遵循的经营原则,更是我国《商业银行法》规定的首要的、基本的经营原则。改革之后的我国各商业银行,逐步走上依法自主经营的轨道。

1."三性"原则

1995年制定的《商业银行法》第4条规定:"商业银行以效益性、安全性、流动性为经营原则",现行《商业银行法》则改为"安全性、流动性、效益性"。

(1)安全性原则。是指商业银行在进行业务活动时,应充分考虑按期收回资金本息的可靠程度,确保资产的安全性。安全性原则主要是针对商业银行的资产业务而言的。由于商业银行中自有资本所占比重很小,其发放贷款、进行投资的资金主要来源于吸收的存款或其他负债;而吸收的存款必须保证客户随时提取,其他负债到期也要归还本息,因此,商业银行必须保证资金的安全,保证贷款和其他投资的本息能按时、足额地收回。

(2)流动性原则。是指商业银行的资产可以随时变为现款,以便及时地、充分地满足存款者提取存款和其他正当支付的要求。商业银行是负债经营的企业,因而其资产必须保持一定的流动性,否则就会发生挤兑甚至破产的局面。

(3)效益性原则。是指商业银行在从事资产负债等业务的过程中,必须以盈利为目标,并努力使盈利最大化,追求最佳的经济效益。这一原则是由商业银行的企业性质所决定的。

"三性原则"是既相互对立,又相互统一的。从统一的方面看:在"三性"原则中,效益是目标,安全是前提(从某种意义上说也是目标),流动是条件。商业银行必须获得利润,信贷资金既要保障安全,又要不断循环。有了安全与流动,才能保证效益。所以,"三性"原则是统一的,应当全面执行。把"安全性"置前,主要考虑到防范和化解金融风险。从对立、冲突的方面看:资产的流动性和安全性成正比,即流动性越高的资产,安全性越有保障;但流动性与效益性成反比,即流动性越高,盈利水平越低;安全性与效益性成反比,即资产期限越长,安全性越差,而盈利水平越高,但如果期限超过一定限度,则根本不可能盈利。基于此,商业银行在经营中经常面临两难选择。因此,如何在这三性之间进行协调使之达到合理的均衡,就成为商业银行经营管理的核心任务。在实际经营中,银行往往需要兼顾三原则的要求,权衡利弊,通过资产负债总量平衡、结构协调等各种适宜的策略、方法来实现三者的最佳组合。

2."四自"方针

《商业银行法》第4条规定:"商业银行……实行自主经营,自担风险,自负盈亏,自我约束。"在"四自"方针中,关键是要落实贷款自主权。商业银行贷款，可以行使下列权利：一是对借款人的借款用途、偿还能力、还款方式等情况进行严格审查；二是要求借款人提供担保；三是按照中国人民银行规定的贷款利率的上下限确定具体的贷款利率；四是有权要求借款人按期归还贷款本息，如借款人到期不归还担保贷款的，则有权要求保证人归还贷款本息或就担保物优先受偿。只有在自主经营的前提下，才能要求它自负盈亏。权利不能滥用，亏损应当自负。所以，"四有"方针也是统一的，应当全面执行。其中，"自主经营，自我约束"是条件，"自负盈亏，自担风险"是结果。

三、商业银行的设立和组织机构

（一）商业银行的设立和变更

1. 商业银行的设立

商业银行是一个特许经营的金融行业。由于它为社会公众服务，为企业提供贷款，为国民经济运行提供结算服务，所以，商业银行对经济和社会影响极大，必须通过国务院银行业监督管理机构批准后才能经营，这种批准就是银行的特许制。为了维护商业银行的信誉，任何未经批准的单位和个人都不得擅自经营银行业务，也不得在其公司名称中使用"银行"或与银行类似的衍生词。

设立商业银行，必须具备下列条件：

(1)有符合《商业银行法》和《公司法》规定的章程。章程是商业银行用以规定其组织形式、注册资本、业务范围、组织结构、内部管理以及其他重要事项的书面法律文件。商业银行的章程，在有限责任商业银行，由股东共同制定；在股份商业银行，由发起人制定并经创立大会通过。国有独资银行的章程，由国家授权投资的机构或者国家授权的部门制定，或者由董事会制定，报国家授权投资的机构或国家授权的部门批准。章程的制定和内容，必须符合《商业银行法》和《公司法》的规定。

(2)有符合《商业银行法》规定的注册资本最低限额。注册资本是商业银行在有关部门登记的资本总额，它既是银行经营所需要的资本，又是银行对外承担民事责任的保障。《商业银行法》规定，设立全国性商业银行的注册资本最低限额为 10 亿元人民币，设立城市商业银行的注册资本最低限额为 1 亿元人民币，设立农村商业银行的注册资本最低限额为 5 000 万人民币。注册资本必须是实缴资本。国务院银行业监督管理机构有权根据审慎监管的要求调整最低注册资本的数额，但是，调整后的银行最低注册资本不得低于前面所说的数额水平。

(3)有具备任职专业知识和业务工作经验的董事长、高级管理人员。高级管理人员的状况,是决定商业银行是否安全、文明经营,能否取得良好经营业绩的重要因素。一般要求,担任商业银行的高级管理人员应满足以下条件:能正确贯彻执行国家的经济、金融方针政策;熟悉并遵守有关经济、金融法律和法规;具有与担任职务相适应的专业知识和工作经验;具备与担任职务相称的组织管理能力和业务能力;具有公正、诚实、廉洁的品质,工作作风正派。

(4)有健全的组织机构和管理制度。健全的组织机构和管理制度是商业银行有效经营的组织保证。商业银行必须有健全的组织机构,并建立各项管理制度,包括人事管理制度、业务审批制度、资产负债管理制度、风险管理制度、结算管理制度、财务管理制度、内部稽核制度等。商业银行的组织形式不同,其组织机构也不同。健全的组织机构包括决策机构、执行机构和监督机构,即股东会、董事会和监事会。

(5)有符合要求的经营场所、安全防范措施和与业务有关的其他设施。营业场所是商业银行开展业务所必备的物质条件;安全防范措施主要包括配备保安人员和防盗、报警、消防等设备;与业务有关的其他设施,一般应包括金库、通信设备、电脑、运钞车、点钞机、验钞机、保险箱等。商业银行的营业场所、安全防范措施和与业务有关的其他设施,应符合银监会、公安部门、消防部门的有关规定。

设立商业银行,还应符合其他审慎性条件。

以上条件满足以后,中国银监会还应考虑地区经济发展的需要和银行业竞争的状况,决定批准与否。经批准设立的商业银行,由中国银监会颁发经营许可证,并凭该许可证向工商行政管理部门办理登记,领取营业执照。

2.商业银行的变更

商业银行设立后,在经营过程中,由于各种原因,可能需要在某些方面进行变更。《商业银行法》规定,有下列变更事项之一的,应当经中国银监会批准:变更名称、注册资本、总行或分支行所在地,调整业务范围,变更持有资本总额或股份总额5%以上的股东,修改章程等。商业银行更换董事、高级管理人员时,也应当报经中国银监会审查其任职资格。

商业银行的分立、合并,适用《公司法》的规定,并应当经中国银监会审查批准。经批准设立的商业银行及其分支机构,由中国银监会予以公告。商业银行及其分支机构自领取营业执照之日起无正当理由超过6个月未开业的,或者开业后自行停业连续6个月以上的,由中国银监会吊销其营业许可证。

（二）商业银行的组织形式和组织机构

商业银行的组织形式和组织机构适用《公司法》的规定。根据《公司法》的规定，公司分为有限责任公司和股份有限公司，而国有独资公司是有限责任公司的特殊形态。与此相对应，商业银行的组织形式也分为有限责任商业银行、国有独资商业银行和股份有限商业银行。商业银行的组织机构除国有商业银行不设股东会外，一般均由股东会、董事会、监事会和经理构成。商业银行的具体职权由经理行使，经理由董事会聘任或解聘，可列席董事会会议。

商业银行根据业务需要可以在中国境内设立分支机构，但须经中国银监会审查批准。中国银监会在审查时应当考虑其所在地区经济发展的需要和银行业竞争的状况，并可不按行政区划层层设立。对设立的分支机构，商业银行应当按照规定拨付与其经营规模相适应的营运资金额。拨付各分支机构营运资金额的总和，不得超过其总行资本金总额的60%。商业银行对其分支机构实行全行统一核算、统一调度资金、分级管理的财务制度。商业银行的分支机构不具有法人资格，在总行授权范围内依法开展业务，其民事责任由总行承担。

四、商业银行的业务

（一）商业银行的一般业务

总体而言，商业银行的业务可以概括为三大类：(1)负债业务。负债业务是商业银行筹措资金以形成其经营资产的业务。它主要包括筹集自有资本金，吸收存款，承兑票据，发行债券，向中国人民银行、政府以及金融市场借款等。其中，存款是商业银行最重要的负债业务。(2)资产业务。资产业务是商业银行运用自已的资产获得利润的业务。主要包括贷款、投资、票据贴现等。(3)中间业务。中间业务是指不构成商业银行表内资产、表内负债，形成银行非利息收入的业务。经营此类业务时，商业银行并不运用自有资金或借入的资金，也就是说这种业务并不引起资产与负债的比例变化；商业银行既不是债权人也不是债务人，而是代理人或中介人。中间业务主要包括支付结算、银行卡业务、代理、担保、承诺、基金托管、咨询顾问等。近年来，多数国家的商业银行中间业务收入已超过资产业务收入而成为银行利润的主要来源和增长点。

（二）商业银行的具体业务范围

各国商业银行法规定的商业银行的业务范围采取列举式、禁止式和折中式三种形式。我国《商业银行法》采用的是折中式，即列举式和禁止式结合。《商业银行法》列举了商业银行可以从事的14项业务，同时规定了商业银行的禁止性业务。

我国商业银行的具体业务范围为：吸收公众存款；发放短期、中期和长期贷款；办理国内外结算；办理票据承兑与贴现；发行金融债券；代理发行、代理兑付、承销政府债券；买卖政府债券、金融债券；从事同业拆借；买卖、代理买卖外汇；从事银行卡业务；提供信用证服务及担保；代理收付款项及代理保险业务；提供保管箱服务；经国务院银行业监督管理机构批准的其他业务。根据商业银行设立的核准制要求，我国《商业银行法》也规定了业务核准制，即各商业银行可根据本行的实际情况，在上述14项业务范围内全部或部分通过章程确定本行的业务，但须报中国银监会批准。

五、商业银行的接管与违反《商业银行法》的法律责任

(一)商业银行的接管

商业银行的接管是指金融管理机关通过一定的接管组织，按照法定条件和法定程序，全面控制和管理商业银行的业务活动的行政管理行为，是金融管理机关依法保障商业银行经营安全性、合法性的重要的预防性措施，其目的在于对被接管的商业银行采取必要措施，以保护存款人的利益，恢复商业银行的正常经营能力。

1.接管的条件及实质

《商业银行法》规定，商业银行已经或者可能发生信用危机，严重影响存款人的利益时，中国银监会可以对该银行实行接管。据此，对商业银行接管的情形有两种：(1)该商业银行经营有问题，已经发生信用危机；(2)该商业银行在其经营活动中已经暴露出问题，这些问题可能导致信用危机的发生，从而严重影响到银行存款人的利益。只要有其中一种情况发生，中国银监会就可以决定对其接管。

中国银监会依法通过接管组织对商业银行实施的接管是一种行政措施，接管行为是一种行政行为。其实质是终止被接管人的所有者和经营者对银行行使的经营管理权，被接管人的法律主体资格并不因接管而丧失，因此，“被接管的商业银行的债权债务关系不因接管而变化”。即被接管的商业银行在接管前的债权债务关系，仍由被接管的商业银行负责，而不是由接管组织或银监会负责。

2.接管的终止

《商业银行法》第68条规定，接管可因下列三种情形而终止：(1)接管决定规定的期限届满或国务院银行业监督管理机构决定的接管延期届满。期限一

般为1年,可根据实际情况延长或缩短,最长不得超过2年。(2)接管期限届满前,该商业银行已恢复正常经营能力。这表明接管达到了预期目的,此种判断必须由国务院银行业监督管理机构作出。(3)接管期限届满前,该商业银行被合并或者宣告破产,商业银行随之进入合并清算和破产清算程序,其权利能力和行为能力均处于停止状态,经营管理权停止,接管行为也就失去了存在的前提基础。

(二)商业银行的终止与清算

商业银行的终止是指商业银行法人资格的丧失,即民事权利能力和民事行为能力的丧失,相应地商业银行的经营活动也就停止,因此,商业银行的终止实质上是商业银行退出市场。

由于商业银行业务的特殊性,我国对商业银行的市场准入从总体上是控制很严的。但对于已经获准进入市场的商业银行,也不能不论其经营好坏,允许其一直存在下去。对问题严重的银行、不可救治的银行,要依法迫使其退出市场,以保护存款人的利益,保障整个银行业的稳健经营。《商业银行法》有关银行终止的规定,就体现了这种精神。

1.商业银行终止的事由

商业银行可因以下事由而终止:(1)解散。商业银行可能因为分立、合并或出现银行章程中规定的情况而解散。(2)撤销。对于违反法律、行政法规的商业银行,拥有撤销权的国家机关可以依法予以撤销。(3)宣告破产。

2.商业银行终止的程序及债权债务清算

按不同的终止事由有不同的程序:

(1)商业银行因分立、合并或出现公司章程规定的解散事由需要解散的,应当向国务院银行业监督管理机构提出申请,并附解散的理由和支付存款本金、利息等债务清偿计划,经批准后方可解散。商业银行解散的,应当依法成立清算组,进行清算,按照清偿计划及时偿还存款本金和利息等债务,其清算过程接受国务院银行业监督管理机构的监督。

(2)商业银行因吊销经营许可证被撤销的,国务院银行业监督管理机构应当依法及时组织成立清算组,进行清算,按照清偿计划及时偿还存款本金和利息等债务。

(3)商业银行不能支付到期债务,经国务院银行业监督管理机构同意,由人民法院宣告其破产的,由人民法院组织国务院银行业监督管理机构等有关部门和有关人员成立清算组,进行清算。商业银行破产清算时,在支付清算费用、所欠职工工资和劳动保险费用后,应当优先支付个人储蓄存款的本金和利息。

(三)违反《商业银行法》的法律责任

1. 违法行为

根据《商业银行法》的规定,有如下违法行为:(1)商业银行对存款人或者其他客户造成财产损害的行为。主要情形有:无故拖延、拒绝支付存款本金和利息的;违反票据承兑等结算业务规定,不予兑现,不予收付入账,压单、压票或者违反规定退票的;非法查询、冻结、扣划个人储蓄存款或者单位存款的;违反该法规定对存款人或者其他客户造成损害的其他行为。(2)商业银行违法从事业务活动的行为。主要情形有:未经批准设立分支机构的;未经批准分立、合并或者违反规定对变更事项不报批的;违反规定提高或者降低利率以及采用其他不正当手段吸收存款、发放贷款的;出租、出借经营许可证的;未经批准买卖、代理买卖外汇的;未经批准买卖政府债券或者发行、买卖金融债券的;违反国家规定从事信托投资和证券经营业务、向非自用不动产投资或者向非银行金融机构和企业投资的;向关系人发放信用贷款或者发放担保贷款的条件优于其他借款人同类贷款的条件的。(3)商业银行违法进行操作的行为。主要情形有:未按照中国人民银行规定的比例缴存存款准备金的;未遵守资本充足率、存贷比例、资产流动比例、同一借款人贷款比例和中国银监会有关资产负债比例管理的其他规定的等。(4)商业银行拒绝主管当局监督管理及其他违法行为。(5)借款人采取欺诈手段骗取贷款的行为。(6)商业银行工作人员利用职务上的便利所发生的违法乃至犯罪的行为。

2. 对违法行为的处理

(1)民事责任或经济赔偿责任。商业银行对存款人或者其他客户造成损失的,应当承担支付迟延履行的利息以及其他民事责任。商业银行工作人员违法发放贷款或者提供担保造成损失的,应当依法承担全部或者部分赔偿责任。

(2)行政责任。对商业银行的违法行为,由中国人民银行和国务院银行业监督管理机构按其职权划分责令纠正;有违法所得的,没收违法所得,并处以违法所得一定比例的罚款;没有违法所得的,处以一定数额的罚款;还可依法责令停业整顿或者吊销其营业许可证。对商业银行违法行为负有直接责任的主管人员和其他直接责任人员,应当给予行政处分。

(3)刑事责任。凡构成犯罪的,必须依法追究刑事责任。

案例：

1995年9月，某农工商联合商贸公司在公司大门西侧建造临街二层小楼房一栋。12月，该商贸公司在新建的楼房门头上挂出“商贸公司信贷部”的招牌，向社会吸收存款，办理信贷业务。1996年2月中国人民银行某县分行经调查得知，该商贸公司没有向工商行政管理部门办理登记，其行为违反了《商业银行法》的有关规定，责令该信贷部停止营业，并罚款5万元。

分析：

商业银行作为按照《商业银行法》和《公司法》设立的吸收公众存款、发放贷款、办理结算等业务的企业法人，其设立在我国采用许可设立制度。任何单位和个人非经中国人民银行审查批准，不得以任何形式在名称中使用或者变相使用“银行”字样。只有按照法律规定的设立条件和履行严格的审批手续后，才能取得设立商业银行的资格。在取得经营许可证，并凭该许可证向工商行政管理部门办理登记、领取营业执照后，才有权在名称中使用“银行”字样，并以银行的名义对外开展银行业务。《商业银行法》规定，对未经批准在名称中使用“银行”字样的，由中国人民银行(现由银监会)责令改正，有违法所得的，没收违法所得，并可以处以所得1倍以上、5倍以下的罚款，没有违法所得的，可以处以5万元以下罚款。本案中，该“商贸公司信贷部”不具备设立条件，却擅自变相使用“银行”字样，从事商业银行业务活动，其行为违反了上述法律规定，故可依法对其予以处罚。

第四节　政策性银行法

一、政策性银行概述

(一)政策性银行的概念和特征

所谓政策性银行，主要是指由政府创立或担保，以贯彻国家产业政策和区域发展政策为目的，具有特殊的融资原则，不以营利为目标的金融机构。

在经济发展过程中，常常存在一些商业银行从营利角度考虑不愿意融资的领域，或者其资金实力难以达到的领域。这些领域通常包括那些对国民经济发展、社会稳定具有重要意义，投资规模大，周期长，经济效益见效慢，资金回收时间长的项目,如农业开发项目、重要基础设施建设项目等。为了扶持这些项目,政府往往实行各种鼓励措施,各国通常采用的办法是设立政策性银行,专门对这些项目融资。这样做,不仅是从财务角度考虑,而且有利于集中资金,支持重大项目的建设。

政策性银行与商业银行和其他非银行金融机构相比,有共性的一面,如要对贷款进行严格审查,贷款要还本付息、周转使用等。但作为政策性金融机构,也有其特征:

1. 政策性银行的资本金多由政府财政拨付,与政府保持着密切关系。

2. 政策性银行经营时主要考虑国家的整体利益、社会效益,不以营利为目标;但政策性银行的资金并不是财政资金,政策性银行也必须考虑盈亏,坚持银行管理的基本原则,力争保本微利。

3. 政策性银行有其特定的资金来源,主要依靠发行金融债券或向中央银行举债,一般不面向公众吸收存款。

4. 政策性银行有特定的业务领域,不与商业银行竞争。

5. 从信用创造能力看,政策性银行一般不参与信用的创造过程,资金的派生能力较弱。因为政策性银行的资金来源主要不是吸收存款,而往往是由政府提供,而且政策性银行的贷款主要是专款专用,正常情况下不会增加货币供给。

(二)政策性银行的主要职能

政策性银行和商业银行一样,具有中介职能。政策性银行的中介职能表现为通过负债业务吸收资金,再通过资产业务把资金投放到规定的项目上。所不同的是政策性银行一般不接受社会的活期存款,其资金来源多为政府资金或在金融市场上筹集的资金。

政策性银行还具有以下特殊职能:

1. 政策导向性职能。它是指政策性银行以直接或间接的资金投放吸引其他金融机构从事符合政策意图的放款,从而发挥其提倡、引导功能。

2. 补充辅助性职能。它是指政策性银行的金融活动补充和完善了以商业银行为主的现代金融体系的职能。这一职能主要表现在:对投资回收期过长、收益低的项目进行融资补充,对技术市场和市场风险高的领域进行倡导性投资,对于成长中的扶植产业提供优惠利率放款投资。政策性银行也以间接的融资活动或提供担保的方式来引导商业银行的资金流向,并针对商业银行以提供短期资金融通而长期资金不足的缺点,以提供长期甚至超长期贷款为主。

3. 选择性职能。它是指政策性银行对其融资领域或部门具有选择性,不是任意融资，当然尊重市场机制是进行选择的前提。当市场机制不能有效配置资源时，由政府主导的选择是最佳方式。

4.服务性职能。政策性银行一般是专业银行，有精通业务并且具备丰富实践经验的人员，可以为企业提供信息及出谋划策等全方位的服务，显示其服务性职能。

（三）我国的政策性银行

1994年，我国组建了三家政策性银行，即国家开发银行、中国进出口银行、中国农业发展银行，均直属国务院领导。

设立国家开发银行的主要目的是，一方面为国家重点建设融通资金，保证关系国民经济全局和社会发展的重点建设顺利进行；另一方面把当时分散管理的国家投资基金集中起来，建立投资贷款审查制度，赋予开发银行一定的投资贷款决策权，并要求其承担相应的责任与风险，以防止盲目投资、重复建设。

随着我国对外经济贸易的扩大，运用补贴以施加特殊保护、促进出口的办法已经过时。为了按国际惯例运用出口信贷、担保等通行做法，扩大机电产品特别是大型成套设备和高新技术、高附加值产品的出口，合理促进对外贸易的发展，创造公平、透明、稳定的对外贸易环境，我国成立了中国进出口银行。

农业是国民经济的基础。我国农业基础薄弱，比较效益低，地区差异大。农业的发展，尤其是落后地区农业的发展，粮、棉、油等主要农产品的生产、收购、储备和销售，在相当程度上需要国家的支持。为了集中财力解决农业和农村经济发展的资金需要，促进主要农产品收购资金的封闭运行，国务院决定成立中国农业发展银行。

二、政策性银行法概述

政策性银行法是关于政策性银行的组织和活动的法律规范的总称。政策性银行法主要是规定政策性银行的设立宗旨、经营目标、业务领域、业务方式、组织形式与组织机构，以及设立、变更、中止程序等内容。同时还规定了政策性银行的性质、地位、资金来源、业务范围、组织形式、组织机构的设立、变更和中止等内容。

对政策性银行的监管法规，有的国家规定于中央银行法或其他法中，也有国家单独立法，例如日本的《开发银行法》、《输出入银行法》与《普通银行法》即是分别立法、各成体系的。我国至今尚未制定《政策性银行法》，这是一个缺陷。因此本书中，我们对政策性银行法的内容不予详述。

本章提要

银行是专门经营存款、贷款、汇兑、结算等业务，充当信用中介和支付中介的金融机构。银行法的调整对象是银行组织关系、银行业务经营关系、银行管理关系。

中国人民银行是在国务院领导下主管金融事业的行政机关，是国家货币政策的制定者和执行者，同时也是金融市场的监管者。中国人民银行在国务院领导下，制定和执行货币政策，防范和化解金融风险，维护金融稳定。中华人民共和国的法定货币是人民币。中国人民银行的货币政策目标是保持货币币值稳定，并以此促进经济增长。中国人民银行应当和中国银监会、国务院其他金融监督管理机构建立监督管理信息共享机制。

商业银行是以金融资产和负债为经营对象，以利润最大化或股东收益最大化为主要目标，提供多样化服务的综合信用中介机构。商业银行具有信用中介、支付中介、信用创造、金融服务的职能。商业银行以安全性、流动性、效益性为经营原则，实行自主经营、自担风险、自负盈亏、自我约束。商业银行的业务可以概括为三大类：负债业务、资产业务、中间业务。商业银行已经或者可能发生信用危机，严重影响存款人的利益时，中国银监会可以对该银行实行接管。

政策性银行，主要是指由政府创立或担保，以贯彻国家产业政策和区域发展政策为目的，具有特殊的融资原则，不以营利为目标的金融机构。我国目前有三家政策性银行，即国家开发银行、中国进出口银行、中国农业发展银行，均直属国务院领导。但至今尚未制定《政策性银行法》。

复习思考题

1. 简述中央银行的性质。

2. 2003 年修改后的《中国人民银行法》规定的中国人民银行的具体职责较之以前有何改变？

3. 如何正确认识中国人民银行的货币政策工具？

4. 简述银监会的产生背景及具体职责。

5. 简述商业银行的职能。

6. 如何正确认识商业银行经营的“三性原则”的关系及其协调？

7. 简述商业银行的具体业务范围。

8. 简述商业银行接管的条件、实质和终止的条件。

第九章

证券法

学习目的

- 全面系统地掌握证券法的基本理论、证券法律制度的核心和主要内容；
- 具体学习、分析、研究我国现行证券法的基本内容；
- 分析、研究证券立法和实践中存在的重大理论问题，为解决证券方面的实际问题提供理论服务。

第一节　证券法概述

一、证券概述

(一)证券的概念

在法学上，证券是表彰一定权利的书面凭证，即记载并代表一定权利的文书。

"证券"的使用本身具有双重含义：有时指的是描述民事权利的物质载体，这种载体可以是纸张，也可以是记载表彰民事权利的其他载体；有时也指纸张或其他载体所表彰的民事权利。因此，证券是民事权利和民事权利载体的结合物。

（二）证券的特征

证券实质上具有财产属性的民事权利。证券的特点在于把民事权利表现在证券上，使权利与证券相结合，权利体现为证券，即权利的证券化。它是权利人行使权利的方式和过程用证券形式表现出来的一种法律现象，是投资者投资财产符号化的一种社会现象，是社会信用发达的一种标志和结果。证券必须与某种特定的表现形式相联系。在证券的发展过程中，最早表彰证券权利的基本方式是纸张，在专用的纸单上借助文字或图形来表示特定化的权利。因此，证券也被称为"书据"、"书证"。但随着经济的飞速前进，尤其是电子技术和信息网络的发展，现代社会出现了证券的"无纸化"，证券投资者已几乎不再拥有任何实物券形态的证券，其所持有的证券数量或证券权利均相应地记载于投资者账户中。"证券有纸化"向"证券无纸化"的发展过程，揭示了现代证券概念与传统证券概念的巨大差异。

证券作为表彰一定民事权利的书面凭证，具有以下几个基本特征：

1. 证券是财产性权利凭证。证券表彰的是具有财产价值的权利凭证。在现代社会，人们已经不满足于对财富形态的占有、使用、收益和处分，而是更重视对财富的终极支配和控制，证券这一新型财产应运而生。持有证券，意味着持有人对该证券所代表的财产拥有控制权，但该控制权不是直接控制权，而是间接控制权。例如，股东持有某公司的股票，则该股东依其所持股票数额占该公司发行的股票总额的比例而相应地享有对公司财产的控制权，但该股东不能主张对某一特定的公司财产直接享有占有、使用、收益和处分的权利，只能依比例享有所有者的资产受益、重大决策和选择管理者等权利。从这个意义上讲，证券是借助于市场经济和社会信用的发达而进行资本聚集的产物，证券权利展现出财产权的性质。

2. 证券是流通性权利凭证。证券的活力就在于证券的流通性。传统民事权利始终面临转让上的诸多障碍，就民事财产权利而言，由于并不涉及人格及身份，其转让在性质上并无不可，但其转让是个复杂的民事行为。比如由于"债权相对性"的民事规则，债权作为财产的表现形式是可转让的，但债权人转让债权须通知债务人，这涉及三方利益的转让行为受制于法律规范的调整，并不方便快捷。但一旦民事权利证券化，财产权利分成品质相同的若干相等份额，造就出一种"规格一律的商品"，那么这种财产转让不再局限于转让方和受让方之间按照协议转让，而是在更广的范围内，以更高的频率进行转让，甚至通过公开市场进行交易，从而形成了高度发达的财产转让制度。证券多次转让构成了流通，通过变现为货币还可实现其规避风险的功能。证券的流通性是证券制度顺利发展的基础。

3.证券是要式性权利凭证。现实生活中,财产权的法律凭证表现方式具有多种多样的特征,如口头形式、简易书面形式、严格书面形式等。证券作为一种特殊的财产凭证,其书面形态的法律要求十分严格,是一种规范化的书面凭证。可见,证券不能采取口头形式,而只能是书面的权利凭证;对证券的形式不是简易要求,而是严格的统一要求,包括券样(即证券具体形态)、券面记载内容、证券的印刷机构、印刷程序等。因此,证券具有要式性的显著特征。

4.证券是收益性权利凭证。证券持有人的最终目的是获得收益,这是证券持有人投资证券的直接动因。一方面,证券本身是一种财产性权利,反映了特定的财产权,证券持有人可通过行使该项财产权而获得收益,如取得股息收入(股票)或取得利息收入(债券);另一方面,证券持有人可以通过转让证券获得收益,如二级市场上的低价买入、高价卖出,证券持有人可通过差价而获得收益,尤其是投机收益。

(三)证券的基本分类

依照证券的功能,可将证券分为金券、资格证券和有价证券。

1.金券

又称金额券,是标明一定金额并为特殊目的而使用的、证券形式与证券权利密不可分的证券。

金券的典型形式是邮票和印花。金券具有三个基本特征:(1)金券是为特殊目的而使用的证券形式。如邮票用于信件邮寄,印花则只为办理印花税而使用,邮票和印花本身不具有价值,也不得转让。(2)金券在形式上具有特定性。金券由国家或国家授权机构制作,其格式和记载内容具有标准化和一律化的特点,任何其他机构或个人无权随意制作或随意变更其记载的内容。(3)证券形式与证券权利密不可分。即主张金券权利必须以持有金券为前提,丢失邮票,则无法寄信;若失去印花,则无以表示缴纳了印花税。有人将纸币(特别是旧时代商业银行发行的纸币)也视为金券。但是,纸币本身就是财产权利,而不是财产权利的代表或形式,故现代法律上均不赞同将纸币视为证券或金券。

2.资格证券

又称“免责证券”,是表明证券持有人具有行使一定权利的资格的证券。证券持有人可凭所持有证券向义务人行使一定权利,义务人向权利人履行义务后,即可免除责任。其典型形式是银行存折、车船票、存车票、行李票等。

资格证券是证明证券持有人资格的证书。凡是持有并出示证券者,被推定为享有并有资格行使权利的人；拒绝向持券人履行义务的，须提供确切证据。若法律有特别规定，且证券持有人能以其他方式证明其权利人资格的，则无须持有证券即可行使权利。所谓“免责证券”是指，持有证券的人可以凭证券向义务人行使一定的权利，义务人（依照证券负有义务的人）向持有证券的人履行义务后即可免责。当权利人实现权利时，其权利人资格即告丧失。

3.有价证券

有价证券是记载和反映财产权利的证券。它并非用于表示特定资格或者身份，也不限于特定使用目的，其范围广泛，种类繁多。

有价证券是设定并证明某项财产权利并且能够流通的一种书面凭证。

有价证券通常划分为：(1)货币证券。货币证券是具有与货币相类似的支付、结算、流通、信用等主要功能，并在一定范围内可以代替货币使用的证券。货币证券最典型的有汇票、本票、支票。(2)资本证券。资本证券是指能在资本市场上流通和转让，持券人有权依券面金额按期取得一定收益的证券。资本证券最典型的形式是股票和债券。它与货币证券的最主要区别在于资本证券与资本市场密不可分，能够充分反映出资本增值和资本经营风险的属性，但不具有支付、结算、信用等功能。

资本证券与其他证券相比，具有如下特征：是证明持券人拥有某种财产权利的凭证；是投资凭证；是载有券面面值的凭证；是符合法定条件和程序发行和流通的凭证。《证券法》上的证券属于资本证券。

二、资本证券的种类

按照不同的标准可以对资本证券进行多种分类，目前我国证券市场上发行和流通的证券主要有如下几类：

（一）股票

股票是股份有限公司签发的、证明股东所持股份的凭证。股票具有权利性、非返还性、风险性和流通性等特点。股票按不同的标准又可以分为如下几类：

1.按股东享有股权的内容来划分：

(1)普通股。普通股是股份有限公司发行数量最多的、没有差别待遇的股份。其股息随上市公司的利润大小和派息政策的松紧而变化，股票持有者按其所持有股份比例享有公司决策参与权、利润分配权、优先认股权、剩余财产分配权等权利。

(2)优先股。优先股是指股份有限公司给予个别股东持有的、具有优于普通股财产权利的股份。优先股有固定的股息，不随公司业绩好坏而波动，可以先于普通股股东领取股息；当公司破产进行财产清算时，优先股股东对公司剩余财产有先于普通股股东的分配权。但是，优先股股东一般不参加公司的红利分配，持股人亦无表决权，不能借助表决权参加公司的经营管理。

2. 按照投资主体划分

(1)国家股。国家股是指有权代表国家投资的部门或者机构以国有资产向股份有限公司投资形成的股份，包括以公司现有的国有资产向股份有限公司投资形成的股份。

(2)法人股。法人股主要是指企业法人(也包括事业单位法人和社会团体法人)以其依法可支配的资产向股份有限公司投资所形成的股份。

(3)社会公众股。社会公众股是指我国境内个人和机构以其合法财产向股份有限公司投资所形成的股份，包括一般社会公众股和公司职工股。公司职工股是本公司职工在公司公开向社会发行股票时按发行价格所认购的股份，股份数额不得超过拟向社会公众发行股本总额的10%，公司职工股在本公司股票上市6个月后，即可安排上市流通。

3. 按照股票是否记载股东姓名划分

(1)记名股。记名股是指将股东的姓名记载于股票和公司股东名册之上的股份。记名股的权利只能由记名股东本人行使，以背书方式转让。股份有限公司向发起人、国家授权投资的机构以及法人发行的股票，必须是记名股票。向社会公众发行的股票，可以记名也可以不记名。

(2)无记名股。无记名股是指不把股东姓名记载于股票和公司股东名册上的股份。无记名股使股票持有人不具有特定性，股票可自由流通和转让，故其往往具有较高的流通性。在转让过程中，无记名股无须办理持股人的姓名或名称的变更手续，而是以交付的方式即可。

4. 按照股票的购买者和上市的地点划分

(1)A股。A股的正式名称是"人民币普通股票"，是指由我国股份有限公司发行的，以人民币标明面值，供我国境内机构、组织和公民用人民币购买的一种上市交易的普通股票。

(2)B股。B股的正式名称是"人民币特种股票"或"境内上市外资股"，是指以人民币标明股票面值，专供境外投资者以外币认购和买卖，在我国境内发行、承销并在上海证券交易所和深圳证券交易所上市交易的股票。

(二)债券

债券是政府、金融机构、公司等主体依照法定程序发行的，约定在一定期限还本付息的有价证券。包括如下几种：(1)公司债券。公司债券是指公司依照法定程序发行的，约定在一定期限还本付息的有价证券。(2)政府债券。政府债券又称为国债券，是指中央政府为筹措经济建设资金、弥补财政赤字或国库收支差额等特定目的而以债务人身份发行并承诺在一定期限还本付息的债务凭证。政府债券的债务人为国家，其偿还纳入国家财政预算，是所有债券形式中风险最小最安全的一种，因此有“金边债券”之誉。(3)金融债券。金融债券是指银行及非银行金融机构为筹集资金而向投资者发行的债务凭证。

(三)证券投资基金券

证券投资基金是指通过发行基金券来集中投资者的资金，然后由基金托管人托管，由基金管理人管理和运用资金，主要投资于股票、债券，实行利益共享、风险共担的集合证券投资方式。证券投资基金券是指证券投资基金单位依法向投资者发行的、证明其持有该证券投资基金份额的凭证。证券投资基金券是投资基金的表现形式，属于国务院依法认定的其他证券范围。主要包括：

1. 封闭式投资基金和开放式投资基金。封闭式基金是指事先确定发行总额，在封闭期间基金券总数不变，基金上市后投资者可以通过证券市场转让、买卖基金券的一种基金。开放式基金是指基金发行总额不固定，基金券总数随时增减，投资者可以按照基金的报价在国家规定的营业场所申购或者赎回基金券的一种基金。

2. 国内投资基金和外国投资基金。国内投资基金是供我国境内投资者以人民币购买和转让的基金。外国投资基金是供境外投资者以外币购买和转让的基金。

3. 成长型投资基金和收入型投资基金。成长型基金以资本增值为目标，注重目标公司的资本增值，其风险相对较大一些。收入型基金以增加当期收入为目标，对证券增值并不重视，它一般投资于各种收入稳定的有价证券，如债券和优先股股票等，风险相对较弱。

三、证券法概述

(一)证券法的概念和中国证券立法概况

证券法是调整证券发行关系、交易关系、证券监管关系以及其他相关活动而产生的社会关系的法律规范的总称。证券法有广义和狭义之分。广义的证券法包括了国家立法机关和授权机关制定的证券法律、法规和部门规章，狭义的证券法仅指国家立法机关制定的以证券法命名的法律规范，在我国即为《中华人民共和国证券法》(以下简称《证券法》)。

我国证券法的历史可以追溯到民国政府时期1914年颁布的《证券交易所法》。新中国时期的证券法历史则很短,主要是在改革开放后发展起来的,目前我国已形成以《证券法》为核心的比较完整的证券法律法规体系。1998年12月29日九届人大常委会第六次会议审议通过,1999年7月1日起施行的《证券法》是我国第一部由立法机关制定的专门的证券法律规范,其制定标志着我国证券法的历史进入了一个新的阶段。2004年8月28日,十届人大常委会第十一次会议审议通过《关于修改〈中华人民共和国证券法〉的决定》,对《证券法》进行了第一次小幅度的修改。2005年10月27日十届人大常委会第十八次会议对《证券法》进行了第二次修改,于2006年1月1日开始施行。此次修改被称为是对我国《证券法》大刀阔斧的改革,修改后的《证券法》在监管方面予以了强化,同时为今后资本市场的发展预留了很大的法律空间。

(二)《证券法》的立法宗旨

《证券法》的实施是为了使证券发行和交易活动规范化、法制化,切实保护投资者和债权人的合法权益,使证券市场合法有序地运行,达到繁荣市场、发展经济的目的。正如《证券法》第1条所规定的:"为了规范证券发行和交易行为,保护投资者的合法权益,维护社会经济秩序和社会公共利益,促进社会主义市场经济的发展,制定本法。"这是《证券法》的立法宗旨。

(三)《证券法》的调整对象和适用范围

1.《证券法》的调整对象

《证券法》的调整对象是指证券市场的参与者和监督管理者在证券的募集、发行、交易、服务、监督管理过程中所发生的各种经济社会关系。这些关系可统称为"证券关系"。主要包括以下三个方面的关系:(1)证券发行关系。证券发行关系是指因证券发行行为而在证券发行人与证券投资人之间,以及二者分别与证券承销机构之间产生的社会关系。包括发行人与投资者之间的投资关系以及发行人与承销机构之间的委托代理关系。(2)证券交易关系。证券交易关系是指证券持有人在证券市场转让证券时,与其他买卖证券的相对人所产生的权利义务关系。证券买卖不同于普通商品的买卖,一般都要通过证券经纪商的中介,于特定场所以特定的方式实现交易。(3)证券监管关系。证券监管关系是指国家证券监管机构为了维护正常证券发行和交易秩序,保护证券投资者的合法权益,而依法进行监管过程中与发行人、投资人、证券商、中介服务机构以及证券自律机构之间产生的社会关系。

2.《证券法》的适用范围

《证券法》的适用范围,在该法的第2条作了明确的规定:在中华人民共和国境内,股票、公司债券和国务院依法认定的其他证券的发行和交易,适用本法;本法未规定的,适用《中华人民共和国公司法》和其他法律、行政法规的规定。政府债券、证券投资基金份额的上市交易,适用本法;其他法律、行政法规有特别规定的,适用其规定。证券衍生品种发行、交易的管理办法,由国务院依照本法的原则规定。

(四)证券法的基本原则

证券法的基本原则是证券立法的基础,是正确适用和遵守证券法律规范的有效保障,是贯穿于整个证券法律关系的基本准则,是证券法律制度的核心,也是为了实现证券法的任务,要求证券市场的参与者和监督管理者必须遵守的最基本的活动准则。它是证券法的精神所在。

1."三公"原则。即公开、公平、公正原则。公开原则亦称信息公开原则或信息披露制度,是证券交易制度和发行制度的核心,指的是对于证券之发行、交易或其他有关事项向投资大众公开,包括有关财务业务资料以及其他资料。信息公开,是对发行公司的一种"强制性曝光",它是证券市场制度的基础。公平原则即平等原则,是指在证券发行交易活动中,发行人、投资人、证券商和证券专业服务机构的法律地位平等,其合法权益受到平等保护,即平等地享有民事权利、履行民事权利,公平地开展竞争。它要求保证证券市场的所有参与者不因其在市场中的职能差异、身份不同、经济实力不同而受到不公平的待遇,各方应当按照公平统一的市场规则进行各种活动。公正原则是指对每个市场主体均应平等地适用法律,平等对待争议各方当事人,不歧视任何人。这一原则要求在同一次证券发行和交易中,对所有的投资者的条件、机会都是相同的,不得因人而异。

"三公"原则是各国证券法的基本原则。从其内在联系来看,公开原则是公平原则、公正原则的前提和保障,公平、公正是实行公开原则所追求的目的。只有实行公开原则,才能向投资公众提供及时、准确、真实、完善、充分的信息,使发行者能在信息完全公开的条件下,正确把握自己的股票发行数量和质量,使投资者能够比较客观地作出投资规模和投资方向上的决策,受到公平、公正的对待。只有实行公开原则,国家才能及时掌握证券发行和交易信息,对证券市场实施统一管理和监督,防止垄断操纵、欺诈、虚假陈述、内幕交易等不法行为的发生,创造一个公平、公正和高效、安全的证券市场秩序。

2.诚信原则

诚信原则要求在证券发行与交易过程中,各个当事人必须遵守法律、行政法规，自觉本着平等互利、等价交换的原则，恪守信用，不得损害他人利益牟取暴利，扰乱正常市场秩序，危害证券市场的健康发展，禁止欺诈、内幕交易和操纵证券市场等行为。

3. 分业经营、统一监管与自律相结合原则

为了分散和防范金融风险，除国家另有规定外，证券业和银行业、信托业、保险业应当分业经营、分业管理，证券公司与银行、信托、保险业务机构分别设立。证券业内部实行集中统一的监管体制，国务院证券监管部门依法对全国证券市场实行集中统一监管；同时依法设立证券业协会，实行自律性管理。

第二节　证券发行与证券承销法律制度

一、证券发行

证券市场为企业和上市公司提供了长期、稳定的融资渠道，对于任何期望获得社会资金的企业来说，发行证券是其进入证券市场的第一步。

(一)证券发行的概念和方式

证券发行是指证券发行主体以筹集资金为目的将证券销售给投资人的活动，包括募集、制作、交付、直接销售或委托中介机构承销代销证券的一系列活动。证券一经发行，证券发行人即应向证券投资人承诺一定的义务，如派发股息或定期还本付息等。投资人则通过向证券发行人购买证券实现对发行人的投资。

依照不同的分类标准，我国证券发行有以下方式：

1. 按照是否通过中介机构为标准划分为直接发行和间接发行。直接发行是指证券发行人不通过中介机构，而由自己具体办理发行事宜，直接和投资者签订购买合同的发行方式。间接发行又称为证券承销，是指证券发行人委托证券承销机构具体办理证券发行事宜的方式。直接发行方式的优点在于发行费用很低，缺点在于发行时间长、发行风险较大，现代证券市场已经很少采用直接发行方式，而间接发行才是现代各国普遍采用的证券发行方式。

2. 按照投资对象是否特定为标准划分为公募发行和私募发行。公募发行又称公开发行，是指发行人通过中介机构向不特定的社会公众广泛发售证

券的行为,它是证券发行中最基本最常用的方式。公募发行情况下,所有合法的社会投资者都有权认购。私募发行又称不公开发行或内部发行,是指面对少数特定的投资人发行证券的方式。

3. 按照发行的目的为标准划分为初次发行和增资发行。初次发行又称首次发行,一般是指股份有限公司在设立时向发起人和社会公众发行股份,其目的是为了设立公司。在我国,初次发行包括国有企业改建为股份有限公司时向社会公开募集股份的情况。增资发行是指已成立的股份有限公司因生产经营需要,为追加资本而发行的股份,其依认购股份者是否缴纳股款又分为有偿增资、无偿增资两种。有偿增资主要指配股和增发新股,无偿增资指股份有限公司将其公积金、盈余及资产重估增值转为资本发行股份,按照比例无偿分配给股东。

4. 根据票面面额与发行价格的关系划分为平价发行、溢价发行和折价发行。平价发行又称为等额发行或面额发行,是指发行人以票面金额作为发行价格。溢价发行是指发行人按高于票面金额的价格发行股票。又分为时价发行和中间价发行。时价发行也称为市价发行,是指以同种或同类股票的流通价格为基准来确定股票发行价格,股票公开发行通常采用这种形式。中间价发行是指以介于面额和时价之间的价格来发行股票。折价发行是指以低于面额的价格出售新股,即按面额打一定折扣后发行股票,折扣的大小主要取决于发行公司的业绩和承销商的能力。

(二)证券发行审核制度

为保护投资者利益,维护证券市场的健康发展,各国政府对证券的发行均实行严格的审批监管制度。各国对证券发行的监管可分为注册制、核准制和审批制。

1. 注册制。又称为完全公开主义,是指申请主管部门只对发行人公开的信息真实性进行审查,不对证券发行的条件进行实质审查的一种方式。英国公司法和美国联邦证券法是实行注册制的代表,注册制实质上是一种发行证券公司的信息公开制度。

2. 核准制。又称为实质管理主义,是指证券发行人申请发行证券除了要满足信息公开条件外,还必须符合证券法规定的实质条件并经证券主管部门实质审查并核准。核准制的优点在于通过主管部门的实质审查,能够大量排除无投资价值或投资价值甚少的证券的发行,减少投资人受损的几率和程度。缺点在于申请发行的周期过长、市场效率低、主管部门权力集中,不利于投资者提高对证券市场的分析能力和判断能力。

3. 审批制。又称为严格实质管理主义，是指在实质管理的内容中加入计划管理的因素，不仅要满足信息公开条件，而且还要通过更为严格的实质审查。这里的计划管理主要指额度管理，政府每年制定证券发行额度，然后按一定原则将此额度分配给各部门、各地区等，带有浓厚的计划色彩。我国在《证券法》实施前一直采用审批制，限制了市场经济的发展。

根据《证券法》规定，我国目前证券发行确立的是审核制度，根据发行证券的种类分别采用核准制与审批制。审核制是证券管理机关依法对除豁免证券之外的证券发行作出是否准予发行的制度。一方面，我国对股票发行采用核准制，即股票发行申请核准程序公开并接受监督，在中国证监会内设立发行委员会，由中国证监会的专业人员和所聘请的中国证监会外的有关专家组成，对股票发行申请进行表决并提出审核意见。另一方面，我国对公司债券发行采用审批制，即公司发行债券，必须按照相关法律规定的条件报经国务院授权的部门审批。

(三)证券发行信息公开

1. 证券发行信息公开的意义

证券发行信息公开制度是指有价证券公开发行人以维护投资者的合法权益为宗旨，将与发行有关的信息以招股说明书的形式，完全、准确、及时地公开，以便投资者了解和掌握证券发行人的财务状况和所募集资金的使用情况，作出正确的投资决策。强制信息公开制度要求证券发行人增加内部管理和财务状况的透明度，有效地制止违法违规行为。信息的公开，可使发行公司受到公众的监督，从而保证发行公司在规范的轨道上运行。

2. 证券发行须公开的信息

证券发行须公开的信息主要是募集文件的内容。募集文件是指证券发行人发行证券时依法向社会公众公开的有关的书面性的材料，它是信息内容的载体。信息的公开就是指募集文件的公告或置备于指定的场所供公众查阅。募集文件主要包括招股说明书、配股说明书、公司债权募集办法等。对于上述文件的内容和格式，中国证监会及国务院授权部门均有明确要求。

3. 募集文件公开的具体要求

募集文件公开的具体要求包括，一是公开的募集文件必须经过核准或批准。未经国务院证券监督管理机构或者国务院授权的部门核准或审批，任何单位和个人不得向社会公开募集文件或公开发行证券。二是公开募集文件必须在证券发行前一定时间内进行，要留有足够的时间让投资者“消化”。三是发行证券的信息依法公开前，任何知情人不得公开或者泄露该信息。四是发行人不得在公告、公开发行募集文件之前发行证券。上述要求任何发行人均不得违反,违反者应承当相应的法律责任。

二、证券承销

(一)证券承销概述

证券承销是指发行人委托证券公司(亦称承销商)向证券市场上不特定的投资人公开销售股票、债券及其他投资证券的活动。

在我国,凡向社会公开发行的证券一般均需证券公司承销。发行证券数量较大者,还需多家证券公司组成承销团共同承销。

(二)证券承销方式

按照证券发行人与证券承销商之间约定的风险分担规则,证券承销可分为代销和包销两种方式。

1.证券代销

所谓证券代销,是指承销商代理发售证券,并于发售期结束后,将未售出证券全部退还给发行人的承销方式。证券承销的特点是:(1)发行人与承销商之间建立的是一种委托代理关系。代销过程中,未售出证券的所有权属于发行人,承销商仅是受委托办理证券销售事务;(2)承销商作为发行人的推销者,不垫资金,对不能售完的证券不负任何责任,证券发行的风险基本上是由发行人自己承担;(3)由于承销商不承担主要风险,相对包销而言,所得收入(手续费)也少。

2.证券包销

所谓证券包销,是指在证券发行时,承销商以自己的资金购买计划发行的全部或部分证券,然后再向公众出售,承销期满时未售出部分仍由承销商自己持有的一种承销方式。证券包销具体又包括全额包销和定额包销两种方式。

(三)承销团承销

承销团承销,亦称"联合承销",是指两个以上的证券承销商共同接受发行人的委托向社会公开发售某一证券的承销方式。由两个以上的承销商临时组成的一个承销机构称为承销团。承销团成员根据分工及承担责任的不同,可分为主承销商和分销商。

承销团承销有着单个证券商承销不能具有的优势。它有能力承销发行量大的证券,能确保发行人迅速筹集巨额资金,能大大分散证券发行的市场风险。世界上绝大多数国家法律、法规中都限定巨额证券的发行应实行承销团承销。我国《证券法》也规定,向社会公开发行的证券票面总值超过人民币5

000 万元的，应当由承销团承销。

(四)证券承销协议

证券承销协议是证券承销制度的核心，是证券发行人与证券公司之间签署的、旨在规范和调整证券承销关系以及承销行为的合同文件。

证券公司承销证券，应当同发行人签订证券承销协议，即代销或者包销协议，并载明下列内容：当事人的名称、住所及法定代表人姓名；代销、包销证券的种类、数量、金额及发行价格；代销、包销的期限及起止日期；代销、包销的付款方式及日期；代销、包销的费用和结算办法；违约责任；国务院证券监督管理机构规定的其他事项。

第三节　证券上市与证券交易法律制度

一、证券上市

(一)证券上市的概念和意义

证券上市指证券发行结束后，依照法定条件和程序到证券交易所公开挂牌交易的法律行为。证券上市即赋予某种证券在证券交易所进行买卖的资格。凡在证券交易所内交易的有价证券统称为上市证券，对于上市的股票或公司债券来说，其发行人称为上市公司。证券上市是联结证券发行市场和证券交易市场的桥梁，它使证券持有人与其他证券投资者在证券交易所相互转移证券成为可能。依法核准上市交易的证券，应当在证券交易所挂牌交易。

证券上市具有重要的意义：(1)它使证券的流通成为可能，市场的作用可以得到充分的广泛的发挥；(2)它扩大了上市公司的影响，为上市公司进一步筹资提供了更多的机会；(3)它使投资者的投资可得到及时的变现，同时，也为投资者避险提供了条件；(4)它使上市公司置于公众的监督之下，有利于规范上市公司的行为，提高上市公司的素质。

(二)证券上市的条件和程序

为了保证上市证券的流通性和交易的安全，公司发行的证券必须具备一定的条件方可上市交易。现行《证券法》降低了股票上市的条件，规定股份有限公司申请股票上市应具备的条件主要有：(1)股票经国务院证券监督管理机构批准,已向社会公开发行;(2)公司股本总额不少于人民币 3 000 万元;(3)向社会公开发行的股份达公司股份总额的 25%以上,公司股本总额超过人民币 4 亿元的,其向社会公开发行股份的比例为 10%以上;(4)公司最近 3 年无重大违法行为,财务会计报告无虚假记载;(5)证券交易所可以规定高于前述上市条件,并报国务院证券监督管理机构批准。国家鼓励符合产业政策并符合上市条件的公司股票上市交易。

公司申请其公司债券上市交易应当符合的条件主要有:(1)公司债券的期限为 1 年以上;(2)公司债券实际发行额不少于人民币 5 000 万元;(3)公司申请其债券上市时仍符合法定的公司债券发行条件。

可转换公司债券在发行人股票上市或者拟上市的证券交易所上市。

公司申请其证券上市不仅应具备上述实质性条件,还必须履行法定的程序。根据我国法律规定。证券上市必须进行上市申请。与世界上绝大多数国家和地区一样,我国也采取上市的自愿申请制度,由公司自己决定其已发行的证券是否申请在证券交易所上市交易。申请证券上市交易,应当向证券交易所提出申请,由证券交易所依法审核同意,并由双方签订上市协议;另外,证券交易所根据国务院授权的部门的决定安排政府债券上市交易。申请股票、可转换为股票的公司债券或者法律、行政法规规定实行保荐制度的其他证券上市交易,还应当聘请具有保荐资格的机构担任保荐人。证券上市交易申请经证券交易所审核同意后,签订上市协议的公司应当在规定的期限内公告证券上市的有关文件,并将其置备于指定场所供公众查阅。

(三)上市证券的暂停和终止上市

上市公司丧失《证券法》规定的上市条件的,其股票依法暂停上市或者终止上市。公司债券上市交易后,公司发生法律规定的情形的,其上市债券依法暂停上市或者终止上市。证券交易所根据《证券法》的授权,依法作出上市证券暂停上市、恢复上市和终止上市的决定。对证券交易所作出的不予上市、暂停上市、终止上市决定不服的,可以向证券交易所设立的复核机构申请复核。

证券交易所作出暂停上市、恢复上市和终止上市决定的主要依据除《证券法》外,还包括证券交易所各自的《上市规则》。上市公司有下列情形之一的,证券交易所可以决定暂停其股票上市交易:(1)公司股本总额、股份分布等发生变化不再具备上市条件;(2)公司不按照规定公开其财务状况,或者对财务会计报告作虚假记载,可能误导投资者;(3)公司有重大违法行为;(4)公司最近 3 年连续亏损;(5)证券交易所上市规则规定的其他情形。

上市公司有下列情形之一的,由证券交易所决定终止其股票上市交易:

(1)公司股本总额、股权分布等发生变化不再具备上市条件,在证券交易所规定的期限内仍不能达到上市条件;(2)公司不按照规定公开其财务状况,或者对财务会计报告作虚假记载,且拒绝纠正;(3)公司最近3年连续亏损,在其后一个年度内未能恢复盈利;(4)公司解散或者被宣告破产;(5)证券交易所上市规则规定的其他情形。

公司债券上市交易后,公司有下列情形之一的,由国务院证券监督管理机构决定暂停其公司债券上市交易:(1)公司有重大违法行为;(2)公司情况发生重大变化不符合公司债券上市条件;(3)公司债券所募集资金不按照审批机关批准的用途使用;(4)未按照公司债券募集办法履行义务;(5)公司最近2年连续亏损。

公司有前段所述第(1)项、第(4)项所列情形之一经查实后果严重的,或者有前段所述第(2)项、第(3)项、第(5)项所列情形之一,在限期内未能消除的,由证券交易所决定终止该公司债券上市。公司解散、依法被责令关闭或者被宣告破产的,由证券交易所终止其公司债券上市。

(四)上市公司的持续信息公开

在成熟的证券市场中,上市公司持续性信息披露制度是证券法律制度的重要组成部分。根据该制度,公司上市后,即负有公开、公平、及时向社会公众披露一切有关公司和所发行证券的重要信息的持续性责任。

1.持续信息披露的文件

我国《证券法》规定了上市公司的持续信息披露义务,主要包括定期信息(定期报告)公开和重大事件信息(临时报告)公开。

中期报告是依法编制的反映公司上半年生产经营状况及其他各方面基本情况的法律文件。《证券法》规定,上市公司和公司债券上市交易的公司,应当在每一会计年度的上半年结束之日起2个月内,向国务院证券监督管理机构和证券交易所报送记载以下内容的中期报告,并予公告。主要包括:公司财务会计报告和经营情况;涉及公司的重大诉讼事项;已发行的股票、公司债券变动情况;提交股东大会审议的重要事项;国务院证券监督管理机构规定的其他事项。

年度报告是依法编制的反映公司整个会计年度生产经营状况及其他各方面基本情况的法律文件。《证券法》规定,上市公司和公司债券上市交易的公司,应当在每一会计年度结束之日起4个月内,向国务院证券监督管理机构和证券交易所报送记载以下内容的年度报告,并予公告。主要包括:公司概况;公司财务会计报告和经营情况;董事、监事、高级管理人员简介及其持股情况;

已发行的股票、公司债券情况，包括持有公司股份最多的前十名股东名单和持股数额；公司的实际控制人；国务院证券监督管理机构规定的其他事项。

临时报告是依法编制的反映公司重大事件的法律文件。《证券法》规定，发生可能对上市公司股票交易价格产生较大影响的重大事件，投资者尚未得知时，上市公司应当立即将有关该重大事件的情况向国务院证券监督管理机构和证券交易所报送临时报告，并予公告，说明事件的起因、目前的状态和可能产生的法律后果。下列情况为前述所称重大事件：公司的经营方针和经营范围的重大变化；公司的重大投资行为和重大的购置财产的决定；公司订立重要合同，可能对公司的资产、负债、权益和经营成果产生重要影响；公司发生重大债务和未能清偿到期重大债务的违约情况；公司发生重大亏损或者重大损失；公司生产经营的外部条件发生的重大变化；公司的董事、1/3 以上监事或者经理发生变动；持有公司 5%以上股份的股东或者实际控制人，其持有股份或者控制公司的情况发生较大变化；公司减资、合并、分立、解散及申请破产的决定；涉及公司的重大诉讼；股东大会、董事会决议被依法撤销或者宣告无效；公司涉嫌犯罪被司法机关立案调查；公司董事、监事、高级管理人员涉嫌犯罪被司法机关采取强制措施；国务院证券监督管理机构规定的其他事项。

2. 上市公司持续信息披露的要求

上市公司应当确保信息披露的内容真实、准确、完整，没有虚假、严重误导性陈述或重大遗漏。

具体而言，上市公司的信息披露必须符合以下要求：

(1)完整性。信息披露的完整性要求，并不是要求上市公司将有关其公司的信息不分巨细轻重地全部披露，因为这事实上并不可能，也无必要。不重要的信息过多，反而会导致信息爆炸，造成投资人筛选、利用信息的困难。因此，上市公司的信息公开的完整性，是指将投资人进行合理判断所必需的重要信息全部予以公开，不得有重大遗漏。信息披露的完整性不应当绝对化，如由于商业秘密等特殊原因导致某些信息确实不便披露的，或不披露更符合公司和全体股东的利益的，上市公司可向证券交易所等部门申请豁免，经批准后，可以不予披露。

(2)准确性。上市公司信息披露的目的，在于使投资人能够依据公司所披露的信息作合理的投资判断。如果公司披露的信息具有虚假、错误或误导性成分，不仅无法达成信息披露的目的，反而将误导投资者作出错误的判断，甚至成为某些人进行欺诈的手段。因此，信息的准确性应当成为信息披露的基本前提条件。信息的准确性，一方面要求所披露的信息能够正确反映客观事实,不得有虚假记载或误导性陈述;另一方面要求在已披露的信息出现变化变得不准确时,及时予以更正、更新,即保证信息的持续准确性。为确保信息的准确性,法律一般规定主管机关对披露信息有审查权,并且对于公司的财务报告应当由专门的会计师审计并签字。

(3)及时性。随着时间的推移,市场在不断地发生着变化,上市公司的经营状况也在不断地发生着变化,从而影响着证券的价格。在证券交易中,投资者是按照证券的现时价格进行交易的。因此,为了作出合理的投资判断,就需要发行人披露和提供最新的信息,正确反映证券的现时价值。当然,完全要求随时公开现时信息,是不实际和不可能的。因此所谓及时性,实际上是要求信息发生后,尽量在最短的时间内披露。关于信息披露及时性的要求,《证券法》以及相应的信息披露规则作了明确规定。

(4)利用容易性。上市公司信息披露制度,是以一般投资者为对象的,因此应当保证所公开的信息能够为一般投资者所容易获得、理解和利用。这一容易性包括两个方面:其一是一般投资者容易获得所披露的信息;这主要是对信息披露的方式上的要求,即要求信息披露的方式能够使所有想获得信息的一般投资者都能够以较低的成本获得信息。我国法律、法规一般要求采取公告的方式进行信息披露。其二是一般投资者对所披露的信息容易理解。信息理解容易主要是对信息所采用的文字和格式上的要求,即应当使用简洁、易懂的文字对信息进行描述,避免使用那些高深莫测的专业术语和过分冗长的语句,使一般投资者不至于对信息出现费解和误解。

二、证券交易

(一)证券交易的含义

证券交易,即证券买卖,是指证券所有人将已经发行并交付的证券有偿转让给他人的法律行为。

除了买卖之外,继承、赠与等也是证券权利转移的形式,但证券买卖无疑是证券市场上最活跃、最频繁和风险最集中的行为,也是《证券法》所规范的重点对象。证券交易本质上是一种等价有偿的买卖行为,卖出证券的一方向买入证券的一方交付证券并取得价金,买入证券的一方向卖出证券的一方支付价金并取得证券。只不过证券买卖的标的比较特殊,并且采取了比较特殊的买卖形式。证券交易不是一般的商品买卖,而是金融商品的买卖。这种金融商品是有价证券,其价值体现为其所代表的权利,而不是证券本身。根据证券权利本身的性质不同,证券交易的性质也不同。例如公司债券、国债是债券持有人对公司、国家的债权凭证，因此公司债券、国债的买卖实际上是债权的转让。而股票所代表的是股东对公司的股权，股票的买卖则为股东权的转让。至于基金单位买卖，因基金类型而不同：信托制基金单位类似于债券，公司制基金单位类似于股票。

(二)证券交易的场所及规则

世界各国的证券交易根据交易场所的不同，可分为场内交易和场外交易。

场内交易是指在证券交易所进行的交易。从世界各国来看，证券交易所均是一国主要的证券交易的场所。现阶段，我国有两家证券交易所，即上海证券交易所和深圳证券交易所。我国证券交易所是提供证券集中竞价交易场所的不以营利为目的的法人。证券交易采用公开集中竞价交易方式，其集中竞价的原则是价格优先、时间优先。时间优先原则必须在价格优先原则下执行，价格优者先成交；同等价格下时间优先，先出价者优先成交。

场外交易，是指在证券交易所以外的合法交易场所进行的证券交易。场外交易场所主要是证券商营业柜台，所以场外交易又称为柜台交易，在我国台湾地区也称为店头交易。场外交易采用非集中竞价的方式进行交易。在场外交易中，投资人一般通过相对买卖、拍卖、标购等方式买卖证券。交易价格由买卖双方单独、直接协商确定。由于现代计算机通信技术的运用，场外市场也大多引进了电子报价系统(如美国的全美证券交易商协会自动报价系统，即NASDAQ)，从而极大地便利了场外市场交易的进行。

(三)证券交易的程序

证券交易所交易的程序可分为以下五个步骤：(1)开户。投资者买卖证券，必须开设两个账户：证券账户和资金账户。证券账户是证券登记结算机构为投资者开出的记载其证券持有及变更的权利凭证，用于记载投资者所持有的证券种类、名称、数量及相应权益和变动情况。资金账户是投资者买卖股票时进行资金清算的账户。投资者完成开户手续后，存入足够的资金，即可进行委托买卖交易。(2)委托。是指投资者向证券交易所会员进行授权买卖证券的行为。我国的证券交易所实行会员制，只有具备证券交易所会员资格的证券公司才能够在证券交易所进行证券交易，不具有会员资格的一般投资者只有委托证券公司才能实现交易。所以，投资者开立了证券账户和资金账户后，还应与证券公司签订证券委托买卖协议，协议一经签订，投资者即成为该证券公司经纪业务的客户，能够在其证券营业部委托买卖证券。(3)申报。是指会员向交易所主机发送证券买卖指令的行为。我国交易所只接受会员的限价申报。会员应当按照接受客户委托的先后顺序向交易主机申报。申报指令应当包括证券账号、证券代码、买卖方向、数量、价格等内容，并按交易所规定的格式传送。(4)竞价成交。是指证券公司相互通过竞价，就买卖证券的价格、数量达成一致，完成证券买卖。(5)结算。结算是在一笔证券交易达成之后的后续处理，包括清算和交割(交收)两项内容，是证券市场交易持续进行的基础和保证。

(四)证券交易的禁止行为

证券交易涉及金额较大，交易当事人众多，交易又具有很强的技术性和专业性特征，因此，证券交易中的违法行为往往更具有隐蔽性和破坏性，为此，各国都通过加强证券交易监管立法来防范各种非法证券交易行为。我国《证券法》专门规定了禁止的交易行为。

1. 内幕交易

内幕交易也称为内部人交易、知情者交易，是指内幕人员利用所掌握的内部证券信息进行证券交易，或者将所掌握的内部信息提供给他人进行证券交易的行为。它不利于保护投资者的合法权益和社会公共利益，必须绝对禁止。内幕交易主要由三个要素构成，即内幕人员范围、内幕信息的范围以及内幕交易的行为类型。

所谓内幕人员是指能够利用其职务或身份之便，获取公司内幕情报的人员。一般包括由于持有发行人的证券，或者在发行人或者与发行人有密切关系的公司中担任董事、监事、高级管理人员，或者由于其会员地位、管理地位、监督地位和职业地位，或者作为雇员、专业顾问履行职务，能够接触或者获得内幕信息的人员。所谓内幕信息是指在证券交易活动中，涉及公司的经营、财务或者对公司证券的市场价格有重大影响的尚未公开的信息。内幕交易的具体方式可分为：内幕人员利用内幕信息买卖证券或者根据内幕信息建议他人买卖证券；内幕人员向他人泄露内幕信息，使他人利用该信息进行内幕交易；非法获取内幕交易信息的其他人员根据该信息买卖、建议他人买卖或者泄露该信息。

熟悉证券交易内幕信息的知情人员或者非法获取内幕信息的其他人员，不得买入或者卖出所持有的该公司的证券，或者泄露该信息，或者建议他人买卖该证券。违反者，责令依法处理非法获得的证券，没收违法所得，并处以违法所得 1 倍以上 5 倍以下或者非法买卖的证券等值以下的罚款。构成犯罪的、依法追究刑事责任。

2. 操纵市场

操纵市场是指行为人以获取利益或减少损失为目的，利用其资金、信息等优势或滥用职权,影响证券市场价格,制造证券市场假象,诱使投资者买卖证券,扰乱证券市场秩序的行为。

我国《证券法》规定,禁止任何人以下列手段获取不正当利益或者转嫁风险:通过单独或者合谋,集中资金优势、持股优势或者利用信息优势或者连续买卖,操纵证券交易价格;与他人串通,以事先约定的时间、价格和方式相互进行证券交易或者相互买卖并不持有的证券,影响证券交易价格或者证券交易量;以自己为交易对象,进行不转移所有权的自买自卖,影响证券交易价格或者证券交易量;以其他方法操纵证券交易价格。有操纵证券交易价格者,没收违法所得,并处以违法所得1倍以上、5倍以下的罚款。构成犯罪的,依法追究刑事责任。

3.证券欺诈行为

证券欺诈是指证券经营机构、证券登记、清算机构及证券发行人或者发行代理人等在证券发行、交易及其相关活动中诱骗投资者买卖证券以及其他违背客户真实意愿、损害客户利益的行为。它包括虚假陈述和欺骗客户的行为。

虚假陈述是指信息披露义务人违反《证券法》的规定,在证券发行或者交易过程中,对重大事件作出违背事实真相的虚假记载、误导性陈述,或者在披露信息时发生重大遗漏、不正当披露信息的行为。信息披露人以及信息披露担保人在其信息披露文件中进行虚假陈述,给投资者造成损失的,应当承担民事责任。

在证券交易中禁止各种违背客户真实意愿、损害客户利益的行为。证券市场上,欺诈客户的行为实质上就是欺诈投资者的行为,各国法律都对欺诈投资者行为作出了禁止性规定。我国《证券法》禁止的欺诈客户行为主要有:违背客户的委托为其买卖证券;不在规定时间内向客户提供交易的书面确认文件;挪用客户所委托买卖的证券或者客户账户上的资金;私自买卖客户账户上的证券,或者假借客户的名义买卖证券;为牟取佣金收入,诱使客户进行不必要的证券买卖;其他违背客户真实意思表示,损害客户利益的行为。

案例：

2000 年 6 月 2 日，中国证监会公布了对中国信达信托投资公司（下称信达信托）的处罚决定。经中国证监会查明，信达信托自 1998 年 4 月 8 日起，集中 5 亿元资金，利用 101 个个人股东账户及 2 个法人股东账户，通过其下属的北京、成都、长沙、郑州、南京、太原等营业部，大量买入“陕国投 A”股票，持仓量从 4 月 8 日的 81 万股，占总股本的 0.5%，到最高时 8 月 24 日的 4 389万股，占总股本的 25%。除了对持股情况未依法公告和报告外，信达信托多次通过其控制的不同股票账户做价格相近、方向相反的交易，以制造成交活跃的假象，使得该股价格从 4 月 8 日的 10.01 元涨至 9 月 21 日最高时的 19.12 元，涨幅达 91%。截至 1999 年 2 月 9 日，信达信托共获利 10 322 万元。中国证监会决定：对信达信托处以警告并罚款 300 万元；没收信达信托违规收入 10 322 万元；暂停信达信托证券业务总部总经理夏小军证券从业资格 12 个月；对信达信托法定代表人陈玉华处以警告；责令信达信托清理违规开立的个人股票账户，并予以注销。

第四节　上市公司收购

一、上市公司收购的概念及特征

上市公司收购，是指投资者依法购买上市公司一定比例的股份，以达到对其控股或者兼并目的的行为。作为资产重组、产权交易的重要方式，上市公司收购名义上是“股票收购”，实为“公司收购”。收购上市公司是公司并购的一种重要形式，通过收购公司股份达到控制上市公司的目的，是调整公司经营战略和产业结构的重要措施。

上市公司收购具有以下几个特点：(1)被收购公司是股票公开上市的股份有限公司，因而，其股份掌握在众多的投资者手中。(2)收购人可以是企业法人，也可以是自然人。实践中，企业法人作为收购人为多数。(3)收购人须通过市场向多个投资者批量购买股份。假如仅从个别投资者手中购买股份，一般不应称为收购。(4)收购人收购股份的行为不单纯是投资，更重要的是要在控制股份的基础上控制目标公司的经营管理权，或干脆将目标公司与收购人合并。

我国《证券法》第四章规定了上市公司收购的方式、条件、程序、监管等方面的内容。

二、上市公司收购的方式

按照《证券法》的规定分析，上市公司收购可以采取要约收购或者协议收购的方式。要约收购是指收购人先通过证券交易所的竞价交易，收购众多的非特定股票持有人的股权，达到法定的相应的比例时，依法向该上市公司所有股票持有人发出收购要约，进行收购的行为，是上市公司收购的主要方式。我国《证券法》规定，通过证券交易所的证券交易，投资者持有一个上市公司已发行的股份的30%时，继续进行收购时，应当依法向该上市公司所有股东发出收购要约。但经国务院证券监督管理机构免除发出要约的除外。协议收购则是指收购人直接向持有大比例股权的股东，提出收购其所持股权的意向，以双方协议的方式收购上市公司股权的行为。协议收购为国家股和法人股在一定范围内转让、流通提供了一种思路和方式。有学者认为，从协议收购的特征来看，它往往只针对部分大股东，在收购价格上每一笔交易可以各不相同，很难体现证券市场的公平原则。另外，协议收购一般在私下进行，有关信息在收购协议达成之前一般不公开，不利于其他股东利益的保护，如不对证券交易场所之外的协议收购加以限制，很容易发生内幕交易、操纵证券交易市场等证券欺诈行为。

在理论上，依收购是否成为收购人的法定义务为标准，上市公司收购可分为自愿收购和强制收购；依预定收购的股份数量，上市公司的收购还可以分为部分收购和全面收购。

三、上市公司收购的相关制度

1. 对收购股份转让的限制。收购人在法定期限内不得转让所收购股票。法定期限为收购行为完成后的6个月。

2. 收购结束后的报告与公告。为了规范收购活动，进行必要的监管，也为了广大投资者能够了解收购的结果，以便根据这一信息作出新的投资判断和决策，法律规定收购方在收购行为结束后的15日内应将收购情况报告中国证监会和证券交易所，并予以公告。

3. 收购完成后公司的变更登记。收购行为完成后，被收购公司可能不再具有《公司法》规定的条件，因此应当依法变更企业形式。

4. 公司合并后股票的更换。通过要约收购或协议收购方式取得收购公司股票并将该公司撤销的，属于公司合并，被撤销公司的原有股票，由收购人依法更换。

第五节　证券市场主体法律制度

一、证券交易所

证券交易所是为证券集中交易提供场所和设施，组织和监督证券交易，实行自律管理的法人。证券交易所既不直接买卖证券，也不决定证券价格，而只为买卖证券的当事人提供场所和各种必要的条件及服务。它具有以下特征：其一，证券交易所一般都是依法设立的法人组织；其二，证券交易所是集中竞价交易的场所；其三，证券交易所是证券交易的组织者；其四，证券交易所是特殊法人。交易所在法律上具有独立的地位，但它自身不参与交易，除了提供服务充当交易组织者的角色，还需执行法律法规赋予它的监管职能。

就国际上现有交易所来看，主要有两种形式：一是会员制，一是公司制。会员制的证券交易所不以营利为目的，其会员是各证券商。会员须向证券交易所交纳会费。在会员制证券交易所中，只有会员才能进入证券交易所大厅参与交易活动。会员通常派出一名或若干名场内交易员代表证券商参加场内交易。目前世界上大多数国家采用这种形式。公司制的证券交易所是以营利为目的的企业法人。它是由银行、证券公司、投资信托公司等各类商事组织共同出资建立起来的股份有限公司。目前世界上较少国家和地区采用这种形式。根据《证券法》的规定，我国的证券交易所采用会员制。实行会员制的证券交易所的财产积累归会员所有，其权益由会员共同享有，在其存续期间，不得将其财产积累分配给会员。

目前，我国的证券交易所有两家：一是上海证券交易所；二是深圳证券交易所。进入证券交易所参与集中竞价交易的，必须是具有证券交易所会员资格的证券公司。

二、证券公司

证券公司是指按照《公司法》规定并经国务院监督管理机构审查批准的从

事证券经营业务的有限责任公司或股份有限公司。

设立证券公司，必须经国务院证券监督管理机构审查批准。未经国务院证券监督管理机构批准，任何单位和个人不得经营证券业务。设立证券公司，应当具备下列条件：(1)有符合法律、行政法规规定的公司章程；(2)主要股东具有持续盈利能力，信誉良好，最近3年无重大违法违规记录，净资产不低于人民币2亿元；(3)有符合本法规定的注册资本；(4)董事、监事、高级管理人员具备任职资格，从业人员具有证券从业资格；(5)有完善的风险管理与内部控制制度；(6)有合格的经营场所和业务设施；(7)法律、行政法规规定的和经国务院批准的国务院证券监督管理机构规定的其他条件。

经国务院证券监督管理机构批准，证券公司可以经营下列部分或者全部业务：(1)证券经纪；(2)证券投资咨询；(3)与证券交易、证券投资活动有关的财务顾问；(4)证券承销与保荐；(5)证券自营；(6)证券资产管理；(7)其他证券业务。

三、证券登记结算机构

证券登记结算机构是指为证券交易提供集中的登记、托管与结算服务，不以营利为目的的法人。证券登记结算机构的名称中应当标明证券登记结算字样。

就目前我国的情况来看，上海证券交易所和深圳证券交易所有各自成体系的结算系统，上海证券中央登记结算公司是上海证券交易所的全资公司，负责上海证券交易所的登记结算工作；深圳证券交结算公司是深圳证券交易所的全资公司，负责深圳证券交易所的登记结算工作。我国《证券法》规定，证券登记结算机构采取全国集中统一的运营方式。这对于提高结算效率、加强监督、降低风险，维护正常交易秩序具有很重要的意义。

四、证券交易服务机构

证券交易服务机构是指不直接参与证券的发行和交易，但通过自身专业作用的发挥，为证券交易提供各种服务的机构。我国《证券法》规定，根据投资业务的需要，可以设立专业的证券投资咨询机构、资信评估机构，这些机构的设立条件、审批程序和业务规则，由国务院证券监督管理机构规定。

五、证券业协会

证券业协会也称“证券业同业公会”，是依法设立的旨在对证券业进行自律性管理的具有法人资格的社会团体组织。证券业协会分为全国性证券业协会和地方性证券业协会两种。

证券公司应当加入证券业协会。中国证券业协会成立于1992年8月28日,其任务是加强对证券业的自律性管理。

六、证券监督管理机构

国务院证券监督管理机构依法对证券市场实行监督管理,维护证券市场秩序,保障其合法运行。我国的证券主管机关为中国证券监督管理委员会,简称证监会,是对全国证券业和证券市场进行监督管理的机构。

案例:

吴振扬等11位自然人诉成都福地科技股份有限公司(原红光实业)虚假陈述民事赔偿纠纷案。

原告:吴振扬等11位自然人

被告:福地科技股份有限公司(原红光实业股份有限公司,以下简称"红光实业")

被告:国泰君安证券股份有限公司

被告福地科技股份有限公司为成都一家专业生产显像管、电子枪等电子元器件、整机、广播通信设备的股份制企业。公司于1993年5月改制,1997年5月发行股票,1997年6月6日,红光实业正式在交易所挂牌上市,共发行股票7 000万股,筹集资金4.1亿元。

红光实业在股票发行上市申报材料中称1996年度盈利5 400万元。但实际上,红光实业通过虚构产品销售、虚增产品库存和违规账务处理等手段,虚报利润15 700万元,1996年实际亏损10 300万元。

1998年1月8日,红光实业董事会公告:公司彩管波屏池炉、彩管波锥池炉超期运行,导致玻壳生产能力下降,需要停产大修及技术改造。但在半年多前公布的招股说明书中,对这一严重影响公司业绩的重大事件,红光实业没有给予任何说明。

上市后,红光实业在1997年8月公布的中期报告中,将亏损6 500万元虚报为净盈利1 674万元,虚构利润8 174万元;在1998年4月公布的1997年度报告中,将实际亏损22 952万元(相当于募集资金的55.9%)披露为亏损19 800万元,少报亏损3 152万元。

1997 年 6 月，红光实业将募集的资金 14 086 万元（占募集资金总额的 34.3%）投入股市炒股。其中，红光实业动用 9 086 万元，通过开立 217 个个人股票账户，自行买卖股票，共获利 780 万元；此外，红光实业还将 5 000 万元委托其财务顾问中兴发企业托管有限公司（以下简称中兴托管）进行证券投资，由中兴托管利用 11 个个人股票账户买卖股票，截至 1998 年 4 月，造成亏损 330 万元。盈亏相抵，红光实业在股票交易中共获利 450 万元。

红光实业在招股说明书中称："募集资金将全部用于扩建彩色显像管生产线项目"，而事实上仅将 41 020 万元募集资金中的 6 770 万元（占募集资金的 16.5%）投入招股说明书中所承诺的项目，其余大部分资金被改变投向，用于偿还境内外银行贷款、填补公司的亏损。红光实业改变募集资金用途属于重大事件，但该公司对此却未作披露。

1998 年 11 月，中国证监会经调查认定，红光实业严重违反证券法规，公司编造虚假利润，骗取上市资格，少报亏损，欺骗投资者，重大事实未作披露，依照《股票发行与交易管理暂行规定》第 74 条和《证券市场禁入暂行规定》有关条款，对红光实业及有关人员作出如下处罚：(1)认定红光实业原董事长何行毅、原总经理焉占翠和原财务部副部长陈哨兵为证券市场禁入者，永久不得担任任何上市公司和从事证券业务机构的高级管理人员职务；(2)对出具含有严重虚假内容的招股说明书、1997 年度中期报告和年度报告负有直接责任的红光实业董事王志坚等 12 人处以警告；(3)没收红光实业非法所得 450 万元，罚款 100 万元。

2002 年 1 月 15 日，最高人民法院颁布《关于受理证券市场因虚假陈述引发的民事侵权纠纷案件有关问题的通知》。1 月 18 日，吴振扬等 11 名自然人向上海市第一中级人民法院起诉红光实业和国泰君安证券股份有限公司，要求赔偿人民币 248 995.02 元。2002 年 3 月，上海市第一中级法院正式受理。5 月 20 日，红光实业向上海一中院提交管辖权异议书。上海市第一中级人民法院遂裁定将此 11 案移送四川省成都市中级人民法院处理。

法院裁判要旨：

2002 年 11 月 25 日，经成都市中级人民法院调解，这起中国首例证券民事纠纷案调解终结。根据调解协议，11 位原告获得诉讼标的 248 995 元人民币的 90%的金额，约 22.5 万元赔偿。被告红光实业和国泰君安证券股份有限公司按 8∶1 比例在调解书生效日起 15 天内支付。

本章提要

在法学上，证券是表彰一定权利的书面凭证，即记载并代表一定权利的文书。《证券法》上的证券属于资本证券。

证券法是调整证券发行关系、交易关系、证券监管关系以及其他相关活动而产生的社会关系的法律规范的总称。“三公”原则，即公开、公平、公正原则是证券法最重要的基本原则。

证券发行是指证券发行主体以筹集资金为目的将证券销售给投资人的活动，包括募集、制作、交付、直接销售或委托中介机构承销代销证券的一系列活动。我国目前证券发行确立的是审核制度，一方面，对股票发行采用核准制，另一方面，对公司债券发行采用审批制。

证券承销可分为代销和包销两种方式。我国《证券法》规定，向社会公开发行的证券票面总值超过人民币 5 000 万元的，应当由承销团承销。公司上市后，即负有公开、公平、及时向社会公众披露一切有关公司和所发行证券的重要信息的持续性责任。证券交易采用公开集中竞价交易方式，其集中竞价的原则是价格优先、时间优先。我国《证券法》专门规定了内幕交易、操纵市场、证券欺诈等禁止的交易行为。在我国，上市公司收购可以采取要约收购或者协议收购的方式。

我国的证券交易所采用会员制。进入证券交易所参与集中竞价交易的，必须是具有证券交易所会员资格的证券公司。

复习思考题

1. 如何正确认识证券法的“三公原则”?
2. 简述我国证券发行审核制度。
3. 简述《证券法》中信息披露制度的种类及要求。
4. 简述我国《证券法》中规定的证券交易禁止行为。

第十章

票据法

学习目的

- 掌握票据和票据法的概念、特征，票据关系、《票据法》上非票据关系、票据基础关系之间的区别。
- 掌握票据行为的有效要件，票据权利的种类、取得和消灭情形，票据权利的行使与保全，票据抗辩的概念、种类及其限制，并区分票据的伪造和变造。
- 掌握汇票概念、特征、种类，出票的记载事项，转让背书的情形，承兑的概念、程序以及效力，汇票保证的记载事项及效力，付款的程序及效力，追索权的概念、特征、行使要件及其效力。
- 区分本票和支票，了解支票的资金关系和空头支票。

第一节 票据法概述

一、票据概念及其特征

(一)票据的概念

从学理上考察，票据概念包括广义和狭义两个方面。广义的票据是泛指商业上的一切权利凭证，如本票、汇票、支票、提单、保险单、仓单、信用证、股票、债券等。狭义的票据则专指《票据法》所规定的汇票、本票、支票，具体而言就是出票人依据《票据法》签发的，约定由自己或委托他人在见票时或者在确定的日期，向持票人或收款人无条件支付一定金额的有价证券。本章所讨论的票据，如无特别说明，则仅指狭义上的票据。

(二)票据的特征

1.票据是文义证券。票据所创设的一切权利义务，完全以票据上所记载的文义为准，而不得进行任意解释或者根据票据以外的任何其他文件确定。即使票据上记载的文义有错，也不得用票据之外的其他证明方法加以变更或补充。

2.票据是设权证券。所谓设权证券是指票据权利的发生必须首先做成证券。票据权利是在票据做成的同时才产生的，没有票据，也就没有票据上的权利。

3.票据是要式证券。票据的制作必须依据《票据法》规定的格式进行；票据上记载的事项，也必须严格遵守《票据法》的规定。如果不按《票据法》的规定制作票据或记载事项，会影响票据的效力甚至会造成票据无效。此外，票据的签发、转让、承兑、付款、追索等行为，也必须严格依照《票据法》规定的程序和方式进行。

4.票据是无因证券。所谓无因性是指票据如果具备《票据法》上的条件，票据权利就成立，而不需要考虑票据权利发生的原因或基础。只要权利人持有票据，就享有票据权利，就可以行使票据上的权利。至于权利人持有票据或取得票据的原因以及票据权利发生的原因，则在所不问，即使这些原因关系无效、被撤销，对票据关系也不发生影响。

5.票据是完全有价证券。是指票据权利与票据的占有不可分离，票据权利的产生、转让与交付都必须以票据的存在为必要。由此派生出票据的提示性和缴回性两个性质。票据的提示性，是指票据权利人在向票据债务人行使权利时必须提示票据。如持票人向付款人请求承兑或付款时必须出示票据。票据的缴回性，是指票据权利人在受领了票据金额后，应将原票据缴回给付款的人，以使票据关系消灭或使后手得以向前手行使再追索权。如果持票人不缴回票据，票据债务人有权拒绝支付票据金额，这主要是防止持票人再度恶意转让而导致票据债务人再次付款。

二、票据法概述

(一)票据法的概念

票据法是调整票据关系以及与票据关系有关的其他社会关系的法律规范的总称。票据关系是票据当事人之间因票据行为而产生的票据权利义务关系。与票据有关的其他社会关系是指为了保证票据关系的依法产生、变更和实现而产生的社会关系,如因票据丧失而产生的请求交还票据关系。票据法有广义狭义之分。其中广义的票据法,是指各个法律部门中关于票据规定的总合,即除了以“票据法”命名的专门立法外,还包括《民法》、《刑法》、《诉讼法》、《破产法》等法律法规中关于票据的一切规范,如《刑法》中关于伪造、变造票据罪,《民事诉讼法》中关于票据公示催告、除权判决的规定等。狭义的票据法,则是指规范票据关系并以“票据法”命名的法律法规,如《中华人民共和国票据法》、《票据管理实施办法》等。

(二)票据法的特征

1.票据法是强行法而非任意法。在票据法中,票据的种类、格式,票据行为的方式以及有关当事人权利义务的享有和承担等规定,大多属于强制性规范,当事人不能随意变更,其自由选择余地比较少。比如,《票据法》规定票据仅包括汇票、本票和支票三种,任何银行、单位以及个人不能创设新的证券票据;使用票据的人若不按照《票据法》规定的形式进行票据行为,则其行为是无效的,因为票据行为是严格的要式行为;等等。

2.票据法具有技术性而非伦理性。从社会学角度观察,法律规范可以分成伦理性规范和技术性规范。其中伦理性规范是指仅凭社会主体的简单常识和伦理判断就可以确定其行为性质,并不需要当事人具有丰富的法律知识,如《刑法》中不得杀人的规定、《民法》中欠债还钱的规定等。由于票据法的制定更多是基于方便交易、繁荣市场的技术上的考虑,其内容较少受到伦理道德的影响,其中很多规范需要具有丰富的法律知识才能理解,因而体现较强的技术性。

3.票据法具有国际统一性。由于票据具有极大的流动性,跨国间的票据流通是经常发生的,因而不同国家的立法者都试图使本国票据法与国际的票据规则接轨。目前,大陆法系国家票据法在基本内容和主要规则上日趋一致,与英美法系的票据法并存于世。

三、票据法上的法律关系

票据法上的法律关系可以分为票据关系和票据法上的非票据关系。

(一)票据关系

票据关系是指当事人之间基于各种票据行为而发生的债权债务关系。对于票据关系而言，首先它是基于票据行为而产生的，若行为人不实施相应的票据行为，也就不会发生票据关系。其次，票据关系具有独立性，即票据关系中每一个票据行为的效力都是根据该行为自身的效力决定的，不受其他相关联的行为效力的影响，因而基于各个票据行为而发生的各个票据关系具有独立性。最后，票据关系的主体具有不确定性，即在所有票据关系中，尽管票据权利主体都是确定的，但义务主体却是动态的，具有相对不确定性。

(二)《票据法》上的非票据关系

《票据法》上的非票据关系，是指根据《票据法》规定而产生的，但不是基于票据行为直接发生的法律关系。根据我国《票据法》规定，非票据关系主要包括以下三种：

1. 利益返还关系。《票据法》第 18 条规定，持票人因超过票据权利时效或者因票据记载事项欠缺而丧失票据权利的，仍享有民事权利，可以请求出票人或承兑人返还其与未支付的票据金额相当的利益。这就体现持票人与出票人或承兑人之间的利益返还关系。

2. 票据返还关系。《票据法》第 12 条规定，用非法手段或出于恶意而取得票据者不得享有票据权利，丧失票据或已经履行义务的人就享有票据返还的请求权，即要求不当占有票据者返还票据。

3. 损害赔偿。票据关系主体没有遵守法定规则的，就要承担因此而造成的损害赔偿责任。如我国《票据法》的规定，若承兑人或付款人在拒绝承兑或拒绝付款时，没有出具拒绝证明，该承兑人或付款人就要承担由此产生的损害赔偿责任。

四、票据的基础关系

票据的基础关系，一般是指票据关系所赖以产生的民事基础法律关系。由于这些关系存在于票据形成之前，因而不是票据法调整的范畴，而是民法调整的范畴，故又称为民法上的非票据关系。票据的基础关系一般分为以下三种：

1. 票据原因关系。是指授受票据的直接当事人之间基于授受票据的理由而产生的法律关系。票据原因关系与票据关系原则上是分离的，即使票据原因不存在或无效、被撤销，票据中记载的内容与票据原因关系的内容不一致或不完全一致，都不影响持票人的票据权利。这正是票据无因性的体现。但是，基于公平和诚信原则，票据原因关系和票据关系在直接关系当事人之间也存在着牵连关系。比如，根据我国《票据法》规定，票据债务人可以以原因关系不存在为由对抗直接当事人；无对价而取得票据的持票人不能享有优于其前手的权利，要受其前手原因关系的牵连等。

2.票据资金关系。是指存在于汇票出票人与付款人之间、支票出票人与银行之间的基础关系。汇票和支票的出票人之所以可以委托付款，付款人之所以愿意承兑或付款，就是因为他们之间有一定的约定。票据资金关系与票据关系原则上也是分离的，比如汇票一经付款人承兑，即使付款人与出票人之间不存在资金关系或者出票人未如期提供资金，也不影响付款人的付款责任。当然，在一些特殊情形中，票据资金关系与票据关系也存在牵连。比如在支票关系中，若出票人与银行之间欠缺资金关系，持票人的付款请求权可能会遭到银行拒绝。

3.票据预约关系。是指授受票据的当事人之间有了原因关系之后，就签发、使用票据以及对票据所记载的内容进行预先的约定。票据预约不仅存在于出票人与收款人之间，也存在于背书人与被背书人之间。因此，当事人之间先有原因关系，后有票据预约关系，然后根据预约签发票据，才能产生票据关系。票据预约关系与票据关系也是分离的。当事人不履行票据预约是属于民法中的不履行合同的行为，与票据的效力无关。即使票据预约无效、被撤销，也不影响已发行的票据和已进行的票据行为。

第二节　票据行为

一、票据行为的概念和特征

（一）票据行为的概念

票据行为，即票据法律行为，有广义和狭义之分。广义的票据行为，是指一切能够引起票据关系产生、变更或终止的法律行为，包括出票、背书、承兑、参加承兑、划线、保付、改写、涂销、付款、保证等。狭义的票据行为，则仅指以发生票据上的债务为目的的法律行为，包括出票、背书、保证、承兑、参加承兑、保付六种行为。由于我国《票据法》没有规定参加承兑和保付行为，因而我国《票据法》规定的狭义票据行为仅为出票、背书、承兑以及保付四种行为。本节主要讲的就是上述四种行为。

(二)票据行为的特征

与其他法律行为相比，票据行为具有以下特殊性：

1.要式性。票据行为是典型的要式行为，必须严格遵守《票据法》规定的形式和要求，否则不能产生《票据法》上的效力。主要体现在：首先，任何一种票据行为都必须由行为人签名或盖章；其次，任何一种票据行为都必须以书面形式作成，而且每一种行为在票据上记载的位置也都是特定的；最后，各种票据行为都有一定的款式，即必须以一定的方式记载一定的内容。例如，出票时必须按照法律规定在票面上记载全部必要记载事项，否则票据无效。

2.独立性。这是指在同一票据上若有数个票据行为，则每一行为各依其在票据上所载的文义分别独立发生效力，一行为无效，不影响其他行为的效力。例如，无民事行为能力人或限制民事行为能力人在票据上签章的，该签章无效，但不影响其他签章的效力；票据中有伪造、变造的签章的，不影响票据上其他真实有效的签章的效力。

3.无因性。票据是无因证券，票据行为只要具备法律规定的形式，即为有效的票据行为，而不问票据原因关系的存在与否或是否合法有效。换言之，票据行为与票据的基础关系是相分离的，票据行为的效力取决于自身的要件。

4.文义性。这是指票据行为的内容完全以票据上的文字记载为准，即使票据上的某些记载与实际情况不符，仍应以文字记载为准，也不允许当事人以票据文字以外的事实或证据，来对票据上的文字记载加以变更或补充。例如，我国《票据法》规定，票据出票人和其他票据债务人都应该按照票据所记载的事项承担票据责任。

二、票据行为的有效要件

作为民事法律行为的票据行为必须具备一般民事法律行为应具备的要件，即票据行为的实质要件。但是，票据行为又是一种特殊的、要式的民事法律行为，因而必须具备《票据法》规定的特别要件，即票据行为的形式要件。

(一)票据行为的实质要件

票据行为实质要件，包括行为人的票据能力、行为人的意思表示以及行为的合法性三个方面。

1.票据能力。票据能力包括票据权利能力和票据行为能力。所谓票据权利能力是指可以享有票据权利和承担票据义务的资格或能力。由于我国《票据法》没有对票据权利能力加以任何限制性规定，因而只要具备民事主体资格，无论是自然人、法人还是非法人组织，都享有票据权利。对于票据行为能力，则是指能够独立以法律行为取得票据上权利或承担票据义务的资格或能力。根据《票据法》规定，无民事行为能力人或限制民事能力人不具有票据能力，而只有完全民事行为能力人才具有票据能力；至于法人或其他组织，《票据法》则没有规定，依据民法原理，一般是在票据权利能力范围内享有票据行为能力。

2.意思表示。票据行为是一种民事法律行为，因而民法中关于意思表示真实、合法的规定一般也适用票据行为。但是，票据是文义证券、无因证券，行为人的意思表示是否真实、合法有时不易查知，同时为了促进票据的流通，保护善意第三人，学者多赞成票据行为人的意思表示应采用外观主义，即以行为的外观来确定行为的效力。具体而言，一票据行为只要在形式上符合票据法规定，就属于有效行为，行为人就要承担票据义务，而不管行为人的意思表示是否真实。

3.行为的合法性。票据行为的合法性包括形式合法和内容合法两个部分。其中形式合法将在形式要件中阐述，而内容违法主要涉及基于违反社会公共利益的合同而为的票据行为，如还赌债签发的支票等；违反法律、法规强制性规定的票据行为，如银行超越权限承兑商业汇票等。如果因为票据行为内容违法而导致其无效，则可能会损害到善意持票人的利益，而从中受益的恰恰是违法之人。因此，国际上通行的票据法都明确规定，行为人的票据原因以及目的如何，不会影响票据行为的效力，即体现了票据行为无因性这一基本原则。

(二)票据行为的形式要件

由于票据具有“文义性”、“要式性”和“无因性”，票据法对票据行为的形式要件作了很严格的规定。根据我国《票据法》规定，票据行为的形式要件可以归纳为书面、签章、记载事项以及交付等四项。

1.书面

票据行为必须以书面方式为之，否则属于无效。我国《票据法》第108条规定：“票据凭证的格式和印制管理办法，由中国人民银行规定。”1997年中国人民银行颁布的《票据管理实施办法》和《支付结算办法》进一步具体规定了票据行为的书面要求,即票据的格式、联次、颜色、规格以及防伪技术要求以及印制等均由人民银行规定,甚至明确指出支票签发必须使用碳素墨水或墨汁填写。实践中若不用毛笔或碳素墨水的钢笔在票据上记载有关事项,则银行将不予受理。

2.签章

各种票据行为的内容虽然不一致,但签章是所有票据行为共同的强制性要求。在票据上签章的意义在于识别行为人,辨别行为人的真伪,并确定行为人的票据责任。如我国《票据法》第4条规定,在票据上签章的人,必须按照票据上记载的事项承担票据责任。对于票据签章的形式,我国《票据法》第7条规定,自然人在票据上的签章,可以签名、可以盖章,也可以签名加盖章;法人和其他使用票据的单位在票据上的签章,必须加盖该法人和该单位的公章以及法定代表人或其授权的代理人的签章,二者缺一不可。同时,在票据上的签名,应当是该当事人的本名,不能只签姓不签名或者只签名不签姓,也不能使用别名、乳名、笔名等来签名。

3.记载事项

票据行为的有效成立,还必须根据《票据法》的具体规定,在票据上记载有关事项。根据这些事项的效力不同,可以分成以下几种:

(1)必要记载事项。它是指根据《票据法》规定必须记载的事项。根据这类事项的效力的不同,可以将其分成绝对必要记载事项和相对必要记载事项。前者是指必须在票据中记载的事项,若不记载,则票据无效。我国《票据法》第22条、第75条以及第84条分别规定了汇票、本票和支票上的绝对必要记载事项,具体包括表明票据种类的文字、票据金额、无条件支付的文字、出票日期、汇票和本票的收款人、汇票和本票的付款人。后者是指某些事项虽然票据法规定应该记载,但若不记载,则法律另有补充规定,票据不因此而无效。我国《票据法》第23条、第76条以及第86条对相对必要记载事项作了规定,主要包括票据的付款日期、付款地、出票地等。

(2)任意记载事项。是指当事人可以自由选择是否记载,但一经记载,即发生票据法上的效力的事项。关于此类事项并没有概括性的或集中性的规定,而是散见于各类票据的各种行为里。比如,汇票出票人可以记载预备付款人、免除担保承兑等,背书人可以记载再背书等。我国《票据法》第27条和第34条规定,出票人和背书人可以在汇票上记载“不得转让”,即属于任意记载事项。

(3)记载后不发生《票据法》上效力的事项。是指记载此类事项并非完全无效,而仅仅是不发生《票据法》的效力而已,不影响民法上的效力。我国《票据法》第 24 条概括规定,票据上记载的法律规定之外的出票事项,不具有票据上的效力。比如,汇票出票人在记载一定金额外,又记载了给付若干股票,对于给付股票的记载,则不具有《票据法》上的效力,即付款人只支付票据金额即可,对于股票给付的记载则应受民法上的约束。

(4)记载本身无效的事项。是指既不发生《票据法》上的效力,也不发生其他法上的效力,其记载本身无效,但票据行为依然有效。学者又称其为"记载无益事项"。例如,我国《票据法》第 90 条规定:"支票限于见票即付,不得另行记载付款日期。另行记载付款日期的,该记载无效。"

(5)记载后使票据无效的事项。是指其一经记载,不仅记载本身无效,而且使整个票据无效。学者又称其为"记载有害事项"。例如,我国《票据法》第 22 条规定,汇票必须记载无条件支付的委托和确定的金额;如果出票人在汇票上记载的是附条件的支付委托或不确定的金额,那么该记载就会使整个票据无效。

4.交付

票据的交付是指票据行为人将票据实际交给相对人持有。有效的票据行为,除了行为人以书面在票据上记载法定事项并签章外,还需要将票据交付给相对人。不同的票据行为,其相对人也不一样,如出票人必须将票据交给收款人,背书人必须将票据交给被背书人。我国《票据法》虽然没有明文规定票据行为必须以交付为要件,但在第 10 条中使用的是"票据的签发",并在对汇票、本票和支票下定义时也都使用了"签发"。这里的"签发"应该理解为"签章"和"发出",而发出就是交付。

三、票据行为的代理

票据行为的代理,是指票据关系的当事人在不能或不愿亲自实施票据行为时,由他人以被代理人的名义去实施票据行为,由此所产生的法律后果由被代理人承担。我国《票据法》规定:"票据当事人可以委托其代理人在票据上签章,并应当在票据上表明其代理关系。"据此,票据行为的代理必须具备以下几个要件:

1.明示被代理人的名义。由于票据是文义证券,票据上的权利义务关系只能依据票据所载的文义而定,因而代理人必须将被代理人的姓名或名称明确记载在票据上,否则不产生票据代理的效果。

2.记明为被代理人代理的意思。根据我国《票据法》第 5 条规定,代理人应当在票据上表明其代理关系。虽然法律没有具体规定表示的方式，但代理人往往直接通过记载“代理人”字样表明其代理意思。

3.代理人必须在票据上签章。票据行为是要式行为，以在票据上签名或盖章为必要，因而代理人必须在票据上签署自己的姓名。如果票据上仅记载本人的姓名或名称而没有代理人的签章，这实际上就是代表本人在票据上签名盖章，称为“票据行为的代行”。

4.代理人必须具有票据代理权限。代理人和被代理人之间有授权关系，是票据有效代理的关键，因而被视为票据代理的实质要件。我国《票据法》第5条第2款规定：“没有代理权而以代理人名义在票据上签章的，应当由签章人承担票据责任；代理人超越代理权限的，应当就其超越权限的部分承担票据责任。”据此，若行为人没有代理权而以被代理人的名义在票据上签章，则该行为属于无权代理，由行为人自己承担《票据法》上的责任。若行为人超越代理权限，超越部分也是由行为人自己承担《票据法》上的责任。此外，根据我国《票据法》第5条第1款的规定，票据行为的代理只能是委托代理，不能基于法律规定或法院指定。

第三节　票据权利

一、票据权利的概念和种类

（一）票据权利的概念

票据权利，是指持票人向票据债务人请求支付票据金额的权利，包括付款请求权和追索权。我国《票据法》第4条第4款对此作出了明确规定。票据权利主要具有以下两个特征：(1)票据权利是一种金钱债权，即以取得票据金额为目的的权利。但是，票据权利又不同于普通金钱债权。普通金钱债权通常仅为一次性权利，而票据权利则可能成为两次性权利，即权利人可能对两个以上的不同债务人行使两次请求权。首先，权利人应向主债务人行使请求权，即付款请求权；其次，当权利人的付款请求权得不到满足时，权利人可以向从债务人行使追索权。(2)票据权利是一种证券性权利。由于票据行为具有无因性、要式性和独立性，因此而产生的票据权利，其效力比一般的民事权利效力强,此权利一经产生,就同作为证券的票据本身合二为一,只有取得证券,才能取得票据权利,只有持有票据,才能行使票据权利。

(二)票据权利的种类

1.付款请求权。是指持票人依法要求票据的主债务人按票据上所记载的金额付款的权利。这是票据法规定的最基本权利,又称为票据的第一次权利。这里的持票人可能是收款人,也可能是最后被背书人,还可能是汇票、本票中付款后的参加付款人。主债务人主要包括汇票的承兑人、本票的出票人、保付支票的付款人等。

2.追索权。是指持票人行使付款请求权受到拒绝或有其他法定原因时,向其前手请求支付票据金额的权利,也称第二次请求权。这里的持票人可能是最后持票人,也可能是被追索人或某一被追索人的背书人。负担偿还义务的人主要包括出票人、背书人、保证人、承兑人和参加承兑人,这些人在票据中的地位是连带债务人,持票人可以对其中任何一人、数人或全体行使追索权。

二、票据权利的取得和消灭

(一)票据权利的取得

票据权利的取得必须以占有票据为必要,并取得票据上的所有权。票据权利的取得包括原始取得和继受取得。

1.原始取得。是指持票人不是从其前手处受让票据权利,而是最初取得票据权利。原始取得包括出票取得和善意取得。前者是指票据的出票人在做成票据,并将票据交付给持票人时,持票人取得票据权利。出票是创设票据权利的票据行为,当出票人签发票据并交给持票人时,持票人就原始地实现了对票据的占有,因而就取得了票据的权利。后者是指票据的受让人善意或无重大过失,从无权利人手中受让票据,从而取得票据权利。善意取得的实质在于确保票据的流通和交易的安全,但由于其结果是导致真实权利人丧失权利,因而立法必须严格规定善意取得的构成要件。根据我国《票据法》的立法精神以及民法中关于善意取得制度的规范,票据权利的善意取得必须具备以下几个构成要件:(1)取得人必须从无处分权人处取得票据;(2)取得人必须依据票据法规定的权利转让方法取得票据;(3)取得人在取得票据时必须是没有恶意或重大过失;(4)取得人必须给付了相应的对价。只有如此,才能承认票据的善意取得。

2.继受取得。是指持票人从有权处分票据权利的前手那里,依背书交付或单纯交付的方式,受让票据权利。票据权利的继受取得可以分成《票据法》

上的继受取得和非《票据法》上的继受取得。前者主要以背书转让、贴现、质押、保证、付款等方式继受取得票据权利，这些是《票据法》所明确规定的；后者主要以继承、赠予、公司合并或分立、清算等继受取得票据权利，这些只能由《民法》或其他相关法律加以调整，《票据法》上的特别规定并不适用。

(二)票据权利的消灭

票据权利的消灭，是指票据权利因一定原因或法定事由的出现而不再存在。根据我国《票据法》规定，票据权利消灭的情形主要有：

1.票据时效期间届满。我国《票据法》第 17 条规定，票据权利在下列期限内不行使而消灭：(1)持票人对票据的出票人和承兑人的权利，自票据到期日起 2 年。见票即付的汇票、本票自出票日起 2 年。(2)持票人对支票出票人的权利，自出票日起 6 个月。(3)持票人对前手的追索权，自被拒绝承兑或者被拒绝付款之日起 6 个月。(4)持票人对前手的再追索权，自清偿日或被提起诉讼之日起 3 个月。

2.票据保全手续欠缺。持票人为了保全票据权利，应完成保全手续，若手续欠缺，则不产生保全效力，票据权利仍行消灭。当然，这里消灭的是追索权。我国《票据法》第 65 条规定，持票人不能出示拒绝证书、退票理由书或未按照规定期限提供其他合法证明的，丧失对其前手的追索权。

3.履行付款义务。在正常情况下，票据的债务人经持票人在到期时的提示而向持票人付款，从而票据关系终止，票据权利绝对消灭。我国《票据法》第 60 条规定，付款人依法足额付款后，全体票据债务人的责任解除。

4.被追索人清偿票据债务以及追索费用。我国《票据法》第 72 条规定，被追索人依法清偿债务后，其责任解除，即追索人对被追索人以及其后手的票据权利归于消灭。但是，若被追索人不是出票人，而是尚有前手的背书人或保证人的，则为清偿行为而取得票据的背书人或保证人可以行使再追索权。因此，这种情形下消灭票据权利是相对消灭，有别于因付款而使票据权利消灭。

5.其他。持票人的票据权利还可以因其他事由而消灭。如因票据毁灭、提存、抵销、混同、免除、法院除权判决等事由导致票据权利消灭。

三、票据权利的行使与保全

票据权利的行使，是指票据权利人向票据债务人提示票据，请求履行票据债务的行为，如提示承兑、提示付款、行使追索权等。所谓票据权利的保全，是指票据权利人为防止票据权利丧失而进行的一切行为，如对汇票承兑人主张权利以中断时效，向汇票承兑人提示付款以保全追索权等。由于票据权利的保全行为大都又是票据权利的行使行为，所以票据法常常将二者并称。

票据权利的行使和保全的方式，通常包括按期提示票据和做成拒绝证书两种。按期提示票据是指票据权利人向票据债务人出示票据，主张权利。它一方面是票据权利人主张付款权利，即票据权利的行使；另一方面，又是行使追索权所必须具备的要件之一，即票据权利的保全，持票人如未在《票据法》规定的期间内提示付款，则发生丧失追索权的效果。因此，提示票据有行使和保全票据权利的双重作用。做成拒绝证书是指持票人向承兑人或付款人请求承兑或付款而遭到拒绝时，请拒绝之人出具拒绝承兑或拒绝付款的书面证明。依照法定期限取得拒绝证书是持票人行使追索权的前提，因而它是票据权利保全的一种有效形式。

根据我国《票据法》的规定，票据权利行使和保全的处所是票据当事人的营业场所，若无营业场所，则应当在其处所进行。票据权利行使和保全的时间应当在票据当事人的营业时间内进行，如果期限的最后一日为非营业日，则以非营业日之后的第一个营业日为最后日。

四、票据抗辩

(一)票据抗辩的概念

票据抗辩，是指票据债务人对于票据权利人提出的请求，提出相应的事实或理由加以拒绝的行为。票据抗辩所依据的事实和理由，称为抗辩原因；票据债务人享有的对票据债权人拒绝履行义务的权利，称为抗辩权。在实务中，一般是票据的承兑人、付款人以及其他债务人提出某种合法的事由对抗债权人所提出的承兑和付款请求，这是票据债务人的一种自我保护方法。

(二)票据抗辩的种类

票据法理论根据不同的抗辩原因，一般将票据抗辩分为物的抗辩和人的抗辩两大类。

1. 物的抗辩。是指因票据本身所存在的事由而发生的抗辩。由于抗辩事由是基于票据这个客观物体而发生的，因而称物的抗辩；又由于该抗辩事由可对一切持票人提出，因而又叫绝对抗辩。物的抗辩以抗辩人的不同，又可分为两类：(1)一切票据债务人可以对一切票据债权人行使的抗辩。这类抗辩具体包括：①票据无效的抗辩，如欠缺票据上应记载的绝对事项或记载了《票据法》上规定的不得记载事项；②以票据上的记载不能提出请求的抗辩，如票据上记载的付款日期尚未届至；③票据权利已经消灭的抗辩，如票据已依法付款；④票据失效的抗辩，如法院已对该票据作出除权判决。(2)只有特定债务人对抗一切债权人的抗辩。这类抗辩具体包括:①欠缺票据行为能力的抗辩,如无民事行为能力人可以自己欠缺票据行为能力为由对抗票据债权人;②无权代理的票据行为的抗辩;③票据是伪造或变造的抗辩;④欠缺票据保全手续的抗辩;⑤票据权利因时效已过而消灭的抗辩。

2. 人的抗辩。是指基于持票人自身或票据债务人与特定持票人之间的关系而产生的抗辩。这类抗辩只能对特定的债权人行使,当债权人即持票人发生变更时,这种抗辩就会被切断,债务人不得再以原来的事由对新的持票人行使抗辩。根据行使抗辩权的债务人的不同,人的抗辩也可分为两类:(1)一切票据债务人可以对特定的票据债权人行使的抗辩。这类抗辩具体包括:①票据债权人欠缺实质上受领票据金额资格的抗辩,如持票人已被法院宣告破产或被依法清算;②票据债权人欠缺形式上受领票据金额资格的抗辩,如背书不连续的持票人;③票据债权人恶意取得票据因而不享有票据权利的抗辩。(2)特定票据债务人可以向特定票据债权人行使的抗辩,这里的特定债权人和特定债务人是指双方具有直接的当事人之间的关系。这类抗辩具体包括:①以欠缺原因关系而主张的抗辩,如原因关系无效或不成立;②欠缺对价的抗辩,如票据债权人没有给付对价或给付对价不相当;③欠缺交付行为的抗辩,如出票人在交付票据之前,票据丢失或被盗,则出票人就可以对抗盗窃票据的人和拾得票据的人;④基于当事人之间特别约定的抗辩,如我国《票据法》第 13 条第 2 款规定:“票据债务人可以对不履行约定义务的与自己有直接债权债务关系的持票人,进行抗辩。”

(三)票据抗辩的限制

由于票据法重在保护票据权利人实现票据利益,以维护票据的流通性。因此,各国票据法对票据债务人行使票据抗辩权有严格的限制。通说认为,物的抗辩是基于票据本身,而人的抗辩主要是基于特定持票人,因而对于物的抗辩不应当进行限制,而对于人的抗辩则应给予一定的限制。我国《票据法》第 13 条第 1 款规定:“票据债务人不得以自己与出票人或者与持票人的前手之间的抗辩事由,对抗持票人。但是,持票人明知存在抗辩事由而取得票据的除外。”这一条款明确了我国票据抗辩限制的主要内容和例外。

1. 票据抗辩限制的内容

票据抗辩限制的内容,在我国具体包括两个方面:(1)票据债务人不得以自己与出票人之间的抗辩事由对抗持票人。比如,票据债务人不得以自己与出票人之间存在资金关系或交易关系所产生的抗辩事由,对抗持票人。(2)票据债务人不得以自己与持票人的前手之间的抗辩事由对抗持票人。这表明即使票据债务人与持票人的前手之间存在抗辩事由，债务人也只能对抗持票人的前手，而不得对抗持票人。

2.票据抗辩限制的例外

这是指票据债务人仍可以以自己与出票人或持票人前手之间的抗辩事由对抗持票人的情形，即不适用票据抗辩限制的情形。根据现有规范，票据抗辩限制的例外主要包括三种情形：(1)间接恶意抗辩。我国《票据法》第 12 条规定，持票人明知有以欺诈、偷盗或胁迫等手段取得票据的情形，仍出于恶意取得票据的，不得享有票据权利。这是将直接恶意的抗辩延续到间接恶意取得票据的持票人。(2)无对价抗辩。我国《票据法》第 11 条规定，无对价取得票据的持票人不得享有优于其前手的权利。这是将对无对价持票人的前手的抗辩延续到无对价取得票据的持票人。(3)知情抗辩。这是指，如果持票人明知票据债务人与出票人或自己的前手之间存在抗辩事由而仍取得票据时，票据债务人即可基于与出票人或持票人前手之间存在的抗辩事由对抗持票人。

第四节　票据的瑕疵

一、票据的伪造

(一) 票据伪造的概念及其构成要件

票据伪造，是指以行使票据为目的，假冒他人或者虚构人的名义在票据上签章，或者伪为票据行为的违法行为。比如，甲假冒乙的名义签发一张票据，或者甲伪刻背书人乙的印章在票据上背书等。

构成票据伪造，则须具备以下三个条件：

1.伪造者所为的行为在形式上符合票据行为的要件。伪造行为本身并非票据行为，但从该行为的外观看就是票据行为。为此，行为人只有伪造了我国《票据法》所规定的出票、背书、承兑、保证四种行为的中的任何一种，才构成票据伪造。若行为人只是伪造者伪造持票人在票据上签收等，都不构成票据伪造。

2.伪造者假冒他人的名义在票据上签章。指行为人在没有得到他人的授权时，采取模仿他人的签名或盗用他人的印章等方式在票据上签章，这是票据伪造的根本。

3. 伪造者的目的是行使票据权利，从而使他人蒙受损失，自己从中渔利。若为了教学研究而假冒他人在票据样本上签章，则不构成伪造。

(二)票据伪造的法律后果

1. 对伪造者的责任。伪造票据对于被伪造者而言，由于票据行为成立的有效要件是当事人必须在票据上签章，而被伪造者自己并没有真正在票据上签章，因而被伪造者不负票据法上的责任。这一抗辩事由是绝对的，可以对抗一切持票人。当然，被伪造者应当负举证责任，证明该签章是伪造的，而非自己所为。

2. 伪造者的责任。伪造票据对伪造者而言，由于伪造者在票据上是以他人的名义伪造签章，并没有签自己的名称，因而不负票据上的责任。但根据我国《票据法》第 14 条规定，在票据上伪造签章的，应承担法律责任。这里的法律责任是指刑事责任、行政责任和民事赔偿责任，而不是票据上的责任。

3. 其他真正签章人的责任。伪造票据对于其他真正签章人而言，由于票据行为的独立性，票据伪造行为不影响真正签章人所为的票据行为的效力。我国《票据法》第 14 条第 2 款规定："票据上有伪造、变造的签章的，不影响票据上其他真实签章的效力。"据此，在被伪造的票据上确有真正签盖章的人，仍应对票据的文义负责。例如，A 假冒 B 的名义签发汇票给 C，C 不知情，并将汇票背书转让给 D，D 又将汇票转让给 E，当 E 向付款人 F 请求付款时遭到拒绝。在此案中，A 的行为属于伪造票据，B 是被伪造人，A 和 B 都不对 E 负责，但 C 和 D 的签章都是真实的，应根据票据文义对 E 承担票据责任。

4. 持票人的责任。伪造票据对于持票人而言，若所持票据上有真实签章人，则只能向真实签章人行使票据权利，若无，则只能依据《民法》向伪造人主张民事赔偿。

5. 付款人的责任。票据伪造对于付款人而言，若其没有辨认出票据的真伪而向合法持票人付款的，该付款行为有效，付款人由此遭受的损失也只能寻求《民法》解决。

二、票据的变造

(一)票据变造的概念及其构成要件

票据的变造，是指无变更权的人对票据上除签章以外的有关记载事项进行变更的行为。比如某持票人将票据金额由 10 万元改写为 100 万元，或者将记载的付款地由"福建"改为"江西"等。构成票据变造必须具备以下几个条件：

1. 必须是没有变更权限的人所为的变更行为。票据法赋予原记载人票据更改权，允许原载人更改自己记载的、法律允许更改的事项。我国《票据法》第 9 条规定，任何人都无权变更票据金额、日期和收款人名称，其他事项的变更必须由原记载人加以变更，并且在变更处签章证明。

2. 必须是变更票据签章以外的其他事项。如果变更签章，可能构成伪造。从严格意义上讲，变更票据事项的行为应足以使票据权利义务的内容发生变化，才能称之为票据的变造。对票据上无关紧要的事项加以变更或变更后不会使票据权利义务的内容发生化，则不构成票据的变造。

3. 必须是以行使票据为目的的变更。如果变更记载事项并非为了行使票据权利或者减少自己的票据义务，而是出于其他考虑，如将变更后票据仅留作纪念或供他人借鉴之用，则不发生票据变造的问题。

(二)票据变造的法律后果

我国《票据法》第 14 条规定："票据上其他记载事项被变造的，在变造之前签章的人，对原记载事项负责；在变造之后签章的人，对变造之后的记载事项负责；不能辨认是在票据被变造之前或者之后签章的，视同在变造之前签章。"据此，票据变造法律主要包括：

1. 对变造人而言，由于变造行为属于严重的违法行为，变造人须为此行为承担刑事责任和民事赔偿责任。如果变造人属于票据行为人，则变造人仍必须承担票据上的责任。

2. 对被变造人(这里应当是指变造之前在票据上签章的所有票据行为人)而言，由于他们在票据上的签章是在变造之前，变造后的内容并非出于他们的本意，因而他们只对变造前的记载事项承担票据责任。

3. 对于变更签章的人而言，应该对变更后的记载内容承担票据责任。

4. 对于其他签章的人而言，由于不能辨别是在变造之前还在变造之后进行签章的，法律推定其在变造之前签章，从而依照原记载事项承担票据责任。

5. 对于持票人而言，若其向变造之前的签章人主张票据权利，则只能依照原记载事项为之；若其向变造人或变造之后的签章人主张权利，则有可能获得实现票载的全部权利。

6. 对于付款人而言，票据变造的法律后果与票据伪造的后果相同，在此不再赘述。

三、票据的消销

(一)票据涂销的概念

票据的消销是指将票据上的签名或其他记载事项加以涂抹或消除的行为。如汇票的付款人将其在汇票上记载的“承兑”字样涂去,持票人将其前手签章涂去等,都属于票据的涂销行为。我国《票据法》没有票据涂销方面的规定,实践中常适用关于票据变更、票据伪造等规定。

(二)票据涂销的法律后果

1. 由权利人在非故意的情况下所为的票据涂销的效力。如果票据权利人涂销票据并非出于故意,则该涂销行为不影响票据的权利,以确保票据制度的严肃性和保障票据权利人的利益。如持票人由于不小心将墨汁涂抹在票据上,而涂销了票据某记载事项。

2. 由非权利人所为的票据涂销的效力。由非权利人所为的票据涂销行为,无论行为人在主观上有无故意,都不影响票据的权利。但如果非权利人故意涂销票据上的签名或其他应记载事项,而记载上他人的签名或变更其他记载事项,则构成票据的伪造或变造行为。

第五节 汇 票

一、汇票概述

(一)汇票的概念和特征

汇票是指出票人签发的,委托付款人在见票时或者在指定日期无条件支付确定的金额给收款人或者持票人的票据。汇票具有以下特征:

1. 汇票是票据的一种。正因如此,汇票代表了一定的财产权利,是金钱债权证券;同时汇票是完全有价证券,取得汇票就取得汇票权利。

2. 汇票是委付汇票。汇票的出票人仅为签发票据的人,而不是票据的付款人,他必须另行委托他人来支付票据金额。从这个意义上讲,汇票属于委托付款证券,有别于自付证券(如本票)。

3. 汇票是无条件支付命令。汇票的支付不能受到限制,也不能附带任何条件,这是确保汇票具有较高信用、方便流通的前提。

4. 汇票的到期日具有多样性。汇票的到期日即汇票的付款日。考虑到汇票的信用功能,各国票据法大多规定了四种确定汇票到期日的方式,即见票即付、定日付款、见票后定期付款、出票后定期付款。

(二)汇票的种类

1. 银行汇票和商业汇票

根据出票人的不同,可以将汇票分为银行汇票和商业汇票两种。银行汇票是出票银行签发的,由其在见票时按照实际结算金额无条件支付给收款人或持票人的票据。银行汇票根据其用途又可以分成现金银行汇票和转账银行汇票。前者必须填写"现金"字样,既可以提现,又可以转账;后者则只能转账。商业汇票是由银行以外的其他主体签发的汇票。商业汇票根据承兑人不同,可以分成银行承兑汇票和商业承兑汇票。我国对商业汇票的使用限制比较严格,只有在银行开立存款账户的法人以及其他组织之间,才能使用商业汇票。

2. 即期汇票和远期汇票

根据汇票指定的到期日的不同,可以将汇票分为即期汇票和远期汇票。即期汇票是由出票人开出的,要求付款人在见票的当天或提示的当时,向收款人或持票人无条件支付一定金额的汇票。远期汇票是由出票人开出的,要求付款人在一定期限内或指定日期,向收款人或持票人无条件支付一定金额的汇票。根据我国《票据法》第 25 条规定,远期汇票又可以分为定期汇票、计期汇票、注期汇票三种。

3. 记名汇票、指示汇票和无记名汇票

根据汇票记载权利人的方式不同,可以将汇票分成记名汇票、指示汇票和无记名汇票。记名汇票是指出票人在票面上明确记载收款人姓名或名称的汇票;指示汇票是指出票人不仅明确记载收款人的姓名或名称,而且附加"或其指定的人"的字样的汇票;无记名汇票是指出票人没有记载收款人的姓名或名称,或只记载"付来人"字样的汇票。根据我国《票据法》的规定,我国只承认记名汇票,无记名汇票和指示汇票都不发生法律效力。

4. 一般汇票和变式汇票

根据当事人的资格是否可以兼任,可以将汇票分为一般汇票和变式汇票。一般汇票是指分别由不同的人担任汇票的出票人、付款人和收款人,互不兼任。变式汇票是指汇票当事人中的一方当事人同时充任两个以上汇票当事人资格。根据兼任的资格不同,变式汇票又可以分成:(1)指己汇票,是指出票人以自己为收款人的汇票，又称己受汇票；(2)对己汇票，是指出票人以自己为付款人的汇票，又称己付汇票；(3)付受汇票，是指以付款人为收款人的汇票；(4)己受己付汇票，是指出票人以自己为收款人和付款人的汇票，如同一银行的各分行之间签发的汇票。

二、汇票的出票

(一)汇票出票的概念

汇票的出票，是指出票人依照法定形式做成票据并将其交付给收款人的票据行为。出票是最基本、最主要的票据行为，没有出票也就没有背书、承兑、保证等附属票据行为。出票包括两个内容：一是做成票据并在票据上签章；二是将票据交付给收款人。出票人做成票据后在未交付前，并未完成出票行为，只有把票据交付给收款人，出票行为才完成。因此，欠缺做成或交付行为中的任何一项，出票行为都不成立。

我国《票据法》对汇票的出票行为规定了一般性要求。依据该法第 10 条和第 21 条的规定，汇票的签发应当遵循诚实信用原则，具有真实的交易关系和债权债务关系；同时汇票出票人必须与付款人具有真实的委托付款关系，并具有支付汇票金额的可靠资金来源，不得签发无对价的汇票用以骗取银行或者其他票据当事人的资金。

(二)汇票出票的记载事项

汇票是要式证券，因而汇票的出票必须记载一定的事项，即符合法定的格式或款式。根据我国《票据法》规定，可以将汇票出票的记载事项分为以下四类：

1.绝对必要记载事项

我国《票据法》第 22 条规定，汇票的绝对必要记载事项包括：(1)表明“汇票”的字样。根据汇票的种类，出票时应当在其正面分别记载“银行汇票”或“商业汇票”的字样。由于我国使用的是统一印制的票据格式，这些字样已经印制在票据的正面上方，因而无需出票人自己记载，只要其选择合同确定的汇票种类。(2)无条件支付的委托。若附有条件，则会导致汇票无效。我国实践中，无条件支付委托的文句已经统一印制在汇票上，如“本汇票请你行承兑，到期无条件付款”，因而无须出票人填写。(3)确定的金额。这要求汇票上必须载明确切的金钱数量和货币种类，不得采用最高额或最低额的记载方式，也不得采用选择性或浮动性的记载方式，更不得不记载或未定金额。我国《票据法》第 8 条规定，票据金额以中文大写和数码同时记载，二者必须一致，若不一致，则票据无效。(4)付款人名称。付款人一经对汇票承兑后，就成为汇票的主债务人，到期必须无条件付款。因此，汇票上必须载明付款人的名称。(5)收款人名称。收款人是汇票上的最初权利人。由于我国只承认记名汇票，因而必须载明收款人的名称，而且必须使用全称，不得使用简称或企业代号。(6)出票日期。由于出票日期决定了到期日的计算、到期利息的计算、保证是否成立以及提示承兑日的计算等重要问题，因而汇票上必须载明出票日期。(7)出票人签章。签章是出票人负担票据责任的表示，所以出票人签章是绝对必要记载事项。

2. 相对必要记载事项

根据我国《票据法》规定，相对必要记载事项包括以下三种：(1)付款日期。付款日期是确定汇票种类的根据，也是确定票据权利最终消灭时间的根据，因而一般应在票面上加以明确记载。但是，欠缺付款日期并不影响票据的效力，因为我国《票据法》第 23 条第 2 款规定："汇票上未记载付款日期的，为见票即付。"(2)付款地。记载付款地可以确定持票人行使请求权的地域、确定票据诉讼的管辖法院等，因而一般要在票面上明确记载。如果没有记载，根据我国《票据法》第 23 条第 3 款规定，应以付款人的营业场所、住所或者经常居住地为付款地。(3)出票地。汇票具有文义性，出票地不以实际出票地为准，而是以记载的为准。在涉外票据中，出票地对于确定准据法具有重要意义，因而一般要加以明确记载。若汇票没有记载出票地，则根据我国《票据法》第 23 条第 4 款规定，应以出票人的营业场所、住所地或经常居住地为出票地。

3. 任意记载事项

根据我国《票据法》规定，任意记载事项主要包括两项：(1)不得转让。《票据法》第 27 条第 2 款规定："出票人在汇票上记载'不得转让'字样的，汇票不得转让。"据此，若不作记载，不影响汇票的效力；若加以记载，即发生《票据法》上的效力，该汇票不得转让。(2)货币种类的约定。《票据法》第 59 条第 2 款规定："汇票当事人对汇票支付的货币种类另有约定的，从其约定。"据此，当事人可以在汇票上记载支付的币种，付款人应该按照记载的币种进行支付。

4. 记载本身无效的事项

如根据我国《票据法》第 26 条规定，出票人签发汇票时，若在票面上记载"免除担保承兑和免除担保付款"，则该项记载即属于无效的，但汇票的效力并不因此受到影响。

三、汇票的背书

(一)汇票背书的概念和特征

所谓背书，是指持票人以转让汇票权利或者将一定汇票权利授予他人行使为目的，在汇票背面或粘单上记载有关事项并签章的票据行为。汇票背书具有以下特征：

1. 背书是一种附属的票据行为。背书只能在已经做成并交付的汇票上进行，即必须以出票行为为前提。因此，出票行为的效力会影响背书的效力，若出票行为因欠缺某一绝对必要记载事项而无效，即使背书行为完全符合法律规定，也是无效的。但是，背书行为的无效并不会影响到出票行为的效力。

2. 背书是持票人单方所为的票据行为。背书是持票人独立进行的，其在背书时无须通知或获得票据债务人的同意。当然，并不是所有持票人都可以进行背书，我国《票据法》第 36 条规定："汇票被拒绝承兑、被拒绝付款或者超过付款提示期限的，不得背书转让；背书转让的，背书人应当承担汇票责任。"《支付结算办法》也规定，银行现金汇票不得背书转让。

3. 背书是以转让票据权利或者将一定的票据权利授予他人行使为目的的。根据我国《票据法》规定，汇票权利的转让必须采用背书的方式，因而背书是我国转让汇票权利的唯一方式。此外，我国《票据法》还规定了委托收款背书和质押背书，体现通过背书可以授予他人行使一定的票据权利。

4. 背书是要式行为。背书必须在汇票背面或粘单上记载有关事项，并加以签章。其中粘单上的第一记载人应当在汇票和粘单的粘接处签章。

(二)转让背书

转让背书，是指持票人以转让汇票权利为目的的背书。我们通常意义上背书就是指转让背书。转让背书可以进一步分为完全背书和空白背书。

1. 完全背书

是指背书人在汇票背面或粘单上记载背书意思、被背书人的名称并签章的背书。这种背书必须记载一定的事项。具体阐述如下：(1)必要记载事项。根据我国《票据法》规定，完全背书的必要记载事项包括三项：背书人的签章、被背书人的名称和背书的日期。其中，背书日期属于相对记载事项，因为《票据法》第 29 条第 2 款规定"背书未记载日期的，视为在汇票到期日前背书"。而背书人的签章和被背书人的名称则属于绝对必要记载事项，欠缺其中任何一项，背书行为都为无效。但为了促进汇票流通的安全性，最高法院《关于审理票据纠纷案件若干问题的规定》第 49 条规定："背书人未记载被背书人名称即将票据交付给他人的，持票人在票据被背书人栏内记载自己的名称与背书记载具有同等法律效力。”这表明背书人在没有记载被背书人名称就将票据交付给被背书人，在理论上可以解释为背书人授权被背书人补充记载，因而具有与背书记载同等法律效力。(2)任意记载事项。根据我国《票据法》第 34 条规定，背书人在汇票上记载“不得转让”字样，其后手再背书转让的，原背书人对后手的被背书人不承担保证责任。这里“不得转让”的记载，即属于任意记载事项。如果背书人记载了“不得转让”字样后，其直接后手又将汇票背书转让的，则后来的持票人在没有得到承兑或付款时，就不得向记载“不得转让”字样的背书人行使追索权。同样的，若后手将该汇票进行贴现或质押，原背书人对后手的被背书人也不承担票据责任。(3)不得记载事项。《票据法》第 33 条规定，背书不得附条件，否则所附条件不具有汇票上的效力；同时，将汇票金额的一部分转让的背书或者将汇票金额分别转让给 2 人以上的背书无效。据此，背书行为具有无条件性和不可分性。上述内容均属于背书不得记载的事项。

2.空白背书

是指背书人在背书中未指定被背书人，而在被背书人记载处留有空白。根据我国《票据法》第 30 条规定，被背书人的名称属于绝对必要记载事项，如有欠缺，背书行为应属无效，因而我国《票据法》是不承认空白背书。但如前文所述，我国的司法解释在实际上承认了空白背书的存在。

一般说来，转让背书包括以下三个方面的效力：(1)权利转移的效力。背书成立后，汇票上的一切权利就由背书人转移给被背书人，被背书人就成为汇票权利人，享有付款请求权和追索权。(2)权利担保效力。我国《票据法》第 37 条规定：“背书人以背书转让汇票后，即承担保证其所持汇票和付款的责任。背书人在汇票得不到承兑或付款时，应当向持票人清偿本法第七十条、第七十一条规定的金额和费用。”据此，背书权利担保效力是法定的，背书人不得加以免除。(3)权利证明效力。这是指持票人所持汇票上的背书只要具有形式上连续性，即可证明持票人享有汇票上的一切权利。我国《票据法》以及司法解释规定，背书的连续是指在票据的转让中，转让汇票的背书人与受让汇票的被背书人在汇票上的签章依前后次序衔接。即连续背书的第一背书人应当是票据上记载的收款人，自第二次背书起，每一次背书的背书人必须是上一次背书的被背书人，最后的持票人必须是最后一次背书的被背书人。持票人以背书的连续性证明其汇票权利。

(三)非转让背书

非转让背书，是指持票人将一定的票据权利授予他人行使为目的的背书，属于特殊意义上的背书。非转让背书包括委托收款背书和质押背书。

1.委托收款背书

是指以委托他人代替自己行使票据权利,收取票据金额为目的而为的背书。我国《票据法》第 35 条第 1 款规定,委托收款背书不仅要有背书人的签章,而且还要有“委托取款”的字样。由于委托收款背书不发生权利转移效力,所以背书人仍然享有票据权利,被背书人仅仅取得代理权,代理背书人行使汇票上除了转让之外的一切权利。

2.质押背书

是指以设定质权、提供债权担保为目的进行的背书。根据我国《票据法》第 35 条第 2 款规定,汇票可以设定质押。设定质押时,背书人不仅应当在汇票上签章,而且必须记载“质押”或“设质”等字样。如果出质人只在汇票上记载“出质”字样但并未签章,或者出质人另行签订质押合同或条款而未在汇票上记载“质押”字样,都不构成汇票质押。

四、汇票的承兑

(一)汇票承兑的概念以及特征

承兑是指远期汇票的付款人在票据的正面记载有关事项并签章,而后将票据交付请求承兑人,承诺在汇票到期日无条件支付汇票金额的票据行为。据此,汇票的承兑具有以下几点特征:(1)承兑是一种附属的票据行为,必须以存在有效的出票行为为前提。(2)承兑是远期汇票付款人所为的票据行为,见票即付汇票、本票以及支票都不需要承兑制度。(3)承兑是汇票付款人表示愿意支付汇票金额的票据行为,并由此承担付款责任。(4)承兑是汇票付款人在汇票上所为的要式票据行为。我国《票据法》规定,付款人承兑汇票的,应当在汇票正面记载“承兑”字样和承兑日期并签章。

(二)汇票承兑的程序

1.提示承兑。是指持票人向付款人出示汇票,并要求付款人表示在票据到期日愿意对票据付款的行为。提示承兑包括两个方面的内容:首先是持票人出示汇票给付款人;其次持票人作出向付款人请求承兑的意思表示。付款人在持票人提示承兑后,应当向持票人签发收到汇票的回单。此外,根据《票据法》规定,持票人应在汇票载明的付款人的营业场所和营业时间内提示承兑,若付款人无营业场所,则应在其住所进行。同时,对于定日付款和出票后定期付款的汇票,持票人应在汇票到期日前向付款人提示承兑;对于见票后定期付款的汇票,则持票人应在出票日后 1 个月内向付款人提示承兑。如果持票人不按规定期限向付款人提示承兑,则丧失对其前手的追索权。

2.承兑或拒绝承兑。我国《票据法》第 41 条第 1 款规定,付款人对向其提示承兑的汇票,应当自收到提示承兑的汇票之日起 3 日内承兑或拒绝承兑;若付款人在 3 日期限届满后,未作出表示的,则视为拒绝承兑。如果付款人对汇票加以承兑,则其必须在汇票正面记载"承兑"字样和承兑日期并签章;同时不得附有条件,因为若承兑附有条件的,则视为拒绝承兑。

(三)汇票承兑的效力

付款人承兑汇票并将汇票交给持票人后,承兑即发生法律效力。根据我国《票据法》第 44 条规定,付款人承兑汇票后,应当承担到期付款的责任。这意味着付款人成为承兑人后,就成为汇票上的第一债务人,即使承兑人和出票人之间并不存在事实上的资金关系,承兑人也不能以此为由对抗持票人。而且,即使持票人未按期提示付款,持票人仍有权对承兑人主张权利。此外,承兑人还必须承担最终的追索责任。

汇票经过付款人承兑后,持票人的付款请求权就成为现实的权利,以承兑人的责任为保障,并且持票人对承兑人还享有追索权。对于出票人和背书人而言,汇票一经承兑,即免除了承担前期追索的责任,即免于受到由于汇票被拒绝承兑而引发的追索权。

五、汇票的保证

(一)汇票保证的概念

汇票保证,是票据债务人以外的第三人为担保特定汇票债务人履行债务,以负担同一内容的汇票债务为目的,在汇票上记载有关事项并签章,然后将票据交还给请求保证之人的一种附属票据行为。《票据法》第 45 条第 1 款规定:"汇票的债务人可以由保证人承担保证人责任。"

(二)保证的记载事项

我国《票据法》第 46 条规定,保证人必须在汇票或粘单上记载如下事项:表明"保证"的字样、保证人签章、保证人的名称和住所、被保证人的名称、保证日期。其中前两项属于绝对必要记载事项,后三项属于相对必要记载事项。因为如果缺少保证人的名称和住所,则保证人的名称可由其签章认定,保证人住所可以推定为保证人的营业场所或住所;如果缺少被保证人的名称,则已承兑的汇票,承兑人为被保证人,若未承兑的,则以出票人为被保证人;如果缺少保证日期,则以出票日为保证日期。此外,《票据法》第 48 条规定:"保证不得附有条件;附有条件的,不影响对汇票的保证责任。"这属于记载无益的事项。

(三)保证的效力

对于保证人而言,其保证责任的发生依赖于被保证人债务的存在和被保证人责任的种类和范围。而且,保证人的保证责任还独立于被保证的票据债务,即使被保证的票据债务无效,也不影响保证责任的成立;但若被保证的票据债务因形式上欠缺生效要件而无效时,保证人可以不承担保证责任。此外,保证人与被保证人之间是连带责任,且共同保证人之间也是连带责任。根据《票据法》第 52 条规定,保证人清偿汇票债务后,可以行使持票人对被保证人以及前手的追索权。

对于出票人而言,由于多了一层担保关系,因而其权利实现可能性得到加强。对于被保证人以及后手而言,保证行为本身并没有免除任何票据债务人的责任,但如果汇票保证人履行了保证责任,清偿了持票人的债务,则对于被保证人以及后手来讲,则可以免除被追索的责任。

六、汇票的付款

(一)汇票付款的概念

付款是汇票的付款人向持票人支付汇票金额,以消灭票据权利义务的行为。请求付款是持票人享有的汇票权利,也是其拥有汇票的目的;而付款则是汇票债务人的责任,根据《票据法》规定,付款人依法足额付款后,全体汇票债务人的责任解除。

(二)付款的程序

1.付款提示。是指持票人向付款人或代理付款人现实地出示汇票,以请求其付款的行为。我国《票据法》第 53 条第 3 款规定:"通过委托收款银行或者通过票据交换系统向付款人提示付款的,视为持票人提示付款。"据此,提示人除了通常情况下为持票人外,还包括受持票人委托的收款银行和票据交换中心。被提示人则包括付款人、代理付款人以及票据交换系统。付款提示是票据权利的保全和行使,如果持票人不按照法定期限提示付款的,则丧失对其前手的追索权;但只要持票人对其行为作出说明,承兑人或者付款人仍应对持票人承担付款责任。值得一提的是,持票人应当按照下列期限提示付款:见票即付的汇票,自出票日起的 1 个月内向付款人提示付款;定日付款、出票后定期付款或者见票后定期付款的汇票自到期日起 10 日内向承兑人提示付款。

2.实际付款。根据《票据法》第 54 条的规定,付款人或代理付款人必须在持票人请求付款的当日足额付款,不允许延期付款、部分付款。同时付款人或代理付款人在付款时应当审查背书是否连续等票据形式上的要件,并且应当审查提示人的合法身份证明。如果付款人或者代理付款人付款时有恶意或重大过失造成当事人损失的，应自行承担责任。

3. 交回票据。付款人付款后，持票人应当在汇票上记载“收讫”字样并签章，而后将汇票交给付款人，以此证明付款人已经依法履行完付款义务。持票人委托银行收款的，托收银行将代收的汇票金额转账收入持票人的账户，则视同签收。

(三)付款的效力

我国《票据法》第 60 条规定：“付款人依法足额付款后，全体汇票债务人的责任解除。”据此，付款人按照汇票记载的文义，即时足额支付汇票金额后，汇票法律关系全部归于消灭，付款人和全体汇票债务人的票据责任因此而解除。

七、汇票的追索权

(一)汇票追索权的概念以及特征

汇票追索权，是指汇票到期不获付款或到期前不获承兑或有其他法定原因时，持票人在依法履行了保全手续以后，向汇票上的所有票据行为人请求偿还汇票金额、利息以及其他法定款项的一种票据权利。

根据《票据法》第 68 条规定，汇票追索权具有以下特征：(1)选择性。即持票人可以自由选择汇票追索权的对象，同时可以选择向票据债务人中的一人、数人或全体进行追索。(2)连续性。即持票人行使追索权获得清偿后，票据关系并没有消灭，而是被追索人成为汇票的新持票人，可以继续向其前手行使再追索的权利。(3)追加性。即持票人对于汇票债务人中的一人或数人已经进行了追索的，对于其他尚未被追索的汇票债务人仍可以行使追索权。

(二) 汇票追索权行使的要件

1. 实质要件

这是指行使汇票追索权的法定原因，具体可以分为两种：(1)到期追索。合法持票人在汇票到期后行使追索权的唯一原因是汇票被拒绝付款，至于汇票到期为何不获付款，对持票人行使追索权并无影响。(2)期前追索。根据《票据法》第 61 条规定，持票人在汇票被拒绝承兑、承兑人或付款人死亡或逃匿、承兑人或付款人被依法宣告破产或因违法被责令终止业务活动这三情形下，可以进行期前追索。

2. 形式要件

这是指行使追索权必须遵守一定的程序，履行法定的保全追索权的手续。根据《票据法》规定，具体包括以下三项：

(1)提示承兑或提示付款。如果持票人未按照《票据法》规定提示承兑或提示付款的,原则上丧失对前手的追索权。

(2)做成拒绝证明。拒绝证明是由法律规定的,对持票人依法提示承兑或提示付款而被拒绝的事实具有证明效力的文书。是为了证明持票人已为提示而未获承兑或未获付款,或因其他法定原因无从提示的客观事实,从而为持票人行使追索权铺平了道路。因此,做成拒绝证明是保全追索权手续的一项重要程序。根据我国《票据管理实施办法》第 27 条第 1 款规定,拒绝证明应当包括以下事项:被拒绝承兑、付款的票据种类及其主要记载事项;拒绝承兑、付款的事实依据和法律依据;拒绝承兑、付款的时间;拒绝承兑人、付款人的签章。

根据《票据法》规定,退票理由书或其他合法证明可以代替拒绝证明。退票理由书是承兑人或付款人或付款人委托的付款银行出具的,记载不承兑或不付款理由的书面证明。其他合法证明,比如承兑人或付款人被人民法院依法宣告破产,人民法院出具的有关司法文书;承兑人或付款人因违法被责令终止业务活动,有关行政主管部门出具的处罚决定书等。退票理由书和其他合法证明都具有拒绝证明的效力。

(3)追索通知。根据《票据法》第 66 条规定,持票人应当自收到被拒绝承兑或者被拒绝付款的有关证明之日起 3 日内,将被拒绝事由书面通知其前手;其前手应当自收到通知之日起的 3 日内书面通知其再前手。持票人也可以同时向各票据债务人发出书面通知。在规定的期限内,将通知按照法定地址或者约定的地址邮寄的,视为已经发出通知。未按照规定期限通知的,持票人仍可以行使追索权。因延期通知给其前手或者出票人造成损失的,由没有按照规定期限通知的汇票当事人承担该损失的赔偿责任,但所赔偿的金额以票据金额为限。

(三)汇票追索权行使的效力

1.对追索权人的效力。追索权人因行使追索权而受清偿后,其票据权利归于消灭。但应及时向被追索人交付汇票以及拒绝证明等,以便被追索人行使再追索权。

2.对被追索人的效力。汇票发生追索时,所有被追索人对持票人承担连带责任。同时,被追索人清偿票据债务后,其责任解除,并取得与持票人同一的权利,对其前手行使再追索权。

3.对物的效力。这是指对追索金额所产生的效力。追索金额是指持票人或者其他追索权人向偿还义务人行使追索权,请求其支付的金额,包括最初追索金额和再追索金额。最初追索金额一般包括三个部分:被拒绝付款的汇票金额;汇票金额从到期日或者提示付款日起至清偿日止,按照中国人民银行规定的利率计算的利息;取得有关拒绝证明和发出通知书的费用。再追索金额则包括:已清偿的全部金额;票据金额自清偿日起至再追索清偿日止,按照中国人民银行规定的利率计算的利息;发出通知书的费用。

第六节　本票与支票

一、本票

(一)本票的概念及特征

我国《票据法》第73条规定,本票是由出票人签发的,承诺自己在见票时无条件支付确定的金额给收款人或者持票人的票据。据此,本票具有以下特征:

1.本票是票据的一种,具有一切票据的共有性质,即本票也是文义证券、设权证券、要式证券、无因证券、完全有价证券。

2.本票的基本当事人只有两方,即出票人和收款人,而汇票和支票则有三方当事人,即出票人、收款人和付款人。

3.本票是自付证券,即出票人就是付款人;而汇票和支票一般都是委托他人付款,属于委付证券。

4.本票无须承兑,因为本票是由出票人自己付款,该付款承诺对出票人本人具有法律约束力。

(二)本票的种类

1.根据本票上是否记载权利人姓名,可以将其分成记名本票、指示本票和无记名本票。我国《票据法》规定,本票必须记载收款人名称,因而我国只承认记名本票。

2.根据本票的出票人不同,可以将其分成银行本票和商业本票。根据我国《票据法》第73条第2款规定,我国本票仅仅是银行本票,而不承认商业本票。

3.根据本票上指定日期方式的不同,可以将其分成即期本票和远期本票。我国《票据法》所规定的本票为见票即付本票。

(三)本票的出票

1.本票出票的概念及其款式

从形式上看,本票的出票与汇票的出票是一样的,即出票人做成票据,并将票据交付给收款人的基本票据行为。但从内容上看,二者则不能等同,即汇票的出票是出票人委托付款人向收款人支付一定金额的票据行为;而本票的出票则是指出票人表示自己承担支付本票金额债务的票据行为。对于本票的款式,根据《票据法》第75条规定,本票必须记载的事项包括:表明“本票”的字样、无条件支付的承诺、确定的金额、收款人的名称、出票日期、出票人签章。本票上未记载上述规定事项之一的,本票无效。根据《票据法》第76条规定,付款地和出票地是本票的相对必要记载事项。若本票上未记载付款地的,则出票人的营业场所为付款地;若本票上未记载出票地的,则出票人的营业场所为出票地。

2.本票出票的效力

本票出票后,对于出票人而言,必须承担对本票持票人的付款责任。出票人是本票上的主债务人,本票一届到期日,出票人必须对持票人付款,对此不得附加任何条件,而且出票人的付款义务不因持票人对其权利的行使或保全手续的欠缺而免除,但一经出票人付款,全部本票关系都归于消灭。因此,本票出票人的付款责任是第一次、无条件、绝对、最终的责任。对于收款人而言,本票出票后,他就取得了本票上的权利。其中付款请求权是一种实现的权利,因为本票的主债务人在出票后就确定了,这有别于汇票。而追索权则与汇票一样,都只有在付款请求权不能实现时,并在法定期限内做成拒绝证明后才行使。根据《票据法》的规定,本票自出票之日起,付款期限最长不得超过2个月,并保证支付。本票的出票人在持票人提示见票时,必须承担付款责任。持票人未按规定期限提示见票的,丧失对出票人以外的前手的追索权。

(四)本票的见票制度

本票见票,是指出票人因持票人的提示,为确定见票后定期付款本票的到期日,在本票上记载“见票”字样并签名的行为。由于我国《票据法》规定的本票仅为见票即付,不承认见票后定期付款的本票,因而也就不存在本票见票的问题。本票的背书、保证、付款行为和追索权的行使,除本票规定的外,适用有关汇票的规定。

(五)汇票规则的准用

本票与汇票相比,除了不具有承兑、拒绝承兑证明等特征外,其他各项制度与汇票基本相同。因此,各国票据法一般都以汇票规范为中心,对本票除了另有规定外，其他有关制度都适用或准用汇票的规定。我国《票据法》第 80 条也规定，本票的背书、付款行为和追索权的行使，除第三章有关本票的规定外，适用该法第二章有关汇票的规定。

二、支票

(一)支票的概念和特征

根据我国《票据法》第 81 条规定，支票是出票人签发的，委托办理支票存款业务的银行或其他金融机构在见票时无条件支付确定的金额给收款人或持票人的票据。据此，支票具有以下法律特征：

1. 支票是票据的一种，也具有一切票据的共有性质，即支票也是文义证券、设权证券、要式证券、无因证券、完全有价证券。

2. 支票付款人的资格有所限制，仅限于银行或其他金融机构，而除此之外所有的公司和个人都不能担当支票的付款人。

3. 支票是见票即付的票据，不像汇票、本票有远期和即期之分。

(二)支票的种类

1. 根据支票上记载权利方式的不同，可以将其分成记名支票、无记名支票和指示支票。根据我国《票据法》第 84 条、第 86 条规定，支票上的绝对必要记载事项并不包括收款人名称，而且若未记载收款人名称的，可以经出票人授权加以补记。因此，我国实际上是承认无记名支票的。

2. 根据支票付款方式的不同，可以将其分为普通支票、现金支票和转账支票。普通支票既可以转账，也可以支取现金。用于转账的，可在普通支票左上角加划两条平行线，亦称划线支票；未划线的普通支票，可用于支取现金。现金支票专门用于支取现金。这种支票在印制时，已在支票的上端印明了“现金”字样。转账支票专门用于转账，不得用于支取现金，这种支票在印制时，已在支票的上端印明“转账”字样。

3. 根据当事人是否兼任，可以将支票分为一般支票和变式支票。我国《票据法》第 86 条第 4 款规定，出票人可以在支票上记载自己为收款人，因而是承认变式支票的。

(三)支票的出票

1. 支票出票的概念以及款式

从形式上看，支票的出票与汇票、本票是一样的，但从内容上看，三者则不能等同，即汇票的出票是指出票人委托付款人向收款人支付一定金额的票据行为;本票的出票是指出票人表示自己承担支付本票金额债务的票据行为;支票的出票则是指出票人委托银行或其他金融机构无条件向持票人支付一定金额的票据行为。对于支票的款式,根据我国《票据法》规定,支票必须记载的事项有:表明"支票"的字样、无条件支付的委托、确定的金额、付款人名称、出票日期、出票人签章。支票上未记载上述规定事项之一的,则支票无效。付款地和出票地则是属于支票上相对必要记载事项。若未记载付款地的,则以付款人营业场所为付款地;若未记载出票地的,则以出票人的营业场所、住所或者经常居住地为出票地。

2. 支票出票的效力。对于出票人而言,支票一经签发,就必须依照支票金额承担保证向该持票人付款的责任,即使支票因超期提示付款等原因而不获付款,出票人仍应对持票人承担票据责任。对于付款人而言,出票人签发支票的行为对其没有强制性效力,但出票人在付款人处的存款足以支付支票金额时,付款人必须在当日足额付款。对于收款人而言,由于出票行为是单方法律行为,持票人无法确定付款人是否会付款,所以收款人因出票所享有的权利是一种期待权。当然,收款人在一定条件下也可以行使追索权。

(四)支票的资金关系和空头支票

一般而言,支票的出票人与付款人之间必须存在资金关系。在银行开立支票存款账户,是出票人签发支票的前提。我国《票据法》第 82 条规定,申请人申请开立支票存款账户,必须使用其本名,并提交证明其身份的合法证件。开立支票存款账户和领用支票,应当有可靠的资信,并存入一定的资金。开立支票存款账户,申请人应当预留本名的签名式样和印鉴。

《票据法》第 87 条第 2 款规定,禁止签发空头支票。空头支票是出票人签发的金额超过付款时在付款人处实有存款金额的支票。由于空头支票影响支票信用,扰乱金融秩序,因而各国都对空头支票持否定态度。我国《支付结算办法》还规定,若签发空头支票的,银行可以按票面金额处以 5%、但不低于1 000元的罚款;对屡次签发空头支票的,银行应停止其签发支票。

此外,出票人不得签发与其预留本名的签名式样或印鉴不符的支票,否则应当承担相应的民事责任和刑事责任。

(五)支票的付款

支票的付款,是指付款人根据持票人的请求向其交付支票金额,以消灭支票关系的行为。我国《票据法》规定,支票的持票人应当自出票日起 10 日内提示付款;异地使用的支票,其提示付款的期限由中国人民银行另行规定。此时,如果出票人在付款人处的存款足以支付支票金额时,付款人应当在当日足额付款。因为支票限于见票即付，不得另行记载付款日期。若另行记载付款日期的，该记载无效。如果持票人超过提示付款期限的，付款人可以不予付款。

付款人依法支付支票金额的，其对出票人不再承担受委托付款的责任，对持票人不再承担付款的责任，但付款人恶意或有重大过失付款的除外。

(六)汇票规则的准用

我国《票据法》第 93 条规定，支票的背书、付款行为和追索权的行使，除第四章有关支票的规定外，适用本法第二章有关汇票的规定。对于支票的出票行为，除了第四章规定外，适用《票据法》第 24 条、第 26 条的规定。其中第 24 条规定的是关于支票可以记载必要记载事项之外的其他事项；第 26 条规定的是，出票人在出票之后必须保证该支票的付款责任，在持票人得不到付款时，应当向持票人清偿支票的金额、超过付款期限的支票金额的利息以及行使追索权所支出的必要费用。

本章提要

狭义的票据是出票人依据《票据法》签发的，约定由自己或委托他人在见票时或者在确定的日期，向持票人或收款人无条件支付一定金额的有价证券，包括汇票、本票、支票三种。

票据法是调整票据关系以及与票据关系有关的其他社会关系的法律规范的总称。票据关系是指当事人之间基于各种票据行为而发生的债权债务关系。《票据法》上的非票据关系是指根据《票据法》规定而产生的，但不是基于票据行为直接发生的法律关系，包括利益返还关系、票据返还关系、损害赔偿。票据的基础关系是指票据关系赖以产生的民事基础法律关系，一般分为三种:票据原因关系、票据资金关系和票据预约关系。

我国《票据法》规定的狭义票据行为仅为出票、背书、承兑以及保证四种行为。票据行为具有要式性、独立性、无因性、文义性等特征。

票据权利是指持票人向票据债务人请求支付票据金额的权利,包括付款请求权和追索权。票据抗辩是指票据债务人对于票据权利人提出的请求,提出相应的事实或理由加以拒绝的行为,一般将票据抗辩分为物的抗辩和人的抗辩两大类。

票据的伪造是指以行使票据权利为目的,假借他人或者虚构他人的名义在票据上签章的行为。票据的变造是指无变更权的人对票据上除签章以外的有关记载事项进行变更的行为。

汇票是出票人签发的,委托付款人在见票时或者在指定日期无条件支付确定的金额给收款人或者持票人的票据。背书是指持票人以转让汇票权利或者将一定汇票权利授予他人行使为目的,在汇票背面或粘单上记载有关事项并签章的票据行为。背书不得附条件,背书必须连续。承兑是指远期汇票的付款人在票据的正面记载有关事项并签章,而后将票据交付请求承兑人,承诺在汇票到期日无条件支付汇票金额的票据行为。

本票是由出票人签发的,承诺自己在见票时无条件支付确定的金额给收款人或者持票人的票据。支票是出票人签发的,委托办理支票存款业务的银行或其他金融机构在见票时无条件支付确定的金额给收款人或持票人的票据。

复习思考题

1. 简述票据的特征。

2. 辨析票据关系、票据上的非票据关系、票据基础关系三者的内涵。

3. 票据行为必须具备什么样的形式要件?

4. 简述票据抗辩的种类以及抗辩的限制。

5. 汇票出票的记载事项可以作何种分类?每种分类的具体内容有哪些?

第十一章

劳动法

学习目的

- 掌握和了解劳动法的概念，劳动法调整的劳动关系的特征，劳动法与劳动关系密切联系的一些关系的内涵。
- 掌握和了解劳动合同的概念和特点，劳动合同的作用，劳动合同的种类和内容，劳动合同的订立与履行，劳动合同的变更、解除和终止。
- 掌握和了解工作时间和休息时间、加班加点、工资、劳动安全卫生、劳动医疗等劳动保障内容。
- 掌握和了解劳动争议的概念和种类，劳动争议处理的范围、目的、机构和基本原则，劳动争议的调解、仲裁、诉讼等。

第一节　劳动法概述

一、劳动法的概念和调整对象

(一)劳动法的概念

劳动是人们为创造社会财富所进行的有目的、有意识的活动，它是人类社会能够生存发展的基础。劳动法就是关系劳动的法，具体一点就是调整劳动关系以及与劳动关系有密切联系的其他社会关系的各种法律关系的总称。劳动法上的劳动,并不是指一切劳动,一般是指人们在争取与实现劳动权过程中形成的具有管理与被管理关系的有偿性劳动。

(二)劳动法的调整对象

从上述对劳动法所确定的定义来分析,劳动法的调整对象包括两个方面的关系:其一,劳动关系,这是《劳动法》调整的最重要、最基本的关系;其二,与劳动关系有着密切联系的其他社会关系。

1.劳动关系

所谓劳动关系,即人们在从事劳动过程中发生的社会关系。

在我国,劳动关系具体表现为劳动者与用人单位——企业、事业单位、国家机关、社会团体、个体经济组织之间发生的关系。《劳动法》调整的对象主要是劳动关系。

作为《劳动法》调整对象的劳动关系,主要有以下特征:

(1)是人们在争取与实现劳动权过程中的形成的。

(2)劳动关系的当事人,一方是公民,另一方是用人单位。

(3)劳动关系的公民一方,要参加到另一方有关单位中,成为这一单位的成员,执行一定种类的工作,并且遵守有关单位的各项规章制度,双方存在领导与被领导的关系。

(4)劳动关系的公民一方提供的应是有偿性劳动。

(5)国家机关、事业单位、社会团体等即使与其工作人员建立了劳动关系,但是国家法律、法规对调整其关系另有特殊规定的,则不属于《劳动法》调整的范畴。

劳动关系与劳务关系都是当事人一方提供劳动力给他方使用,由他方给付劳动报酬。但是,它们之间有着本质的区别,主要表现在:

首先,双方当事人及其关系不同。劳动关系当事人一方劳动者是自然人,另一方是用人单位;劳动者必须加入用人单位,成为其中一员,并且遵守单位的规章制度,双方存在领导与被领导的关系,反映的是劳动力与生产资料相结合的关系。劳务关系当事人一方或双方既可以是法人,也可以是其他组织,还可以是自然人;劳务提供者无须加入另一方,双方不存在领导与被领导的关系,反映的是一次性使用劳动力的商品交换关系。

其次,劳动风险责任承担不同。作为劳动关系当事人一方的用人单位组织劳动,享有劳动支配权,因而有义务承担劳动风险责任。作为劳务关系当事人一方的劳务提供者自行安排劳动,自己承担劳动风险责任。

第三，劳动报酬的性质、支付方式不同。基于劳动关系发生的劳动报酬是工资，具有按劳分配性质，其支付方式特定化为一种持续的、定期的支付。基于劳务关系发生的劳动报酬是劳务费，具有劳务市场价格属性，其支付方式为一次性劳务价格支付。

最后，适用法律不同。劳动关系由《劳动法》调整。劳务关系则由《民法》调整。

2.与劳动关系密切联系的某些关系

《劳动法》除了调整劳动关系以外，还承担着调整与劳动关系密切联系的其他一些关系。这些关系本身并不是劳动关系，但因其与劳动关系密切联系，所以在我国的法律体系中把它们列入《劳动法》的范畴。

这些关系包括以下几个方面：

(1)处理劳动争议而发生的关系：有关国家机关（如劳动行政部门）、人民法院和工会组织由于调解、仲裁和审理劳动争议而产生的关系。

(2)执行社会保险方面的关系：社会保险机构与企业、事业单位及职工之间因执行社会保险而发生的关系。

(3)监督劳动法律、法规的执行方面的关系：有关国家机关（如劳动行政部门、卫生部门等）、工会组织与企业、机关、事业单位之间，因监督、检查劳动法的执行而产生的关系。

(4)工会组织与企业、事业单位、国家机关之间的关系。

(5)劳动管理方面发生的关系：劳动行政部门同企业、事业、机关、团体单位因管理劳动工作而发生的关系。

这些关系和劳动关系共同成为我国《劳动法》的调整对象，《劳动法》在这些领域正在发挥着其应有的作用。

二、劳动法律关系的概念和特征

（一）劳动法律关系的概念

所谓劳动法律关系，是指劳动者与用人单位依据劳动法律规范，在实现社会劳动过程中形成的权利义务关系。它是劳动关系在法律上的表现，是劳动关系为劳动法律规范调整的结果。

劳动法律关系与劳动关系不同，这主要表现在：

1.劳动关系是生产关系的组成部分，属于经济基础范畴；劳动法律关系则是意志关系，属于上层建筑范畴。

2.劳动关系的形成以劳动为前提，发生在实现社会劳动过程中；劳动法律关系的形成则以劳动法律规范的存在为前提，发生在劳动法律规范调整劳动关系的范围内。

3. 劳动关系的内容是劳动，劳动者提供劳动力，用人单位使用劳动力，双方形成劳动力的支配与被支配关系；劳动法律关系的内容则是法定的权利义务，双方当事人必须依法享受权利并承担义务。劳动法律关系虽然与劳动关系不同，但它们之间有着密切联系。劳动关系是劳动法律关系产生的基础，劳动法律关系则是劳动关系在法律上的反映。因此，制定劳动法律规范，形成劳动法律关系，必须以劳动关系为基础。当然，劳动法律关系不仅仅反映劳动关系，而且对于巩固和发展劳动关系，促进经济发展和社会进步都有重要作用。

(二)劳动法律关系的特征

劳动法律关系除了具有法律关系的共同特征以外，还有自己独有的特征：

1. 主体双方具有平等性和隶属性。劳动法律关系主体一方是劳动者，另一方是用人单位。在劳动法律关系建立前，即在劳动力市场中，劳动者和用人单位是平等的主体，双方是否建立劳动法律关系以及建立劳动法律关系的条件由其按照平等自愿、协商一致的原则依法确定。劳动法律关系建立后，劳动者是用人单位的职工，处于提供劳动力的被领导的地位；用人单位则成为劳动力使用者，处于管理劳动者的领导地位，双方形成领导与被领导的隶属关系。

2. 具有国家意志为主导、当事人意志为主体的特性。劳动法律关系是按照劳动法律规范规定和劳动合同约定形成的，既体现国家意志，又体现双方当事人共同意志。劳动法律关系具有较强的国家干预性质，因此，劳动法律关系体现的国家意志和当事人意志并不是平等的，当事人的共同意志虽为劳动法律关系体现的主体意志，但它必须符合国家意志并以国家意志为指导，国家意志居于主导地位，起统帅作用。

3. 具有在社会劳动过程中形成和实现的特性。劳动法律关系的基础是劳动关系。只有劳动者同用人单位提供的生产资料相结合，实现社会劳动过程，才能在劳动者与用人单位之间形成劳动法律关系。实现社会劳动过程，就是劳动者和用人单位各自行使权利和履行义务的过程，也就是劳动法律关系得以实现的过程。没有社会劳动关系就没有劳动法律关系。因此，劳动法律关系是在社会劳动过程中形成并得以实现的。

三、劳动权利和义务

(一)劳动者

劳动法律关系主体具有特定性。一方是劳动者，包括具有劳动能力的我国公民、外国人和无国籍人，亦即企业、国家机关、事业组织、社会团体的工勤人员，实行企业化管理的事业组织的非工勤人员，以及其他通过劳动合同(包括聘用合同)与国家机关、事业单位、社会团体建立劳动关系的劳动者。公务员和比照实行公务员制度的事业组织和社会团体的工作人员，以及农村劳动者(乡镇企业职工和进城务工、经商的农民除外)、现役军人和家庭保姆等不适用《劳动法》。另一方是用人单位，包括企业、事业、机关、团体等单位及个体经营单位。

劳动者作为劳动法律关系主体必须具备一定的条件，即必须具有劳动权利能力和劳动行为能力。所谓劳动权利能力，是指依法享有劳动权利和承担劳动义务的资格或能力。劳动行为能力，是指以自己的行为依法行使劳动权利和履行劳动义务的能力。只有同时具有劳动权利能力和劳动行为能力的劳动者，才能充当劳动法律关系主体。

在我国，劳动权利能力和劳动行为能力是公民在年满 16 周岁时同时产生的。只有同时具有劳动权利能力和劳动行为能力的年满 16 周岁的公民，才能充当劳动法律关系主体，成为某一用人单位的职工。劳动者丧失劳动能力，亦即没有劳动行为能力，也就不能享有劳动权利能力，因而丧失作为劳动法律关系主体的资格。可见，劳动者的劳动权利能力和劳动行为能力是统一的、不可分割的。而公民的完全民事权利能力和民事行为能力则是可以分割的。

(二)劳动者的权利和义务

根据《劳动法》第 3 条的规定，劳动者享有以下的基本劳动权利：平等就业和选择职业的权利、取得劳动报酬的权利、休息休假的权利、获得劳动安全卫生保护的权利、接受职业技能培训的权利、享受社会保险和福利的权利、提请劳动争议处理的权利以及法律规定的其他劳动权利。劳动者应当完成劳动任务，提高职业技能，执行劳动安全卫生规程，遵守劳动纪律和职业道德。

(三)用人单位的权利和义务

劳动者享有的基本劳动权利和承担的劳动义务，也就是用人单位应当承担的基本劳动义务和享有的基本劳动权利。根据这一原则进行分析，可以将用人单位的基本劳动权利概括为：要求劳动者按质按量完成劳动任务的权利，要求劳动者努力提高职业技能的权利，要求劳动者认真执行劳动安全卫生规程的权利，要求劳动者严格遵守劳动纪律和职业道德的权利。同理，用人单位必须承担的劳动义务可以归纳为：平等和择优录用职工的义务，支付劳动者劳动报酬的义务，保证劳动者享有休息休假的义务，提供劳动者享有安全卫生和劳动保护的义务，为劳动者提供职业培训的义务，为劳动者提供社会保险和福利的义务，配合解决劳动争议的义务，保证劳动者实现法律规定的其他权利的义务。

四、劳动就业

(一) 劳动就业的概念

劳动就业是指具有劳动权利能力和劳动行为能力并有就业愿望的公民获得有报酬的职业。

(二)劳动就业的特征

1. 有劳动能力。其主体必须是具有劳动权利能力和劳动行为能力的公民。在我国境内，具有我国国籍的公民一般应年满 16 周岁，包括能够参加劳动的残疾人；外国的公民应年满 18 周岁。

2. 有劳动愿望。公民在主观上必须有求职的愿望。如果公民在主观上不具有求职愿望，即使临时参加社会劳动，也不能算是就业。例如，在校学生的勤工俭学。

3. 有劳动收入。其结果必须是获得了有劳动报酬或经营收入的职业。这可使就业劳动与社会义务劳动相区别。

4. 有合法职业。

(三)劳动就业的原则

1. 平等就业原则。平等就业是指我国公民不论其民族、种族、性别、宗教信仰的不同，均享有平等的获得就业机会的权利。具体包括两个方面的内容：一是就业资格的平等。只要是中华人民共和国的公民，就业资格人人平等，不因民族、种族、性别、宗教信仰和文化程度的不同而受歧视。二是就业机会平等。即公民在就业过程中均享有平等竞争的权利，通过公平竞争择优吸收劳动力就业。平等就业是国家对公民生存权平等保护的要求在劳动就业上的反映，它客观上要求打破劳动者的工人和干部、农村和城市的身份界限，冲破地区封锁，消除条块分割，在全国范围内形成统一的劳动力市场，建立劳动力平等就业的竞争机制。因此《劳动法》第 3 条、第 12 条、第 13 条分别规定：劳动者享有平等就业的权利。劳动者就业，不因民族、种族、性别、宗教信仰不同而受歧视。妇女享有与男子平等的就业权利，在录用职工时，除国家规定的不适合妇女的工种或者岗位外，不得以性别为由拒绝录用妇女或者提高对妇女的录用标准。

案例：

一家公司在报上刊登招聘广告，重金聘请销售总监。在应聘条件中，除了常见的学历和工作经验之外，还有“血型为O型或B型”的特别要求。按照该公司人力资源部经理的解释是“血型决定性格”，而性格对事业的成功有重要的作用。血型为O型或B型的人，比较适合从事销售工作。

法律问题：

企业的这种做法是否属于就业歧视？

分析：

平等就业是指我国公民不论其民族、种族、性别、宗教信仰的不同，均享有平等的获得就业机会的权利。我国《劳动法》第12条规定：劳动者就业，不因民族、种族、性别、宗教信仰不同而受歧视。可见，国家是禁止企业在招聘中有就业歧视行为的。事实上，一个人的血型、性别、出身、民族、种族、肤色等，自己是无法选择的。在就业这个问题上，不应因这些因素不同而受到区别对待，否则，应属于就业歧视的范畴。但由于目前劳动法规中还没有明确规定禁止企业对应聘者在血型、胖瘦、高矮、出生地域（户籍）等方面进行选择，所以，尚不能说企业“拒绝招用A及AB血型的求职者”是违法的，但至少可以说，这种做法违反了保障劳动者就业机会平等的原则，属于就业歧视。这种“血型歧视”，有悖国家促进就业的方针和原则，不利于劳动者公平地进入劳动力市场。

2.双向选择原则。在劳动力市场上，劳动者与用人单位均具有市场主体资格，劳动者有权自由选择用人单位，用人单位有权自主择优录用求职者。《劳动法》第3条规定，劳动者享有选择职业的权利。劳动者可以根据自身的素质、意愿和劳动力市场价格信息，自由选择用人单位；用人单位享有用人自主权，可以根据生产经营需要和工作岗位特点，按照面向社会、公开招聘、全面考核、择优录用的原则，选择必要数量、相应质量的劳动者。劳动者与用人单位在平等自愿、协商一致的基础上通过签订劳动合同实现劳动者就业和用人单位使用劳动力。

3.竞争就业原则。劳动者为获得就业岗位而参与公平竞争，成为劳动力市场竞争主体。作为劳动者，应有劳动风险意识和就业竞争意识，通过竞争实现劳动力的合理配置，体现市场经济的公平原则。

4.照顾特殊群体人员就业原则。特殊群体人员，是指由于各种特殊原因有就业障碍或在劳动力市场上处境不利的人员。主要包括妇女、残疾人、少数民族人员、退出现役的人员等。

5. 禁止未满16周岁的未成年人就业原则。《劳动法》第15条规定:"禁止用人单位招用未满16周岁的未成年人。文艺、体育和特种工艺单位招用未满16周岁的未成年人,必须依照国家有关规定,履行审批手续,并保障其接受义务教育的权利。"

五、促进就业

促进就业是指国家为实现充分就业的目标,保障公民实现劳动权所采取的创造就业条件、扩大就业机会的各种措施的总称。促进就业的目标是解决失业问题,实现充分就业。所谓充分就业,是指不超过正常失业率的社会就业水平,即除没有就业愿望以外的绝大多数具备法定劳动年龄和劳动能力的公民都已就业。充分就业并不意味着消除失业,国际上公认一个国家的失业率保持在4%～5%即为充分就业。

《劳动法》第10条规定,国家通过促进经济和社会发展,创造就业条件,扩大就业机会。国家鼓励企业、事业组织、社会团体在法律、行政法规规定的范围内兴办产业或者拓展经营,增加就业。国家支持劳动者自愿组织起来就业和从事个体经营实现就业。第11条规定,地方各级人民政府应当采取措施,发展多种类型的职业介绍机构,提供就业服务。

我国现阶段劳动力供过于求的矛盾十分突出,就业岗位严重短缺。因此,为解决我国日益严重的就业问题,必须适应新形式,采取积极措施,通过拓宽就业渠道,促进就业。

第二节　劳动合同

我国劳动合同制度从20世纪80年代中期开始试点,在90年代得到大力推行,至今已在城镇各类企业中广泛实施。

一、劳动合同的订立

(一)劳动合同的概念与特征

劳动合同,是劳动者与用人单位之间确立劳动关系,明确双方权利和义务的书面协议。

劳动合同除具有一般合同的特征外，有其独有的特征：(1)劳动合同主体具有特定性，即劳动合同的主体一方是劳动者，另一方是用人单位。(2)劳动合同是劳动者与用人单位确立劳动关系的法律形式，其内容是明确劳动权利和劳动义务。(3)劳动合同具有较强的法定性，即劳动合同内容主要以劳动法律、法规为依据，且均有强制性规定，法律虽允许双方当事人协商签订劳动合同，但协商的内容不得违反或排斥强制性规范，否则无效。

(二)劳动合同的订立、内容、形式

1. 劳动合同的订立，是指劳动者与用人单位之间为建立劳动关系，依法就双方的权利义务协商一致，设立劳动合同关系的法律行为。《劳动法》第 17 条规定："订立和变更劳动合同，应当遵循平等自愿、协商一致的原则，不得违反法律、行政法规的规定。"

2. 劳动合同的内容，是指当事人双方达成的劳动权利义务的具体规定，具体表现为合同条款。根据《劳动法》第 19 条规定，劳动合同应当具备以下条款："(1)劳动合同期限；(2)工作内容；(3)劳动保护和劳动条件；(4)劳动报酬；(5)劳动纪律；(6)劳动合同终止的条件；(7)违反劳动合同的责任。劳动合同除前款规定的必要条款外，当事人可以协商约定其他内容。"

劳动合同期限是指所签订的劳动合同是有固定期限的合同，还是无固定期限的合同，或是以完成一定工作为期限的劳动合同。如果是有固定期限的劳动合同，则应约定期限是一年或几年。

3. 劳动合同的形式，是指订立劳动合同的方式。劳动合同的形式分为书面和口头两种。口头形式订立的劳动合同灵活、简便，但不便于履行和监督、检查，特别是发生劳动争议后，往往因口述无凭而难以处理。采用书面形式订立劳动合同严肃、慎重、明确、肯定、有据，便于履行和监督、检查，发生劳动争议时，便于当事人举证，也便于有关部门处理。因此，《劳动法》第 19 条规定，劳动合同应当以书面形式订立。

(三)劳动合同成立与劳动合同生效的联系

劳动合同成立与劳动合同生效是既有联系又有区别的两个法律概念。当事人双方就劳动合同内容协商一致，劳动合同即告成立。因此，劳动合同成立是当事人双方意思表示一致、设立劳动合同关系。但是，劳动合同成立，并不意味着劳动合同一定生效。所谓劳动合同生效，是指劳动合同具有法律效力的起始时间。劳动合同依法成立，即具有法律效力，对当事人双方都有约束力。因此，依法订立的劳动合同，其生效时间始于合同签订之日。劳动合同订立后，需要鉴证或公证的，其生效时间始于鉴证或公证之日。

(四)劳动合同无效

无效的劳动合同，是指当事人违反法律规定订立的不具有法律效力的劳动合同。它虽然是当事人双方协商订立的，但因违反法律规定而无效。《劳动法》第 18 条规定，下列劳动合同无效：(1)违反法律、行政法规的劳动合同；(2)采取欺诈、威胁等手段订立的劳动合同。无效的劳动合同，从订立的时候起，就没有法律约束力。确认劳动合同部分无效的，如果不影响其余部分的效力，其余部分仍然有效。

劳动合同的无效，由劳动争议仲裁委员会或者人民法院确认。劳动合同被确认为无效，合同规定的当事人双方的权利义务关系自然终止，终止履行合同，尚未履行的不得履行。

(五)订立劳动合同时应注意的几个问题

1.试用期应当签订劳动合同。《劳动法》第 16 条规定："建立劳动关系应当订立劳动合同"，就是说无论是在劳动合同中约定试用期，也无论劳动合同是无固定期限的、有固定期限的还是以完成一定工作为期限的，企业应当最迟在劳动者开始为企业工作时就与劳动者签订劳动合同，而不是在试用期满后签订劳动合同。

为了确实保护劳动者利益，防止企业滥用试用期条款，1996 年原劳动部在《关于实行劳动合同制度若干问题的通知》中规定："劳动合同中可以约定不超过 6 个月的试用期。劳动合同期限在 6 个月以下的，试用期不得超过 15 天；劳动合同期限在 6 个月以上一年以下的，试用期不得超过 30 天；劳动合同期限在一年以上两年以下的，试用期不得超过 60 天。试用期包括在劳动合同期限中。用人单位对工作岗位没有发生变化的同一劳动者只能试用一次。"

2.一方拒绝或拖延签订劳动合同。《劳动法》第 98 条规定："用人单位违反本法规定的条件解除劳动合同或者故意拖延不订立劳动合同的，由劳动行政部门责令改正；对劳动者造成损害的，应当承担赔偿责任。"

《违反〈中华人民共和国劳动法〉有关劳动合同规定的赔偿办法》第 2 条规定，用人单位故意拖延不订立劳动合同，即招用后故意不按规定订立劳动合同以及劳动合同到期后故意不及时续订劳动合同的，按以下规定执行：(1)造成劳动者工资收入损失的，按劳动者本人应得工资收入支付给劳动者，并加付应得工资收入 25%的赔偿费用；(2)造成劳动者劳动保护待遇损失的，应按国家规定补足劳动者的劳动保护津贴和用品；(3)造成劳动者工伤、医疗待遇损失的，除按国家规定为劳动者提供工伤、医疗待遇外，还应支付劳动者相当于医疗费用 25%的赔偿费用；(4)造成女职工和未成年工身体健康损害的，除按国家规定提供治疗期间的医疗待遇外，还应支付相当于其医疗费用25%的赔偿费用；(5)劳动合同约定的其他赔偿费用。

《最高人民法院关于审理劳动争议案件适用法律若干问题的解释》第16条规定，劳动合同期满后，劳动者仍在原用人单位工作，原用人单位未表示异议的，视为双方同意以原条件继续履行劳动合同。一方提出终止劳动关系的，人民法院应当支持。

《劳动法》第20条还规定，用人单位应当与劳动者签订无固定期限劳动合同而未签订的，人民法院可以视为双方之间存在无固定期限劳动合同关系，并以原劳动合同确定双方的权利义务关系。

3.事实劳动关系仍属劳动法的调整范围。原劳动部《关于贯彻执行〈中华人民共和国劳动法〉若干问题的意见》中规定："中国境内的企业、个体经济组织与劳动者之间，只要形成劳动关系，即劳动者事实上已成为企业、个体经济组织的成员，并且为其提供有偿劳动，适用劳动法。"并且在《关于劳动争议受理问题的复函》中规定，"对于事实劳动关系当事人之间发生的劳动争议，劳动争议仲裁委员会应当根据《企业劳动争议处理条例》第2条规定精神予以受理"，也就是说，即使用人单位不与劳动者签订劳动合同，劳动者依然受劳动法律的保护。

原劳动部《关于贯彻执行〈中华人民共和国劳动法〉若干问题的意见》规定：用人单位与劳动者发生劳动争议时，不论是否已签订劳动合同，只要存在事实劳动关系，并符合《企业劳动争议处理条例》的受案范围，劳动争议仲裁委员会均应受理。

原劳动部办公厅《关于劳动争议受理问题的复函》规定，在处理这类争议时，首先应督促双方当事人依法签订、续订或终止劳动合同；同时，要根据具体情况分清双方当事人在形成事实劳动关系过程中各自所应承担的责任；在此基础上，劳动争议仲裁委员会可按照补签的劳动合同和争议的具体情况及形成事实劳动关系的责任大小，予以妥善处理。

二、劳动合同的履行、变更、解除和终止

(一)劳动合同的履行

劳动合同履行，是指当事人双方按照劳动合同规定的条件，履行自己所应承担义务的行为。只有当事人双方各自履行自己所应承担的义务，才能保证劳动合同履行。

根据《劳动法》第17条关于"劳动合同依法订立即具有法律约束力，当事

人必须履行劳动合同规定的义务”的规定，结合劳动法律关系的特点，履行劳动合同应遵循以下几项原则：

1.亲自履行原则。亲自履行，是指劳动合同当事人自己履行劳动合同规定的义务的行为。劳动法律关系是劳动者与用人单位依法形成的权利义务关系。劳动者提供劳动力、用人单位使用劳动力的特点，决定了劳动合同当事人享有的权利必须亲自享受而不得转让，义务必须亲自履行而不得代行或转移。因此，劳动合同双方当事人必须亲自履行劳动合同规定的义务。

2.权利义务统一原则。劳动合同双方当事人互为权利、义务主体，其权利义务是在劳动过程中实现的。这就决定了当事人的权利义务具有不可分割的统一性，不能只享有权利而不履行义务，也不能只尽义务而不享有权利。劳动合同双方当事人互有请求权，以保证劳动合同规定的双方权利义务得以实现。因此，双方当事人必须按照权利义务统一原则履行劳动合同。

3.全面履行原则。劳动合同规定的各项条款有其内在联系，是不能割裂的统一整体，当事人任何一方不得分割履行某些条款规定的义务或者不按合同约定履行。双方当事人必须按照约定全面履行劳动合同规定的各自的义务。只有双方当事人按约全面履行自己的义务，才能保证劳动合同得以全部履行。

4.协作履行原则。协作履行，是指双方当事人相互协作，保证完成劳动合同规定的任务。协作履行原则是根据劳动合同客体特征提出的。劳动法律关系的客体是劳动行为。劳动行为是在运用劳动能力、实现劳动过程中发生的行为。只有双方当事人相互协作，才能完成劳动合同规定的任务。因此，协作履行是劳动合同履行的必然要求。

（二）劳动合同的变更

劳动合同变更，是指当事人双方对依法成立、尚未履行的劳动合同条款所作的修改或增减。劳动合同的变更，只限于劳动合同条款内容的变更，不包括当事人的变更。

劳动合同的变更，是因发生一定的法律事实而对依法成立的劳动合同，在法律允许的范围内变更。

变更劳动合同，也应当遵循平等自愿、协商一致的原则，不得违反法律、行政法规的规定。

在劳动合同没有变更的情况下，用人单位不得安排劳动者从事劳动合同规定以外的工作，但下列情况除外：(1)发生事故或遇灾害，需要及时抢修或救灾；(2)发生短期停工；(3)劳动者违反劳动纪律而被调做其他工作；(4)法律、法规允许的其他情况。

(三)劳动合同的解除

劳动合同的解除,是指当事人双方提前终止劳动合同的法律效力,解除双方的权利义务关系的行为。它是因发生一定的法律事实,导致有效的劳动合同在期限届满之前终止。劳动合同的解除既可以是双方的法律行为,也可是单方的法律行为,即可以由当事人双方协商一致而解除劳动合同,也可以由当事人一方提出解除劳动合同。

《劳动法》第 24 条规定:“经劳动合同当事人协商一致,劳动合同可以解除。”当事人双方协商解除劳动合同必须符合下列条件:(1)双方自愿;(2)平等协商;(3)不得损害任何一方利益。一般来讲,经双方协商解除劳动合同的,双方当事人之间便不会发生劳动争议。但用人单位应注意按法律、法规的规定,给劳动者办理劳动合同的解除手续、社会保险的转移手续,并给予经济补偿。

根据我国《劳动法》规定,劳动合同的单方解除又可分为:用人单位解除劳动合同和劳动者解除劳动合同。

1.用人单位单方解除劳动合同

用人单位单方解除劳动合同,又称为辞退或解雇,必须符合法定条件和按照法定程序进行。其解除行为可以分为过错性辞退、非过错性辞退和经济性裁员三类。

(1)过错性辞退。即劳动者一方当事人存在主观过错行为引致的辞退。《劳动法》第 25 条规定:“劳动者有下列情形之一的,用人单位可以解除劳动合同:(一)在试用期间被证明不符合录用条件的;(二)严重违反劳动纪律或者用人单位规章制度的;(三)严重失职、营私舞弊,对用人单位利益造成造成重大损害的;(四)被依法追究刑事责任的。”这四种情况,除试用期内不符合录用条件者外,均属于劳动者实施了严重的违纪、违法行为所引致的辞退。

(2)非过错性辞退。《劳动法》第 26 条规定:“有下列情形之一的,用人单位可以解除劳动合同,但是应当提前 30 日以书面形式通知劳动者本人:(1)劳动者患病或者非因工负伤,医疗期满后,不能从事原工作也不能从事由用人单位另行安排的工作的;(2)劳动者不能胜任工作,经过培训或者调整工作岗位,仍不能胜任工作的;(3)劳动合同订立时所依据的客观情况发生重大变化,致使原劳动合同无法履行,经当事人协商不能就变更劳动合同达成协议的。”这三种情况并非劳动者的过错原因所致,而是用人单位基于其独立面向市场的竞争主体的地位,从有利于增强企业竞争能力,解除其过重负担角度提出的辞退。

(3)经济性裁员。根据《劳动法》第 27 条规定,用人单位濒临破产进行法定整顿期间或者生产经营状况发生严重困难,确需裁减人员的,应当提前 30 日向工会或者全体员工说明情况,听取工会或者职工的意见,经向劳动行政部门报告后,可以裁减人员。用人单位从裁减人员之日起 6 个月内需要新招人员的,应当优先录用本单位被裁减的人员。

但法律也规定了用人单位不得解除劳动合同的情况。《劳动法》第 29 条规定:"劳动者有下列情形之一的,用人单位不得依据本法第 26 条、第 27 的规定解除劳动合同:(一)患职业病或者因工负伤并被确认丧失或者部分丧失劳动能力的;(二)患病或者负伤,在规定的医疗期内的;(三)女职工在孕期、产期、哺乳期的;(四)法律、行政法规规定的其他情形。"出现上述第(二)款和第(三)款规定的情形时,如果劳动合同期限届满,用人单位不得终止劳动合同,劳动合同的期限应自动延续至医疗期、孕期、产期和哺乳期满为止。

2. 劳动者单方解除劳动合同

劳动者单方解除劳动合同,即通常所称的"辞职"。依照我国《劳动法》的规定,劳动者可以单方实施解除劳动合同的行为。它包括一般性辞职和特殊性辞职两种情况。

(1)一般性辞职。《劳动法》第 31 条规定,劳动者可以解除劳动合同,但须提前 30 日以书面形式通知用人单位。这里没有限定劳动者解除劳动合同的法定事由,也就是说劳动者可以以任何理由向单位提出要求解除劳动合同。赋予劳动者如此宽泛的解除劳动合同的权利,并不会使用人单位的利益受到损害。这是因为:第一,一般情况下劳动力总是供过于求的,只要劳动者提前 30 日通知用人单位,用人单位完全可以做好接替工作安排;第二,劳动者因无法定事由解除劳动合同给用人单位造成损失的,要负赔偿责任。即劳动者因解除劳动合同给用人单位造成损失的,本人具有赔偿能力并愿意赔偿的,用人单位接受赔偿,损失得到弥补,合同即行解除;如果劳动者不具有赔偿能力或不愿意赔偿的,合同不能解除。如果劳动者不辞而别,则应承担相应的法律责任。

(2)特殊性辞职。《劳动法》第 32 条规定:"有下列情形之一的,劳动者可以随时通知用人单位解除劳动合同:(一)在试用期内的;(二)用人单位以暴力、威胁或者非法限制人身自由的手段强迫劳动的;(三)用人单位未按照劳动合同约定支付劳动报酬或者提供劳动条件的。"在上述第(二)款或第(三)款情况发生时,劳动者不仅享有解除劳动合同的权利,而且可以依法要求用人单位承担赔偿责任和其他形式的法律责任。

（四）劳动合同的终止

劳动合同终止，是指终止劳动合同的法律效力的行为。

劳动合同订立后，双方当事人不得随意终止劳动合同。只有法律规定或当事人约定的情况出现，当事人才能终止劳动合同。因此，《劳动法》第23条规定："劳动合同期满或者当事人约定的劳动合同终止条件出现，劳动合同即行终止。"根据这一规定，有下列情形之一的，劳动合同即行终止：(1)劳动合同期限届满；(2)企业宣告破产或者依法解散、关闭、撤销；(3)劳动者达到退休年龄；(4)劳动者完全丧失劳动能力或者死亡；(5)法律、法规规定的其他情况。

双方当事人在平等自愿、协商一致的基础上可以将某种特定情况约定为劳动合同的终止条件。尤其是签订无固定期限劳动合同时，因期限不固定，约定终止条件是必要的。双方当事人约定劳动合同终止条件应符合两项要求：一是在劳动合同生效时尚未出现而将来可能出现的情况；二是由双方当事人约定，而不是法律、法规直接规定。双方当事人约定的劳动合同终止条件，既可以是行为，也可以是事件。

需要强调的是，无固定期限的劳动合同不得将法定解除条件约定为终止条件，以防用人单位解除劳动合同时规避所应承担的支付给劳动者经济补偿的义务。

三、解除劳动合同的经济补偿

解除劳动合同的经济补偿，是指用人单位在协议解除劳动合同或者非过错性辞退、经济性裁员解除劳动合同的情况下，依法向劳动者支付一定数额的经济补偿金的行为。

根据《劳动法》和《违反和解除劳动合同的经济补偿办法》的规定，用人单位决定解除劳动合同的，除劳动者在试用期内或有严重违纪、违法行为，符合《劳动法》第25条规定的情形者外，均应分别情况给予不同标准的经济补偿。其具体补偿办法为：

1.经双方当事人协商一致、由用人单位解除劳动合同的，用人单位应根据劳动者在本单位工作年限，每满1年发给相当于1个月工资的经济补偿金，最多不超过12个月。工作时间不满1年的按1年的标准发给经济补偿金。

2.劳动者患病或者非因工负伤，经劳动鉴定委员会确认不能从事原工作，也不能从事用人单位另行安排的工作而解除劳动合同的，用人单位应按其在本单位的工作年限，每满1年发给相当于1个月工资的经济补偿金，同时还应发给不低于6个月工资的医疗补助费。患重病和绝症的，还应增加医疗补助费。患重病的增加部分不低于医疗补助费的50%;患绝症的增加部分不低于医疗补助费的100%。

3.劳动者不能胜任工作,经过培训或者调整工作岗位仍不能胜任工作,由用人单位解除劳动合同的,用人单位应按其在本单位工作的年限,工作时间每满1年,发给相当于1个月工资的经济补偿金,最多不超过12个月。

4.劳动合同订立时所依据的客观情况发生重大变化,致使原劳动合同无法履行,经当事人协商不能就变更劳动合同达成协议,由用人单位解除劳动合同的,用人单位按劳动者在本单位工作年限、工作时间,每满1年发给相当于1个月工资的经济补偿金。

5.用人单位濒临破产进行法定整顿期间,或者生产经营状况发生严重困难,必须裁减人员的,由用人单位按被裁减人员在本单位工作的年限支付经济补偿金。在本单位工作的时间每满1年,发给相当于1个月工资的经济补偿金。

上述经济补偿金的工资计算标准是按企业正常生产情况下、劳动者解除合同前12个月的月平均工资;除双方协商、劳动者不能胜任工作解除劳动合同者外,劳动者的月平均工资低于企业月平均工资的,按企业月平均工资的标准支付。

用人单位解除劳动合同后,未按规定给予劳动者经济补偿的,除足额发给经济补偿金外,还须按该经济补偿金数额的50%支付额外经济补偿。

四、违反劳动合同的法律责任

违反劳动合同的法律责任,是指一方当事人违反劳动合同给对方当事人造成损失时,应承担的法律后果。承担违约责任的方式主要有支付违约金、赔偿损失或采取其他补救措施。

(一)用人单位违反劳动合同的违约责任

依据1995年5月10日原劳动部发布的《违反〈劳动法〉有关劳动合同规定的赔偿办法》(以下简称《赔偿办法》),用人单位违反劳动合同规定的赔偿标准如下:(1)用人单位因违反劳动合同,造成劳动者工资收入损失的,按劳动者本人应得工资收入支付给劳动者,并加付应得工资收入25%的赔偿费用。(2)因用人单位违反劳动合同,造成劳动者劳动保护待遇损失的,应按国家规定补足劳动者的劳动保护津贴和用品。(3)因用人单位违反劳动合同,造成劳动者工伤,除按国家规定为劳动者提供工伤、医疗待遇外,还应支付劳动者相当于医疗费用25%的赔偿费用。(4)因用人单位违反劳动合同,造成女职工和未成年工身体健康损害的，除按国家规定提供治疗期间的医疗待遇外，还应支付相当于其医疗费用25％的赔偿费用。(5)劳动合同约定的其他赔偿费用，如违约金等。

(二)劳动者违反劳动合同的赔偿责任

依据我国《劳动法》及有关法律的规定，劳动者违反劳动合同的赔偿责任主要有以下几种形式：

1.劳动者违反劳动合同的约定解除劳动合同的，必须承担用人单位招收录用其所支付的费用。

2.劳动者违反劳动合同的约定解除劳动合同的，必须承担用人单位为其支付的培训费用。如果用人单位与劳动者双方另有约定的按约定办理。

3.劳动者违反规定或劳动合同的约定解除劳动合同，对用人单位的生产、经营和工作造成直接经济损失的，必须承担赔偿责任。

4.劳动者违反劳动合同中约定的保密事项，给用人单位造成经济损失的，按《反不正当竞争法》第20条的规定向用人单位支付赔偿费用。

5.用人单位与劳动者在劳动合同中约定的其他赔偿费用。

(三)第三人违反劳动合同的法律责任

第三人违反劳动合同的法律责任，是指劳动者在尚未与原用人单位解除劳动合同的前提下，又与第三人签订劳动合同，以致给原用人单位造成经济损失，该第三人应当向原用人单位依法承担连带赔偿责任的一种法律责任形式。

第三人应对原用人单位的下列损失承担经济赔偿责任：(1)对原用人单位的生产、经营和工作造成的直接经济损失；(2)因获取原用人单位的商业秘密，且给原用人单位造成了经济损失的，按《反不正当竞争法》第20条的规定执行。

又据《赔偿办法》第6条规定，用人单位(第三人)招用尚未解除劳动合同的劳动者，对原用人单位造成经济损失的，除该劳动者承担直接赔偿责任外，该用人单位应当承担连带赔偿责任。连带赔偿的份额不低于对原用人单位造成的经济损失总额的70％。

第三节　劳动保障

我国政府重视合理确定、依法公布、适时调整劳动标准，保障劳动者合法权益，促进经济和社会发展。目前，我国已初步形成了以《劳动法》为核心，内容涉及工时、休息休假、工资、禁止使用童工、女职工和未成年工特殊劳动保护、劳动定额、职业安全卫生等方面的劳动保障体系，并根据经济和社会的发展不断调整和完善。

一、工作时间和休息时间

工作时间又称劳动时间，是指法律规定的劳动者在一昼夜和一周内从事劳动的时间。它包括每日工作的小时数，每周工作的天数和小时数。《劳动法》第 36 条规定我国实行劳动者每日工作时间不超过 8 小时，平均每周工作时间不超过 44 小时的工作制度。1995 年国务院发布的《国务院关于修改〈国务院关于时间的规定〉的决定》第 3 条规定：职工每日工作 8 小时，每周工作 40 小时。即从 1995 年 5 月 1 日起，我国标准工作时间为每日工作 8 小时，每周工作 40 小时的 5 日工作周。实行这一工时制度，不得以减少劳动者劳动报酬为条件和前提。1995 年《贯彻〈国务院关于职工工作时间的规定〉的实施办法》第 3 条规定：职工每日工作 8 小时，每周工作 40 小时，实行这一工时制度，应保证完成生产和工作任务，不减少职工的收入。

休息休假是指劳动者为行使休息权在国家规定的法定工作时间以外，不从事生产或工作而自行支配的时间。包括法定节假日和年休假。

我国劳动法规定的法定节假日有：元旦休息 1 日；春节休息 3 日；国际劳动节休息 3 日；国庆节休息 3 日；法律、法规规定的其他休假节日。

年休假是指职工工作满一定年限，每年可享有的带薪连续休息的时间。《劳动法》第 45 条规定："国家实行带薪年休假制度。劳动者连续工作一年以上的，享受带薪年休假。具体办法由国务院规定。"

二、加班加点

加班是指劳动者在法定节日或公休假日从事生产或工作；加点是指劳动

者在标准工作日以外延长工作的时间。加班加点又统称为延长工作时间。为保证劳动者休息权的实现.《劳动法》规定任何单位和个人不得擅自延长职工工作时间。

(一)一般情况下加班加点的规定

《劳动法》第41条规定:用人单位由于生产经营需要,经与工会和劳动者协商后可以延长工作时间,一般每日不得超过1小时;因特殊原因需要延长工作时间的,在保障劳动者身体健康的条件下延长工作时间每日不得超过3小时,但是每月不得超过36小时。

(二)特殊情况下加班加点的规定

《劳动法》第42条规定,有下列情形之一的,延长工作时间不受第41条规定的限制:(1)发生自然灾害、事故或者因其他原因,威胁劳动者生命健康和财产安全,需要紧急处理的;(2)生产设备、交通运输线路、公共设施发生故障,影响生产和公众利益,必须及时抢修的;(3)法律、行政法规规定的其他情形。

(三)加班加点的工资标准

《劳动法》第44条规定,平日加点工资应是不低于劳动合同规定的劳动者本人小时工资标准的150%;休息日加班工资应是不低于劳动合同规定的劳动者本人日或小时工资标准的200%;法定休假节日加班工资应是不低于劳动合同规定的劳动者本人日或小时工资标准的300%。

三、工资

工资是指用人单位依据国家有关规定或劳动合同的约定,以货币形式支付给本单位劳动者的劳动报酬,一般包括计时工资、计件工资、奖金、津贴和补贴、延长工作时间的工资报酬以及特殊情况下支付的工资等。

(一)我国的工资形式

1.计时工资。它是按单位时间工资标准和劳动者实际工作时间计付劳动报酬的工资形式。我国常见的有小时工资、日工资、月工资。

2.计件工资。它是按照劳动者生产合格产品的数量或作业且以预先规定的计件单价支付劳动报酬的一种工资形式。计件工资是计时工资的转化形式。

3.奖金。它是给予劳动者的超额劳动报酬和增收节支的物质奖励。有月奖、季度奖和年度奖,经常性奖金和一次性奖金,综合奖和单项奖等。

4.津贴。它是对劳动者在特殊条件下的额外劳动消耗或额外费用支出给予物质补偿的一种工资形式。主要有:岗位津贴、保健性津贴、技术性津贴等。

5.补贴。它是为了保障劳动者的生活水平不受特殊因素的影响而支付给劳动者的工资形式。它与劳动者的劳动没有直接联系，其发放依据主要是国家有关政策规定，如物价补贴、边远地区生活补贴等。

6.特殊情况下的工资。它是对非正常工作情况下的劳动者依法支付工资的一种工资形式。主要有：加班加点工资，事假、病假、婚假、探亲假等工资以及履行国家和社会义务期间的工资等。

劳动者的劳动收入并非都是工资。根据原劳动部《关于贯彻执行〈中华人民共和国劳动法〉若干问题的意见》（劳部发[1995]309 号）规定，劳动者的以下劳动收入不属于工资范围：(1)单位支付给劳动者个人的社会保险福利费用，如丧葬抚恤救济费、生活困难补助费、计划生育补贴等；(2)劳动保护方面的费用，如用人单位支付给劳动者的工作服、解毒剂、清凉饮料费用等；(3)按规定未列入工资总额的各种劳动报酬及其他劳动收入，如根据国家规定发放的创造发明奖、国家星火奖、自然科学奖、科学技术进步奖、合理化建议和技术改进奖、中华技能大奖等，以及稿费、讲课费、翻译费等。

（二）工资支付保障

工资支付保障是为保障劳动者劳动报酬权的实现，防止用人单位滥用工资分配权而制定的有关工资支付的一系列规则。有如下内容：

1.工资应以法定货币支付，不得以实物及有价证券代替货币支付。

2.工资应在用人单位与劳动者约定的日期支付。工资一般按月支付，至少每月支付一次。实行周、日、小时工资制的，可按周、日、小时支付。

3.劳动者依法享受年休假、探亲假、婚假、丧假期间，以及依法参加社会活动期间，用人单位应按劳动合同规定的标准支付工资。

4.工资应支付给劳动者本人，也可由劳动者家属或委托他人代领，用人单位可委托银行代发工资。

5.工资应依法足额支付，除法定或约定允许扣除工资的情况外，严禁非法克扣或无故拖欠劳动者工资。

6.对代扣工资的限制。用人单位不得非法克扣劳动者工资，有下列情况之一的，用人单位可以代扣劳动者工资：(1)用人单位代扣代缴的个人所得税；(2)用人单位代扣代缴的应由劳动者个人负担的社会保险费用；(3)用人单位依审判机关判决、裁定扣除劳动者工资，即：依照人民法院判决、裁定，用人单位可以从应负法律责任的劳动者工资中扣除其应负担的扶养费、赡养费、抚养费和损害赔偿等款项；(4)法律、法规规定可以从劳动者工资中扣除的其他费用。

7.对扣除工资金额的限制。(1)因劳动者本人原因给用人单位造成经济损失的，用人单位可以按照劳动合同的约定要求劳动者赔偿其经济损失。经济损失的赔偿，可从劳动者本人的工资中扣除、但每月扣除金额不得超过劳动者月工资的20%；若扣除后的余额低于当地月最低工资标准的，则应按最低工资标准支付；(2)用人单位对劳动者违纪罚款，一般不得超过本人月工资标准的20%。

8.用人单位依法破产时，劳动者有权获得其工资。在破产清偿顺序中用人单位应按我国《企业破产法》规定的清偿顺序，首先支付本单位劳动者的工资。

(三)最低工资保障

我国最低工资保障制度是国家通过立法，强制规定用人单位支付给劳动者的工资不得低于国家规定的最低工资标准，以保障劳动者能够满足其自身及其家庭成员基本生活需要的法律制度。最低工资保障制度是国家对劳动力市场的运行进行干预的一种重要手段。

最低工资是指劳动者在法定工作时间内提供了正常劳动的前提下，其所在用人单位应支付的最低劳动报酬。最低工资的支付以劳动者在法定工作时间内提供了正常劳动为条件。劳动者因探亲、结婚、直系亲属死亡、按照规定休假期间，以及依法参加国家和社会活动，视为提供了正常劳动，用人单位支付给劳动者的工资不得低于其适用的最低工资标准。劳动者与用人单位形成或建立劳动关系后，试用、熟练、见习期间，在法定工作时间内提供了正常劳动，其所在的用人单位应当支付不低于最低工资标准的工资。

最低工资不包括下列各项：(1)加班加点工资；(2)中班、夜班、高温、低温、井下、有毒有害等特殊工作环境条件下的津贴；(3)国家法律、法规和政策规定的劳动者保险、福利待遇；(4)用人单位通过贴补伙食、住房等支付给劳动者的非货币性收入。

最低工资的具体标准由省、自治区、直辖市人民政府规定，报国务院备案。在确定和调整最低工资标准时，综合参考下列因素：(1)劳动者本人及平均赡养人口的最低生活费用；(2)社会平均工资水平；(3)劳动生产率；(4)就业状况；(5)地区之间经济发展水平的差异。最低工资标准应当高于当地的社会救济金和失业保险金标准，低于平均工资。最低工资标准发布实施后，如确定最低工资标准参考的因素发生变化，或本地区职工生活费用价格指数累计变动较大时，应当适时调整，但每年最多调整一次。

原劳动部发布的《企业最低工资规定》明确我国最低工资保障制度适用范

围为:“本规定适用于中华人民共和国境内各种经济类型的企业以及在其中领取报酬的劳动者”,“乡镇企业是否适用本规定,由省、自治区、直辖市人民政府决定”。

《劳动法》明确规定:“用人单位支付劳动者的工资不得低于当地最低工资标准。”最低工资应以法定货币支付。用人单位支付给劳动者的工资低于最低工资标准的,由当地人民政府劳动保障行政部门责令其限期改正,逾期未改正的,由劳动保障行政部门对用人单位和责任者给予经济处罚,并视其欠付工资时间的长短向劳动者支付赔偿金。

四、劳动安全卫生

劳动安全卫生,是指国家为了改善劳动条件,保护劳动者在劳动过程中的安全与健康而制定的各种法律规范的总称。它包括劳动安全、劳动卫生两类法律规范。劳动安全是为防止和消除劳动过程中的伤亡事故而制定的各种法律规范,劳动卫生是为保护劳动者在劳动过程中的健康,预防和消除职业病、职业中毒和其他职业危害而制定的各种法律规范。劳动安全卫生工作的方针是:安全第一,预防为主。

劳动安全卫生制度包括:(1)安全生产责任制度;(2)安全技术措施计划制度;(3)劳动安全卫生教育制度;(4)劳动安全卫生检查制度;(5)劳动安全卫生监督制度;(6)伤亡事故和职业病统计报告处理制度。

用人单位对劳动者在劳动过程中的安全和健康负有保护的义务。用人单位的劳动保护义务有:(1)提供符合国家规定的劳动安全卫生条件;(2)用人单位未向劳动者提供必要的劳动防护用品和劳动保护措施的,应责令改正,并可处以 5 000 元以下罚款,情节严重的,提请县级以上人民政府决定责令停产停业;(3)对从事职业危害作业的劳动者定期进行健康检查,未进行定期检查的,应责令改正,并可处以 5 000 元以下罚款,情节严重的,提请县级以上人民政府决定责令停产整顿。

五、劳动医疗

《劳动法》第 29 条规定,劳动者在患病或者非因工负伤,在规定的医疗期内,用人单位不得解除劳动合同;即使在经济性裁员和企业客观情况发生重大变化时,用人单位也不得与劳动者解除劳动合同。

《劳动法》第 26 条的规定,劳动者患病或者非因工负伤,医疗期满后,不能从事原工作也不能从事由用人单位另行安排的工作的,用人单位可以解除劳动合同,但是应当提前 30 日以书面形式通知劳动者本人。同时还应当依据原劳动部《违反和解除劳动合同的经济补偿办法》的规定支付经济补偿金和医疗补助费:劳动者在本单位工作每满 1 年,用人单位应当发给相当于 1 个月工资的经济补偿金,同时单位还应发给劳动者不低于 6 个月工资的医疗补助费;患重病和绝症的还应增加医疗补助费,患重病的增加部分不低于医疗补助费的 50%。患绝症的增加部分不低于医疗补助费的 100%;其中经济补偿金的工资计算标准是指企业正常生产情况下劳动者解除合同前 12 个月的月平均工资,劳动者的月平均工资低于企业月平均工资的,按照企业月平均工资的标准支付。如果单位不按规定给予劳动者经济补偿金,除全额发给经济补偿金外,还须按照该经济补偿金数额的 50%支付额外经济补偿金。

第四节　劳动争议

一、劳动争议的概念及类型

(一)劳动争议的概念

劳动争议又称劳动纠纷.是指劳动关系双方当事人因执行劳动法律、法规或履行劳动合同、劳动集体合同发生的纠纷。

劳动争议的主体是特定的。劳动争议发生在劳动者与用人单位之间,即:在中国境内的企业、个体经济组织和与之形成劳动关系的劳动者之间;在我国境内签订、履行劳动合同的当事人之间,如中国境外的企业或劳动者与我国境内企业和公民之间,国家机关、事业组织、社会团体与本单位工人以及与之建立劳动合同关系的劳动者之间,个体工商户与帮工、学徒之间,以及军队、武警部队等事业组织与其无军籍的职工之间。当事人可以委托 1～2 名律师或其他人代理参加仲裁活动。

劳动争议的内容也有限定性。即劳动权利义务与按劳取酬争议,如劳动报酬争议、劳动保护争议等等。

(二)劳动争议的类型

1.按照劳动争议当事人人数多少的不同,可分为个人劳动争议和集体劳动争议个人劳动争议是劳动者个人与用人单位发生的劳动争议。集体劳动争议是指劳动者一方当事人在3人以上,有共同理由的劳动争议。《劳动争议仲裁委员会办案规则》规定,参加劳动争议处理的代表人数由仲裁委员会确定:处理个人劳动争议适用一般程序,而处理集体劳动争议在程序上则有特殊的要求。劳动者当事人在3人以上但不满30人的,适用一般程序;劳动者当事人在30人以上的劳动争议仲裁适用特别审理程序,劳动争议仲裁委员会应组成特别仲裁庭在15日内将案件处理结束。

2.按照劳动争议的内容,可分为劳动权利争议和劳动利益争议

劳动权利争议是指用人单位与劳动者就执行劳动法律法规、集体合同、劳动合同和规章制度设定的权利而发生的争议。如拖欠工资争议、经济补偿争议等。劳动利益争议是用人单位与工会就集体合同的订立与变更发生的争议。

劳动利益争议和劳动集体争议是不同的,利益争议虽然涉及的也是劳动者群体的利益,但争议的主体是工会,争议的内容是将来的劳动条件,表现形式是集体合同的订立和变更;集体争议则是多数劳动者共同提起的争议,争议的内容是现有权利的执行。

劳动权利争议和劳动利益争议也不同,劳动权利争议是为实现规定或约定权利的争议,属于法律问题,它可以通过适用法律予以解决,可以纳入司法裁决的范畴,通过仲裁、诉讼程序解决。劳动利益争议的解决没有可以引用的实体依据,无法通过诉讼作出裁判,多以调解、调停和仲裁方式解决。

3.按照当事人国籍的不同,可分为国内劳动争议与涉外劳动争议

国内劳动争议是指我国的用人单位与具有我国国籍的劳动者之间发生的劳动争议;涉外劳动争议是指具有涉外因素的劳动争议,包括我国在国(境)外设立的机构与我国派往该机构工作的人员之间发生的劳动争议,外商投资企业等用人单位与劳动者之间发生的劳动争议。

三、劳动争议处理

(一)劳动争议处理的范围

根据《企业劳动争议处理条例》第2条的规定,劳动争议处理的范围主要包括:(1)因企业开除、除名、辞退职工和职工辞职、自动离职发生的争议;(2)因执行国家有关工资、保险、福利、培训、劳动保护的规定发生的争议;(3)因履行劳动合同发生的争议;(4)法律、法规规定应当依照本条例处理的其他劳动争议。

（二）劳动争议的处理机构

1.劳动争议调解委员会

劳动争议调解委员会是用人单位根据《劳动法》和《企业劳动争议处理条例》的规定在本单位内部设立的机构，是专门处理与本单位劳动者之间的劳动争议的群众性组织。劳动争议调解委员会由下列人员组成：(1)职工代表（由职工代表大会或职工大会推举产生）；(2)用人单位代表（由厂长或经理指定）；(3)用人单位工会代表组成（由用人单位工会委员会指定）。用人单位的代表不能超过调解委员会成员总数的1/3，调解委员会主任由工会代表担任。调解委员会的办事机构设在企业工会委员会。没有成立工会组织的企业，调解委员会的设立及其组成由企业代表与职工代表协商决定。劳动争议经调解达成协议的，当事人应当履行。

2.劳动争议仲裁委员会

劳动争议仲裁委员会是处理劳动争议的专门机构。县、市、市辖区人民政府设立劳动争议仲裁委员会，负责处理本辖区内发生的劳动争议。各级仲裁委员会由劳动行政主管部门的代表、工会的代表、政府指定的经济综合管理部门的代表组成，主任由劳动行政主管部门的负责人担任，其办事机构设在同级的劳动行政主管部门。对仲裁裁决无异议的，当事人必须履行。

3.人民法院

人民法院是国家审判机关，也担负着处理劳动争议的任务。劳动争议当事人对仲裁委员会的裁决不服的，可在15日内向当地人民法院起诉，人民法院民事审判庭负责受理。

（三）劳动争议处理原则

1.依法处理原则

依法处理争议，就要依据法律规定的程序要求和权利、义务要求去解决争议，同时要掌握好依法的顺序，即：有法律依法律，没有法律依法规，没有法规依规章，没有规章依政策。另外处理劳动争议还可以依据依法签订的集体合同、劳动合同，以及依法制定并经职代会或职工大会讨论通过的企业规章。

2.着重调解原则

调解是处理劳动争议的基本手段，着重调解原则必须注意：(1)自愿。当事人向企业劳动争议调解委员会申请调解，必须经争议双方当事人同意，否则调解委员会不予受理。三种劳动争议处理机构进行调解必须基于当事人真正自愿和解和自愿达成调解协议，不得对争议案件强行调解，也不得采取强迫或变相强迫的方法进行调解。(2)合法、公正。调解必须建立在查明事实、分清责任的基础上，通过说服教育，使当事人在法律许可的范围内达成和解协议，并不是无原则地进行的。(3) 不能久调不决。对于当事人不愿调解或调解不成的，不应久调不决，以免拖延时日，有损于当事人的合法权益，甚至造成不良后果。

3. 及时处理原则

(1)劳动争议发生后，当事人应当及时协商或及时申请调解乃至申请仲裁，避免超过仲裁申请时效，丧失申请仲裁的权利。

(2)劳动争议处理机构在受理案件后，应当在法定结案期限内，尽快处理完毕。

(3)对处理结果，当事人不履行协议或决定的，要及时采取申请强制执行等措施，以保证案件的顺利处理和处理结果的最终落实。

(四)劳动争议处理程序

《劳动法》第 77 条规定："用人单位与劳动者发生劳动争议，当事人可以依法申请调解、仲裁、提起诉讼，也可以协商解决。"根据这一规定，我国处理劳动争议的程序为协商、调解、仲裁和诉讼四个阶段。

1. 协商

劳动争议发生后，当事人应当协商解决，协商一致后，双方可达成和解协议，但和解协议无必须履行的法律效力，而是由双方当事人自觉履行。协商不是处理劳动争议的必须程序，当事人协商不成，可以向本单位争议调解委员会申请调解或劳动争议仲裁委员会申请仲裁。

2. 调解

劳动争议发生后，当事人双方愿意调解的，可以书面或口头形式向调解委员会申请调解。调解委员会接到调解申请后，可依据自愿、合法原则进行调解。调解委员会调解劳动争议，应当自劳动争议双方当事人申请调解之日起 30 日内结束，经调解达成协议的，制作调解书，双方当事人自觉履行。到期未结束的，视为调解不成。

调解不是劳动争议解决的必经程序，调解协议也无必须履行的法律效力。当事人不愿调解或调解不成的，可直接向劳动争议仲裁委员会申请仲裁。

从当事人向企业劳动争议调解委员会提出申请调解之日起，仲裁申诉时效中止，中止期间最长不得超过 30 日。结束调解之日起，当事人的仲裁申诉时效继续计算。调解超过 30 日的，仲裁申诉时效从 30 日之后的第一天继续计算。

3. 仲裁

劳动争议发生后，当事人任何一方都可直接向劳动争议仲裁委员会申请仲裁。当事人申请仲裁的时效为60日，自当事人知道或应当知道其权利被侵害之日起计算，当事人申请仲裁的应当以书面形式向仲裁委员会提出仲裁申请。当事人因不可抗力或者其他正当理由超过申请仲裁时效的，仲裁委员会应当受理，时效起点是从劳动争议发生之日起计算。当事人对劳动争议仲裁委员会作出的仲裁裁决不服的，可在收到仲裁裁决书的15日内向人民法院提起诉讼。逾期不起诉，仲裁裁决即发生法律效力，当事人必须自觉履行，一方当事人不履行的，另一方当事人可向人民法院申请强制执行。

劳动争议案件经劳动争议仲裁委员会仲裁是提起诉讼的必经程序。劳动争议仲裁委员会逾期不作出仲裁裁决或者作出不予受理的决定，当事人不服向人民法院提起行政诉讼的，人民法院不予受理；当事人不服劳动争议仲裁委员会作出的劳动争议仲裁裁决的，可以向人民法院提起民事诉讼。

4.诉讼

劳动争议案件由用人单位所在地或者劳动合同履行地的基层人民法院管辖。劳动合同履行地不明确的，由用人单位所在地的基层人民法院管辖。

当事人对仲裁裁决不服的，可自收到仲裁裁决书之日起15日内向人民法院提起诉讼。对经过仲裁裁决，当事人向法院起诉的劳动争议案件，人民法院必须受理。人民法院一审审理终结后，对一审判决不服的，当事人可在15日内向上一级人民法院提起上诉。经二审审理所作出的裁决是终审裁决，自送达之日起发生法律效力，当事人必须履行。

三、劳动争议仲裁管辖

根据《企业劳动争议处理条例》第17条规定：县、市、市辖区仲裁委员会负责本行政区域内发生的劳动争议。设区、市的仲裁委员会和市辖区的仲裁委员会受理劳动争议案件的范围，由省、自治区人民政府规定。此外，对于劳动争议仲裁委员会的管辖范围，还有以下几项特别规定：

1.《企业劳动争议处理条例》第18条规定：发生劳动争议的企业与职工不在同一个仲裁委员会管辖地区的，由职工当事人工资关系所在地的仲裁委员会处理。原劳动部《关于〈中华人民共和国企业劳动争议处理条例〉若干问题解释》第14条规定：职工当事人工资关系所在地是指向职工发放工资的单位所在地。

2.原劳动部《关于劳动争议案件管辖范围的复函》规定："……根据方便职工的原则，可以比照《民事诉讼法》有关规定，按因履行合同发生的纠纷由合同签订地或履行地人民法院管辖的原则，也可以由劳动关系双方当事人在劳动合同有关仲裁条款中约定的劳动争议仲裁委员会管辖。”

四、几种特殊情形的处理

人民法院对当事人因劳动争议仲裁委员会不予受理而起诉到法院的案件的处理：

1. 劳动争议仲裁委员会以当事人申请仲裁的事项不属于劳动争议为由，作出不予受理的书面裁决、决定或者通知，当事人不服，依法向人民法院起诉的，人民法院应当分别情况予以处理：(1)属于劳动争议案件的，应当受理；(2)虽不属于劳动争议案件，但属于人民法院主管的其他案件，应当依法受理。

2. 劳动争议仲裁委员会以当事人的仲裁申请超过60日期限为由，作出不予受理的书面裁决、决定或者通知，当事人不服，依法向人民法院起诉的，人民法院应当受理；对确已超过仲裁申请期限，又无不可抗力或者其他正当理由的，依法驳回其诉讼请求。

3. 劳动争议仲裁委员会以申请仲裁的主体不适格为由，作出不予受理的书面裁决、决定或者通知，当事人不服，依法向人民法院起诉的，经审查，确属主体不适格的，裁定不予受理或者驳回起诉。

4. 对重新作出仲裁裁决的处理。劳动争议仲裁委员会为纠正原仲裁裁决错误重新作出裁决，当事人不服，依法向人民法院起诉的，人民法院应当受理。

5. 仲裁事项不属于法院受案范围的处理。劳动争议仲裁委员会仲裁的事项不属于人民法院受理的案件范围，当事人不服，依法向人民法院起诉的，裁定不予受理或者驳回起诉。

6. 部分劳动争议案件实行举证责任倒置。因用人单位作出的开除、除名、辞退、解除劳动合同、减少劳动报酬、计算劳动者工作年限等决定而发生的劳动争议，用人单位负举证责任。

本章提要

劳动法就是关系劳动的法，具体一点就是调整劳动关系以及与劳动关系有密切联系的其他社会关系的各种法律关系的总称。

劳动法的调整对象包括两个方面的关系：其一，劳动关系；其二，与劳动关系有着密切联系的其他社会关系。劳动法律关系主体具有特定性，一方是劳动者，另一方是用人单位。劳动者享有平等就业的权利。

劳动合同依法订立即具有法律约束力，当事人必须履行劳动合同规定的义务。劳动合同的解除既可以是双方的法律行为，也可是单方的法律行为，即可以由当事人双方协商一致而解除劳动合同，也可以由当事人一方提出解除劳动合同。一般来讲，经双方协商解除劳动合同的，双方当事人之间便不会发生劳动争议。但用人单位应注意按法律、法规的规定，给劳动者办理劳动合同的解除手续、社会保险的转移手续，及给予经济补偿。

工资应以法定货币支付，不得以实物及有价证券代替货币支付，并且不得低于国家规定的最低工资标准。

劳动者患病或者非因工负伤，医疗期满后，不能从事原工作也不能从事由用人单位另行安排的工作的，用人单位可以解除劳动合同，但是应当提前 30 日以书面形式通知劳动者本人。职工被认定为工伤后，享受相应的工伤待遇。

劳动争议案件经劳动争议仲裁委员会仲裁是提起诉讼的必经程序。当事人申请仲裁的时效为 60 日，自当事人知道或应当知道其权利被侵害之日起计算。当事人对仲裁裁决不服的.可自收到仲裁裁决书之日起 15 日内向人民法院提起诉讼。

复习思考题

1.简述劳动关系与劳务关系的区别。

2.劳动法律关系具有哪些特征？

3.劳动者应当如何解除劳动合同？

4.试述劳动争议的解决途径。

参考文献

1. 韩灵丽等:《公司企业法研究》(当代经济法理论丛书),浙江大学出版社2005版。
2. 刘瑞复:《企业法学通论》(21世纪法学系列教材),北京大学出版社2005版。
3. 张士元等主编:《企业法》(九五规划教材),法律出版社1997版。
4. 马俊驹:《现代企业法律制度研究》,法律出版社2000版。
5. 甘忠培:《企业法新论》,北京大学出版社2000版。
6. 张庆、刘宁、乔栋:《产品质量责任法律风险与对策》,法律出版社2005年版。
7. 梁书文、孟昭科:《最新质量事故损害赔偿及配套法律法规行政解释司法解释与典型案例》,中国人民公安大学出版社2001年版。
8. 谢发友:《产品质量法新释与例解》,同心出版社2000年版。
9. 刘文崎:《产品责任法律制度比较研究》,法律出版社1997年版。
10. 雷运龙、段晓茜:《消费者权益保护法、产品质量法案例精选精析》,法律出版社1998年版。
11. 李昌麒:《产品质量法学研究》,四川人民出版社1995年版。
12. 谭玲主编:《质量侵权责任研究》,中国检察出版社2003年版。
13. 刘静著:《产品责任论》,中国政法大学出版社2000年版。
14. 谭玲、夏蔚编:《产品责任法导论》,西南交通大学出版社1990年版。
15. 赵相林、曹俊主编:《国际产品责任法》,中国政法大学出版社2000年版。
16. 史际春:《消费者权益及其保护》,广西人民出版社1989年版。
17. 谢次昌主编:《消费者保护法通论》,中国法制出版社1994年版。
18. 李昌麒、许明月:《消费者保护法》,法律出版社1997年版。
19. 张严方:《消费者保护法研究》,法律出版社2003年版。

20. 金福海、马兰:《消费侵权与赔偿》,青岛海洋出版社 2000 年版。
21. 毛玉光:《消费者权益损害赔偿》,人民法院出版社 2000 年版。
22. 闵治奎、郭卫华:《中国典型消费者纠纷法律分析》,中国法制出版社 2002 年版。
23. 符启林:《消费者权益保护法概论》,南海出版公司 2002 年版。
24. 黄建中:《消费者权益保护法新释与例解》,同心出版社 2000 年版。
25. 殷少平、朱大旗:《消费者权益保护与赔偿》,中国经济出版社 1997 年版。
26. 刘大洪主编:《反不正当竞争法》,中国政法大学出版社 2005 年版。
27. 孔祥俊著:《反不正当竞争法实务全书》,法律出版社 1998 年版。
28. 季晓南主编:《中国反垄断法研究》,人民法院出版社 2001 年版。
29. 徐杰、时建中:《经济法概论案例教程》,知识产权出版社 2004 年。
30. 张玉瑞著:《商业秘密法学》,中国法制出版社 1999 年版。
31. 黄勤南主编:《中国反不正当竞争法讲座》,改革出版社 1995 年版。
32. 李艳芳编著:《经济法案例研究》,中国人民大学出版社 2006 年 3 月。
33. 吴志攀:《金融法概论》,北京大学出版社 2003 年版。
34. 王遂起等:《经济法概论》,中国政法大学出版社,2004 年版。
35. 李玫:《银行法概论》,对外贸易大学出版社 2004 年版。
36. 徐孟洲:《银行法教程》,首都经济贸易大学出版社 2002 年版。
37. 王亦平:《银行法基本问题研究》,人民法院出版社 2005 年版。
38. 范健:《商法》,高等教育出版社、北京大学出版社 2000 年版。
39. 杨紫烜:《经济法》,高等教育出版社、北京大学出版社 2006 年版。
40. 叶林:《证券法》,中国人民大学出版社 2002 年版。
41. 凌江江、刘晰:《证券法实例说》,湖南人民出版社 2002 年版。
42. 朱崇实:《经济法》,厦门大学出版社 2004 年版。

图书在版编目(CIP)数据

实用经济法/王长勇主编. —厦门:厦门大学出版社,2007.8
(高职高专经管类专业基础课教材)
ISBN 978-7-5615-2840-2

Ⅰ.实… Ⅱ.王…Ⅲ.经济法-中国-高等学校:技术学校-教材 Ⅳ.D922.29

中国版本图书馆 CIP 数据核字(2007)第 124130 号

厦门大学出版社出版发行
(地址:厦门大学 邮编:361005)
http://www.xmupress.com
xmup @ public.xm.fj.cn
厦门集大印刷厂印刷
(厦门市集美石鼓路 9 号 邮编:361021)
2007 年 8 月第 1 版 2007 年 8 月第 1 次印刷
开本:787×960 1/16 印张:22.75
字数:395 千字 印数:1～5 000 册
定价:30.00 元